Newベーシック税務会計

＜企業課税編＞

中島茂幸・櫻田　譲［編著］

市 原 啓 善・稲葉知恵子
稲村健太郎・岩 下　 誠
大 澤 弘 幸・加 藤 恵 吉
河 瀬　 豊
［著］

五 絃 舎

まえがき

公認会計士試験の論文試験科目には，租税法が配当されています。その具体的な内容は，所得税法，法人税法及び消費税法に関する記述問題及び計算問題が出題されています。また，税理士試験では，会計２科目のほか税法３科目合格が必要とされており，所得税法と法人税法のうち必ず１科目は選択していなければなりません，さらに消費税法は税理士試験でも受験者の多い選択税法科目といえましょう。そこでこれらの試験問題を見てみると，初めて法人税法や消費税法を学ぶ者にとっては，なかなか手強く困難さを感じてしまうのが実情ではないでしょうか。

そこで本書は，公認会計士試験や税理士試験を目指す者をはじめ，会計専門職大学院，商学部，法学部，経済学部などの学生，さらには社会人となり実務で税務会計を担当することとなった初学者にとって，入門から上級基礎までを実践的に学習できるようにと工夫しています。このため本書には次の４つの特徴があります。

本書の第１の特徴は，公認会計士試験で法人税法と消費税法が中心として出題されている実態を踏まえ，これら２税目を１冊のテキストにまとめた点です。このことは本書の作成において，とりわけ公認会計士試験受験者から届けられた要望を反映した結果です。法人税法と消費税法の両科目を１冊のテキストで学べるのは，巷にあふれる税法のテキストが多い中で，今までのところ本書以外には見あたりません。

また，会計実務では会計原則や会計基準のほかに，法人税法と消費税法の知識がなければ日々の仕訳でさえも正しく行うことができないことから，法人税法と消費税法をセットにして『New ベーシック税務会計〈企業課税編〉』としました。

第２の特徴は，全国経理教育協会が「税法能力検定試験」を実施していますので，段階的に学習がすすめられるように，これらの過去問題を解析し随所に掲載した点です。また，当該検定問題の出題傾向と対策についても巻末で分析をしています。

参考までに難易度の目安を示しておくと，本書では税法能力検定試験１級を会計専門職大学院生の学習到達目標としました。もう一段学習を深めれば税理士試験に合格できる水準に到達できます。そして企業会計の上級実務担当者は少なくともこの１級レベルの理解が必要と思われます。２級は，社会科学系の学部学生が法人税や消費税に関する体系的・総合的な理解力を得ることを目標としており，企業会計の中級実務担当者の必須知識といえます。最後に３級は，２税目に関する基礎概念，用語と計算の基礎的な理解力を得るための大学教養程度並びに専門学校における学習向けとなります。

第３の特徴は，学習者の便宜を図り，書き込みができるような実践学習のテキストとして作成した点です。税法は黙読学習だけでは理解できません。本書の解答欄を活用し，自ら計算して，書き込んで学習してください。手で学ぶことが重要です。本書はやさしく学びながら基礎的な理解を深め，かつ，具体的な計算事例も学習できるよう工夫しました。

第４の特徴は，理解を深めるため沿革や改正事項を述べると共に，紙幅の許す限り関連する課税事件を紹介している点です。これら課税事件の学習は，税理士や公認会計士として，実務において単に税金の計算ができるだけではなく，税法の背景や考え方についても知ってもらいたいので解説を加えました。

「税法を知る」ことは重要ですが，税法は民主主義の結果，議会が定めた法律ですから「あるべき税法」を考えて「批判する力」も学んでもらいたいのです。税法は，時代を写す鏡ともいわれ，経済現象の変化に対応するべく絶えず変化していますので，本書を学んだ後も継続的に学んでいただきたいと思います。

最後になりますが，本書は株式会社五絃舎・長谷雅春社長のご協力のもと，全国経理教育協会・竹中輝幸氏による検定問題転載の許諾を得て実現したものです。さらに全国経理教育協会からは本書を推薦図書として指定いただきました。関係各位のご協力に深く感謝申し上げます。

令和２年５月10日

編著者を代表して

中島　茂幸

凡例と検定問題引用上の注意

凡　例

法令通達等略称表示は，次のとおりとなります。

通　法：国税通則法
通　令：国税通則法施行令
通　規：国税通則法施行規則
通基通：国税通則法基本通達
所　法：所得税法
所　令：所得税法施行令
所　規：所得税法施行規則
所基通：所得税基本通達
法　法：法人税法
法　令：法人税法施行令
法　規：法人税法施行規則
法基通：法人税基本通達
消　法：消費税法
消　令：消費税法施行令
消　規：消費税法施行規則
消基通：消費税法基本通達
酒　法：酒税法
国犯法：国税犯則取締法
徴　法：国税徴収法
措　法：租税特別措置法
措　令：租税特別措置法施行令
措　通：租税特別措置法通達
相　法：相続税法
相　令：相続税法施行令
相基通：相続税法基本通達
評基通：財産評価基本通達
印　法：印紙税法

以下，各税法において同じ。

また，

民　法：民法
会　社：会社法
金商法：金融商品取引法

条件の本文中における引用は，例えば法人税法第34条第１項第１号の場合，表記上の慣例に従い，「法法34①一」と略しています。

検定問題引用上の注意

本書は全国経理教育協会主催の税務会計能力検定試験から問題を引用しています。引用の際，事業年度や所得計算する年分を最新にすることで現行税法に従って解答するように若干修正した問題もあります。これらの修正によって，検定試験の過去問と本書で扱う問題は厳密に一致しませんが，おおむね検定問題の大意を損なうものではないと判断される限りにおいては，「類題」と表記しています。

目　次

第２編　消費税法

第 1 編

法人税法

第１章　法人税の基礎概念

第１節　法人税法の沿革

1．法人課税の創設

今日の法人税は，所得税や消費税と並んで財政歳入に占める割合が大きな税金です。法人税の源流は所得税法で，制定されたのは1887（明治20）年，わずかに29ヵ条文，同年７月１日より施行されました。その後1899（明治32）年に所得の種類を「第一種：法人所得」,「第二種：公債，社債所得」及び「第三種：第二種所得以外の個人所得」に区分して「法人所得」に課税することになったのです(1)。

この法人所得は，総益金から総損金を控除して計算し，税率は2.5％の比例税率でした(2)。納税手続は，法人が各事業年度ごとに税務署に課税資料（損益計算書）を提出し，所得調査委員会がこれを調査して所得金額及び税額を決定して通知し，それに従って納付するという「賦課課税制度」でした（旧所法９）。

2．戦費調達による税率引き上げと制度整備

法人税は日露戦争等の戦費調達のために順次税率を引き上げ，時には臨時利得税，支那事変特別税など臨時的な課税も行われました。1940（昭和15）年には，①中央と地方の負担均衡，②経済政策との調和，③収入の増加と弾力性ある税制の樹立及び④税制の簡素化などを図るため，根本的な改正が行われました。このとき法人に対する第一種所得税及び法人資本税を統合するとともに，所得税法から分離し「法人税法」としたのです(3)。また制度改正として，法人税及び臨時利得税を損金不算入とし,「租税公課の損金不算入」の原型が創設され，前３年以内の欠損金控除を認め,「繰越欠損金の損金算入」の萌芽となったのです。その後，1941（昭和16）年，太平洋戦争の勃発による戦費確保のため普通所得の税率を25％に引き上げ増税し，一時は，最高税率が82.75％にまでなったのです。するとそれまで全額損金としていた寄附金が著しく増加の傾向を示してきたので，1942（昭和17）年には，寄附金について損金算入限度額が設けられたのです(4)。さらに1944（昭和19）年には，税率を30％に引き上げたのでした。

3．申告納税制度とシャウプ勧告

終戦の1945（昭和20）年には，税率を33％に引き上げるとともに，賦課課税制度では税額確定や納税が遅れるので，税収の早期確保を図るため「申告納税制度」に改正し，納税者間における

課税時期の公平を図ったのです[5]。さらに戦後の経済的混乱のなかで1946（昭和21）年7月改正では，終戦後の急激なインフレ防止，国民生活の安定確保，戦後復興の財政需要を賄うため，税制全般にわたって増税が行われ，基本税率を35%としたのです。

1950（昭和25）年，シャウプ使節団は「日本における恒久的な租税制度の構図を画く」[6]として，戦後の日本のあるべき税制を提示したのです。その法人税改革の特徴は，法人格を株主の集合体とする「法人擬制説」を前提として構築したことです[7]。また戦後は，商法や企業会計原則との調和をめざして議論が活発化し，法令や通達の改正によって順次会計的な要素が折り込まれたのです。一方で，経済政策を促進するため，税制上に多数の特別措置を設けたのです。こうした諸施策によって順調に戦後復興が行われてきたのです。

4．法人税法の全文改正と企業会計との調和と分離

1964（昭和39）年は，東海道新幹線や首都高速道路が開通し，東京オリンピックが開催され景気が良い年でした。一時的な景気の後退はありましたが，その後，高度成長期へと向かったのです。1965（昭和40）年には所得税法及び法人税法も，戦後改正のツギハギから，新たな出発として全文改正による整備合理化が行われました[8]。そして企業の国際競争力を支援する施策，試験研究費に係る税額特別控除などが創設されたのです。特に，会計基準との整合性を重要視して，①収益計上基準の明確化，賞与引当金[9]及び返品調整引当金の創設等（昭和40），②一般に公正妥当と認められる会計慣行の尊重規定の創設（昭和42），③特別償却に係る準備金方式の創設（昭和42）などが税法に取り入れられたのです。一方で，経済の急激な発展は土地ブームをもたらしたので，異常な土地価格を抑制するため1973（昭和48）年には法人所得課税のほか，さらに土地利益を計算して課税する，重課制度が導入されました。

翌1974（昭和49）年には，基本税率を35%から40%に，1981（昭和56）年には42%に引き上げましたが，1988（昭和63）年には消費税の導入に対応して40%に引き下げました。しかし1992（平成4）年には，厳しい財政事情に対応するため，平成4年から6年の2年間，法人税額の400万円超に対して2.5%を課税する法人特別税が創設されました。

一方，企業会計が国際会計基準との調和を図ることに対して，法人税法は独自の立場を歩むようになり，1998（平成10）年には，賞与引当金，特別修繕引当金等，製品保証引当金を廃止，2002（平成14）年には退職給与引当金を廃止するなど，企業会計との調和は崩れ始めたのでした。さらに法人税率は景気の低迷を受けて37.5%から34.5%へ引き下げ，土地価格の下落を受けて土地重課制度の適用停止となり，翌1999（平成11）年には，さらに景気の悪化に対応した負担軽減措置として，基本税率を34.5%から特例税率30%に引き下げたのです。

5．会計基準と会社法に伴う法人税法改正

従来，法人税法は，原則として取得原価主義を採用し，課税所得の算定は実現主義を採用していましたが，2000（平成12）年には売買目的有価証券について時価課税としました。また，同年IT投資政策促進のため「情報通信機器等」を取得した場合には取得価額の50%特別償却などの特例を設けました。2006（平成18）年は，会社法の制定に伴い「資本の部」をはじめとする大幅

な改正が行われ，損金不算入であった役員賞与も所定のものは損金算入とするなど大転換を図りました。2007（平成19）年は，会計基準の改正に照応して，減価償却の国際的調和を図るため残存価額を廃止して250％定率法を採用，リース取引は賃貸借処理から原則として売買処理に，また，棚卸資産から金やプラチナ等の短期売買商品を除き，これらには時価課税とするなどの改正をしたのです。2009（平成21）年は，棚卸資産の評価方法から後入先出法等を削除しました。

その後も，新たな会計基準の公表に関連して法人税法にも所要の改正が行われています。2018（平成30）年には「収益認識に関する会計基準」が公表されました。それまで法人税法には22条２項に益金に関する原則的な規定しかなかったところ，この会計基準を受けて22条の２を新設し「従来の取扱いを踏まえ，一般に公正妥当と認められる会計処理の基準に従ってその資産の販売若しくは譲渡又は役務の提供に係る契約の効力が生ずる日その他の引き渡し又は提供の日に接近する日の属する事業年度の確定した決算において収益として経理した場合には，その経理した事業年度の益金の額に算入する」ことが明確化され，会計基準の考え方を柔軟に受け入れました(10)。

なお，2008（平成20）年のリーマンショックによる景気の悪化に対しては，中小法人の軽減税率を２年間22％から18％に引き下げるとともに，土地等の取引を活発化させるため特別控除制度を創設したのです。

６．国際化，連結会計，企業組織再編等に対する税制改正

企業の発展は，国内から海外へと国際化し，組織のあり方もM&Aなどを活発化し，そのことは法人税法にも大きく影響しました。1978（昭和53）年には，タックス・ヘイブン対策税制が創設されました。これは，「いわゆる軽課税国に所在する外国法人で我が国の法人又は居住者により株式又は出資の保有を通じて支配されているとみなされるものの留保所得をそれら我が国株主の持分に応じてその所得に合算して課税する」(11)制度です。1986（昭和61）年には，移転価格税制が創設されました。基本的な仕組みは「法人がその国外関連者と行う取引の価格が独立企業間価格と異なることによりその法人の所得が減少する場合には，その取引が独立企業間価格で行われたものとして課税所得を計算」(12)するという「みなし課税」制度です。さらにタックス・ヘイブン税制を改正し，内国法人などが支配する特定外国子会社等の留保所得に対して課税できることとしました(13)。2001（平成13）年には，合併，分割，株式移転など，企業の組織再編成を税制から支援するよう改正され，所定の組織変更が適格要件を満たす場合には，その組織再編成において生じる損益について，課税を繰り延べることとしたのです(14)。

その後，2002（平成14）年には，従来から懸案であった連結納税制度が創設されました。これは法人の選択により，完全支配関係にある親子会社のすべての所得を合算して，親会社が納税義務者となって申告納税する制度です(15)。2010（平成22）年には，完全支配関係にある法人間取引について，本来発生している損益の課税を繰り延べる，寄附金と受贈益の損益を発生させないなど，特殊な制度を創設したのです(16)。一般に「グループ法人税制」といわれています。

7．東日本大震災とアベノミクスによる税制改正

2011（平成23）年3月11日に発生した東日本大震災は，福島原子力発電所の爆発を始め多くの被害をもたらし復興の困難さを実感させました。復興資金のため，同年12月には復興特別所得税と復興特別法人税が創設され，法人には2011（平成23）年度から2015（平成27）年度まで基準法人税額に10%の税率を乗じた金額とされましたが，2014（平成26）年に1年前倒しで廃止されました[17]。2012（平成24）年3月にはエネルギー政策の促進を図るため，太陽光発電設備等の投資に対して投資額の100%を損金算入できる即時償却という制度を導入しましたが，2016（平成28）年には一定の設備について即時償却を廃止しました[18]。また，2012（平成24）年8月の税制抜本改革法では，「地域間の税源の偏在性を是正し財政力格差の縮小を図ることを目的」として，法人住民税の一部を引き下げ，交付税の財源として地方法人税（国税）が創設されました[19]。

2012（平成24）年12月に第2次安倍政権が誕生すると「アベノミクス」と称する経済政策が始まり，その柱は（1）大胆な金融政策，（2）機動的な財政政策，（3）民間投資を喚起する成長戦略とされました。それに伴って法人税法では，役員給与の損金不算入，企業再生関係税制，組織再編税制，申告期限延長の見直しを始め，2019（令和元）年には仮想通貨の課税方法の創設が行われました[20]。租税特別措置法では，特別試験研究費や試験研究費に対する税額控除の改組拡大，雇用促進税制の税額控除の拡大，雇用者給与等支給額増加額の税額控除の創設，産業競争力強化法に伴う中小企業投資促進税制の拡大，国家戦略特別区域内における特定の特別償却の創設などが行われました[21]。さらに「日本再興戦略2016」を踏まえて，中小企業等経営強化法による一定の設備投資について即時償却が導入されました[22]。

なお，景気対策として法人税率は引き下げられ2012（平成24）年から基本税率は25.5%，2015年23.9%，2016年23.4%，2018年23.2%とし，中小企業の年800万円までは15%としています。

第2節　租税原則と税務会計原則

1．租税原則

租税原則とは，租税を賦課する場合に，考慮しなければならないもので，言い換えれば「公平な租税はどうあるべきか」ということになります。この原則は，時代の社会情勢などから変化しています。そのなかでも，アダム・スミス（Adam Smith）とアドルフ・ワグナー（Adolf Wagner）が唱えた原則がよく知られています[23]。

以下，歴史的に順を追ってみていきます。18世紀後半から19世紀にかけての資本主義の勃興期には，ジョアン・ユスティ（Johann Justi），セイ（Jean Say）やアダム・スミス（Adam Smith）が説いています。アダム・スミスは，「公平性」，「確実性」，「便宜性」，「最小徴税費」の4つの原則をあげています。「公平性」は，国民は国家の庇護のもとに，収入に比例して納税すべきとする原則を指します。「確実性」は，明確で恣意性を持たないことを指します。「便宜性」は，納税者が最も便宜的な方法で徴収されるべきことを指し，「最小徴税費」については，最も少ないコストで徴収されるべきことを指します。

19世紀後半になるとアドルフ・ワグナーが新たな租税原則（4つの大原則とそれに該当する9つ

図表1－1　租税原則の変遷

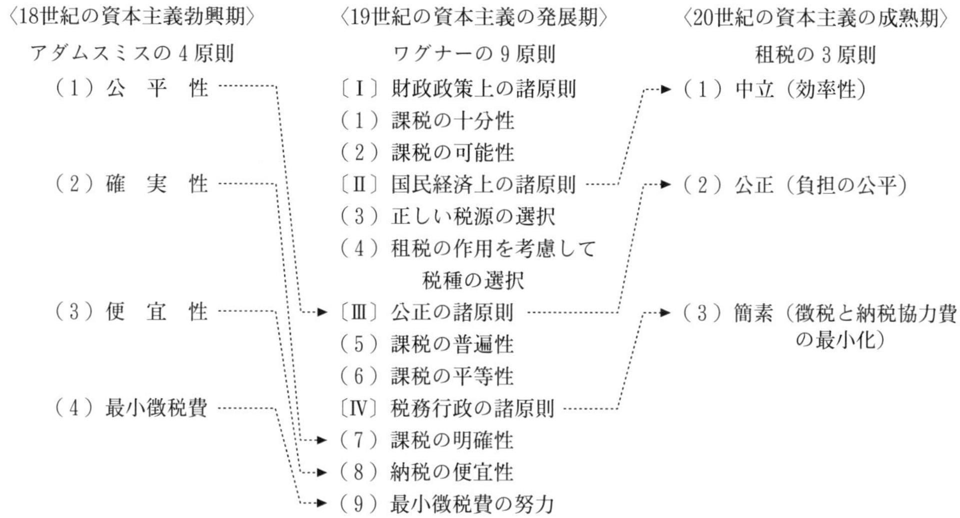

出所：『基本財政学　第4版』108 頁。

の小原則）を提唱しています。それは，「財政政策上」の原則では，租税における，十分性・弾力性を，「国民経済上」の原則は，税源・税種選択の妥当性を，「公正」の原則は，租税の普遍性・平等性を，「税務行政上」の原則は，明確性・便宜性・徴税費の低減を指摘しています。「財政政策上」においての十分性については，財政支出を十分に充足すべきという原則であり，収人においても，柔軟に充足すべきというのが弾力性の原則です。「国民経済上」の原則は，税源を国民の所得をよりどころとする税源選択の原則と，そうした税源の選択を誤らずに，租税を転嫁する場合に，正しい税種を選択しなければならないという，税種選択の原則です。「公正」の原則は，国民すべてが負担を負うべきであり，特定の者に偏(かたよ)ることを排除すべきとする，普遍性の原則と，負担が公平であるべきとする平等性の原則があります。「税務行政上」の原則は，アダム・スミスの4原則をまとめた形となっています。

各個人が租税を負担する能力を担税力といいますが，租税の負担配分の公平に関しては，利益説（アダム・スミス）または義務説（ワグナー）といういずれの説に基づくかによって，それぞれ，応益原則と応能原則というものが導かれます[24]。応益原則では，個々人が享受する公共財の便益に応じて租税負担を配分することが公平だと考えます。応益原則によって負担の公平をとらえることは，各個人に課す，利用料・価格をどのように定めるか，フリーライダー（いわゆる，ただ乗り）が発生しないか，また，消費者ごとに需要量が異なる場合，これをどう調整するかなど問題が生じます。応能原則は，公共財による便益の程度に関係なく，各個人の支払能力に応じて租税を負担することが公平だと考えます。この支払能力によってどう負担するのが公平かについては，等しい能力の人は等しい負担をするという水平的公平[25]と，異なる能力の人は異なる負担をするという垂直的公平の考え方があります。ここで，垂直的公平に関する，異なる負担の程度は，所得に対する負担の割合である，実効税率[26]（実際に納める税の総額／所得総額）によって測られます。この実効税率が，所得の上昇に伴って高くなる場合を累進税，一定である場合を比例税，低くなる場合を逆進税として特徴づけられています。このなかでも累進税による負担の配分は垂直的公平の観点から受け入れられやすい考え方とされていますが，累進税による公平の実現は重要であるとしても，累進構造を強化しすぎると勤労意欲や事業意欲を阻害することにもなります。また，高額所得者の租税回避を増大させることも指摘されています。

2．税務会計原則

企業会計原則・原価計算基準・監査基準は企業会計審議会によって制定されることで権威づけがなされていますが，今までのところ税務会計原則は諸学者によってさまざまな主張がされているに過ぎません。そのようななかでも税務会計原則について最も精緻な議論を展開しているのが富岡幸雄教授の所見であり，その構造については富岡教授の『税務会計原理』[27]が参考になります。

ところで「企業が『一般に認められた会計原則』に従って財務諸表を作成したかどうかは，公認会計士による監査意見によって判断」されるため，「会計原則は公認会計士が意見表明するさいの根拠としても役立てられている」と説明されます[28]。他方，税理士の業務において企業会計原則がいかにして活用されているのかを知るためには，納税のプロセスに企業会計原則がいかにしてかかわるのか考えてみる必要があります。実際のところ法人税額の算定では，法人税法第22条第4項に規定する公正処理基準の一部は企業会計原則です。このため企業会計原則は，税理士が申告書を提出する際，正しい税務処理をしていることの根拠として用いられます。

また税務会計では納税情報の利用は主に課税庁に偏るため，申告書の作成やその公開について原理原則を示すのも課税庁になります。したがって税務会計原則では租税の徴収についての行動規範に言及されることにもなり，税務会計原則は租税原則と一部で通底します[29]。結果として，税務会計原則は納税者の行動と課税側の徴税姿勢の両面にわたって規律が与えられるものと類推されます。

第3節　租税法律主義と租税訴訟

1．納税の義務

国家は国民によって成り立っており，国民は，国及び地方公共団体に対して国民経済の基盤整備，社会福祉政策，教育政策など多様な公共サービスの提供，また，国防，外交などの活動を要請しています。そのためには巨額の財政支出が必要となり，国及び地方公共団体は国民に納税の義務を課しています。国民は，その費用の負担をするので，納税は，国民の権利でもあるともいえます。しかし税金は，個々人が商品などを購入するのと異なり，納税者個々人に対して，直接，商品やサービスをもたらしませんが，間接的に国民経済，国民生活に役立っているのです。

憲法第29条は「財産権は，これを侵してはならない」と定めて，国民の私有財産権を保護しています。これに対して納税は金銭的負担を伴うので，私有財産権を侵害しますが，憲法第30条では「国民は，法律の定めるところにより，納税の義務を負う」としています。

2．租税法律主義

納税の義務によって，国及び地方公共団体に対して抽象的に課税権を与えていますが，この課税権を実現するには，国民によって選ばれた代表による議会制民主主義により，法律を定めて国民に租税を賦課し，徴収することになります。憲法第84条は「あらたに租税を課し，又は現行の租税を変更するには，法律又は法律の定める条件によることを必要とする」としています。これが租税法律主義といわれる原則です。

したがって，国民は法律の定めに従って納税の義務を負います。具体的には，国会で定める所得税法，法人税法，相続税法，消費税法など個々の法律によって，誰に対して，どのようなものを対象として，どのような税率で課税し，どのような手続きで納めるのか，などが定められます。これによって法的安定性と予測可能性を与えているのです[30]。

国民も国家もこれらの法律に従って合理的に解釈し適正に課税，納税が行われていれば，問題は生じません。しかし，租税に関する立法自体が合理性を欠いた不公平なものであったり，著しい財産権の侵害であれば，憲法違反として問題が生じます。また，法律に基づいた適切な執行が行われていれば問題ありませんが，経済的取引に対してどのような法律をどのように適用するか，例えば，ある取引が売買なのか貸借なのか，ある費用の内容が会議費なのか交際費なのかなど，社会に生じるさまざまな事柄をどのように認識し，租税法上どのように認定するのか，つまり事実認定をめぐって問題が生じます。事実認定が適正であっても，課税計算において納税が不足であったり，課税が行き過ぎたりすれば，問題が生じます。そこに適正な課税のあり方をめぐって納税者である国民と課税権者である国及び地方公共団体との間に問題が生じます。

3．法人税法と通達

法人税法の法律において，課税に関する詳細な規定をすべて網羅することは困難です。仮に多大な労力を費やしてその困難を乗り越えたとしても，そのような法律では経済のめまぐるしい変化に対応できません。そこで，法律を補うために政令・省令・通達が定められます。政令とは，内閣の閣議決定によって制定され，省令は各省の大臣が定めます。また通達は法律とはいいませんが，全国各地にある税務署で税法規定の運用に統一性が保たれるようにと国税庁が税法ごとに定めた解釈指針や運用方針です。ただし，通達が頻繁に改正されることで，従来，納税者が節税としてきた会計処理に制約が与えられるとすれば，場合によっては納税者の権利を侵害することにもなりかねません。課税は強制力を伴うことから公平に課税され，納税者の権利が守られることが重要となります。また，法を法として成立させるための基礎概念としても公平は重要な原則ですが，そもそも課税における公平原則の起源は租税原則に求められます。

4．不服申立前置主義

わが国において一般的な民事事件や刑事事件は，原則として，地方裁判所で第一審が行われ，その判決に不服があれば高等裁判所で第二審が行われ，その判決に不服があれば最高裁判所で最終審が行われるという三審制が採用されています。

これに対して行政庁の違法又は不当な処分など公権力の行使，つまり行政作用による事件は行政事件といわれ，これらの紛争解決を簡単迅速な手続で国民の権利利益を救済するため，行政不服審査法が制定されています（行政不服審査法１）。ここでは，行政事件に関して，審査請求による不服申立てを認めています（同法３）。

しかし，租税に関する争いは，納税者と税務署との課税上の問題で毎年大量に発生し頻度が多いこと，同類の争いが繰り返し起きること，専門的・技術的な性格が高いことなどから，直接，裁判所へ問題を持ち込むことをせずに，不服申立前置主義を採用しています[31]。この不服申立前置主義とは，租税に関して不服がある場合，審査請求の手続を経たのちでなければ裁判を提起することができないという制度です（通法80，地方税法19）。国税及び関税に関する不服申立ては，国税通則法の定めによる手続となり，同法に定めていない事項に関しては行政不服審査法によります。地方税に関する不服申立ても，行政不服審査法によります。

５．国税不服審査制度

不服申立ての原因となる処分には，税務署長，国税局長，国税庁長官，関税長及び地方公共団体の長によるものがあります。地方公共団体の長によるものは，行政不服審査法に従いますので，ここでは国税に関する処分について国税通則法の手続きを説明します。

国税に関する不服申立ては，再調査の請求又は審査請求によって構成されています（通法75）。再調査の請求は，当該処分庁に対して行う紛争解決の申立て手続きです。これに対して審査請求は，当該処分庁とは異なる国税不服審判所への紛争解決の申立て手続きです[32]。

図表１－２　不服審査制度の概要

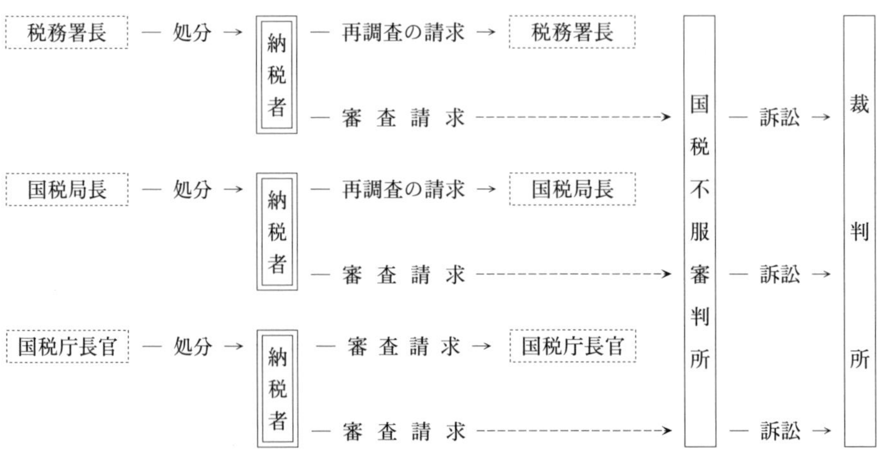

国税に関する運営管理や調査などは，行政組織として国税庁を頂点とする各地域ブロックの国税局，札幌，仙台，関東信越，東京，名古屋，金沢，大阪，広島，高松，福岡，熊本国税局及び沖縄国税事務所，さらに下部組織として各地の税務署（524）が行います。一般的には税務署が税務申告の受付から調査まで行っています。

これに対して国税不服審判所は，国税庁の執行組織とは別の不服審査機関として存在し，本部と下部組織として各地の国税局単位と同じ各地に11の国税不服審判所が配置されています。

課税処分は，税務署長，国税局長及び国税庁長官によって行われることがありますので，処分庁に区分し，これらの手続の概要を図表１－２に示します。

６．再調査の請求

（１）税務調査と再調査の請求

所得税の確定申告を例に具体的に考えてみましょう。Ａ氏は，個人で文房具店の事業を営んでいます。この事業については，開業当初から青色申告[33]によって，毎年，確定申告書を提出し納税していました。

ところが，税務職員が税務調査をしたところ，Ｘ店への売上高が計上されていないため課税所得が少ないと指摘されました。しかし，Ａ氏は，Ｘ店との取引はあるものの税務職員が指摘する部分の売上については，ＡとＸとの取引がなく，自分の申告に間違いはないと主張したが認められませんでした。税務署長は，当該指摘した事項について所得金額を増額して更正決定処分通知書を送達[34]してきました。

この場合Ａ氏は，この通知を不満として課税庁（国）と争うことになります。方法は２つあります。１つは当該税務署長に対して取消請求する「再調査の請求」です。他の方法は，直接，所轄の国税不服審判所へ税務署長の更正決定処分の取消を求める「審査請求」です。

再調査の請求は，処分のあったことを知った日の翌日から起算して３月以内に税務署長へ再調査の請求書を提出して行います（通法77①）。再調査の請求を受けた税務署長は，当初の税務調査を再調査して処分内容の見直しを図ります。再調査の請求をして，なお，再調査による決定でも解決が得られないときには，再調査決定書を受けた日の翌日から１月以内に国税不服審判所へ審査請求することができます。

（２）再調査の請求

「再調査の請求」をしたものとして話を進めます。再調査の請求を受けた税務署長（「再調査審理庁」という。）は，再調査を展開します。納税者は二度目の税務調査を受けることになりますが，当初の調査とは異なり再調査の請求による調査です。

この再調査の結果，課税処分を見直し決定します。再調査の請求に対しては，「却下」，「取消し」，「一部取消し」又は「棄却」の決定が行われます。増額決定は行いません（通法83③）。

「却下」とは，当該再調査の請求が適法に行われていない場合に，再調査の請求の内容審理に入ることなく，いわば門前払いとする決定です。提出期限を過ぎて提出したり，再調査の請求当事者として適格性を欠いていたり，書類が不備であったりした場合に生じます。

「取消し」とは，当該税務署長の当初処分全部を取り消すことであり，納税者の主張が全部認められることです。「一部取消し」とは，処分の一部を取り消すことで，納税者の主張の一部が認められることを意味します。こうした再調査決定は，処分をした税務署長自らが再調査審理庁として処分内容を改める決定なのです。

「棄却」とは，再調査の請求について再調査した結果，当初の課税処分が正しいと判断し，納税者の主張を全面的に否定する決定です。棄却，一部取消し決定の場合，納税者にとって不満が残る場合があります。そこで次に審査請求を求めることができます。

先の事例において，X店との取引について一部課税処分が誤っていたことが判明しました，ということで再調査審理庁である税務署長は一部減額更正決定を行い，その旨通知してきました。しかし，Aは，当初の処分全部が間違いである旨主張しているので，この場合には審査請求を行います。再調査決定書の通知があってから，1月以内に当該税務署を所轄する国税不服審判所へ「審査請求書」を提出します（通法77②）。

再調査の請求をして3月を経過しても再調査について決定が行われない場合には，決定を待つことなく審査請求することができます（通法75④）。

7．審査請求

（1）審査請求

審査請求は，課税庁における再調査の請求と異なる視点から，国税不服審判所として調査をして課税処分を見直し裁決をします。審査請求でも，却下，取消し又は一部取消し，棄却の裁決が行われます。用語の意味は，再調査の請求と同様です。審査請求の裁決においても，再調査の請求と同様に増額裁決は行いません。国税不服審判所の裁決に対して，課税処分をした税務署長から，これらの裁決を不服として裁判へ訴えることはできません。

しかし，国税不服審判所が「棄却」,「一部取消し」の裁決を行った場合，納税者には不満が残っているわけですから，さらに裁判へ訴訟を提起する道が残されています。

（2）再調査の請求と審査請求の問題点

再調査の請求に対する再調査は，当初処分した税務署長のもとで，当初の担当者とは異なる担当者で行われます。この段階でも，却下，取消し，一部取消し及び棄却の決定が行われます。基本的には，原処分維持の意向が強く，適正な調査が行われないと指摘されています。しかし，当初の調査担当者と再調査の調査担当者は異なり，一部取消しあるいは全部取消しすることもあるので納税者の納得が得られる場合もあります。

国税不服審判所の所長は，司法から就任しています。しかし，国税不服審判所の一般職員の多くは，税務職員から転勤で配属されています。また，転勤で税務職員に戻ります。こうした人事上の観点から，国税不服審判所の審査請求における調査のあり方が，課税庁寄りであると指摘されています。また，審査請求の審理調査においては，納税者の主張した争点に限らず，課税額を維持するための調査に力がおかれ，総額主義[35]であることが問題点として指摘されています。

8．租税争訟

不服申立前置主義により，国税処分に対する再調査の請求，審査請求を経て，なお，裁決に納得が得られない場合には，裁判に訴えることになります。わが国の裁判制度は三審制度を採用しているので，最初は，地方裁判所へ訴えることになります。第一審の裁判です。原審ともいい，事実認定と法解釈及び適用について原則として1人の裁判官で審理されます。この地方裁判所の判決に対しては，納税者と処分庁のどちらからでも所轄の高等裁判所へ控訴できます。高等裁判所では，引き続き事実認定や法解釈適用など3人の合議制によって審理された上で判決されます。この判決にも納得が得られない場合で，法令解釈に憲法違反の疑いがあるときは，最高裁判所へ上告します。最高裁判所では，一般的には最高裁判事5人で構成される小法廷での合議によって審理されます。しかし，過去の判決を否定するような重要な判断を示すような場合には15人全員で開催する大法廷で審理します。いずれにしても最高裁判所の判決が最終となります。ときには高等裁判所の判決を破棄し，高等裁判所へ事実審理の裁判のやり戻しを求める場合もあります。これを破棄差戻しといいます。また，高等裁判所での判決を破棄して最高裁判所自体が判断し判決する場合があります。これを破棄自判といいます。

第4節　法人税の納税義務者と青色申告

1．納税義務者

法人税法に規定される納税義務を負う者とは，国内に本店または主たる事務所を有する法人（内国法人）と外国法人のほか，法人ではない社団または財団で，代表者または管理人の定めがある者（人格のない社団等）となります。そのうち内国法人は，納税義務のない公共法人（日本放送協会・住宅金融支援機構・日本政策金融公庫・地方公共団体），収益事業に低率課税される公益法人等（税理士会・司法書士会・商工会議所・日本赤十字社・弁護士会），収益事業に普通税率課税される人格のない社団等（同窓会・P.T.A.），すべての事業に対して低率課税される協同組合等（漁業協同組合・消費生活協同組合・農業協同組合・信用金庫），すべての事業に対して普通課税される普通法人（合名会社・合資会社・合同会社・株式会社・有限会社[36]）に分類されます（法法2三～九，法法4①，③）。

問題1－1

次の表は，内国法人を各事業年度の所得に対する課税内容によって区分し，各区分に属する法人の具体例を示したものであるが，表の一部が空欄になっている。【資料】に示す語句のなかから適切な語句を選んで解答欄の空欄にその番号を記入し，この表を完成しなさい。

【資料】

1．収益事業から生じた所得に対してのみ低率課税　　2．すべての所得に対して低率課税
3．株式会社　　4．公共法人　　5．税理士会　　6．P.T.A　　7．日本放送協会
8．合資会社　　9．人格のない社団等　　10．農業協同組合

解答欄

	法人区分	法人の具体例	各事業年度の所得に対する課税内容
内国法人		地方公共団体	非課税
	公益法人等	商工会議所	
	協同組合等	信用金庫	
		同窓会	収益事業から生じた所得に対してのみ普通税率課税
	普通法人		すべての所得に対して普通税率課税

［4級・2問］

2．青色申告法人

納税者の自主的な報告によって納税額を確定するのが申告納税方式ですから，課税庁が納税者の申告を信頼するという前提でこの制度は成立します。また課税の見落としを減らそうとすれば納税者の数だけ税務署職員を増やせばいいということになりますが，最小徴税費の原則が優先されるので，徴税コストをいたずらに増やすことには問題があります。そこで最小の費用で最大の税収を得るための方法として，納税者に一定の帳簿書類を備え付けさせて，所定の事項を税務書類に記録し，申告書を提出させることにしました。これが青色申告制度で，シャウプ勧告に基づき，昭和25年の税制改正によって実現しました。なお，青色申告法人になるためには納税地の所轄税務署長の承認を受けることで，次のような特典を得ることになります。また青色申告法人は決算日から7年間，帳簿書類を保存しなければなりません（法規59①）。

① 租税特別措置法による各種準備金の損金算入
② 租税特別措置法による特別償却などの減価償却の特例
③ 青色欠損金の繰越し
④ 推計による更正の制限
⑤ 法人税額の特別控除（試験研究費を増加した場合など）
⑥ 欠損金の繰戻しによる還付

青色申告の承認を受けようとする法人が承認の申請書を提出期限までに提出した後，その青色申告しようとする事業年度終了の日までに承認または却下が示されない場合があります。その場合は，その事業年度終了の日において承認があったものとみなします（法法125）。また青色申告の承認を取りやめる場合，その事業年度終了の日の翌日から2カ月以内に承認取りやめの届け出をしなければなりません（法法128）。

問題１－２

次に掲げる諸制度のうち，青色申告法人に認められた特典制度を３つ選んで，その番号を解答欄に記入しなさい。

１．各種準備金の積立額の損金算入　２．広告宣伝費の損金算入　３．減価償却資産の特別償却
４．修繕費の損金算入　５．更正理由の附記　６．旅費交通費の損金算入

解答欄

［４級・３問］

第５節　法人税額計算の概要

１．確定決算と税務調整

内国法人が法人所得を算定するためには，原則として会社法の規定に従って費用と収益の差額から当期純利益を算出し，それが株主総会または取締役会によって承認されなければなりません(37)。そして各事業年度終了の日の翌日から原則として２カ月以内に，確定した決算に基づき所定の事項を記載した確定申告書を税務署長に提出しなければなりません（法法74①）。したがって，決算の確定が法人所得を計算するためのはじめの一歩ということになります。

法人所得を算定するためには，費用と収益の額をそれぞれ税法の規定に従って修正して損金と益金とし，損金と益金の差額が法人所得となります。法人所得の算定は，「別表四」と呼ばれる税務書類で申告調整として行われます。そしてこの算定された法人所得に税率をかけて法人税額を算定しますが，こちらは「別表一」で計算されます。

法人が作成した損益計算書には減価償却費や役員報酬額，引当金の繰入額などの費用項目が計上されますが，そうした費用項目の多くについて，法人税法では限度額を設けています。もしも限度額を設定しないでおくと，過大な減価償却費や役員報酬の計上によって，国に納められるはずの法人税額が減少してしまいます。課税庁としてはそのような弊害は避けねばならないので，法人所得を算定するときには，確定決算で計上された費用の一部を税法上の損金として認めないとする申告調整を行います。この申告調整には，損金不算入・損金算人・益金不算入・益金算入があります。

申告調整は税務調整の１つですが，税務調整にはこの他に決算の段階で費用収益の数値を修正する決算調整があります。申告調整は別表四を用いて行いますが，決算調整は修正の内容が当期純利益に反映されます。なお，申告調整には損金算入及び益金不算入を行う任意的調整と，損金不算入及び益金算入を行う強制的調整があり，これらを整理すると図表１－３のようになります。

法人所得算定のために税務調整を行うのは，租税法が発生主義や実現主義を原則として認めていないことと関係があります。企業会計では，発生主義と実現主義によって費用と収益が計上され，それらの期間的対応関係から当期純利益を算出してきました。しかし法人税法では，債務確定主義と権利確定主義によって損金と益金が計上されます。債務確定主義と権利確定主義に基づ

いて損金益金を計上するという思考は，期間対応を重視するというより，取引当事者間の法的関係を重視することを意味します。つまり，「われわれの日常の私人間の法律関係で，『法的に最も安定した状態』が権利・義務の確定したとき」と考え，法人所得を計算するのです。したがって「会計学や税法学のそれぞれの立場において，一方では経済的観点から，他方では法的観点から，おのおの意味のあるアプローチがとられている」といえます[38]。

図表1－3　税務調整の構造

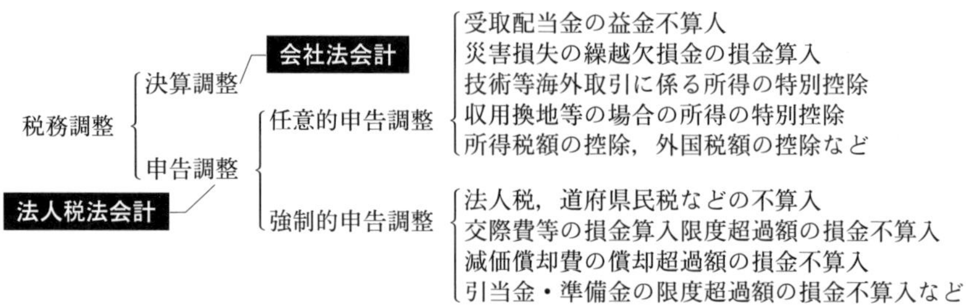

2．損金益金

（1）損金の額

法人は，確定した決算（会社法による計算）に基づいて申告書を提出しなければなりません（法法74）。そしてその確定した決算で費用または損失を経理することを損金経理といいます（法法2二十五）。法人の最終意思決定機関は株主総会であるために，損金経理された費用や損失が株主に承認され，承認された当期純利益をもとに課税所得計算が行われることになります（確定決算主義）。したがって原則として，株主の承認を得ていない費用等を申告調整段階で損金として計上することは認められません。

減価償却費や役員報酬などの計上を自由に認めると企業利益が減少し，納付される法人税額が減少してしまいます。そのような弊害を回避するために法人税法では，一部の損金算入額について限度額を定め，申告調整を行います。例えば，損金算入限度額を超過した寄附金・交際費は，申告調整の際，損金不算入となります。また，計上された費用には常に過大部分があるわけではなく，逆に損益計算書に計上していない費用について，申告調整の段階で損金として認められることもあります。これを損金算入といい，諸準備金や特別償却・圧縮記帳等の処理で損金算入されることがあります。このように費用の額が申告調整によって修正されるために，損金の総額は費用の総額に一致しません。この関係を示したのが図表1－4です。

図表1－4　費用と損金の関係

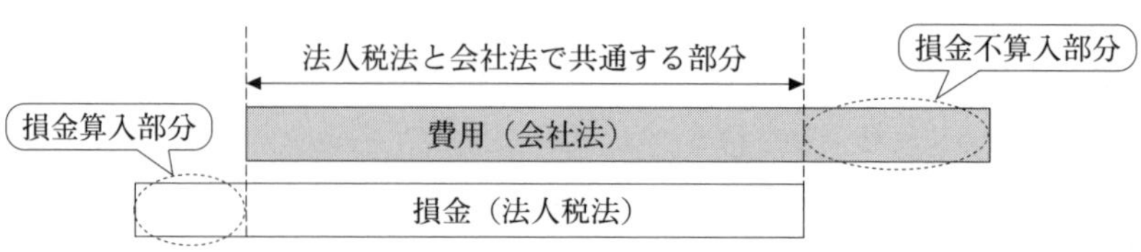

損金の額は，別段の定めのあるものを除き，①その事業年度の収益にかかる売上原価，完成工事原価等の原価，②その事業年度の販売費及び一般管理費など，③その事業年度の損失で資本等取引以外によるものによって構成されます（法法22③）。

また法人の費用または損失のうち，損金算入が可能となる金額について損金経理を要件としているのは，法人経営者の恣意性排除を目的としているからです。つまり，評価損・繰延資産を含む償却資産の償却費・引当金繰入額などは，決算時に計上される現金支出を伴わない内部取引です。したがって，これらの計上額はややもすると恣意的に決定される傾向があります。そのため法人税法ではこれらの費用について厳格に限度額を設けているのです。

問題1－3

次に掲げる費目のうち，所得の金額の計算上，損金算入限度額の定めがあるものを3つ選んで，その番号を解答欄に記入しなさい。

1．広告宣伝費　2．貸倒引当金繰入額　3．給料手当　4．減価償却費
5．旅費交通費　6．売上原価　7．寄附金　8．通信費

解答欄

［4級・3問］

（2）益金の額

損金の総額が費用の総額と一致しないのと同様に，益金の総額も収益の総額に一致しません。例えば，確定決算上は受取配当金は営業外収益となり，損益計算書に記載されます。しかし法人税法では二重課税排除のため，受取配当金を益金不算入とします（法法23①）。また無償で資産を譲渡した場合に，税法では資産を譲渡した側に益金が生じるとみなし，益金算入とします。このように収益の額が申告調整によって修正されるために，益金の総額は収益の総額に一致しません。この関係を示したのが下の図です。

図表1－5　収益と益金の関係

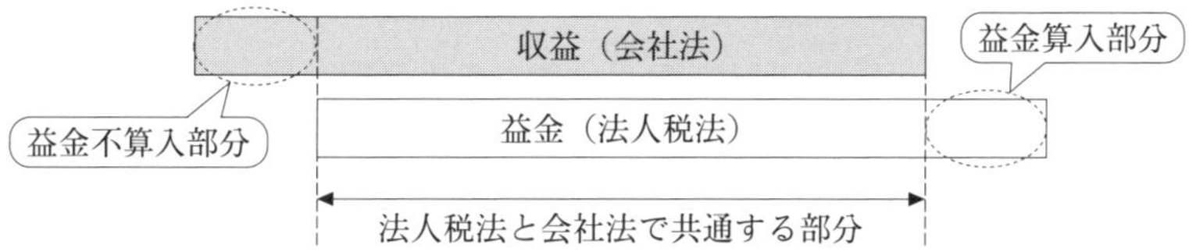

益金の額は，別段の定めのあるものを除き，①資産の販売，②有償または無償による資産の譲渡または役務の提供，③無償による資産の譲受け，④そのほかの取引で資本等取引以外によるものによって構成されます（法法22②）。なお資本等取引とは，法人の資本等の金額の増加または減少を生ずる取引と法人が行う利益または剰余金の分配をいいます（法法22⑤）。また企業会計原則でいうところの資本取引との違いについて，企業会計原則では法人が行う利益または剰余金

の分配を資本取引に含める，含めないに関して2説ありますが，税法上にいう資本等取引はそれを含めるということで見解が統一されるところに違いがあります。

問題1－4

次の取引による収入金額のうち，各事業年度の所得の金額の計算上益金の額に算入されるものを4つ選んで，その番号を解答欄に記入しなさい。

1．取引銀行からの借入金の入金額　2．土地の売却による収入金額　3．県民税・市民税の還付金受入額
4．法人税の還付金受入額　5．事業税の還付金受入額　6．貸付金の同収額
7．商品の販売による収人金額　8．不用車両売却による収入金額　9．源泉所得税の預り金額

解答欄

［4級・3問］

（3）損益計算書と別表四の関係

当期純利益がどのように法人所得へと変わるのか，その両者の関係について，減価償却費を計上した場合の申告調整を例にあげて考えてみましょう。法人が税法の定める制限金額以上に減価償却費を計上した場合には，会計上，減価償却費として計上されていても，法人所得を計算するときには，その制限を超える減価償却費の金額を損金不算入として，別表四において当期利益に加算します。図表1－6では，あたかも損益計算書（P/L）において修正がなされたように図示してみました。

図表1－6　損金不算入とPL・別表四の関係

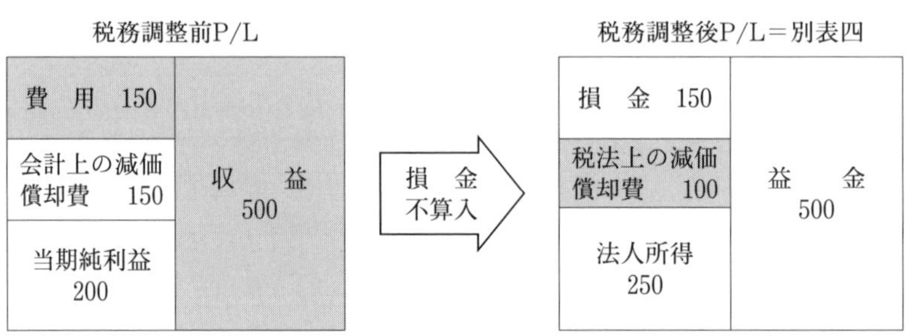

損益計算書に計上された会計上の減価償却費が150円あり，そのうち税法上の減価償却費として適正部分（＝損金算入限度額）を100円とすれば，税法上，損金と認められない減価償却費（＝損金不算入額）は50円です。この50円の費用計上を，申告調整によって損金不算入とします。この結果，当期純利益の200円は法人所得250円となります。

さて，申告調整には損金不算入・損金算入・益金不算入・益金算入の4種類がありますが，この4種類の申告調整を，法人所得を増加させるのか減少させるのかという観点から2種類に分けてみましょう。

まず1つめは法人所得を増加させるグループです。損金不算入は費用科目を減少させ，この結果，法人所得を増加させますが，それと同じ効果をもたらすのが益金算入です。益金算入は収益科目を増加させますので，結果的に法人所得を増加させます。このようにみてくると，損金不算入と益金算入は法人所得を増額修正させるので，加算項目という名の同じグループになります。

またこれとは逆に，損金算入と益金不算入は法人所得を減少させる申告調整ですから，これらを税法用語で減算項目といい，同じグループとします。加算項目と減算項目が法人所得の算定にどのような数値の変化をもたらすのか，下の図にまとめてみました。

図表1－7　加算項目と減算項目

当期純利益 ＋ [損金不算入・益金算入]（加算項目） － [損金算入・益金不算入]（減算項目） ＝ 法人所得

（4）当期純利益と法人所得の関係，そして公正処理基準

損金の総額が費用の総額に一致せず，益金の総額が収益の総額に一致しないため，損金と益金の差額である法人所得は，費用と収益の差額である当期純利益に一致しません。したがって損益計算書を作成して利益も損失もない状態でも，申告調整すると法人税を払うこともあり得ます。

このように申告調整によって企業利益を計算し直して法人所得を算定しますが，計算手段として簿記会計を利用することで，所得計算の簡素合理化を図っています[39]。もし会社法による利益計算を元に法人所得を算定するという合理化がなければ，法人税額を算定するために必要とされるすべての会計処理規定について，法人税法が新たに基準や原則を設定する必要があります。そこで，そうした煩雑な作業を回避するために法人税法における会計処理規定を簡略化し，公正処理基準を設けたのです（法法22④）。この結果，現在では，「法人税法の『公正処理基準』は『企業会計原則』そのものではなく，『企業会計原則』のうち法人税法の所得計算の目的に照らして課税の公平という視点に立って妥当な結果をもたらす合理的な会計処理についてはこれを含み，その他にも同様の視点から合理的な会計処理があればそれをも含む」と考えます[40]。

3．法人税額算定の流れ

課税所得に税率を乗じて年税額が算定されますが，確定申告において納付する法人税額は，法人税額計（年税額）から源泉所得税額と中間納付額を差し引いた残額になります。

図表1－8　税額算定の流れ

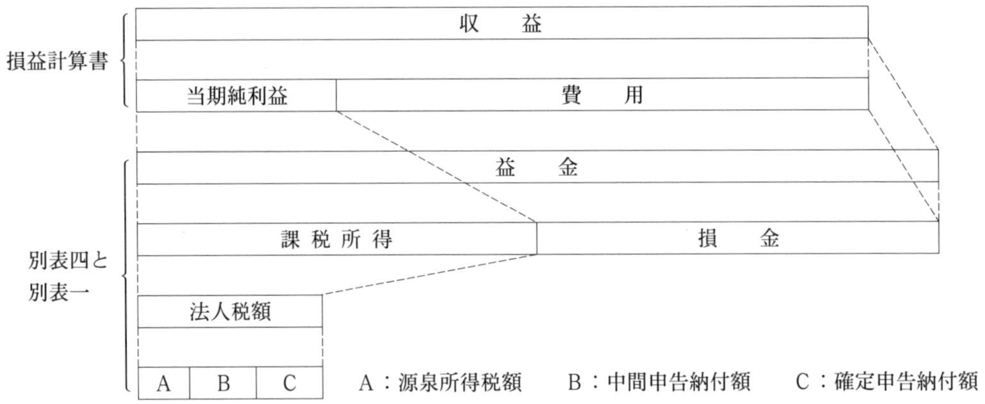

法人税法では，法人税の納税を円滑かつ確実に行うために，各普通法人の事業年度開始の日から6カ月を経過した時点より2カ月以内に中間納付を行うこととしています。中間納付額は，①前年度に確定申告した法人税額の2分の1を納税する予定申告か，②6カ月間を一会計期間として中間仮決算を行い，納税する方法があります（法法72①）。

①の方法は業績が上昇傾向にある法人には有利ですが，納付する中間申告法人税の額が10万円以下であれば中間申告は行いません（法法71①）。つまり，前年度の法人税額が20万円以下なら中間申告不要となります。例えば，決算年1回・2月決算の法人A社の納税スケジュールを示すと次のとおりとなります。

図表1－9　法人税の中間申告と確定申告

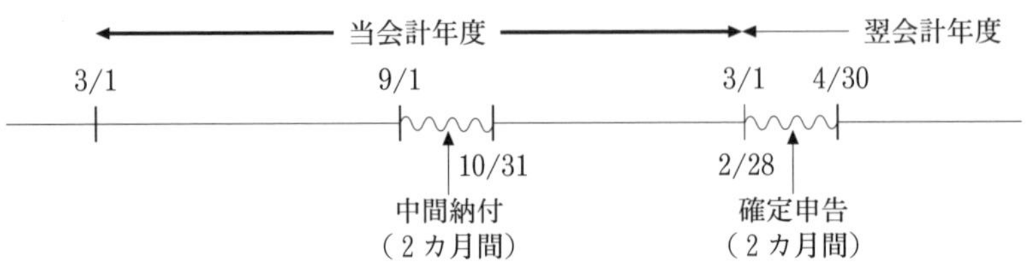

なお，新設法人は前年度の所得がないため予定申告の義務がありません。このため，中間納付は仮決算を行うことによる中間申告のみとなりますが，仮決算を行うか否かは任意です。また，法人がその定款等に定める事業年度等を変更した場合には，遅滞なくその変更前及び変更後の事業年度等を納税地の所轄税務署長に届け出なければなりません。定款等において新たに事業年度等を定めた場合も同じです（法法15）。

問題１－５

次の資料から，甲株式会社の確定申告により納付すべき法人税額を計算しなさい。

【資料Ⅰ】

１．当期利益の額	38,265,400円
２．益金算入額	2,413,500円
３．益金不算入額	574,100円
４．損金算人額	1,152,700円
５．損金不算入額	17,854,000円

【資料Ⅱ】【資料Ⅰ】の５．損金不算入額の中には次の税額が含まれている。

１．中間納付した法人税額	8,418,300円
２．中間納付した県民税及び市民税の額	2,120,500円
３．法人税額から控除される所得税額	88,630円

なお，提示された資料以外は，一切考慮しないものとする。

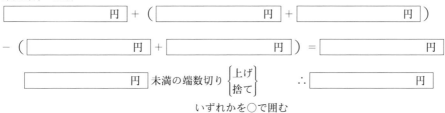

解答欄

１．課税所得の金額

［　　　　円］＋（［　　　　円］＋［　　　　円］）

－（［　　　　円］＋［　　　　円］）＝［　　　　円］

［　　　　円］未満の端数切り｛上げ・捨て｝　∴［　　　　円］

いずれかを○で囲む

２．当期法人税額

［　　　　円］× 23.4% ＝［　　　　円］

３．納付すべき法人税額

［　　　　円］－［　　　　円］＝［　　　　円］

［　　　　円］未満の端数切り｛上げ・捨て｝　∴［　　　　円］

いずれかを○で囲む

［　　　　円］－［　　　　円］＝［　　　　円］

問題１－６

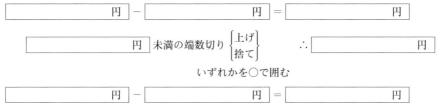

次の各文章について，法人税法上正しいものには○印を，誤っているものには×印を，それぞれ解答欄に記入しなさい。

１．公共法人は，法人税の納税義務がない。
２．外国法人である普通法人は，国内源泉所得を有するときは，法人税を納める義務がある。
３．法人税の徴税方式は賦課課税方式である。
４．納付した法人税額は，各事業年度の所得の金額の計算上，損金の額に算入されない。
５．損金経理とは，申告調整において減算処理することである。
６．貸倒引当金繰入額には，損金算入限度額の定めがある。
７．得意先から返品された商品は，棚卸資産に該当しない。
８．事業年度の月数が６か月の法人は，中間申告をする必要はない。

解答欄

1	2	3	4	5	6	7	8

［4級・1問］

第6節　別表四における計算

法人税の所得金額は，法令上は，益金の額から損金の額を控除した金額とされています。しかし，実務的には，法人税の計算を行うために独自に益金の額と損金の額を算定するのではなく，前述してきたように，企業会計の当期純利益をベースに，会計と税法との相違する部分を計算し，損金不算入，益金算入，益金不算入及び損金算入となる金額を加算または減算して所得金額を算出します。この計算を行う書類が「別表四　所得の金額の計算に関する明細書」であり，税務損益計算書とも呼ばれています。

1．加算項目

加算項目のなかには，損金経理した税金の損金不算入処理があります。法人税法では制度上，損金不算入となる税金（法人税・所得税・住民税など）と損金算入となる税金（事業税・固定資産税・自動車税など）があります。また減価償却費が税法上，過大に計上された場合や，寄附金・交際費のうち，一定の金額を越える場合は損金不算入となります。

（1）損金の額に算入した中間納付の法人税額（損金不算入項目）

法人税は法人課税の制度上，損金としないために，法人税の中間申告に係る納税額を損金経理した場合，損金不算入の調整を必要とします（法法38①）。そもそも別表四で法人税額を算定するのに，すでに法人税額が損金経理されていることに問題があるのですが，中間納付の制度があるため損金経理はやむを得ません。なお，実際に損金不算入の税務調整を要する金額は次の仕訳のうち，仮払法人税××円です。

（借）仮払法人税	××	（貸）現金預金	××
（借）法人税等	××	（貸）未払法人税等	××
		仮払法人税等	××

（2）損金の額に算入した中間納付の道府県民税及び市町村民税の額（損金不算入項目）

中間納付された道府県民税及び市町村民税（住民税）の額は，正確には法人住民税法人税割といわれます。この税金は，地方自治体内に事務所または事業所を有する法人に対して，法人税額を課税標準として課されるので，実質的に法人税の附加税といえます。中間納付の道府県民税及び市町村民税の額は法人税の損金とはなりませんが（法法38②），住民税額の算定過程で調整されます。

(3) 損金の額に算入した納税充当金（損金不算入項目）

企業会計上の未払法人税等はB/Sの負債の部に計上されていますが，この金額は，法人税法では納税充当金と呼ばれます。実際に損金不算入の税務調整される金額は（1）に示した仕訳のうち，未払法人税等××円です。

なお納税充当金は，固定資産税などの税金について納期限が未到来で納税額が未確定である場合に，合理的な見積額を当該事業年度において損金経理する納税引当金とは異なります。また損金の額に算入した納税充当金の金額のなかには，債務確定基準に反して発生主義で損金経理した事業税額も含まれています。これについては2．の減算項目（1）を参照してください。

問題1－7

次に掲げる科目のうち，各事業年度の所得の金額の計算上，損金の額に算入されるものを5つ選んでその番号を解答欄に記入しなさい。

1．法人税　2．無申告加算税　3．自動車税　4．重加算税　5．法人県民税・市民税
6．印紙税　7．過少申告加算税　8．固定資産税　9．利子税　10．事業税

解答欄

1	2	3	4	5

［4級・4問］

(4) 交際費等の損金不算入額

交際費は冗費（じょうひ）ともいわれ，取引相手の歓心を買うことを目的とする場合もあります。このため制度上，支出する交際費の全額が損金不算入となります。しかしながら，このような支出のすべてが法人の事業に無関係かといえば，そうでもない現実があります。そこで期末資本金額が1億円以下の法人においては，800万円／年の定額控除限度額が認められており，一部の交際費が損金算入されます。このことから「交際費等の損金不算入額」は，損金算入限度額を超過する交際費の金額ということになります（措法61の4）。

(5) 減価償却超過額（損金不算入項目）

法人税額の計算は，会社法による決算が確定した後に行われます。このため，会社法の規定によって作成される財務諸表では，税法規定を超える減価償却費が計上されていることもありえます。税法で規定する損金算入限度額を超えて減価償却費が計上されていた場合，その超過した減価償却費を減価償却超過額といいます。この減価償却超過額は税務調整の対象となります。もしも税務調整をせずにおくと法人所得が低く算定され，徴税額が減少してしまいます。このため，法人所得を算定する別表四で，減価償却超過額について加算調整を行います。

前期以前に減価償却超過額がある場合には，この額を繰越償却超過額といいます。定率法による繰越償却超過額があるときの当期償却限度額は，期首帳簿価額に繰越償却超過額を加えてから償却率を乗じて計算する必要があります。

問題１－８

次の資料に基づき，乙株式会社の当期（自平成29年４月１日至平成30年３月31日）において税務調整すべき金額を解答欄にしたがって計算しなさい。なお，乙株式会社は機械の減価償却方法として定率法を選定し，適法にその届出を行っている。なお，償却率は0.200とすること。

【資料】減価償却に関する事項

資産	取得日・事業供用日	取得価額	当期償却費	期末帳簿価額	法定耐用年数
機械	平成27年10月10日	3,000,000円	600,000円	1,560,000円	10年

解答欄

１．所得金額の計算

加算		
	小　　計	
減算		

２．計算過程

（１）会社計上償却費　［　　　　円］

（２）償却限度額（［　　　　円］＋［　　　　円］）×［0.　　］＝［　　　　円］

（３）減価償却超過額　（１）－（２）＝［　　　　円］

［３級・３問類題］

（６）減価償却不足額

減価償却超過額と反対に，損金算人限度額を下回る減価償却費を計上した場合には，減価償却不足額が発生することもあります。これは損金経理による減価償却額に比し，税法規定の損金算入限度額が大きいためです。減価償却不足額が生じた場合には，どのように税務調整が行われるのでしょうか。税法規定では，減価償却超過額が生じたときには，法人所得の減少による法人税額の減少を阻止するために加算調整を行いました。しかし減価償却不足額が生じた場合には，税務調整を行いません。

後述するように，税法では減価償却を強制しておらず，法人の任意としており，過大な減価償却の計上による課税逃れを防止するために，減価償却費の損金算入額に限度額を設けているに過ぎません。減価償却不足額が発生するということは，税法が認める上限額に満たない減価償却費を損金とするわけですから，減価償却不足額分の法人所得が増加することとなり，税収が増える結果となります。課税庁にしてみれば減価償却不足額があるからといって，法人に税務調整を促し，限度額まで減価償却を計上するよう指導したとしても，その結果として税収減となるわけです。したがって，減価償却不足額が生じたときには，税務調整も行わないのです。また，前期以前に償却不足額がある場合には，不足額にかかわりなく償却限度額を計算します。

問題1－9

次の資料により，甲株式会社の第○期事業年度（自平成29年4月1日至平成30年3月31日）において税務調整すべき金額を計算しなさい。

【資料】減価償却に関する事項

種類	損金経理償却額	税法上の償却限度額
車両	4,500,000円	4,573,500 円

解答欄

加算		
	小　　計	
減算		

（7）貸倒引当金に関する事項（損金不算入項目）

税法上の貸倒引当金繰入限度額を超過する貸倒引当金繰入額を損金経理にて計上していた場合，その超過額は損金不算入となります（法法52）。

2．減算項目

（1）納税充当金から支出した前期分事業税額（損金算入項目）

ある会計年度において費用処理される事業税額と，その同一の事業年度において損金算入される事業税額は一致しません。企業会計では，前期分の事業税額は発生主義により前期の費用とし，当期分の事業税額は当期の費用とします。しかし法人税法では，前期分の事業税額が債務確定基準により当事業年度の損金を構成し，当期分の事業税額は債務が確定していないので，当事業年度の損金とならず，翌事業年度の損金となります。このように，事業税額の期間帰属の考え方が企業会計と法人税法では異なるため，前期に損金経理した事業税額を当事業年度の損金にする申告調整を必要とします（法基通9-5-2）。

（2）受取配当等の益金不算入額

企業会計上は営業外収益となる受取配当金ですが，法人税法ではこの金額を益金としません（法法23①）。その理由は，二重課税と中立性侵害が問題となるからです。二重課税の問題について，株式を所有する個人に配当が支払われる場合で考えてみます。わが国においては，法人税は法人の所有者である株主個人が納税すると考えられており（法人擬制説），その納税は株主の所得税の前払いになります。したがって法人に法人税が課される時に，株主にとっては1回目の課税がされるわけですが，法人が株主に対して配当を行った場合，受けとった株主の配当に2回目の課税がされるため，二重課税となります。そこでこの二重課税を避けるために，所得税法上は，配当控除を行います。しかし配当控除によって二重課税が完全に排除されるわけではなく，正確に修正しようとすれば，現行税法で定められている配当控除の計算とは比較にならないほど複雑な計算が必要となります。法人が株主になって受取配当金を得た場合も同じ二重課税の問題が生じてしまいます。

次に中立性侵害について考えてみましょう。仮に受取配当金の益金不算入制度がなくて，全額益金に算入されるのであれば，法人は子会社をつくっても親会社へ配当を行わないか，そもそも子会社をつくらないかもしれません。経済活動を広げれば，本社の分身を世界中につくる必要がありますが，子会社形態で本社の分身をつくる代わりに，支店を増やすということになるでしょう。

ここで問題になるのが税制の中立性侵害です。事業拡大の方途として親子会社形態と本支店形態の両方が存在するにもかかわらず，受取配当金が益金算入となる税制上の不利があったとしたならば，法人はやむを得ず本支店形態を選択するしかなく，税制が企業行動に影響を与えることになります。これを税制の中立性侵害というのです。現代税制では，このような弊害を取り除き，自由な企業活動にバイアスを与えてはならない（＝中立性を守る）ことが求められています。

このため受取配当金の一部を益金不算入とすることで，二重課税の排除と中立性が確保されるように法人税法では措置しているのです。

（３）減価償却超過額認容（損金算入項目）

前期以前に繰越超過償却額があるときで，かつ当期に損金経理した減価償却の額に償却不足額が発生した場合には，金額の計算上，損金の額に算入することができます。これが減価償却超過額認容です。すなわち，減算処理が可能となる条件は，前期以前の事業年度において減価償却超過額が発生しており，かつ当事業年度において損金経理した減価償却費が償却限度額を下回る場合（減価償却不足額が発生している場合）です。認容される減価償却超過額は，当事業年度において損金経理をした減価償却費から同じ事業年度の償却限度額に達する金額までとなります。

問題１－10

次の資料に基づき，乙株式会社の当期（自令和２年４月１日至令和３年３月31日）において税務調整すべき金額を解答欄にしたがって計算しなさい。

【資料】減価償却に関する事項

種類等	取得価額	当期償却費	期末帳簿価額	法定耐用年数	償却方法
機械装置	12,000,000円	1,300,000円	7,130,000円	12年	定率法

機械装置は，平成30年６月10日に取得し事業の用に供したものであり，前期以前に発生した繰越償却超過額が174,890円ある。なお，償却率は0.167 とすること。

解答欄

1．所得金額の計算

加算		
	小　　計	
減算		

2．計算過程

（1）会社計上償却費　[　　　　円]

（2）償却限度額（[　　　　円]＋[　　　　円]＋[　　　　円]）

×[0.　　]＝[　　　　円]

（3）認容額

[　　　　円]－[　　　　円]＝[　　　　円] ≷ [　　　　円]

∴[　　　　円]

［2級・3問類題］

3．法人税額から控除される所得税額

法人が取得する配当に対して源泉徴収税が課せられていますが，本来，法人は所得税の納税義務はありません。しかし徴税技術上，法人も源泉徴収されているに過ぎないために，法人に課せられた所得税を取り戻す措置が必要となります。このため別表一では，法人税額から所得税額を控除することを認めています。しかし源泉所得税を取り戻すためには，損金経理した源泉所得税を損金不算入とする税務調整が必要となります（法法40）。そこで法人に課せられた所得税額を取り戻すための会計処理について，例を用いて説明します。

配当金100万円に対して20万円の所得税が課税され，その税金を租税公課で処理していたとします。

（借）	現　　金	80万円	（貸）受取配当金	100万円
	租税公課	20万円		

①「法人税額から所得税額を控除しない場合」は，このように源泉所得税を租税公課とすることで法人所得計算上の損金とします。しかし②「法人税額から源泉所得税額を控除する場合」，借方の租税公課が損金不算入となるので，次の仕訳をしたのと同じことになります。

（借）	現　　金	100万円	（貸）受取配当金	100万円

そこで①と②の会計処理を選択した場合で納税額にどれだけの差が生じるのか，計算してみます。

いずれも売上200万円・売上原価150万円・法人税率40%として，上記受取配当金に50%の益金不算入が適用されたとしましょう。その時の税負担の合計は次のように変わってきます。

①の場合	
益金（売上＋受取配当金）	250
損金（売上原価＋租税公課）	170
法人所得	80
法人税（80×40%）＝法人税の納税額	32
税負担合計（租税公課＋法人税）	52

②の場合	
益金（売上＋受取配当金）	250
損金（売上原価）	150
法人所得	100
法人税（100×40%）	40
法人税額から控除される所得税	−20
法人税の納付額	20
税負担合計（源泉所得税＋法人税）	40

この例で明らかなように，源泉徴収された所得税を法人の損金として経理するよりも，法人税額から控除した方がトータルでの税負担は低くなります。

〈資料１－１〉

所得の金額の計算に関する明細書（簡易様式）

事業年度	・・ ・・	法人名	

別表四（簡易様式）　平三十一・四・一以後終了事業年度分

区分			総額 ①	処分 留保 ②	処分 社外流出 ③	
当期利益又は当期欠損の額		1	円	円	配当	円
					その他	
加算	損金経理をした法人税及び地方法人税（附帯税を除く。）	2				
	損金経理をした道府県民税及び市町村民税	3				
	損金経理をした納税充当金	4				
	損金経理をした附帯（利子税を除く。）加算金、延滞金（延納分を除く。）及び過怠税	5			その他	
	減価償却の償却超過額	6				
	役員給与の損金不算入額	7			その他	
	交際費等の損金不算入額	8			その他	
		9				
		10				
	小計	11				
減算	減価償却超過額の当期容認額	12				
	納税充当金から支出した事業税等の金額	13				
	受取配当等の益金不算入額（別表八（一）「13」又は「26」）	14			※	
	外国子会社から受け取る剰余金の配当等の益金不算入額（別表八（二）「26」）	15			※	
	受贈益の益金不算入額	16			※	
	適格現物分配に係る益金不算入額	17			※	
	法人税等の中間納付額及び過誤納に係る還付金額	18				
	所得税額等及び欠損金の繰戻しによる還付金額等	19			※	
		20				
	小計	21			外※	
仮計 (1)＋(11)－(21)		22			外※	
関連者等に係る支払利子等の損金不算入額（別表十七（二の二）「24」または「29」）		23			その他	
超過利子額の損金算入額（別表十七（二の三）「10」）		24	△		※	△
仮計 ((22) から (24) までの計)		25			外※	
寄付金の損金算入額（別表十四（二）「24」又は「40」）		27			その他	
法人税額から控除される所得税額（別表六（一）「6の③」）		29			その他	
税額控除の対象となる外国法人税の額（別表六（二の二）「7」）		30			その他	
分配時調整外国税相当額及び外国関係会社等に係る控除対象所得税額等相当額（別表六（五の二）「5の②」＋別表十七（三の十二）「1」）		31			その他	
合計 (25) (27) (29) (30) (31)		34			外※	
契約者配当の益金算入額（別表九（一）「13」）		35				
中間申告における繰戻しによる還付に係る災害損失欠損金額の益金算入額		37			※	
非適格合併又は残余財産の全部分配等による移転資産等の譲渡利益額又は譲渡損失額		38			※	
差引計 (34)＋(35)＋(37)＋(38)		39			外※	
欠損金又は災害損失金等の当期控除額（別表七（一）「4の計」＋（別表七（二）「9」若しくは「21」又は別表七（三）「10」））		40	△		※	△
総計 (39)＋(40)		41			外※	
新鉱床探鉱費又は海外新鉱床探鉱費の特別控除額（別表十（三）「43」）		42	△		※	△
残余財産の確定の日に属する事業年度に係る事業税の損金算入額		46	△	△		
所得金額又は欠損金額		47			外※	

ご注意

1　沖縄の認定法人の課税の特例、国家戦略特別区域における指定法人の課税の特例、組合事業等に係る損失がある場合の課税の特例、対象船舶運航事業を営む法人の日本船舶による収入金額の課税の特例、特定目的会社等又は特定目的信託に係る課税の特例、農業経営基盤強化準備金の課税の特例、農用地等を取得した場合の課税の特例、関西国際空港用地整備準備金の課税の特例、中部国際空港整備準備金の課税の特例及び再投資等準備金の課税の特例等の規定の適用を受ける法人にあっては、別様式による別表四を御案内使用ください。

2　「47」の「①」欄の金額は、「②」欄の金額に「③」欄の本書の金額を加算し、これから「※」の金額を加減算した額と符号することになりますから留意してください。

㊥簡

問題１－11

次の資料に基づき，甲株式会社の当期（自平成29年４月１日至平成30年３月31日）における確定申告により納付すべき法人税額を解答欄にしたがって計算しなさい。

【資料】

１．期末現在資本金額	75,000,000円
２．当期利益の額	50,573,500円
３．所得金額の計算上税務調整すべき事項	
(1)　損金の額に算入した中間納付の法人税額	9,321,000円
(2)　損金の額に算入した中間納付の住民税額	2,632,000円
(3)　機械減価償却超過額	100,000円
(4)　損金の額に算入した納税充当金	14,300,000円
(5)　損金の額に算入した印紙税の過怠税	24,000円
(6)　納税充当金から支出した前期分事業税額	2,172,000円

(7)　役員給与に関する事項

① 甲株式会社が損金経理により支給した役員給与の額は50,700,000円である。

② 法人税法上の役員給与の適正額は48,000,000円である。

(8)　貸倒引当金繰入超過額	42,600円
(9)　貸倒引当金繰入超過額の当期認容額	50,800円

(10)　評価損益に関する事項

① 甲株式会社が当期に有価証券につき計上した評価益の額は3,000,000円であるが，法人税法上の評価益の適正額は2,400,000円である。

② 甲株式会社が当期に土地につき損金経理により計上した評価損の額は5,500,000円であるが，法人税法上の評価損の適正額は5,000,000円である。

(11)　受取配当等に関連する事項

① Ａ社株式（株式等保有割合10％）に係る配当金収入	200,000円
② Ｂ社株式（株式等保有割合２％）に係る配当金収入	150,000円

上記金額は源泉徴収税額控除後前の金額である。

(12)　交際費等の損金不算入額	882,000円
(13)　寄附金の損金不算入額	266,776円
(14)　法人税額から控除される所得税額	183,650円

なお，提示された資料以外は一切考慮しないものとする。

解答欄

Ⅰ．所得金額の計算

摘要		金額
当期利益		円
加算		
	小計	
減算		
	小計	
仮計		
寄附金の損金不算入額		
法人税額から控除される所得税額		
合計・総計・差引計		
所得金額		

Ⅱ．計算過程

項　　　目	計　　算　　過　　程
役 員 給 与	会社計上役員給与の額　法人税法上の適正額　損金不算入額 □円 － □円 ＝ □円
評 価 損 益	1．評価益（　　　　　） 会社計上評価益　法人税法上の適正額　益金不算入額 □円 － □円 ＝ □円 2．評価損（　　　　　） 会社計上評価損　法人税法上の適正額　損金不算入額 □円 － □円 ＝ □円
受取配当等	⑴　受取配当等の額 ①　その他の株式等に係る配当金収入　□円 ②　非支配目的株式等に係る配当金収入　□円 ⑵　益金不算入額 ⑴①□円 × □/100 ＋ ⑴②□円 × □/100 ＝ □円

［3級・3問類題］

第7節　別表一における計算

1．法人税額の計算（中小法人の場合）

資本金1億円超の普通法人（相互会社を含む）に対し，平成30年4月1日以後開始事業年度で23.2%，それ以前は23.4%の法人税率が適用されます（法法66①）。しかし資本金1億円以下の法人には，法人所得のうち800万円（年額）までの所得に対して19%の税率が適用されます（法法66②）。なお，令和3年3月31日までに開始する各事業年度の所得金額800万円までの部分に対して15%の税率が適用されます（措法42条3の2）。

2．控除税額，中間申告分の法人税額と納付すべき法人税額

「中間申告分の法人税額」は，すでに説明した**1．加算項目（1）損金の額に算入した中間納付の法人税額**と同じ額です。確定申告において「納付すべき法人税額」とは，法人税額計からすでに納税している控除税額（源泉所得税額及び外国税額）と中間申告分の法人税額（＝仮払法人税）を差し引いた額になります。

問題１－12

前問（問題１－11）の資料に基づき，以下の解答欄において納付すべき法人税額を計算しなさい。

摘　　要	金　　額	計　算　過　程
所得金額	円	□円未満の端数切り捨て
法人税額		(1)　年800万円以下の所得金額に対する税額 □円 × □/12 × □% ＝ □円 (2)　年800万円を超える所得金額に対する税額 （□円 － □円 × □/12） × □% ＝ □円 (3)　税額計　(1) ＋ (2) ＝ □円
差引法人税額		
法人税額計		
控除税額		
差引所得に対する法人税額		□円未満の端数切り捨て
中間申告分の法人税額		
納付すべき法人税額		

■注■

（１）大蔵省編『明治大正財政史』財政経済学会，1937年７月，1222頁。1899（明治32）年の第１種法人課税及び第３種個人課税による財政収入は，次のような状況でした。

区分	納税者数	所得金額	税　額
法人	6,133法人	60,809,987円	1,520,249円
個人	342,721法人	204,117,466円	3,026,393円

（２）第４条第１項は，「第一種ノ所得ハ各事業年度総益金ヨリ同年度総損金，前年度繰越金及保険責任準備金ヲ控除シタルモノニ依ル但第二条ニ該当スル法人ノ所得ハ此ノ法律施行地ニ於ケル資産又ハ営業ヨリ生スル各事業年度ノ益金ヨリ同年度損金ヲ控除シタルモノニ依ル」と定め，今日法人税法第22条の骨格を示しています。

（３）わが国の税法は「所得税法」と「法人税法」は別個の法律となっていますが，アメリカの所得税法には，個人所得に対する法律と法人所得に対する法律とが含まれています。それぞれ所得への課税であるため，Income tax law のなかで区分して規定されています。このように法律の体系は，それぞれの国における立法技術的な問題であるといえます。

（４）1942（昭和17）年に寄附金の一部を損金不算入としました。「理由としては，法人税の税率が高くなるについて，寄付金を支出しても，その金額が法人の出捐とはならず，その大部分は国庫へ納付すべき法人税がこれを負担する結果となるということがあげられている。」として鈴木保雄外『臨時租税措置法解説』の一文を紹介しています（武田昌輔『立法趣旨　法人税法の解釈』（三訂版）財経詳報社，

1990年1月，179頁)。1945（昭和20）年には86.6%（『昭和税制の回顧と展望』上巻，126頁)。

(5)『昭和税制の回顧と展望』上巻，大蔵財務協会，1979年，164，223頁。

(6) 福田幸弘監修『シャウプの税制勧告』霞出版社，1985年9月，3頁。

(7)『昭和財政史』―終戦から講和まで（8巻)，東洋経済新報社，1979年，55頁。

(8) 吉国二郎総監修『戦後法人税法史』税務研究会，1996年，389頁。全文改正の法人税法は，基本的には改正前の考え方を引き継ぐものであったが，改正における基本方針は，①体系の整備として，課税所得の計算，税額の計算の手法を体系化すること，②表現の平明化として，表現をわかりやすいものにすること，③規定の明確化として，課税要件を法令において明らかにすること，にありました。

(9) 前掲書『戦後法人税法史』399～403頁。賞与引当金は，全文改正以前は，通達によって認められていましたが，改正によって課税要件を明確にして法律上の引当金としました。その後，1998（平成10）年の改正によって廃止されました。

(10)『平成30年版　改正税法のすべて』大蔵財務協会，271頁。

(11)『昭和53年　改正税法のすべて』国税庁，156頁。

(12)『昭和61年　改正税法のすべて』国税庁，187頁。

(13)『平成7年　改正税法のすべて』大蔵財務協会，295頁。

(14)『平成13年度　改正税法のすべて』大蔵財務協会，124～249頁。

(15)『平成14年度　改正税法のすべて』大蔵財務協会，231～387頁。

(16)『平成22年度　改正税法のすべて』大蔵財務協会，188～346頁。

(17)『平成24年版　改正税法のすべて』大蔵財務協会，836頁，『平成26年版　改正税法のすべて』大蔵財務協会，324頁。

(18)『平成24年版　改正税法のすべて』大蔵財務協会，350頁，『平成28年版　改正税法のすべて』大蔵財務協会，390頁。

(19)『平成26年版　税制改正のすべて』大蔵財務協会，1030頁。

(20)『令和元年　税制改正のすべて』大蔵財務協会，278頁。

(21)『平成24年版から平成28年版　税制改正のすべて』大蔵財務協会。

(22)『平成29年版　税制改正のすべて』大蔵財務協会，427頁。

(23) 租税原則については，橋本徹・山本栄一ほか『基本財政学　第4版』有斐閣ブックス，2002年，もしくは本間正明編著『ゼミナール現代財政入門』日本経済新聞社，1994年がわかりやすく解説しています。

(24) 橋本徹・山本栄一ほか，前掲書，2002年，110頁。

(25) 等しい所得水準にありながら，サラリーマンと自営業者，農家のような事業所得者との間には租税負担の不公平があるのではないかという意見があります。それは，課税当局による所得の捕捉率（もしくは納税者比率）がサラリーマンについては9割に達しているのに，自営業者は6割，農家は4割でしかないのではないかといわれることをいいます。これが，いわゆるクロヨン問題といわれるものです。ここでは，必要経費の扱い方が問題になります。例えば，サラリーマンの給与所得に対する源泉徴収制度のもとでは，必要経費に代替するものとして，給与所得控除（『ベーシック税務会計＜個人課税編＞』）が用いられ，収入に応じた控除が措置されています。これに対して，自営業や農家のような事業所得では，事業用の自動車が，自家用に使用されたりと，必要経費と個人の消費部分の区別が明確でなく，この他にも過度に見積もられる可能性があり，3者の所得の捕捉率の実感からクロヨン（9，6，4）と呼ばれるのです。なお，この他にも，自営業者や農家に対する多様な優遇税制の存在も水平的公平を害する1つの要因になっていると指摘されています。

(26) わが国の場合，法人所得に対して，法人税，法人事業税，法人道府県民税及び法人市町村民税が課せられています（これらの税目の一定税率を単純に合計したものが表面税率)。そして，損金に算入される法人事業税を考慮に入れ，計算された総合的な法人所得課税の全体としての負担が実効税率です。また，2014年度税制改正が可決され「地方法人税」が創設されることとなり，実効税率の計算に組み込まれました。その結果2014年10月１日以後開始する事業年度から適用される実効税率の算出は次のようになります。ここで，法人税率は法人所得に対して25.5%の税率で，住民税率（法人税割）20.7%，事業税率（所得割）3.26%，そして地方法人税率は148%（課税標準：所得割額（税率2.9%））となるので，東京都で資本金１億円超の企業の場合には，以下の算式により，法人所得に対する実効税率は35.64%となります。

$$\text{実効税率} = \frac{\text{法人税率}\times(1+\text{住民税率}+\text{地方法人税率})+\text{事業税率}}{1+\text{事業税率}}$$

$$= \frac{0.255\times(1+0.207)+(0.0326+0.029\times1.48)}{1+(0.0326+0.029\times1.48)} = 0.3564$$

(27) 富岡幸雄『税務会計学原理』中央大学出版部，2003年，531頁参照。

(28) 渡辺和夫『財務諸表論の基礎［改訂版］』税務経理協会，1998年，33頁。なお渡辺教授は同書のなかで「「一般に認められた会計原則」の主たる利用者は，企業，外部の利害関係者および公認会計士である」（同33頁）としていますが，この説明に追加が必要です。その追加とは，税理士が申告書を作成する際に企業会計原則を利用しているということです。企業会計原則の資本取引と損益取引区分の原則，明瞭性の原則，継続性の原則，重要性の各原則は，富岡税務会計原則からもわかるように，税務会計においても存在しています。また企業会計原則を設定することで「課税の公正化」が達成される（同39頁）と渡辺教授が指摘しているように，税務会計領域においても企業会計原則は，会計規制として役割を担っているといえます。

(29) 富岡税務会計原則のうち，実質課税主義の原則・負担能力主義の原則・資本剰余除外の原則・計算簡便性の原則・公共政策配慮の原則は徴税側に求められる規律であると考えられ，残る４つの原則は納税者側に求められる規律であると考えます。

(30) 金子宏『租税法　第22版』弘文堂，2017年，74頁。

(31) 不服申立前置主義に対しては，「本来，納税者の自由な判断にゆだねられるべき筋合いの問題である」，かりに「前置主義を一般的に肯認するとしても法令の違憲性や通達等の考え方の当否が争われる事案については，前置主義を強制する合理的理由は全く存在しない。」とする見解もあり，後段には同意です。北野弘久『税法学原論（第６版）』青林書院，2007年，490～491頁。

(32) 金子，前掲書，1004～1005頁。昭和45年国税通則法改正以前は，各国税局におかれる協議団が審査請求の審理に当たっていました。協議団は，３人の協議官によって構成される合議体で，審査裁決し，その裁決権は国税局長に属していました。協議団は国税局長の指揮監督下にあること，法令の解釈について通達に拘束されていたことから，国税不服審判所が創設されました。

(33) 事業者は，確定申告の基礎となる売上，仕入，諸費用など事業において生じる取引について，複式簿記に従って記帳・計算し納税することを税務署長に届出して承認を得ると，確定申告書の申告用紙を青色のもので申告することができる制度です。青色申告の承認を得ると，特別償却，青色専従者給与，青色申告特別控除，繰越欠損金の繰越しなどの税制上の特典を利用することができます。

　青色申告者は，取引について記帳しているので，国が課税上の問題点を是正させるときには，その内容，その理由を明示しなければなりません。基本的には更正決定通知書を送達し，そこに是正した項目，その理由が記載されています。また，国の処分について不服がある場合に，「再調査の請求」を経ずに直接「審査請求」することができます。

(34) 税務署長が更正決定処分通知書を送付することを法律上は「送達」といいます。

(35) 争点主義とは，課税処分に対する審査請求の調査において，当初の処分項目に限定して当該処分が正しいか否か審理調査を行い，処分の是非を判断することを意味します。これに対して総額主義とは，納税者の申立て事項以外にも調査対象を拡大し，仮に，売上計上漏れが処分項目となっていて，当該売上計上漏れが誤りであったとしても，他に架空仕入れが存在し，売上計上漏れを上回る状況にあれば，棄却する。というように調査の結果が課税処分額の範囲に収まるのであれば，他の項目も考慮して処分の判断が行われることを意味します。

争点主義と総額主義の問題点については，金子宏，前掲書，1006頁参照。

(36) 平成18年5月から「会社法の施行に伴う関係法律の整備に関する法律」によって，有限会社は株式会社として存続し「特例有限会社」という（整備法2条，3条)。

(37) 会社決算は，原則的には計算書類が定時株主総会に提出され，承認を得て確定されます。しかし会計監査人設置会社であり，かつ取締役会設置会社で適正意見が付されれば，株主総会の承認を待たずに決算が確定することになります。

(38) 武田隆二『法人税法精説』森山書店，2005年，97頁。

(39) 中島茂幸稿「法人税法の公正処理基準と企業会計」『會計』第152巻第2号，76頁，1997年8月号。

(40) 同上稿，77頁。

第２章　益金の概念と計算

第１節　益金の概念

法人税法第22条第２項において，「内国法人の各事業年度の所得の金額の計算上当該事業年度の益金の額に算入すべき金額は，別段の定めがあるものを除き，資産の販売，有償又は無償による資産の譲渡又は役務の提供，無償による資産の譲受けその他の取引で資本等取引以外のものに係る当該事業年度の収益の額とする」と定められています。すなわち，益金の額は，以下の７項目に分けて解釈することができます。

① 資産の販売による収益
② 有償の資産譲渡による収益
③ 有償の役務提供による収益
④ 無償の資産譲渡による収益
⑤ 無償の役務提供による収益
⑥ 無償の資産譲受けによる収益
⑦ その他の取引による収益

①資産の販売による収益は，商品，製品等の棚卸資産の売上による収益を意味します。②有償の資産譲渡による収益は，有価証券や固定資産など棚卸資産以外の資産の売却益を意味します。③有償の役務提供による収益の事例としては，サービス業における売上があげられます。④無償の資産譲渡による収益は，税法独自の概念です。資産を無償で「贈与」したことによって収益が発生するととらえます。詳しくは下記の「３．受贈益及び債務免除益」で扱います。⑤無償の役務提供による収益もまた，④の無償の資産譲渡による収益と同様に税法独自のとらえ方をします。事例として無利息の貸付けをあげることができます。⑥無償の資産譲受けによる収益は，いわゆる受贈益です。⑦その他の取引による収益は，上記以外かつ資本等取引以外の取引に係る収益の額を意味します。

以下で，収益計上時期と計上額及び税法独自の概念について扱います。

１．収益の計上時期

2018（平成30）年３月に「収益認識に関する会計基準」が公表されました。「収益認識に関する会計基準」は2018（平成30）年4月1日以後開始する事業年度から適用可能であり，2021（令和３）年以後開始する事業年度から適用されます。「収益認識に関する会計基準」においては収益を計上するために5つのステップに基づいて収益の金額と時期を計上します。収益を認識するための5つのステップは下記のとおりです（「収益に関する会計基準」17項）。

（1）顧客との契約を識別する。

（2）契約における履行義務を識別する。

（3）取引価格を算定する。

（4）契約における履行義務に取引価格を配分する。

（5）履行義務を充足した時に又は充足するにつれて収益を認識する。

「収益に関する会計基準」においては，履行義務の充足により収益を認識します。

この会計基準を受けて2018（平成30）年度税制改正により，法人税法第22条の2及び法人税法施行令第18条の2が創設されました。法人税法22条の2では，第1項から第3項に益金の額に算入すべき収益の計上時期，第4項と第5項に益金の額に算入すべき収益の計上額，第6項に現物配当を行った場合の収益の額を規定しています。そして，第7項では，値引きや割戻しによる譲渡資産等の時価の事後的な変動について，修正経理した場合等について政令に委任する旨規定しています。法人税法施行令第18条の2では，法人税法22条の2第7項を受けて，修正経理をした場合等についての収益の計上時期と計上額を規定しています。従前からある法人税法第22条第2項は益金の額の定義を，新たに創設された法人税法第22条の2ではその計上の時期と計上額を規定しています。

（1）販売収益

課税所得の算定上，収益の計上時期は重要です。法人税法第22条の2第1項は，これまでの法人税法上の実現主義又は権利確定主義の考え方を明確化しました。収益の計上時期は目的物の引渡し又は役務の提供の日の属する事業年度となります。ただし，法人税法第22条の2第2項において，これと異なる時点であっても公正処理基準に従って，引渡し等の日に近接する日の属する事業年度に計上することも認められています。例えば，契約効力発生日，仕切精算書到達日，検針日等も認められます（法基通2-1-2から2-1-4）。

2018（平成30）年度税制改正により，長期割賦販売の延払基準による収益の計上は下記の経過措置を経たうえで廃止することが決定されました（改正法附則第28条第1項，第2項）。

①2018（平成30）年4月1日前に長期割賦販売等に該当する資産の販売等を行った法人は，2023（令和5）年3月31日までに開始する各事業年度については，延払基準により収益の額及び費用の額を計算できる。

②2018（平成30）年4月1日以後に終了する事業年度において延払基準の適用をやめた場合には，繰延割賦利益額を10年均等で収益計上する。

（2）請負収益

請負とは，受注した者がある仕事を完成させ，発注した者がその仕事の結果に対して報酬を支払う契約をいいます（民法632）。工事請負の収益計上時期について，長期大規模工事に該当する場合，工事進行基準を適用します（法法64①）。長期大規模工事とは，以下の3要件を満たす工事をいいます（法法64①，法令129①，同②）。

（ａ）工事期間が１年以上であること

（ｂ）請負金額が10億円以上であること

（ｃ）請負工事の対価の額の1/2以上が引渡期日から１年を経過する日後に支払われないこと

工事完成基準は，工事が完成し，その引渡しが完了した日に工事収益を計上する方法です。工事完成までに支払った工事原価は未成工事支出金（仕掛品）として扱います。一方，長期大規模工事に適用する工事進行基準では，当該事業年度終了の時におけるその工事に係る進行割合を乗じて計算した金額から，それぞれ当該事業年度前の各事業年度の収益の額とされた金額及び費用の額とされた金額を控除した金額を当該事業年度の収益の額及び費用の額とします（法令129③）。

$$\text{当期までの工事収益合計} = \text{請負金額} \times \frac{\text{当期までの実際発生原価}}{\text{当期までの実際発生原価}+\text{次期以降の発生原価見積額}}$$

当期の工事収益 ＝ 当期までの工事収益合計 － 前期までの工事収益合計

$$\text{当期までの工事原価合計} = \text{見積総原価} \times \frac{\text{当期までの実際発生原価}}{\text{当期までの実際発生原価}+\text{次期以降の発生原価見積額}}$$

当期の工事費用＝当期までの工事原価合計－前期までの工事原価合計

問題２－１

当社（３月末決算）は前期首に完成引渡を３年後に予定している長期大規模工事を請け負っている。当該建設工事の請負金額は2,000百万円である。当期末における見積総原価は1,200百万円で，実際発生工事原価累計額は840百万円である。

なお，前期末における見積総原価は1,500百万円で前期の実際発生工事原価累計額は450百万円であった。これに基づき前期および当期のそれぞれの収益と費用の額を工事進行基準により計算しなさい。

解答欄

１．前期

収益の額

［　　　　百万円］×［　　　　百万円］／［　　　　百万円］＝［　　　　百万円］

費用の額

［　　　　百万円］×［　　　　百万円］／［　　　　百万円］＝［　　　　百万円］

２．当　期

収益の額

［　　　　百万円］×［　　　　百万円］／［　　　　百万円］－［　　　　百万円］＝［　　　　百万円］

費用の額

[　　　　百万円] × [　　　　百万円] / [　　　　百万円] − [　　　　百万円] ＝ [　　　　百万円]

2．収益の計上額

法人税法第22条の2第4項において，益金の額に算入する金額は，原則としてその販売もしくは譲渡をした資産の引渡しの時における価額又はその提供をした役務につき通常得るべき対価の額に相当する金額と規定しています。これは，第三者間で通常付される価額（いわゆる時価）です。

「収益に関する会計基準」で定義された変動対価についても一定の要件を満たす場合，許容されます。変動対価とは，顧客と約束した対価のうち変動する可能性のある部分をいいます。契約において，顧客と約束した対価に変動対価が含まれる場合，財又はサービスの顧客への移転と交換に企業が権利を得ることとなる対価の額を見積もります（「収益に関する会計基準」50項)。変動対価が許容されるのは，値引きや割戻しは譲渡資産等の時価をより正確に反映させるための調整と位置付けることができるからです。

値引き，割戻し等による対価の変動の可能性がある取引（返品・貸倒の可能性については除く）について，下記の要件を全て満たす場合，変動対価につき引渡し等事業年度の確定した決算において，収益の額を減額し又は増額して経理した金額を引渡し時の価額等の算定に反映します。

変動対価の見積りが認められるための要件（法基通2-1-1の11)

（1）値引き等の事実の内容および当該値引き等の事実が生ずることにより契約の対価の額から減額もしくは増額する可能性のある金額またはその算定基準が，当該契約もしくは法人の取引慣行もしくは公表した方針等において内部的に決定されていること。

（2）過去における実績を基礎とする等合理的な方法のうち法人が継続して適用している方法により減額もしくは増額の可能性または算定基準の基礎数値が見積もられ，その見積りに基づき変動対価が算定されていること。

（3）（1）を明らかにする書類および（2）の算定の根拠となる書類が保存されていること。

3．受贈益及び債務免除益

税法独自の考え方で，無償で資産を譲渡した法人には課税がなされます。無償で土地（簿価2,000,000円，時価10,000,000円）を譲渡した場合，法人税法では下記のようにとらえます。寄附金は損金不算入項目であるため，譲渡益は寄附金と相殺されず課税対象となります（無償の資産譲渡による収益)。無償の役務提供があった場合にも同様に益金が生じたととらえます。

（借）寄附金	10,000,000	（貸）土　地	2,000,000
		譲渡益	8,000,000

一方，無償で土地（時価10,000,000円）を譲り受けた法人も課税がなされます。時価で当該資産を認識し，受贈益は課税対象となります（無償の資産譲受けによる収益）。

（借）土　地　　10,000,000　　（貸）受贈益　　10,000,000

資本の補塡を目的とする受贈益や債務免除益（債権者から債務の免除を受けた場合における免除相当額をいいます）は財務会計上収益ではなく資本剰余金としてとらえられますが，税法上は原則として益金の額を構成します（法法22②）。

販売業者等が製造業者等から資産を無償または製造業者等の資産の取得価額に満たない価額により取得した場合にも，原則として取得価額または取得価額から取得に必要な支出額を控除した額を益金として計上します。取得した資産が広告宣伝用である場合には，製造業者等の当該資産の取得価額のうち3分の2に相当する金額から取得に必要な支出額を控除した金額が益金とされますが，その額が30万円以下であるときは益金として認識すべきものはありません（法基通4-2-1）。

問題2－2

次の資料に基づき甲株式会社（以下「甲社」という。）の当期（自X1年4月1日　至X2年3月31日）において調整すべき金額を解答欄にしたがって計算しなさい。

【資料】

当期における減価償却資産及び償却の明細は以下のとおりである。

種類等	取得価額	当期償却費	期末帳簿価額	法定耐用年数	償却方法	(注)
車　両	800,000円	244,200円	555,800円	5年	定率法	1

（注1）車両は当期の5月10日に取引先A社から800,000円で取得し，事業の用に供したものであるが，車体にはA社の社名及び製品名が記載されており，A社の広告宣伝を目的としているものである。

なお，この車両は，A社において1,980,000円で取得したものである。

X1年4月1日以後に取得された減価償却資産の定率法5年の償却率は0.400，改定償却率は0.500，保証率は0.10800である。

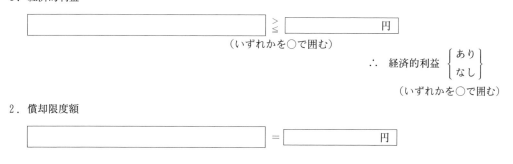

解答欄

1．経済的利益

[　　　　　　　　] ＞≦ [　　　　円]

（いずれかを○で囲む）

∴　経済的利益 ｛あり／なし｝

（いずれかを○で囲む）

2．償却限度額

[　　　　　　　　] ＝ [　　　　円]

3．償却超過額

	=	円

［88回　1級・2問］

第2節　受取配当等

1．受取配当等の益金不算入制度についての趣旨

企業会計上，受取配当金は収益です。一方，法人税法上，受取配当等は原則として益金不算入項目です。法人税法上，受取配当等が益金不算入となる理由は法人の本質観に基づき二重課税を排除するためです。

法人をどのようにとらえるかという法人の本質観には，2つの考え方があります。1つは法人を個人株主の集合体ととらえる「法人擬制説」です。「法人擬制説」の下では，法人税を所得税の前払いととらえます。もう1つの考え方は，法人と個人株主は別個の存在ととらえる「法人実在説」です。「法人実在説」の下では，法人に対する法人税課税と個人株主に対する所得税課税をそれぞれ独立した課税ととらえます。

「法人擬制説」の下では，法人税を納めた後の税引後利益から支払われる配当金を益金として認識し，再度課税の対象とすると二重課税になるため，受取配当等は益金不算入項目としています。個人株主は配当金に係る法人税を所得税の前払い分として配当控除により調整しています（所法92）。

「法人実在説」の下では，法人所得への課税と課税後の配当された金額に課される所得税は，別人格の所得に対する課税と認識して二重課税ととらえないため，配当金について特段の調整は行われません。

わが国では，第2次世界大戦後の税制改正以来「法人擬制説」の立場をとっているため，受取配当等の益金不算入制度を採用しています。

2．益金不算入となる受取配当等の範囲

この制度の対象となる受取配当等とは次のものをいいます（法法23①）。

（1）剰余金の配当，利益の配当又は剰余金の分配の額

（2）投資信託及び投資信託法人に関する法律の金銭の分配の額

（3）資産の流動化に関する法律に規定する金銭の分配の額

「剰余金の配当」は，株式会社及び協同組合等の剰余金の配当を指します（会社法453，農業協同組合法52等）。「利益の配当」は，持分会社（合名会社，合資会社及び合同会社）及び特定目的会社の利益の配当を指します（会社法621，資産流動化法114）。「剰余金の分配」は，相互会社及び船主相互保険組合の剰余金の分配を指します（保険業法55の2，船主相互保険組合法42）。

法人が剰余金の配当等により受けた金額であっても，外国法人からの受取配当等はこの制度の対象となりません。受取配当等の益金不算入は，わが国における個人株主集合体である法人と個

人株主との二重課税を防ぐためのものであるので，外国法人からの受取配当等は課税の対象となります。

公社債投資信託以外の証券投資信託の収益分配の額については，「純粋な投資商品である」として，その全額を益金の額に算入することとなりました。ただし，外国株価指数連動型特定株式投資信託以外の特定株式投資信託の収益の分配の額については，その受益権を株式または出資と同様に扱うこととされ，益金不算入となる受取配当等の額とします。

「資産の流動化に関する法律に規定する金銭の分配額」は，特定目的会社における社員に対しての金銭の分配です（資産流動化法115①）。

３．みなし配当

会社法上の配当ではないものの，税法上，配当が支払われたものと同等と認められるものを「みなし配当」といい，通常の配当と同様に益金不算入となります。

具体的には，合併等に際して株主等にその財産の払戻しが行われた場合，払戻金額のうち過去における利益の留保額（利益積立金額）から構成される部分があるときには，配当が支払われたものと同等と考えます。みなし配当が発生するケースは限られており，以下の場合にのみ認識されます（法法24①）。

① 合併（適格合併を除く）
② 分割型分割（適格分割型分割を除く）
③ 資本の払戻し又は解散による残余財産の分配
④ 自己株式等の取得（金融商品取引所の開設する市場における購入等を除く）
⑤ 出資の消却，出資の払戻し，社員その他法人の出資者の退社または脱退による持分の払戻しその他株式または出資をその発行した法人が取得することなく消滅させること
⑥ 組織変更

４．益金不算入額の計算

受取配当等の益金不算入額は，法人の有する株式等を次の４つのグループに分けて，それぞれの益金不算入額を計算し，その合計額が益金不算入となります。

区分	計算式（不算入割合）
① 完全子法人株式等 （株式保有割合100％）	受取配当等の額×100％
② 関連法人株式等 （株式保有割合３分の１超）	（受取配当等の額－関連法人株式等に係る負債利子額）×100％
③ その他の株式等 （株式保有割合３分の１以下，５％超）	受取配当等の額×50％
④ 非支配目的株式等 （株式保有割合５％以下）	受取配当等の額×20％

完全子法人株式等とは，配当等の額の計算期間を通じて完全支配関係にある他の内国法人の株式等をいいます（法法23⑤，81の4①，法令22の2，155の9）。

関連法人株式等とは，配当等の額の支払に係る効力が生ずる日以前6月以上，発行済株式等の3分の1超を継続して保有する場合の他の内国法人の株式等をいいます（法法23⑥，81の4⑥，法令22の3①，155の10①）。

親子会社間の配当や関連会社間の配当について税負担の調整を行わなければ，支店形態を選択する場合に比べ，子会社形態を選択する方が税制上不利になるため，①完全子法人株式等に係るものと②関連法人株式等に係るものは100%益金不算入となります。

その他の株式等とは，完全子法人株式等，関連法人株式等及び非支配目的株式等のいずれにも該当しない株式等をいいます（法法23①，81の4①）。換言すると，基準日における持株比率が5%を超え，かつ，その計算期間内に持株比率が3分の1以下である株式等で，完全子法人株式等以外のものをその他の株式等といいます。その他の株式等に係る受取配当等の額はその50%相当額が益金不算入となります。

非支配目的株式等とは，株式等保有割合が5%以下の株式をいいます（法法23⑦，81の4⑦，法令22の3の2①，155の10の2①）。非支配目的株式等に係る受取配当等の額はその20%相当額が益金不算入となります。また，特定株式投資信託の収益の分配の額については，その受益権を株式等と同様に扱い，非支配目的株式等として，その収益の分配の額の20%相当額を益金不算入とします（措法67の6)。

5．負債利子の控除

株式等を取得するために資金の借入を行った場合，その借入金には支払利息が発生します。支払利息（負債利子）が損金算入され，受取配当等が全額益金不算入となると，借入を行わないで株式等を取得した場合と比べて二重に税負担を軽減することになるため，受取配当等の額から負債利子の額が控除されます。

このように，負債利子の控除は，非課税収入に係る費用が課税費用となることで不公平な税負担等とならないように調整するものですが，今般，益金不算入割合など本制度が大幅に見直されたことにより，負債の利子の額が損金となることによる影響が低減したこと，制度の簡素化の必要性等を踏まえ，関連法人株式等に係る控除を除き，廃止されました。

関連法人株式等に係る負債利子の額の計算方法には，原則法（総資産按分法）と簡便法（実績割合法）の2つがあります。2つの方法で負債利子の額を算定し，納税者にとって有利な方（納付税額が少なくなる方：原則法と簡便法のいずれか少額の方）を選択します。

原則法（総資産按分法）は，当期の支払利息を総資産のうちに占める株式等の額で按分し，受取配当等の額に対応する負債利子の額を計算する方法です（法令22①）。原則法（総資産按分法）による負債利子の額は，次の算式により計算します。

原則法（総資産按分法）
関連法人株式等に係る負債利子の額

$$控除負債利子＝\frac{当期の負債利子}{の額合計額}\times\frac{当期末及び前期末の関連法人株式等の帳簿価額}{当期末及び前期末の総資産の帳簿価額}$$

原則法（総資産按分法）の計算は総資産の帳簿価額の調整や株式等の帳簿価額の調整が必要となり煩雑であるため，簡便法（実績割合法）の適用が認められています。簡便法（実績割合法）では，次の算式のとおり，基準年度（平成27年4月1日から平成29年3月31日までの間に開始した事業年度）における実績割合（小数点以下3位未満切捨）により受取配当等の額から控除すべき負債利子の額を計算します（法令22④）。

簡便法（実績割合法）
関連法人株式等に係る負債利子の額

$$控除負債利子＝当期の負債利子の額合計額\times\frac{基準年度に原則法で計算した関連法人株式等に係る控除負債利子の合計額}{基準年度の負債利子の合計額}$$

問題２－３

内国法人乙株式会社（以下，「乙社」という。）は，電化製品の卸売業を営む年1回3月末決算の非同族会社で，当期（自平成31年4月1日　至令和2年3月31日）末の資本金の額は60,000,000円である。次の資料に基づき，受取配当等の益金不算入額を算定しなさい。

【資料】

（1）当期において受け取った配当等の額は次のとおりであり，乙社は源泉徴収税額控除後の差引手取額を当期の収益に計上している。
なお，復興特別所得税は考慮していない。

銘柄等	区　分	配当等の計算期間	受取配当等の額	源泉徴収税額	差引手取額	(注)
A 株 式	配 当 金	平成30.4.1～平成31.3.31	600,000円	120,000円	480,000円	1
B 株 式	配 当 金	平成30.6.1～令和1.5.31	40,000円	8,000円	32,000円	2
銀行預金	預金利子	－	12,000円	1,800円	10,200円	－

（注1）A株式（配当等の計算期間の初日における株式等保有割合40%）の取得状況は以下の通りである。
① 平成26年4月16日に取得した株式数　42,000株
② 平成31年2月20日に取得した株式数　8,000株

（注2）B株式（配当等の計算期間の初日における株式等保有割合3%）は，数年前から保有している。

（2）関連法人株式等に係る控除負債利子の額の原則法による適正額は56,000円であり，簡便法による適正額は62,000円である。

解答欄

（1）受取配当等の額

① 関連法人株式等　［　　　　円］

② 非支配目的株式等　［　　　　円］

（2）控除負債利子

① 原則法　［　　　　円］

② 簡便法　［　　　　円］

③［　　　　円］＜［　　　　円］　∴［　　　　円］

（3）益金不算入額

（［　　　　円］－［　　　　円］）＋［　　　　円］×［　　］/［　　］＝［　　　　円］

［103回1級・3問一部抜粋］

6．短期所有株式等に係る受取配当等の益金算入

益金不算入となる受取配当等の範囲に含まれる金額であっても，その元本である株式等を短期間で売買した場合は益金不算入の適用を受けることができません（法法23②）。これは配当金の額の支払にかかわる基準日前後で行われる短期売買による課税回避を防止するための措置です。この規定は，配当の計算期間が終わりに近づいて，株式等の価額が配当の予想額を含めた価額に上昇したタイミングで取得し，配当金の確定後，配当落ちした株式等を売却するケースを想定しています。株式等の売却損が損金算入され，受取配当は益金不算入となれば，二重に税負担を軽減することになるため，短期所有株式等に係る受取配当は益金算入となります。

短期所有株式等とは，配当金の支払に係る基準日以前1か月以内に取得したもので，かつその基準日から2か月以内に譲渡した株式等をいいます。所有株式のうち短期所有株式を抽出することは困難なので，銘柄ごとに次の算式によって短期所有株式等の数を計算します（法令20）。

図表2－1　短期所有株式等の数の計算

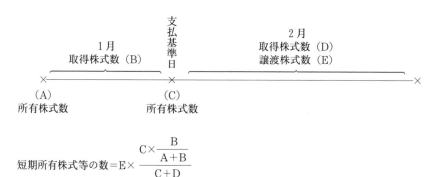

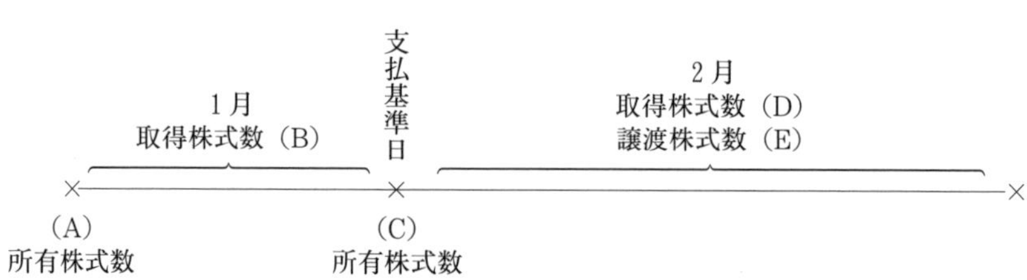

$$短期所有株式等の数＝E\times\frac{C\times\frac{B}{A+B}}{C+D}$$

A　配当等の支払基準日から起算し1月前の日において有する株式等の数
B　配当等の支払基準日以前1月以内に取得した株式等の数
C　配当等の支払基準日に有する株式等の数
D　配当等の支払基準日後2月以内に取得した株式等の数
E　配当等の支払基準日後2月以内に譲渡した株式等の数

短期所有株式等に係る配当等の額は，次の算式により計算します。

$$\text{短期所有株式等に係る配当等の額} = \text{配当等の額} \times \frac{\text{短期所有株式等の数}}{\text{基準日において有する株式等の数}}$$

問題2－4

次の資料に基づき，当社の短期保有株式等の数と短期所有株式等にかかる配当等の額を求めなさい。なお会計期間は令和x2年4月1日から令和x3年3月31日の1年間である。

【資料】

銘柄等	区　分	配当等の計算期間	受取配当等の額
A 株 式	配 当 金	令和x1.4.1～令和x2.3.31	1,350,000円

A株式の異動状況は次のとおりである。

なお，A株式は内国法人A社が発行する株式であり，関連法人株式等に該当する。

① 配当等の支払基準日から起算して1か月前に有する株式数　64,000株
② 配当等の支払基準日以前1か月以内に取得した株式数　36,000株
③ 配当等の支払基準日に有する株式数　90,000株
④ 配当等の支払基準日後2か月以内に取得した株式数　30,000株
⑤ 配当等の支払基準日後2か月以内に譲渡した株式数　20,000株

解答欄

1．短期所有株式等の数

$$\boxed{\qquad}\text{株} \times \frac{\boxed{\qquad}\text{株} \times \dfrac{\boxed{\qquad}\text{株}}{\boxed{\qquad}\text{株} + \boxed{\qquad}\text{株}}}{\boxed{\qquad}\text{株} + \boxed{\qquad}\text{株}} = \boxed{\qquad}\text{株}$$

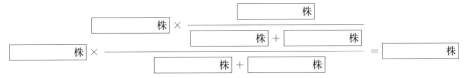

2．短期所有株式等にかかる配当等の額

$$\frac{\boxed{\qquad}\text{円}}{\boxed{\qquad}\text{株}} \times \boxed{\qquad}\text{株} = \boxed{\qquad}\text{円}$$

［1級・3問類題］

問題２－５

次の資料に基づき，甲株式会社（以下「甲社」という。）の当期（自令和x2年４月１日　至令和x3年３月31日）における受取配当等の益金不算入額を解答欄にしたがって計算しなさい。

【資料】

（１）当期において受け取った配当等の額は次の通りである。

銘柄等	区　分	受取配当等の額
A　　株　　式	配　当　金	1,800,000円
B　　株　　式	配　当　金	900,000円
C特定株式投資信託	収益分配金	160,000円
銀　行　預　金	預金利子	80,000円

（注１）A社株式及びB社株式はいずれも関連法人株式等に該当する。

（注２）A株式の異動状況は次のとおりである。

① 配当等の支払基準日から起算して１か月前に有する株式数　60,000株

② 配当等の支払基準日以前１か月以内に取得した株式数　30,000株

③ 配当等の支払基準日後２か月以内に取得した株式数　10,000株

④ 配当等の支払基準日後２か月以内に譲渡した株式数　20,000株

（２）受取配当等の額から控除すべき負債利子の額の計算に必要な資料は次のとおりである。

① 原則法により計算される金額　140,000円

② 簡便法により計算される金額　150,000円

解答欄

１．短期所有株式等

（１）A社株式の配当等の計算期日末日現在の所有株式数

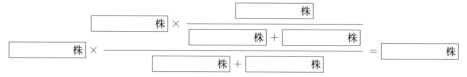

[　　　　　　　　　　] ＝ [　　　　株]

（２）短期所有株式等の数

$$[\quad 株] \times \frac{[\quad 株] \times \dfrac{[\quad 株]}{[\quad 株] + [\quad 株]}}{[\quad 株] + [\quad 株]} = [\quad 株]$$

（３）短期所有株式等に係る配当等の額

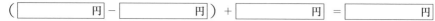

$$\frac{[\quad 円]}{[\quad 株]} \times [\quad 株] = [\quad 円]$$

２．受取配当等の額

（１）関連法人株式等

（[　　　　円] － [　　　　円]）＋ [　　　　円] ＝ [　　　　円]

（２）非支配目的株式等

[　　　　円]

３．控除負債利子

（１）原則法

円

（２）簡便法

円

４．益金不算入額

（１）原則法

	＝	円

（２）簡便法

	＝	円

（３）

円	＞	円	∴	円

［１級・２問類題］

第３章　損金の概念と計算

第１節　棚卸資産

１．棚卸資産の範囲

棚卸資産の販売による売上高に対応する売上原価の計算は，法人の所得を算定するうえで重要です。売上原価を算定するためには，次の算式で計算します。

（期首棚卸高＋当期商品仕入高）－ 期末棚卸高 ＝ 売上原価

期首棚卸高と仕入高は，帳簿に記載されているため比較的容易に把握できます。売上原価を確定させる場合は，期末棚卸高を実地棚卸により数量確認し，評価して金額を確定します。そのうえで，上記計算式により把握します。そこでは，期末の棚卸の評価方法が重要です。なぜなら，期末棚卸高が多くなれば，売上原価が少なくなり，反対に，期末棚卸高が少なくなれば，売上原価が多くなるという関係にあるからです。

棚卸資産とは，①商品又は製品，半製品，副産物，作業くず，②仕掛品，半成工事，③主要原材料，補助原材料，④消耗品で貯蔵中のもの，その他これらに準ずる資産で棚卸すべきものをいいます（法法２①二十，法令10）。なお，有価証券及び短期売買商品については，棚卸資産からは除かれます。①はそのまま販売できるものであり，②は加工中のもので，③は加工前の素材，④は未消費，未使用の貯蔵中の消耗品をいいます。この消耗品には，通常製造過程において消費されるもののほか，販管費における消耗品を含みます。

購入した棚卸資産の取得価額には，購入先に支払った代金のほか引取運賃・荷役費・運送保険料・購入手数料，関税等が含められます（法令32①イ）。また，自己の製造，採掘，栽培等の取得価額は，原材料費や労務費，経費の額及び消費し又は販売のための直接費用（製造後の検査，移管費用等）の合計額をいいます。その合計額が適正な原価計算に基づいている金額と異なるときは，その原価計算の額を取得価額とみなします（法令32②）。

２．棚卸資産の評価方法

期末棚卸資産の評価は，原価法と低価法に分けられ，原価法は，個別法，先入先出法，総平均法，移動平均法，最終仕入原価法，売価還元法，が認められています（法令28①）。また，低価法は，期末棚卸資産をその種類等の異なるごとに区別し，その種類等の同じものについて，原価法により評価した価額とその事業年度終了の時における価額とのうち，いずれか低い価額をもってその評価額とする方法をいいます。評価方法は，法人の行う事業の種類ごとに，かつ，棚卸資産の区分ごとに選定しなければなりません。法人が評価方法を選定しない場合や，選定した方法によらない場合には，最終仕入原価法（期末時点における棚卸資産を種類ごとに区分し，同一種類の棚卸資産について，最終仕入時の取得価額の単価により期末評価額を算出する方法）によって評価することになります（法令31①）。法人がすでに選定した棚卸資産の評価方法を変更しようとするときは，その新たな評価の方法を採用しようとする事業年度開始の日の前日までに，所定の事項を記載した変更承認申請書を納税地の所轄税務署長に提出し，承認を受けなければなりません（法令30②）。なお，原則的評価方法である原価法又は低価法以外の特別な評価方法を選択することもできます。その場合は，納税地の所轄税務署長に提出し，承認を受けなければなりません（法令28の２）。

３．棚卸資産評価損否認額（加算調整）

法人税法では，資産の評価換えをしてその帳簿価額を減額した場合，その減額した部分の金額（評価損）は，損金の額に算入しないのが原則です（法法33①）。ただし例外があり，災害により著しく損傷した場合や，例えば，季節商品で売れ残ったもの，破損，型崩れ，棚ざらしなどの品質変化等により通常の方法によって販売することができないようになったもの，商品と用途の面ではおおむね同様のものであるが，型式，性能，品質等が著しく異なる新製品が発売されたことなどにより著しく陳腐化した場合及び更正手続の開始決定による場合で通常の方法では販売することができない場合に損金経理（法人がその確定した決算において費用又は損失として経理することをいう）を条件として評価損が損金算入されます（法法33②，法令68①，法基通９-１-４，９-１-５）。なお，企業会計上で適正な会計処理が行われていることを前提に，法人税法において低価法（法令31①）を採用しているならば，原則として，会計上で生じた低価法評価損は，法人税法も低価法評価損として受け入れます。つまり，法人税法で低価法を選択適用している場合には，会計処理が適正であることを前提に，資産の評価損の計上ができる事実（法令68）よりも棚卸資産の評価の方法（法令28）が優先適用されます。

問題３－１

甲株式会社は，棚卸資産の評価について原価法を採用している。次の資料により下記の設問に答えなさい。

【資料】棚卸資産に関する事項

区分	評価替え直前簿価	期末時価	備　　考
Ａ商品	2,765,000円	1,862,000円	売れ残りの季節商品であり，過去の実績からみて通常価額で販売できない。
Ｂ商品	7,500,000円	3,290,000円	地震により著しく損傷した。
Ｃ商品	21,863,000円	19,150,000円	性能の著しく異なる新製品の発売により通常の方法で販売できない。
Ｄ商品	11,635,000円	10,642,000円	過剰生産のため時価が下落した。
Ｅ商品	8,673,000円	7,140,000円	建値の変更により時価が下落した。
Ｆ商品	6,419,000円	5,947,000円	商品運搬中に型くずれしたことにより，通常の方法で販売できない。
Ｇ商品	9,680,000円	8,875,000円	長期間倉庫に保管したため品質が低下し，通常の方法で販売できない。
Ｈ商品	15,413,000円	14,564,000円	物価変動により時価が下落した。

（設問1）評価損の計上できる商品には○印を，計上できない商品には×印を付しなさい。

（設問2）評価損として損金の額に算入できる金額を計算しなさい（算入できない場合には損金算入額の欄に「−」を付しなさい）。

解答欄

A商品	B商品	C商品	D商品	E商品	F商品	G商品	H商品

区分	計　算　過　程	損金算入額
A商品		円
B商品		円
C商品		円
D商品		円
E商品		円
F商品		円
G商品		円
H商品		円
合　計	A商品〜H商品までの損金算入額の合計額	円

［2級・2問類題］

問題3－2

次の資料から，甲株式会社の平成30年3月期において税務調整すべき金額を計算しなさい。

【資料】棚卸資産に関する事項

種　類	評価換え直前簿価	期末時価	評価損計上額	評価損計上の理由
甲商品	2,650,000円	1,290,000円	1,500,000円	商品運搬中に型崩れしたことにより，通常の方法で販売できない。
乙商品	4,380,000円	2,912,000円	2,580,000円	物価変動により時価が下落した。
丙商品	3,407,000円	1,390,000円	2,100,000円	長期間保管による品質の変化により，通常の方法で販売できない。

解答欄

加算		

評価損

1．甲商品

（1）会社計上額　[　　　　円]

（2）評価損の計上ができる限度額

[　　　　円]−[　　　　円]＝[　　　　円]

（３）評価損否認額

[　　　　円] － [　　　　円] ＝ [　　　　円]

２．乙商品

（１）会社計上額　[　　　　円]

（２）評価損の計上ができる限度額　[　　　　円]

（３）評価損否認額

[　　　　円] － [　　　　円] ＝ [　　　　円]

３．丙商品

（１）会社計上額　[　　　　円]

（２）評価損の計上ができる限度額

[　　　　円] － [　　　　円] ＝ [　　　　円]

（３）評価損否認額

[　　　　円] － [　　　　円] ＝ [　　　　円]

４．評価損否認額の合計

[　　　　円] ＋ [　　　　円] ＋ [　　　　円] ＝ [　　　　円]

［２級・５問類題］

４．棚卸資産をめぐる課税事件

月刊誌等の雑誌の出版を業とする法人（棚卸資産の評価につき最終仕入原価法を採用している）が，棚卸資産のうち書店等から返品されたものについては，古紙としての価値があるにすぎないから評価損の計上が認められるべきであるとした事例がありました（平成23年３月25日裁決）。法人税法では，確定した決算で損金経理（法法２①二十五）をして，あらかじめ選定した低価法（法令31①）を採用していれば，原則として，会計上で生じた低価法評価損は法人税法も低価法評価損として損金の額に算入されます。本件のように，書店等から返品された雑誌等については，月刊誌等の定期刊行物で新号の出版により通常の店頭販売がされなくなったものや，販売されないまま保管され，棚ざらしによる破損や変色したものがあります。これら返品雑誌等についても，著しい陳腐化や物損等（法令68①ロ）により価値が低下し，評価損の計上（法法33②）が認められる可能性がありました。しかし，本件では，法人が棚卸資産の評価換えをして損金経理によりその帳簿価額を減額しなかったため，損金の額に算入することができないと裁決されました。一般に法人が低価法を採用し，適正な企業会計の処理を行っている棚卸資産につき資産の評価損の計上ができる事実が生じている場合には，まず，棚卸資産の評価の方法（法令28）が適用されます。そのうえで，災害により著しく損傷したこと，著しく陳腐化したこと，又はこれらに準ずる特別の事実が生じているときは，資産の評価損（法令68）が検討されます。

資産の評価損が適用できる特別の事実については，裁決例や裁判例が多く存在します。宅地造成工事及び分譲住宅の建築・販売等を業とする法人が，棚卸資産（土地）は，袋地で入口が狭く石段であり，排水路がない等の不整形地であるため，価値が乏しく，原価の10パーセントで販売できればいい方であるから，これは明らかな破損・毀損であり，品質が低下して，もはや通常の方法では販売することはできないので「特別の事実」に準ずる事実（法令68①ハ）に該当するとして資産の評価損を計上した事例がありました（福岡高裁平成16年12月9日判決)。判決は，「特別の事実」とは，災害により著しく損傷したこと，著しく陳腐化したことが実質的に同視できるような事実を指し，減額原因事実を限定的に列挙したものと解するのが相当であるとしました。

第2節　減価償却

固定資産は通常，物理的要因（使用・時間の経過による）及び機能的要因（陳腐化・不適応化）等によって，その経済的効益が徐々に低下します。これを減価といいます。この減価を認識するために，固定資産の取得価額をその耐用年数にわたって一定の規則的な方法によってその減価分をコストとして認識し，計上することを「減価償却」といいます。ここで，減価償却をする必要のある資産を「減価償却資産」といい，当期の減価償却の額は減価償却費という勘定を用います。また，土地，借地権，電話加入権や，時間の経過によってもその価値の減価を適切に認識できない書画や美術品，骨とう品等は減価償却の対象資産とはなりません。これらの資産を「非減価償却資産」といい，建設仮勘定も含みます。そして，減価償却資産の償却額は，税法の規定にしたがって償却限度額まで損金に算入することができます。

減価償却費の計上は支出を伴わない費用の計上であることから，内部取引ということがいえます。したがって，減価償却費の計上に際して税法によって制限を設けず，過大に計上することを認容すると，所得金額が低く抑えられ課税できる金額が低くなることが起こりえます。そのため課税庁は，損金算入が認められる減価償却費について厳格・詳細に規定を設け，法人の減価償却に制限をしているのです（法法31①)。また，税法上，減価償却を行うか否かは法人の意思に委ねられており，その計上が強制されるという性格のものでもありません。

減価償却費には上記のように損金算入に限度額が設けられていることから，特に中小法人においては，過大な減価償却費を計上する動機はある程度抑えられると考えられます。その結果，会社法の規定によって作成される財務諸表では，税法上認められる損金算入限度額まで減価償却費の計上を行う法人が通常です。このように，税法の基準に基づいて財務諸表を作成することは一般に逆基準性と呼ばれており，減価償却費の計上だけでなく法人のあらゆる会計処理に税法の影響が現れています。

さて，減価償却費は平成19年3月31日まで償却可能限度額を取得価額の95％とされていましたが，平成19年度の税制改正によって償却可能限度額の規定が廃止されました。この改正によって，平成19年4月1日以降取得した減価償却資産については，耐用年数経過時点に1円（備忘価額）まで減価償却できることになりました。改正の理由としては，償却資産の処分時にはその価値は残存価額の5％を大きく割り込むのが現実で，その価値はゼロに近いということ，また，設備等の投資を推進するためにも残存価額を改正するのが望ましいとの声もありました。したがって，平成19年3月31日を境に，取得した減価償却資産の減価償却方法が異なることには注意を要します。

１．減価償却資産の範囲

減価償却資産は，有形固定資産，無形固定資産，生物の３つに分類されます。また，減価償却資産の取得価額に引取運賃・荷役費・運送保険料・購入手数料・関税等の付随費用が含められるのは棚卸資産と同じです（法令54①イ）。そのほか，機械には据付費や試運転費も取得価額に含めます（法令54①ロ）。

（１）有形固定資産

減価償却資産のうち，税法上の有形固定資産には以下のようなものがあります（法令13)。

①建物　②建物附属設備　③構築物　④機械及び装置　⑤船舶　⑥航空機　⑦車両及び運搬具　⑧工具並びに器具及び備品

（２）無形固定資産

減価償却資産のうち，税法上の無形固定資産には以下のようなものがあります（法令13)。

①鉱業権　②漁業権　③ダム使用権　④水利権　⑤特許権　⑥実用新案権　⑦意匠権　⑧商標権　⑨ソフトウェア　⑩育成者権　⑪営業権　⑫専用側線利用権　⑬鉄道軌道連絡通行施設利用権　⑭電気ガス供給施設利用権　⑮熱供給施設利用権　⑯水道施設利用権　⑰工業用水道施設利用権　⑱電気通信施設利用権

（３）生物

減価償却資産のうち，税法上の生物には以下のようなものがあります（法令13)。

①牛，馬，豚，綿羊及びやぎ　②かんきつ樹，　りんご樹，ぶどう樹等　③茶樹，オリーブ樹，つばき樹等

２．減価償却資産の償却

（１）減価償却の方法と法定償却方法

税法による減価償却資産の償却方法については，定額法，定率法，生産高比例法等があります。平成19年３月31日までに取得した資産については，旧定額法，旧定率法，旧生産高比例法が適用されます。

また，先にも述べたように，平成19年４月１日以後に取得した減価償却資産については，税制改正により，償却可能限度額（取得価額の95%）及び残存価額が撤廃され，耐用年数が経過した時点において残存価額１円まで償却できるようになりました（法令48②，61)。そして，新たな償却方法として，以前の計算方法とは異なる新たな定率法などが導入されました（定額法の償却率の原則2.5倍に設定された「定率法の償却率（250%定率法)」の適用)。しかし，平成23年度の税制改正により，平成24年４月１日以後に取得した減価償却資産に適用される定率法の償却率については，定額法の償却率を２倍にした償却率（200%定率法）に引き下げられています。

次に，法人が使用する償却方法について所轄の税務署長に届け出を行わなかった場合には，法定償却方法によることとされています。主なところでは，平成19年４月１日以降に取得された建

物附属設備，構築物，機械及び装置，船舶，航空機，車両及び運搬具，工具並びに器具及び備品については定率法が法定償却方法とされていましたが（旧法令53②イ），平成28年4月1日以降については税制改正により建物附属設備，構築物については償却方法から定率法が除かれました（法令53②）（また法令51も参照のこと）。

なお，選定できる減価償却資産の償却方法（法令48ノ2①）については図表3－1を参照ください。

図表3－1　選定できる減価償却資産の償却方法（法令48ノ2①）

建物（鉱業用減価償却資産を除く）	平成10年3月31日以前に取得されたもの		定額法，定率法
	平成10年4月1日以後に取得されたもの		定額法
建物附属設備，構築物（鉱業用減価償却資産を除く）	平成28年3月3 日以前に取得されたもの		定額法，定率法
	平成28年4月1日以後に取得されたもの		定額法
機械及び装置，船舶，航空機，車両及び運搬具，工具並びに器具及び備品（鉱業用減価償却資産を除く）			定額法，定率法
鉱業用減価償却資産（鉱業権を除く）	平成28年3月31日以前に取得されたもの		定額法，定率法，生産高比例法
	平成28年4月1日以後に取得されたもの	建物，建物附属設備，構築物	定額法．生産高比例法
	平成28年4月1日以後に取得されたもの	上記以外の鉱業用減価償却資産	定額法，定率法，生産高比例法
鉱業権を除く無形固定資産．生物			定額法
鉱業権			定額法，生産高比例法
リース資産			リース期間定額法

（2）減価償却資産の耐用年数と償却率

簿記をこれまで勉強した方は，減価償却の項目で，耐用年数6年の定額法といえば，償却資産の取得価額から残存価額を差し引いた額を6で除して1年間の償却額を算定してきたと思います。しかし，税法による減価償却の規定では，耐用年数に応じた償却率を用いることとしています（法令56)。減価償却資産の償却率が記されているのは「減価償却資産の耐用年数等に関する省令」の別表第七・八になります（法令48および56)。

以上から，定額法と定率法による税法上の減価償却（償却限度額）の方法は次のように計算されます。

①　定額法による減価償却額（償却限度額）の計算方法

平成19年4月1日以降取得の資産………取得価額 × 定額法償却率

平成19年3月31日以前取得の資産………（取得価額－残存価額）× 旧定額法償却率

〈資料3－1〉別表第一　有形減価償却資産の耐用年数の一例

種　類	構造又は用途	細　目	耐用年数（年）
建　物	鉄骨鉄筋コンクリート造又は鉄筋コンクリート造のもの	事務所用又は美術館用のもの及び下記以外のもの	50
		住宅用，寄宿舎用，宿泊所用，学校用又は体育館用のもの	47
		飲食店用，貸席用，劇場用，演奏場用，映画館用又は舞踏場用のもの	
		飲食店用又は貸席用のもので，延べ面積のうちに占める木造内装部分の面積が三割を超えるもの	34
		その他のもの	41
		旅館用又はホテル用のもの	
		延べ面積のうちに占める木造内装部分の面積が三割を超えるもの	31
		その他のもの	39
		店舗用のもの	39
		病院用のもの	39
	れんが造，石造又はブロック造のもの	事務所用又は美術館用のもの及び下記以外のもの	41
		店舗用，住宅用，寄宿舎用，宿泊所用，学校用又は体育館用のもの	38
		飲食店用，貸席用，劇場用，演奏場用，映画館用又は舞踏場用のもの	38
		旅館用，ホテル用又は病院用のもの	36
	金属造のもの（骨格材の肉厚が四ミリメートルを超えるものに限る。）	事務所用又は美術館用のもの及び下記以外のもの	38
		店舗用，住宅用，寄宿舎用，宿泊所用，学校用又は体育館用のもの	34
		飲食店用，貸席用，劇場用，演奏場用，映画館用又は舞踏場用のもの	31
構　築　物	風どう，試験水そう及び防壁		5
	ガス又は工業薬品貯そう，アンテナ，鉄塔及び特殊用途に使用するもの		7
器具及び備品	試験又は測定機器，計算機器，撮影機		5

〈以下省略〉

〈資料3－2〉平成19年3月31日以前に取得をされた減価償却資産の償却率

耐用年数	旧定額法の償却率	旧定率法の償却率
2	0.500	0.684
3	0.333	0.536
4	0.250	0.438
5	0.200	0.369
6	0.166	0.319
7	0.142	0.280
8	0.125	0.250
9	0.111	0.226
10	0.100	0.206
11	0.090	0.189

耐用年数	旧定額法の償却率	旧定率法の償却率
12	0.083	0.175
13	0.076	0.162
14	0.071	0.152
15	0.066	0.142
16	0.062	0.134
17	0.058	0.127
18	0.055	0.120
19	0.052	0.114
20	0.050	0.109

〈以下，省略〉

〈資料3－3〉平成19年4月1日以後に取得された減価償却資産の償却率

耐用年数	定額法の償却率	定率法の償却率	
		250%定率法	200%定率法
		平成19年4月1日以降平成24年3月31日以前に取得	平成24年4月1日以降取得
2	0.500	1.000	1.000
3	0.334	0.833	0.667
4	0.250	0.625	0.500
5	0.200	0.500	0.400
6	0.167	0.417	0.333
7	0.143	0.357	0.286
8	0.125	0.313	0.250
9	0.112	0.278	0.222
10	0.100	0.250	0.200

〈以下，省略〉

別表第七～十より作成。

② 定率法による減価償却額（償却限度額）の計算方法

平成19年4月1日以降取得の資産……（取得価額－減価償却累計額）× 定率法償却率

平成19年3月31日以前取得の資産……（取得価額－減価償却累計額）× 旧定率法償却率

（3）償却限度額の計算

先にも述べているように，法人税の減価償却については見直しが行われています。まず，平成19年3月31日以前に取得された減価償却資産の償却方法については，旧定額法・旧定率法等とされ，前事業年度までの各事業年度において行った償却費の累積額が取得価額の95%相当額（従前の償却可能限度額）まで達している減価償却資産については，その達した事業年度の翌事業年度（平成19年4月1日以後に開始する事業年度に限る。）以後において，次の計算式により計算した金額を償却限度額として償却を行い，残存簿価1円まで償却できるようになりました（令48，61）。

償却限度額＝(取得価額－取得価額の95%相当額－1円)×償却を行う事業年度の月数／60

また，平成19年4月1日以後に取得をされた減価償却資産（令48ノ2，61）については，償却可能限度額（取得価額の95%相当額）及び残存価額が廃止され，耐用年数経過時点に「残存簿価1

円」まで償却できるようになりました。この点，区別して計算する必要があります。

さらに，定率法の場合の償却率は，耐用年数が経過した時点で償却が終了するようには規定されていません。そのため，償却保証額を設定し，調整前償却額が償却保証額に満たなくなった場合に，償却限度額の計算を切り換え，最初に満たさなくなった年度の期首帳簿価額を（耐用年数 － 経過年数）で均等償却する償却額（改定取得価額 × 改定償却率）をその年度以後の償却限度額として耐用年数で償却が終了するように調整します。算式を示すと以下のようになります。

・定率法（平成19年４月１日以後に取得された減価償却資産）

① 調整前償却額：(期首帳簿価額 × 定率法償却額),

② 償却保証額：(取得価額 × 保証率）の場合,

償却限度額は，① ≧ ② の場合は①の金額，① ＜ ② の場合は（改定取得価額×改定償却率）となります。

問題３－３

次の資料に基づき，甲株式会社の当期に（自平成31年４月１日　至令和２年３月31日）において税務調整すべき金額を解答欄にしたがって計算しなさい。なお，甲株式会社は備品の減価償却方法として定率法を選定し，適法にその届出を行っている。なお，償却率は前に掲げた資料を参照すること。

【資料】減価償却に関する事項

資産	取得日・事業供用日	取得価額	当期償却費	期末帳簿価額	法定耐用年数
備品	平成30年９月８日	900,000円	200,000円	500,000円	８年

（注）備品については前期以前において繰越償却超過額が68,750円生じている。

解答欄

１．所得金額の計算

加算		
	小　　計	
減算		
	小　　計	

２．計算過程

（１）会社計上償却費　［　　　　円］

（２）償却限度額　（［　　　　円］＋［　　　　円］＋［　　　　円］）

×［0.　　］＝［　　　　円］

（３）減価償却超過額

（１）－（２）＝［　　　　円］

［３級・３問類題］

問題３－４

次の資料に基づき甲株式会社（以下「甲社」という）の当期（自平成26年４月１日　至平成27年３月31日）において調整すべき金額を解答欄にしたがって計算しなさい。

【資料】当期における減価償却資産及び償却の明細は以下のとおりである。

種 類 等	取得価額	当期償却費	期末帳簿価額	法定耐用年数	償却方法
備　　品	600,000円	10,000円	20,000円	6 年	定率法

（注）備品は平成18年10月18日に取得し事業の用に供したものであり，前期末において償却の累積額は取得価額の95%相当額に達している。

解答欄

1．償却限度額

（1）（［　　　　円］－［　　　　円］×95%－1円）× $\frac{12}{60}$ ＝［　　　　円］

（2）（1）＋［　　　　円］×95% ＝［　　　　円］

（3）（［　　　　円］－ 1円 ＝［　　　　円］）≧ ＜（2）　　∴（1）

（いずれかを○で囲む）

2．償却超過額

［　　　　　　　　　　］＝［　　　　円］

［84回　1級・2問類題］

問題３－５

次の資料に基づき，内国法人乙株式会社の当期（自平成31年4月1日　至令和2年3月31日）において税務調整すべき金額を解答欄にしたがって計算しなさい。

【資料】減価償却に関する事項

種類等	取得価額	当期償却費	期末帳簿価額	法定耐用年数	償却方法
備　品	1,000,000円	120,000円	176,739円	6 年	定率法

（注）備品は、平成28年4月20日に取得し事業の用に供したものである。平成25年4月1日以降に取得された減価償却資産の定率法6年の償却率は0.333，改定償却率は0.334，保証率は0.09911である。

解答欄

1．備品

（1）償却限度額

① 調整前償却額

［　　　　　　　　　　］＝［　　　　円］

② 償却保証額

［　　　　　　　　　　］＝［　　　　円］

③ ① ≧ ＜ ②　　　∴ 改定償却額により計算する。

（いずれかを○で囲む）

④ 改定償却額

［　　　　　　　　　　］＝［　　　　円］

（2）償却超過額

［　　　　　　　　　　］＝［　　　　円］

［91回，101回　1級・2問類題］

3．少額の減価償却資産と一括償却資産

これまでは減価償却資産について，耐用年数が中長期間にわたる資産を前提として説明してきました。もともと減価償却費の計上は，償却資産の減価部分を対応期間内に配分することで期間損益計算を適正に行うことを目的としています。つまり取得価額が金額的に重要である償却資産，さらに耐用年数が比較的長期にわたる償却資産に対して適用されることになります。したがって，実際には取得価額が20万円未満とか，使用可能期間が1年未満である償却資産について，どのように減価償却を行うべきか問題となります。そこで税法では，使用可能期間（耐用年数）が1年未満であるもの，または取得価額が10万円未満である減価償却資産については少額減価償却資産とし（法令133），20万円未満の減価償却資産を一括償却資産としています（法令133の2）。少額減価償却資産の償却費については，事業の用に供した日の属する事業年度において，取得価額を損金経理した場合に，その額を損金の額に算入するとしています（法令133）。なお，中小企業者等は平成15年4月1日以後取得して事業の用に供した減価償却資産のうち，30万円未満のものが損金算入可能です（措法67の5）。

また一括償却資産は，一括償却対象額×（当該事業年度の月数／36）にて計算した金額が損金算入の限度額となります。この結果，一括償却資産の一事業年度あたりの償却額は，償却対象額を3年で均等償却した額ということになります。

4．資本的支出・中古資産

（1）資本的支出

法人が減価償却資産を取得して使用，減価償却をしている途中で，破損などで修理する必要が生じることがあります。このための支出が通常の単なる修繕であれば，修繕費として損金に算入できます。しかしながら，この支出が資本的支出となる場合には一時の損金に算入することができません。資本的支出とは，当該支出する金額のうち当該資産の使用可能期間を延長させる部分又は価値を増加させる部分に対応する金額をいいます（法令132）。この場合，当該資産の取得価額に加えることになります。

資本的支出の条件は，資産の修理改良のために支出した額のうち，その資産の価値を高め，又は耐久性を増加させることとなることが必要になります（法基通7-8-1）。

問題3－6

次の資料に基づき甲株式会社（以下「甲社」という）の当期（自平成31年4月1日　至令和2年3月31日）において調整すべき金額を解答欄にしたがって計算しなさい。

【資料】当期における減価償却資産及び償却の明細は以下のとおりである。

種類等	取得価額	当期償却費	期末帳簿価額	法定耐用年数	償却方法
倉庫用建物	27,000,000円	800,000円	25,714,000円	38年	定額法による償却率0.027

（注）倉庫用建物は，平成26年8月26日に取得し，事業の用に供したものであり，当期の9月10日に避難階段の取り付けを行い，その際に支出した取り付け費用の6,000,000円を修繕費として損金経理しているが，この支出は全額資本的支出と認められる。なお，避難階段は同日より事業の用に供されており，資本的支出については法人税法施行令第55条第1項の規定により計算するものとする。

解答欄

１．倉庫用建物

（１）償却限度額

[　　　　　　　　　　　　] ＝ [　　　　円]

（２）償却超過額

[　　　　　　　　　　　　] ＝ [　　　　円]

２．倉庫用建物避難階段

（１）償却限度額

[　　　　　　　　　　　　] ＝ [　　　　円]

（２）償却超過額

[　　　　　　　　　　　　] ＝ [　　　　円]

［１級・２問類題］

（２）中古資産

これまで扱ってきた減価償却資産は，新品で取得した資産を対象としてきました。それでは中古資産についてはどうでしょうか。中古資産（試掘権以外の鉱業権及び坑道を除きます）の減価償却に際しては，中古資産取得以後の使用可能期間（耐用年数）を見積もり，その見積もった年数を耐用年数とすることができます（耐令３）。

建物や構築物のように耐用年数が決められている資産を中古取得した場合において，残存耐用年数を見積もることが困難な場合には，次の簡便法を用います。

① 法定耐用年数の全部を経過した資産

法定耐用年数×20％

② 法定耐用年数の一部を経過した資産

（法定耐用年数－経過した年数）＋（経過した年数×20％）

①または②によって計算した年数に１年未満の端数があるときは端数切り捨て，その年数が２年未満のときは２年とします（簡便法，耐令３）。

また，当該中古資産を取得して事業の用に使用するために改良費の支出（資本的支出）があった場合は，次のような考え方に基づき計算をします（耐通１－５－３，１－５－６）。

改良費*1≦中古資産の取得価額×50％＜改良費*2≦同種新品の再取得価額×50％＜改良費*3

*1の場合：改良費は少額なので，改良費を支出してもなお中古であると考え簡便法を用いる。

*3の場合：改良費は高額なので，新品に近いと考え法定耐用年数を用いる。

*2の場合：*1，*3を加味した計算となり，以下の算式により計算した耐用年数を用いる。

$$\text{（中古資産の取得価額＋改良費の額）} \div \left(\frac{\text{中古資産の取得価額}}{\text{簡便法による耐用年数}} + \frac{\text{改良費の額}}{\text{法定耐用年数}} \right)$$

※１年未満は切捨

よって，

償却費 ＝（取得価額＋改良費）×（上記の計算による耐用年数の償却率）×（月数／12）

となります。

問題３－７

次の資料に基づき甲株式会社（以下「甲社」という）の当期（自平成31年４月１日　至令和２年３月31日）において調整すべき金額を解答欄にしたがって計算しなさい。

【資料】

１．当期における減価償却資産及び償却の明細は以下のとおりである。

種　類　等	取得価額	当期償却費	期末帳簿価額	法定耐用年数	償却方法
倉庫用建物	20,000,000円	1,000,000円	19,000,000円	38年	定額法

（注）倉庫用建物は，平成31年８月26日に既に10年４月を経過した中古建物を20,000,000円で購入したもので，事業に供するに当たり，用途変更のための改装費用12,000,000円を支出して損金経理している。
なお，この建物を新築するとすれば45,000,000円を要すると認められ，残存使用可能期間を見積もることは困難である。

２．減価償却資産の耐用年数に応ずる償却率等は，次のとおりである。

平成24年４月１日以後に取得された減価償却資産の償却率

耐用年数	６年	８年	29年	31年	38年
定額法償却率	0.167	0.125	0.035	0.033	0.027

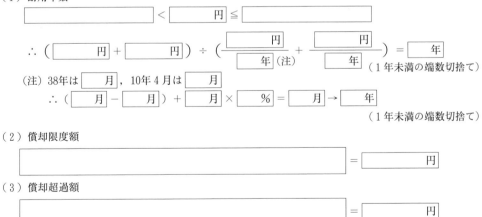

解答欄

１．倉庫用建物

（１）耐用年数

［　　　　］＜［　　　円］≦［　　　　］

∴（［　　　円］＋［　　　円］）÷（$\frac{［　　　円］}{［　　年］（注）}$＋$\frac{［　　　円］}{［　　年］}$）＝［　　年］

（１年未満の端数切捨て）

（注）38年は［　　月］，10年４月は［　　月］

∴（［　　月］－［　　月］）＋［　　月］×［　　％］＝［　　月］→［　　年］

（１年未満の端数切捨て）

（２）償却限度額

［　　　　　　　　］＝［　　　　円］

（３）償却超過額

［　　　　　　　　］＝［　　　　円］

［91回　１級・２問類題］

5．減価償却資産をめぐる課税事件

減価償却資産の償却費の計算及びその償却の方法については，本節でも述べたように法人税法31条に規定がありますが，当該減価償却資産の「取得」に関しては定義が定められていません。そのため，「取得」については公正妥当な会計処理基準によることになりますが，「法人税並びに消費税及び地方消費税更正処分等取消請求事件」[1]においては減価償却資産の「取得」の時期をめぐる訴訟になりました。（平成30年3月6日東京地裁，平成30年9月5日東京高裁判決）

この事件では，原告が，自社の工場に設置した機械装置について，法人税法31条の規定にある減価償却の方法により計算した減価償却費の金額を損金の額に算入し法人税の申告をしました。ところが，税務署長から，当該機械装置は当該事業年度終了時には取得していないと判断され，損金算入はできないとして，法人税ならびに過少申告加算税の更正処分を受けました。原告は，本件の各更正処分の取消しを求めましたが，地裁及び高裁判決では，原告は当該事業年度終了日に機械装置を「取得」していないと認定し，各更正処分等を適法と判断し，請求を棄却しました。本件では，原告の工場に機械装置が当該年度に「設置」され稼働したものの不具合が多く，同機械装置の機能が問題なく動作したのを確認し「検収」を完了した時期は翌期になっていました。判決では，原告が「取得」した機械装置は原告が主張した事業年度に「設置」はされているものの，問題なく稼働し「検収」がされたのは翌期であるとし，この検収が終了するまでは引き渡しを受けていない，すなわち原告が主張する事業年度では「取得」されたとは認めない判断をしました。

第3節 圧縮記帳

1．概要

（1）趣旨

財務会計では，株主からの払込資本のみならず，株主以外からの資本助成目的拠出も理論上は広く維持すべき資本として考えますが，法人税法は法人擬制説に基づき株主による払込資本のみを資本としてとらえるため，株主以外の資本拠出をすべて課税の対象として考えます。しかしながら，国から助成金を受ける場合や，国や地方公共団体からの要請で土地を立ち退く場合に収用補償金を受け取る場合等は，課税上，特別の配慮をする必要があります。すなわち助成金に対して課税を行うと助成の目的を減殺することになりますし，収用補償金に対して通常どおりの課税を行うと，収用が遅々として進まないということも考えられます。

圧縮記帳とは，このような場合に課税の繰延べを行うことで一時に課税されることを避け，その助成等の目的に資するために用いられる課税の技術であり，「補助金等の特定の収益をもって固定資産を取得しまたは改良した場合に，その資産に，実際の取得価額よりもその収益の額に相

1）本件は，「法人税並びに消費税及び地方消費税更正処分等取消請求事件」として減価償却に係る消費税の更正処分についても争われましたが，本書では法人税上の争点についてのみ分けて論じていることをご了解いただきたい。また，本件については，渡辺亮「減価償却資産の取得の時期－香月堂事件－」『税理』2019年　206-209頁　他を参照のこと。

当する金額（またはその範囲内の金額）だけ減額した低い帳簿価額をつけ，この減額した金額を損金に算入すること」[1]と定義されます。すなわち，助成金に対しては「非課税」とすることも考えられますが，永久に課税を行わない措置である非課税とは異なり，圧縮記帳は一時的に課税を行わないだけで，結果的に減価償却額の減少や売却時の取得価額の減少を通じて長期的には同等額の課税を行うものです。その意味で非課税とは異なり，この圧縮記帳は「課税の繰延べ」と呼ばれることがあります。

圧縮記帳の例として頻出で重要なものは5つあり，このうち法人税法本法に規定されているものが①「国庫補助金等で取得した固定資産等の圧縮額の損金算入」(法法42，43，44)，②「保険金等で取得した固定資産等の圧縮額の損金算入」(法法47)，③「交換により取得した資産の圧縮記帳」の3つです。また，租税特別措置法にも多数の規定がありますが，このうち④収用等に伴い代替資産を取得した場合の課税の特例（租法64)，⑤特定の資産の買換えの場合の課税の特例（措法65の7，65の8）の2つが重要です。なお，これら圧縮記帳は主に固定資産をその対象としており，換地処分等ごく一部の例外を除き棚卸資産は適用除外とされています（措法65①，措通64)。また，対象法人は内国法人に限られ，清算中のものは除かれます（法法42①43②他)。

（2）経理方法

圧縮記帳の経理方法としては3つのものがあります。すなわち①対象資産の取得価額から損金経理した圧縮損を直接控除する直接減額方式，②決算にて圧縮限度額を上限として積立金として積み立てる決算積立金方式，③剰余金の処分において剰余金の処分として積み立てる剰余金処分積立金方式です（法法42①②，法令80)。このうち頻出なものは①の直接減額方式であり，特に「交換により取得した資産の圧縮記帳」については積立金方式が認められていませんので，この直接減額方式によらねばなりません。

参考として，直接減額方式と積立金方式の仕訳を非償却資産の土地で示すと次のようになります。

直接減額方式

（借）土地圧縮損	×××	（貸）土　　地	×××

積立金方式

（借）繰越利益剰余金	×××	（貸）圧縮積立金	×××

（3）税務調整

圧縮記帳の対象となる資産が非償却資産の土地である場合には，圧縮損から圧縮限度額を控除した圧縮超過額を「土地圧縮超過額」として益金に加算調整します。しかし，対象となる資産が建物などの償却資産である場合は，別表四における加算減算の税務調整の計算がさらに複雑になります。計算の流れを具体的に示すと以下のようになりますが，直接減額方式と積立金方式を対比すると相違が3点ありますので注意が必要です。まず直接減額方式の場合，上記でも明らかなように圧縮損が計上されていますが，積立金方式では計上されていないため，「圧縮積立金認定損」として減算調整する必要があります。また直接減額方式では，積立金方式で必要な圧縮超過額の加算調整は不要となっています。そしてこの圧縮超過額は，直接減額方式では償却超過額の償却費に加算しますが，積立金方式では加算しません。なお，圧縮記帳後に１円未満の帳簿価額となる場合には，１円以上の備忘価額を付さなければなりません（法令93）。

＜直接減額方式の税務調整（償却資産）＞

①	圧縮限度額	各圧縮記帳の規定により算出します	
②	圧縮超過額	圧縮損－①	加算調整不要です
③	償却限度額	（取得価額－①）× 償却率	
④	償却超過額	（償却費＋②）－ ③	加算調整します→減価償却超過額

＜積立金方式の税務調整（償却資産）＞

①	圧縮限度額	各圧縮記帳の規定により算出します	
②	圧縮超過額	圧縮額－①	加算調整します→圧縮超過額
③	償却限度額	（取得価額－①）× 償却率	
④	償却超過額	償却費－③	加算調整します→減価償却超過額

（注）圧縮積立金を「圧縮積立金認定損」として減算調整します。

２．国庫補助金等で取得した固定資産等の圧縮額の損金算入

（１）概要

国や地方公共団体等は，法人が特定の固定資産を取得または改良するための助成を行うことがあり，この場合において助成として交付を受けるものを国庫補助金等といいます。この国庫補助金等は益金を構成して，受領時の所得金額として課税されるのが本来ですが，国としては補助金を助成したにもかかわらず，一時に課税を行っては助成目的を達することができないことになります。そのため，課税の繰り延べとして一定の条件のもとに圧縮記帳を認めたものです。なお，適用となる国庫補助金等には，金銭のみではなく固定資産の交付を受けた場合も含まれます（法法42①②）。

（２）計算

圧縮が認められるのは，助成を受けた国庫補助金等のうち，実際に取得または改良に充てられた額に限ります。圧縮損として損金経理した金額のうち，この「圧縮限度額」を超える額が「圧縮超過額」となりますが，上述のとおり直接減額方式ではこの圧縮超過額自体の加算調整は不要です。しかし，取得資産が減価償却資産である場合には償却超過額の計算に影響しますので，圧縮超過額をこの段階で把握しておかねばなりません。すなわち減価償却の調整においては，原始取得価額から国庫補助金の圧縮限度額を控除した金額を税務上の簿価として減価償却計算の基礎とします（法令80の２等）。最終的に「償却超過額」を求め別表四にて損金不算入としますが，直接減額方式の場合，減価償却費に圧縮超過額を加算し，これから償却限度額を控除することによ

り算出します。

国庫補助金等の圧縮記帳は，交付を受けた補助金等が期末までに返還不要な場合に限られます。したがって，返還不要が確定していない金額については，そのままでは一時に課税されてしまうことになります。このような場合は，圧縮特別勘定を設定することにより，確定分とは別枠で課税の繰り延べを行うことが認められています（法法43，44）。圧縮特別勘定繰入として損金経理した場合には，この繰入額のうち返還不要未確定部分すなわち繰入限度額を超える部分が「圧縮特別勘定繰入超過」として損金不算入とされます。

国庫補助金等で取得した固定資産等の圧縮記帳の計算の流れ（償却資産の場合）

１．圧縮限度額（注１）

２．圧縮超過額＝圧縮額－圧縮限度額

３．償却限度額

４．償却超過額

（注１）圧縮限度額＝返還不要確定補助金等の額 $\gtrless$ 取得又は改良に充てられた金額
∴いずれか少ない金額

問題３－８

次の資料に基づき，内国法人甲株式会社（以下「甲社」という。）の当期（自平成28年４月１日　至平成29年３月31日）において税務調整すべき金額を解答欄にしたがって計算しなさい。

【資料】

１．甲社は，当期の８月25日に建物の取得に充てるための国庫補助金18,000,000円の交付を受け，当期の収益に計上している。

２．当期の11月28日に交付の目的に適合した建物を45,000,000円で取得し，12月１日から事業の用に供している。

３．当期の１月20日に国庫補助金の返済不要が確定したので，損金経理により建物圧縮損20,000,000円及び減価償却費120,000円を計上している。

４．取得した建物の耐用年数は50年，定額法の償却率は0.02である。

解答欄

１．圧縮限度額

[　　　　円] $\gtrless$ [　　　　円]　　∴[　　　　円]

（いずれかを○で囲む）

２．圧縮超過額

[　　　　円]－[　　　　円]＝[　　　　円]

３．償却限度額

（[　　　　円]－[　　　　円]）×[0.　　]×$\frac{[\quad]}{[\quad]}$＝[　　　　円]

４．償却超過額

（[　　　　円]＋[　　　　円]）－[　　　　円]＝[　　　　円]

［97回　２級・２問］

問題3－9

次の資料に基づき，内国法人甲株式会社（以下「甲社」という。）の当期（自平成26年4月1日　至平成27年3月31日）において税務調整すべき金額を解答欄にしたがって計算しなさい。

【資料】

① 甲社は，当期の5月9日に建物の取得に充てるための国庫補助金20,000,000円の交付を受け，当期の収益に計上している。

② 当期の7月20日に交付の目的に適合した建物を68,000,000円で取得し，8月10日から事業の用に供している。

③ 当期の10月20日に国庫補助金の返還不要が確定したので，損金経理により建物圧縮損25,000,000円及び減価償却費500,000円を計上している。

④ 取得した建物の耐用年数は50年，定額法の償却率は0.020である。

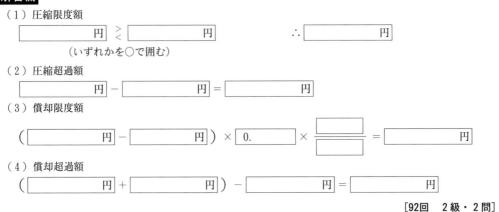

解答欄

（1）圧縮限度額

［　　　円］ ＞＜ ［　　　円］　　∴［　　　円］

（いずれかを○で囲む）

（2）圧縮超過額

［　　　円］－［　　　円］＝［　　　円］

（3）償却限度額

（［　　　円］－［　　　円］）×［0.　　］×$\frac{\square}{\square}$＝［　　　円］

（4）償却超過額

（［　　　円］＋［　　　円］）－［　　　円］＝［　　　円］

［92回　2級・2問］

3．保険金等で取得した固定資産等の圧縮額の損金算入

（1）概要

内国法人が有する固定資産が滅失などして保険金等を受け取った場合にも当然，益金として課税所得を構成しますが，これに対しても一時に課税を行うと，代替資産の取得を阻害して営業が困難となりかねません。したがって国庫補助金と同様の配慮により，一定の条件のもとに圧縮記帳が認められています。圧縮記帳の対象となる資産は，その保険金をもって取得又は改良した代替資産のみならず保険金等に代えて交付を受けた固定資産についても適用されます（法法47①②）。

（2）計算

保険金により代替資産を取得した場合の圧縮記帳による税務調整の流れは，以下のようになります（直接減額法）。計算上核となる圧縮限度額（法令85）を算出するためには，まず最初に「滅失経費」を算出しなければなりません。滅失経費の算出は，滅失資産すべての撤去費用等のうち適用対象資産の撤去分だけを把握するため，保険金内訳等の比率を用いて按分します。この場合に，類焼者への賠償金支出や見舞金支出等の滅失等に直接関連しない経費は含まれないことに注意が必要です（法基通10-5-5）。次に，適用対象資産の保険金からこの適用対象資産分の滅失経費を除いた金額を保険金の純額として「改定保険金」とし，これから滅失等資産の直前帳簿価額を控除することで「保険差益の額」を算出します。最後に，この保険差益の額を改定保険金のうち代替資産の取得に充てられた金額の比率（100%が限度となる）で按分して「圧縮限度額」を得ることになります。

保険金等で取得した固定資産等の圧縮記帳の計算の流れ（償却資産の場合）

1．滅失経費

2．改定保険金等の額＝保険金等－滅失経費

3．保険差益の額＝改定保険金の額－滅失等資産の直前帳簿価額

4．圧縮限度額（注1）

5．圧縮超過額＝圧縮額－圧縮限度額

6．減価償却限度額

7．減価償却超過額

（注1）圧縮限度額 ＝ 保険差益の額 × $\dfrac{\text{（注2）代替資産の取得価額（分母を限度）}}{\text{改定保険金等の額（保険金等－滅失経費）}}$

（注2）代替資産の取得価額 $\gtrless$ 改定保険金等の額（分母）

∴いずれか小さい金額

問題3－10

次の資料に基づき甲株式会社（以下「甲社」という。）の当期（自平成27年4月1日　至平成28年3月31日）における取得した店舗用建物Bに係る圧縮額及び圧縮超過額並びに償却限度額及び償却超過額を計算しなさい。

【資料】

1．甲社は当期の4月20日に店舗用建物Aが火災により全焼している。

なお，焼失した資産の焼失直前の帳簿価額は次のとおりであり，当期の費用に計上している。

（1）店舗用建物A	26,000,000円
（2）商品	9,680,000円

2．火災に伴い滅失経費として支出した金額の内訳は次のとおりである。

なお，共通経費の各資産への配賦は，受取保険金の比によるのが合理的であると認められる。

（1）消防に要した費用	750,000円
（2）焼跡の整理費用	1,500,000円
（3）けが人への見舞い費用	450,000円
（4）新聞に謝罪広告を掲載した費用	900,000円

3．甲社は，当期の9月5日に保険会社から保険金として建物分32,000,000円，商品分8,000,000円を受け取った。

なお，受け取った保険金で店舗用建物Bを平成27年9月20日に21,140,000円で取得し，直ちに事業の用に供している。

4．甲社が当期に損金経理により計上した金額は次のとおりである。

（1）店舗用建物Bに係る圧縮損	4,000,000円
（2）店舗用建物Bに係る減価償却費	150,000円

5．甲社は，建物の減価償却方法として定額法を選定しており，店舗用建物Bの耐用年数は38年（平成19年4月1日以降取得した資産に係る定額法償却率0.027）である。

解答欄

1．滅失経費の額

（□円＋□円）× □円 /（□円＋□円）

＝□円

2．改訂保険金等の額

□円－□円＝□円

3．保険差益の額

□円－□円＝□円

4．圧縮限度額

□円 × （注）□円 / □円 ＝□円

（注）□円＞□円　∴□円

5．圧縮超過額

□円－□円＝□円

6．償却限度額

（□円－□円）×0.□ × □/□ ＝□円

7．償却超過額

（□円＋□円）－□円＝□円

［95回　2級・2問］

問題3－11

次の資料に基づき乙株式会社（以下「乙」社という。）の当期（自平成25年4月1日　至平成26年3月31日）における取得した保険金に係る圧縮額及び圧縮超過額並びに減価償却限度額及び償却超過額を計算しなさい。

【資料】

1．当期の5月10日に倉庫用建物Aから出火し，乙社所有の次の資産が全焼し，当期の7月20日に火災保険金を取得した。これに伴い，受取保険金と焼失資産の被害直前の帳簿価額との差額を当期の収益に計上している。

区　分	被害直前の帳簿価額	受取保険金	備　　考
倉庫用建物A	17,262,000円	48,000,000円	前期以前の償却超過額が180,000円ある。
棚 卸 資 産	15,800,000円	12,000,000円	－
合　　計	33,062,000円	60,000,000円	－

２．上記の火災に伴い，下記災害関連支出を支出しており，当期の費用に計上している。
　なお，共通の経費に該当するものは受取保険金の比により各資産に按分するものとする。
（１）倉庫用建物Ａの取壊費用　900,000円
（２）焼け跡の整理費用　1,500,000円
（３）新聞謝罪広告費　700,000円
（４）被害者への見舞金　500,000円

３．当期の11月15日に上記２の保険金をもって下記に掲げる代替資産を取得し，直ちに事業の用に供している。
　なお，乙社はこれに伴い，法人税法第47条《保険金等で取得した固定資産等の圧縮額の損金算入》の規定の適用を受け，期末に圧縮額及び減価償却費として，次の金額を損金経理している。

区　分	取得価額（圧縮前）	圧　縮　損（損金経理）	減価償却費（損金経理）	耐用年数
倉庫用建物Ｂ	40,000,000円	25,500,000円	200,000円	38年

４．乙社は，減価償却資産の償却方法については何ら選定の届け出をしていない。なお，耐用年数38年に対応する定額法償却率は，0.027である。

解答欄

（１）滅失経費

［　　　円］＋［　　　円］×［　　　円］／［　　　円］＝［　　　円］

（２）改訂保険金の額

［　　　］＝［　　　円］

（３）保険差益の額

［　　　］＝［　　　円］

（４）圧縮限度額

［　　　円］×（注１）［　　　円］／［　　　円］＝［　　　円］

（注１）［　　　円］＞［　　　円］　∴［　　　円］

（５）圧縮超過額

［　　　円］－［　　　円］＝［　　　円］

（６）償却限度額

［　　　］＝［　　　円］

（７）償却超過額

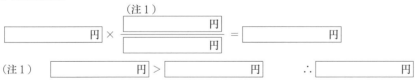

［　　　］＝［　　　円］

加算		
減算		

［90回　１級・３問］

４．交換により取得した資産の圧縮額の損金算入

（１）概要

資産を交換するという取引は，原則として交換により取得する資産の時価を対価として譲渡資産を譲渡したものと考えます。しかしながら，このような場合，金銭が得られるわけではないため資金的余裕はまったく生じないにもかかわらず，課税が行われてしまいます。そこで投資の連続性に鑑み，一定の場合には圧縮記帳により課税の繰り延べを認めています。

この交換による圧縮記帳の適用要件を列挙しますと，①交換資産どうしが共に１年以上所有していた固定資産であること，②土地と土地または建物と建物というような同種の資産の交換であり，取得資産を譲渡資産と同一の用途に供していること，③譲渡資産と取得資産の時価の差額が，これらのうち多いほうの100分の20を超えないこと，④取得資産は相手方において交換を目的として取得したものではないこと等があります。

（２）計算

固定資産の交換による圧縮記帳の計算においては，まず上記の適用要件に合致するか否かを吟味します。計算ではまず譲渡資産と取得資産の時価の差額を求め，この差額がどちらか大きい金額の20％を超えなければ「圧縮記帳の適用あり」と判定されます。次に「譲渡経費」を把握した上で「圧縮限度額」の算定に入りますが，譲渡資産と取得資産の時価の大小関係により３通りに分かれて規定されています（法令92）。

交換により取得した資産の圧縮記帳の計算の流れ

１．交換適用の判定

① 交換時の譲渡資産時価と取得資産時価のいずれか大きい金額－いずれか小さい金額

② ①のいずれか大きい金額×20％

③ ①≦②　∴圧縮記帳の適用あり

２．譲渡経費

譲渡資産が複数ある場合には譲渡資産時価により按分します。

３．圧縮限度額　以下の３つのケースにより算式が異なります。

① **等価交換の場合**

取得資産の取得時時価－（譲渡資産の譲渡直前帳簿価額＋譲渡経費）

取得資産の取得時時価－（譲渡資産の譲渡直前帳簿価額＋譲渡経費＋交換差金等）

② 譲渡資産時価＞取得資産時価の場合

取得資産の取得時時価

$$-（譲渡資産の譲渡直前帳簿価額＋譲渡経費）\times \frac{取得資産の取得時時価}{取得資産の取得時時価＋交換差金等}$$

③ 譲渡資産時価＜取得資産時価の場合

取得資産の取得時時価－（譲渡資産の譲渡直前帳簿価額＋譲渡経費＋交換差金等）

4．圧縮超過額＝圧縮額―圧縮限度額

問題３－12

内国法人甲株式会社（以下甲会社という。）は，当期（自平成28年４月１日　至平成29年３月31日）に以前から使用していた土地をＡ社所有の土地と交換した。

次の資料に基づき，交換により取得した土地の圧縮限度額及び圧縮超過額を解答欄にしたがって計算しなさい。

1．当期の10月20日に甲社所有の土地とＡ社所有の土地を交換したが，その内容は次のとおりである。

区分	交換譲渡資産		交換取得資産	譲渡経費
	譲渡時の時価	譲渡直前の帳簿価額	取得時の時価	
土　地	80,000,000円	54,200,000円	72,000,000円	1,800,000円
現　金	－	－	8,000,000円	
合　計	80,000,000円	54,200,000円	80,000,000円	1,800,000円

2．甲社は，この交換に際し，交換差金として受け取った現金8,000,000円を当期の収益に計上している。

3．甲社は，交換取得資産につき，土地圧縮損23,000,000円を損金経理するとともに，同額を交換取得資産の帳簿価額から直接減額している。

4．交換譲渡資産及び交換取得資産は，それぞれ甲社及びA社が10年以上所有していたものであり，甲社及びA社において交換のために取得したものではない。

5．交換取得資産は，交換譲渡資産の譲渡直前の用途と同一の用途に供している。

解答欄

Ⅰ．土　地

1．交換適用の判定

（1）［　　　　円］－［　　　　円］＝［　　　　円］

（2）［　　　　円］×［　　　　%］＝［　　　　円］

（3）［　　　　円］≦［　　　　円］　∴　圧縮記帳の適用（　あり・なし　）

（いずれかを○で囲む）

2．譲渡経費　［　　　　円］

3．圧縮限度額

［　　　　円］－（［　　　　円］＋［　　　　円］）

Ⅰ．土　地

1．交換適用の判定

（1）［　　　　　円］－［　　　　　円］＝［　　　　　円］

（2）［　　　　　円］×［　　　　　%］＝［　　　　　円］

（3）［　　　　　円］≦［　　　　　円］　　∴　圧縮記帳の適用（　あり・なし　）

（いずれかを○で囲む）

2．譲渡経費［　　　　　円］

3．圧縮限度額

［　　　　　円］－（［　　　　　円］＋［　　　　　円］）

$\times \dfrac{\text{　　　　　円}}{\text{　　　　　円} + \text{　　　　　円}}$ ＝［　　　　　円］

4．圧縮超過額

［　　　　　円］－［　　　　　円］＝［　　　　　円］

［96回　2級・2問］

問題3－13

次の資料に基づき乙株式会社（以下「乙」社という。）の当期（自平成26年4月1日　至平成27年3月31日）における土地及び建物の交換に伴う計算を行いなさい。

【資料】

1．交換に関する事項

（1）当期の9月12日に乙社の所有する土地及び倉庫用建物とX社が所有する土地及び建物を交換したが，その明細は次のとおりである。

区分	交換譲渡資産		交換取得資産
	譲渡時の時価	譲渡直前の帳簿価額	取得時の時価
土　地	54,000,000円	35,899,200円	50,000,000円
建　物	26,000,000円	22,430,000円	29,000,000円
現　金	－	－	1,000,000円
合　計	80,000,000円	58,329,200円	80,000,000円

（2）交換譲渡資産及び交換取得資産は，それぞれ乙社及びX社が10年以上所有していたものであり，乙社及びX社において交換のために取得したものではない。

（3）交換取得資産はX社において倉庫用に使用されていたものであるが，乙社は，引き続き取得の日の翌日から倉庫として使用している。

（4）乙社は，この交換に際して，譲渡経費2,400,000円を支払っており，当期の費用に計上している。
また，交換差金として受け取った現金1,000,000円は当期の収益に計上している。

（5）乙社は，この交換について法人税法第50条第1項《交換により取得した資産の圧縮額の損金算入》の規定の適用を受けることとして，交換取得資産につき，土地圧縮損17,000,000円及び建物圧縮損5,000,000円を損金経理するとともに，同額をそれぞれの交換取得資産の帳簿価額から直接減額している。

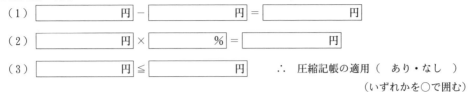

なお，交換により譲渡した倉庫用建物の減価償却については適正に処理がされており，交換により取得した倉庫用建物の減価償却については下記２．を参照すること。

２．減価償却に関する事項

当期における減価償却資産の償却状況等は次のとおりである。

なお，下記以外の減価償却資産については，税務上調整すべき金額はないものとする。

種類等	取得価額	当期償却費（損金経理）	期末帳簿価額	償却方法
倉庫用建物	24,000,000円	504,000円	23,496,000円	定額法

（１）倉庫用建物の取得価額は，建物圧縮損5,000,000円控除後の金額である。（【資料】１．参照）
　なお，見積耐用年数は24年である。

（２）平成24年４月１日以後に取得された減価償却資産の耐用年数は24年であり、償却率は0.042である。

解答欄

（１）土地

①　判　定

イ．［　　　円］－［　　　円］＝［　　　円］

ロ．［　　　円］×［　　　％］＝［　　　円］

ハ．［　　　円］≦［　　　円］　　∴　圧縮記帳の適用（　あり・なし　）

（いずれかを○で囲む）

②　経　費

［　　　円］×［　　　円］／［　　　円］＝［　　　円］

③　圧縮限度額

［　　　円］－（［　　　円］＋［　　　円］）

×［　　　円］／（［　　　円］＋［　　　円］）＝［　　　円］

④　圧縮超過額

［　　　円］－［　　　円］＝［　　　円］

（２）建物

①　判　定

イ．［　　　円］－［　　　円］＝［　　　円］

ロ．［　　　円］×［　　　％］＝［　　　円］

ハ．［　　　円］≦［　　　円］　　∴　圧縮記帳の適用（　あり・なし　）

（いずれかを○で囲む）

②　経　費

［　　　円］×［　　　円］／［　　　円］＝［　　　円］

③　圧縮限度額

[　　　　　　円] －（[　　　　　　円] ＋ [　　　　　　円] ＋ [　　　　　　円]）
＝ [　　　　　　円]

④　圧縮超過額

[　　　　　　円] － [　　　　　　円] ＝ [　　　　　　円]

⑤　償却限度額

[　　　　　　　　　　　　] ＝ [　　　　　　円]

⑥　償却超過額

[　　　　　　　　　　　　] ＝ [　　　　　　円]

加算		

［93回　１級・３問］

５．収用等に伴い代替資産を取得した場合の圧縮記帳

（１）概要

道路建設等に伴い，土地収用法等の法律によりその所有する土地等が強制的に買収される場合があり，これを「収用」といいます。内国法人がこの収用を受けその所有する土地を譲渡し，その売却代金により代替資産を取得した場合には，収用協力者に対し，代替資産の取得を阻害しないため政策的に圧縮記帳による課税の繰り延べが認められています。

（２）計算

圧縮限度額を算出するためには，事前に「差引対価補償金」，「差益割合」，「圧縮基礎取得価額」を算出する必要がありますが，ここで収用に伴い支払われる補償金にはさまざまな種類のものがあり，すなわち譲渡した資産の対価に相当する対価補償金や，譲渡経費を補てんする名目の経費補償金があることに留意する必要があります。まず，計算では，収用の対価補償金から譲渡経費（充当される経費補償金を控除する）を控除して純額としての譲渡対価を算出します。これが「差引補償金等」です。次に「差益割合」を求めますが，この割合は収用資産の譲渡益が収用の譲渡対価純額たる差引補償金等に比してどの程度かという比率のことであり，「圧縮基礎取得価額」は，収用資産の譲渡対価純額たる差引補償金等と代替資産の取得価額のうち，いずれか少ない金額をいいます。そして，この圧縮基礎取得価額に差益割合を乗じて圧縮限度額を算出します（措法64①）。

収用等に伴い代替資産を取得した場合の圧縮記帳の計算の流れ（償却資産の場合）

1．**譲渡経費**
2．**差引対価補償金**（注１）
3．**差益割合**（注２）
4．**圧縮基礎取得価額**（注３）
5．**圧縮限度額＝圧縮基礎取得価額×差益割合**
6．**圧縮超過額＝圧縮額－圧縮限度額**
7．**償却限度額**
8．**償却超過額**

（注１）差引対価補償金＝対価補償金等－〔(譲渡経費－経費補償金）０未満は０とする〕
（注２）差益割合は次のように算出することとされています。譲渡直前帳簿価額は税務上のものであるため，償却超過額の加算に注意が必要です。

$$差益割合 = \frac{差引補償金等の額－譲渡資産の譲渡直前帳簿価額}{差引補償金等の額}$$

（注３）圧縮基礎取得価額は，次の式により求めます。
差引補償金等の額 $\gtrless$ 代替資産の取得価額
∴いずれか小さい金額

問題３－14

次の資料に基づき乙株式会社（以下「乙」社という。）の当期（自平成28年４月１日　至平成29年３月31日）における収用等に伴う計算を行いなさい。

【資料】

1．当期の５月15日に土地収用法の規定により，乙社所有の倉庫及びその敷地が国に収用されたが，その内訳は，以下のとおりである。

区分	譲渡直前帳簿価額	対価補償金	譲渡経費	経費補償金
土　地　E	30,000,000円	54,000,000円	2,000,000円	1,600,000円
倉庫用建物E	10,092,000円	24,000,000円		
合　　計	40,092,000円	78,000,000円	2,000,000円	1,600,000円

（注１）経費補償金は譲渡経費に充てるために交付されたものである。
（注２）倉庫用建物Eについては，繰越償却超過額が260,000円ある。

2．乙社は，収受した対価補償金及び経費補償金の額を当期の収益に計上し，譲渡資産の譲渡直前の帳簿価額及び譲渡経費は当期の費用に計上している。なお，次の資産を代替資産として取得しており，取得後直ちに事業の用に供している。

区分	取得価額（圧縮前）	圧縮額	減価償却費	取得年月日	法定耐用年数
土　地　F	42,000,000円	22,000,000円	－	平成28年９月20日	－
倉庫用建物F	28,000,000円	15,000,000円	250,000円		31年

（注）圧縮額及び減価償却費は，いずれも当期において損金経理により計上されたものである。

３．乙社は，減価償却資産の償却方法については何ら選定の届け出をしていない。なお，耐用年数31年に対応する定額法償却率は，0.033である。

４．差益割合は一括して計算するものとする。

解答欄

（１）譲渡経費

［　　　　　　　　］＝［　　　　円］

（２）差引対価補償金

［　　　　　　　　］＝［　　　　円］

（３）差益割合

［　　　　　　　　］／［　　　　円］＝［0.　　　］

（４）圧縮基礎取得価額

① 土地Ｆ［　　　　円］＞［　　　　円］　∴［　　　　円］

② 倉庫用建物Ｆ

［　　　　　　　　］＞［　　　　円］

∴［　　　　円］

（５）圧縮限度額

① 土地Ｆ

［　　　　円］×［0.　　　］＝［　　　　円］

② 倉庫用建物Ｆ

［　　　　円］×［0.　　　］＝［　　　　円］

（６）圧縮超過額

① 土地Ｆ

［　　　　　　　　］＝［　　　　円］

② 倉庫用建物Ｆ

［　　　　　　　　］＝［　　　　円］

（７）償却限度額

［　　　　　　　　］＝［　　　　円］

（８）償却超過額

［　　　　　　　　］＝［　　　　円］

加算		
減算		

［97回　１級・３問］

6．特定資産の買換えの場合の圧縮記帳

（1）概要

内国法人が既成市街地から郊外地への土地の買換えを行う場合等は，土地等の有効利用を促進するため政策的に税額を軽減させる必要があり，一定の要件のもとに圧縮記帳が認められています。この場合の適用要件は，①適用対象となる買換えを行うこと，②譲渡資産の譲渡は対象期間に行われたものであること，③買換えの対象資産をその取得の日から１年以内に事業の用に供することまたは供する見込みであること，④買換えの対象資産について圧縮記帳経理をしていること等です。

（2）計算

圧縮限度額を算出するためには，事前に「差益割合」及び「圧縮基礎取得価額」を算出する必要があります。この差益割合は，譲渡資産の譲渡益が譲渡対価に比してどの程度かという割合のことであり，圧縮基礎取得価額は，譲渡資産の譲渡対価と買換資産の取得価額のうちいずれか少ない金額をいいます（措法65の７⑮三）。ただし，この圧縮基礎取得価額を算定する場合，買換資産のうち土地等については譲渡資産の面積の５倍を適用上限とするという面積制限があることに注意が必要です。そして，この圧縮基礎取得価額に差益割合を乗じて圧縮限度額を算出しますが，最後に0.8を乗じることとされています（措法65の７①）。

特定資産の買換えの圧縮記帳の計算の流れ（償却資産の場合）

1．譲渡経費
2．差益割合（注１）
3．圧縮基礎取得価額（注２）
4．圧縮限度額＝圧縮基礎取得価額×差益割合×80％
5．圧縮超過額＝圧縮額－圧縮限度額
6．償却限度額
7．償却超過額

（注１）差益割合は次のように算出することとされています。譲渡直前帳簿価額は税務上のものであるため，償却超過額の加算に注意が必要です。

$$差益割合＝\frac{譲渡対価の額－（譲渡資産の譲渡直前帳簿価額＋譲渡経費の額）}{譲渡対価の額}$$

（注２）圧縮基礎取得価額は次の式により求めます。なお，買換資産が２以上ある場合には，譲渡対価合計を一方の買換資産の取得価額に達するまでの金額に充て，残りの譲渡対価を別の買換資産の取得価額に充てます。

譲渡資産の譲渡対価の額 $\lesseqgtr$ 買換資産の取得価額（取得経費を含み，譲渡資産の面積の５倍を上限とします）

∴いずれか小さい金額

問題３－15

次の資料に基づき内国法人乙株式会社（以下「乙」社という。）の当期（自平成28年４月１日　至平成29年３月31日）における買換えに伴う計算を行いなさい。

【資料】

１．乙社は，平成28年５月20日，昭和63年から既成市街地等内に所有していた事務所用建物及びその敷地（140㎡）を譲渡し，新たに既成市街地等以外の地域にある土地（850㎡）を取得し，そこに倉庫用建物を建築し，平成28年12月５日から事業の用に供している。

２．譲渡資産及び買換資産に関する資料は次のとおりである。

区分	譲渡資産		買換資産
	譲渡直前の帳簿価額	譲渡対価の額	取得価額
土　地	23,050,000円	74,000,000円	100,000,000円
建　物	12,841,000円	16,000,000円	38,143,200円
合　計	35,891,000円	90,000,000円	138,143,200円

（注）譲渡した事務所用建物には，前期以前から繰り越されていた減価償却超過額が87,000円ある。

３．この土地・建物の譲渡に際して不動産業者へ支出した仲介手数料1,822,000円及び買換資産である土地の取得に際して不動産業者へ支出した仲介手数料2,850,000円は手数料として，当期の費用に計上している。

４．乙社は，譲渡資産について，譲渡対価の額と譲渡直前の帳簿価額との差額を固定資産売却益として計上し，買換資産については，土地圧縮損42,000,000円，建物圧縮損3,800,000円，買換資産である倉庫用建物（法定耐用年数31年　定額法償却率0.033）についての減価償却額240,000円を，それぞれ損金経理により計上している。なお，計算に当たり差益割合は一括して計算することとする。

解答欄

（１）譲渡経費　　∴ ［　　　　円］

（２）差益割合

［　　　　　　　　］／［　　　　円］＝［0.　　］

（３）圧縮基礎取得価額

①　土　地

［　　　　円］＞｛（［　　　　　　　　］）

×（［　　　㎡］×［　　　］）／［　　　㎡］＝［　　　　円］｝　　∴ ［　　　　円］

②　倉庫用建物

（［　　　　　　　　］＝［　　　　円］）＜［　　　　円］

∴ ［　　　　円］

（４）圧縮限度額

①　土　地

［　　　　円］×［0.　　］×［　　　％］＝［　　　　円］

②　倉庫用建物

［　　　　円］×［0.　　］×［　　　％］＝［　　　　円］

（５）圧縮超過額

①　土　地

	＝	円

②　倉庫用建物

	＝	円

＜倉庫用建物＞

①　償却限度額

	＝	円

②　償却超過額

	＝	円

加算		
減算		

［96回　１級・３問］

問題３－16

次の資料に基づき内国法人乙株式会社（以下「乙」社という。）の当期（自平成25年４月１日　至平成26年３月31日）における買換えに伴う計算を行いなさい。

【資料】

１．乙社は，平成25年６月15日，昭和62年から既成市街地等内に所有していた事務所用建物及びその敷地（100㎡）を譲渡し，新たに既成市街地等以外の地域にある土地（400㎡）を取得し，そこに倉庫用建物を建築し，平成25年９月25日から事業の用に供している。

２．譲渡資産及び買換資産に関する資料は次のとおりである。

区分	譲渡資産		買換資産
	譲渡直前の帳簿価額	譲渡対価の額	取得価額
土　地	26,000,000円	74,000,000円	80,000,000円
建　物	9,300,000円	26,000,000円	40,000,000円
合　計	35,300,000円	100,000,000円	120,000,000円

（注）譲渡した事務所用建物には，前期以前から繰り越されていた減価償却超過額が200,000円ある。

３．この土地及び建物の譲渡に際して支出した不動産業者への仲介手数料2,500,000円は，当期の費用に計上している。

４．乙社は，譲渡資産について，譲渡対価の額と譲渡直前の帳簿価額との差額を固定資産売却益として計上し，買換資産については，土地圧縮損42,000,000円，建物圧縮損11,000,000円，買換資産である倉庫用建物（法定耐用年数31年　定額法償却率0.033）についての減価償却額350,000円を，それぞれ損金経理により計上している。なお，計算に当たり差益割合は一括して計算することとする。

解答欄

（１）譲渡経費　∴ ［　　　　円］

（２）差益割合

［　　　　］／［　　　　円］＝［0.　　］

（３）圧縮基礎取得価額

①　土　地

［　　　　円］＞［　　　　円］　∴ ［　　　　円］

②　倉庫用建物

（［　　　　］＝［　　　　円］）＜［　　　　円］

∴ ［　　　　円］

（４）圧縮限度額

①　土地

［　　　　円］×［0.　　］×［　　％］＝［　　　　円］

②　倉庫用建物

［　　　　円］×［0.　　］×［　　％］＝［　　　　円］

（５）圧縮超過額

①　土　地

［　　　　］＝［　　　　円］

②　倉庫用建物

［　　　　］＝［　　　　円］

＜倉庫用建物＞

①　償却限度額

［　　　　］＝［　　　　円］

②　償却超過額

［　　　　］＝［　　　　円］

加算		
減算		

［91回　１級・３問］

７．圧縮記帳をめぐる課税事件

特定資産の買換えの圧縮記帳に係る事例として，平成24年の東京地裁判決を紹介します[3]。納税者である原告は不動産業を行っており，昭和63年５月，土地区画整理事業による換地指定に伴い取得した土地を，賃貸用建物を建設して賃貸するための固定資産とする会計処理を行っていました。しかし，これらの土地を平成10年３月31日に有形固定資産から棚卸資産に振り替える会計処理を行い，さらにその年の９月に棚卸資産に振り替えたこの土地の一部を譲渡し，措法65条の７第１項による特定資産の買換えの圧縮記帳を行った確定申告書を提出しました。原告はその後この土地に係る更正の請求を行いましたが，税務署長は，棚卸資産は圧縮記帳の適用除外となっており，更正をすべき理由がないものとしてこの請求を認めませんでした。ここで問題となるのが，租税特別措置法第65条の７第１項の「棚卸資産を除く」の判定時期です。判決は，資産譲渡の時点で棚卸資産であったものは適用が除外となる，すなわち当初固定資産であったが途中の所有目的変更により棚卸資産となったものには圧縮記帳は適用されないと判示しました。

圧縮記帳は，特定資産の買換え特例のみならず棚卸資産には適用されないものとされていますが，棚卸資産は通常，販売を目的として保有しており，利益が出れば損も出るのが商売として通常であるから，販売を目的としない資産の買換えを促進するという政策的配慮になじまないとする見解には同意できます。また，条理解釈上も，措法65条の７第１項が「その有する資産（棚卸資産を除く）の譲渡をした場合において」とあることから譲渡時点で判断していることが明らかと解され，当該判決は妥当といえるのではないでしょうか。

第４節　繰延資産

１．繰延資産の範囲

繰延資産とは，法人が支出する費用のうち支出の効果がその支出の日以後１年以上に及ぶ特定のものをいい（法法２二十四），損金算入される繰延資産の償却費は，損金経理した金額のうち，償却限度額までの額となります（法法32①）。税法上の繰延資産は，①会社法によって規定される繰延資産（創立費，開業費，開発費，株式交付費，社債等発行費）と②税法が独自に規定する繰延資産の２つがあります。税法独自の繰延資産をあげると次のとおりです（法令14)。

①　自己が便益を受ける公共的施設又は共同的施設の設置又は改良のために支出する費用

②　資産を賃借し又は使用するために支出する権利金，立ちのき料その他の費用

③　役務の提供を受けるために支出する権利金その他の費用

④　製品等の広告宣伝の用に供する資産を贈与したことにより生ずる費用

⑤　①から④までに掲げる費用のほか，自己が便益を受けるために支出する費用

２．繰延資産の金額

会社法に規定する繰延資産は任意償却となりますが，こちらは金額がいくらであっても損金経理を要件として損金算入となります。また，税法独自の繰延資産のうち，費用として支出した繰延資産の金額が20万円未満であり，かつ，その支出事業年度において損金経理をしている場合は，全額が損金算入となります（法令134)。税法が独自に規定する繰延資産の主な償却期間は以下のとおりとなります（法令64，法基通８-２-３）。

図表３－２　繰延資産の耐用年数

<table>
<tr><td rowspan="2">種　　類</td><td colspan="4">公共的施設等の負担金</td><td colspan="3" rowspan="2">建物を賃借するために支出した権利金等</td><td rowspan="2">広告宣伝の用に供する資産の贈与等による費用</td><td rowspan="2">同業者団体等の加入金</td></tr>
<tr><td colspan="2">公共的施設の設置又は改良のために支出した費用</td><td colspan="2">共同的施設の設置又は改良のために支出した費用</td></tr>
<tr><td>根拠条文</td><td colspan="2">法基通８－１－３</td><td colspan="2">法基通８－１－４</td><td colspan="3">法基通８－１－５（１）</td><td>法基通８－１－８</td><td>法基通８－１－11</td></tr>
<tr><td>分　　類</td><td>負担者専用</td><td>その他</td><td>負担者共同の用</td><td>負担者と一般公衆共用（アーケード・日よけなど）</td><td>新築建物の所有者に支払った権利金等</td><td>左以外の権利金で借家権として転売可能な権利</td><td>その他の権利金等</td><td></td><td></td></tr>
<tr><td>償却期間</td><td>耐用年数の10分の７</td><td>耐用年数の10分の４</td><td>耐用年数の10分の７</td><td>５年と耐用年数のいずれか短い方</td><td>耐用年数の10分の７</td><td>耐用年数の10分の７</td><td>５年と貸借期間のいずれか短い方</td><td>５年と耐用年数の10分の７のいずれか短い方</td><td>５年</td></tr>
</table>

問題３－17

次の資料に基づき，製造業を営む乙株式会社（資本金の額80,000,000円）の当期（自平成29年４月１日至平成30年３月31日）において税務調整すべき金額を解答欄にしたがって計算しなさい。なお，消費税等については考慮する必要はない。

【資料】経費に関する事項

平成29年７月24日に乙の製品名入りのネオンサインを得意先に寄贈し，その取得価額900,000円を広告宣伝費として損金経理している。このネオンサインの耐用年数は３年である。

解答欄

１．所得金額の計算

加算		
	小　　計	
減算		

２．所得金額の計算過程

（１）償却期間

［　　　年］×［　　　］／［　　　］＝［　　　年］→［　　　年］＜［　　　年］　∴［　　　年］

（２）償却限度額

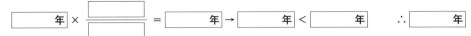

［　　　円］×［　　　月］／（［　　　年］×［　　　月］）＝［　　　円］

（３）償却超過額

［　　　　　円］－［　　　　　円］＝［　　　　　円］

［82回　１級・３問］

問題３－18

次の資料から，甲株式会社（３月末日決算）の当期において税務調整すべき金額を計算しなさい。

【資料】繰延資産に関する事項

当期の７月20日に同業者団体（社交団体ではない）に加入し，加入金540,000円と通常会費240,000円（税務上適正額）を支出し全額当期の費用に計上している。

解答欄

加算		
	小　　計	
減算		

（１）償却限度額

$$\boxed{\quad\quad 円} \times \frac{\boxed{\quad 月}}{\boxed{\quad 年} \times 12月} = \boxed{\quad\quad 円}$$

（３）償却超過額

［　　　　　　　　　　　　］＝［　　　　　円］

［84回　１級・３問］

問題３－19

内国法人乙株式会社は卸売業を営む非同族会社である。乙社は，平成25年６月５日に所属する同業者団体の会館建設のための負担金720,000円を支出し、その全額を諸会費として経理処理している。この負担金は繰延資産に該当し、その支出の及ぶ期間は12年である。当期（自平成25年４月１日　至平成26年３月31日）の所得を計算する上で必要な調整を解答しなさい。

解答欄

（１）会社計上償却額

［　　　　　円］

（２）償却限度額

$$\boxed{\quad\quad 円} \times \frac{\boxed{\quad 月}}{\boxed{\quad 年} \times \boxed{\quad 月}} = \boxed{\quad\quad 円}$$

（３）償却超過額

円	－	円	＝	円

［88回　2級・3問］

第５節　役員給与

税法上の役員の定義は，会社法において定義される役員に比べてより広い範囲を定めています。会社法上，役員とはならない会長や顧問も，経営に従事している場合には税法上の役員となります。このほか，同族会社で役員に該当しない者でも，保有株式の多寡と経営への参画によってみなし役員であるか否かの判定を行います。また，税法上の役員に関する規定でもう１つの特徴となるのが，使用人兼務役員です。中小法人においては，大法人ほど人材が豊富ではないため，使用人でありながら同時に役員にもなる場合があります。このことから，理屈上は使用人兼務役員に対して役員としての給与と使用人としての給与という２種類の給与を払うことになるので，その給与の損金算入限度額について特別の規定を設けています。

税法上は，従業員に対する給与は法人のコストであるため損金算入となりますが，役員に対する給与には一部に損金算入限度額が設けられています。役員給与に損金算入限度額が設定されるのは，役員に支給する給与に制限を設けないと，租税回避となるお手盛り支給が横行してしまうからです。

１．役員の定義とみなし役員の判定

役員とは，取締役，執行役，会計参与，監査役，理事，監事及び清算人のほか，法人の経営に従事している者をいいます（法法２十五）。株主総会など法人の議決機関において選任された取締役などは選任役員といいますが，そのほか，使用人以外の者で，実質的に法人の経営に従事している者，つまり法人の業務運営上の重要な方針決定に参画する者として相談役や顧問も役員となります（法基通９-２-１）。加えて，取締役ではない単なる会長や副会長は，表見的には取締役と何ら変わりないので税法上の役員となります。このほか同族会社では，たとえ使用人であっても，法人の経営に従事している者でかつ，法人の株式所有割合（持株割合・議決権割合・社員数割合のいずれか）が次の①～③までのすべてを満たしている場合に，同族会社の「みなし役員」と判定されます（法令71①五イ～ハ）。

①　50％基準

会社の株主グループにつき，その所有割合が最も大きいものから順次その順位を第３グループまでに分け，該当する使用人がそれらの株主グループに含まれている必要があります。さらに，その第１順位の株主グループ，第２順位の株主グループ，第３順位の株主グループの所有割合を順次加算し，合計が50％を初めて超えた場合，同族会社のみなし役員になる要件１つ目を満たしたことになります。

②　10％基準

上記①の50％基準を満たした使用人について，自らが属する株主グループの当該会社に係る所有割合が10%を超えている時，２つ目の要件を満たしたことになります。

③　５%基準

最後に上記①，②の基準を満たした使用人について，当該会社に係る所有割合が５%を超えている時，当該使用人はみなし役員と判定されます。この時，使用人の配偶者及びこれらの者の所有割合が50%超の会社の所有割合も５%超を判定する計算に含まれます。

なお，株主のグループ分けにおいて，株主にとって同族関係にある個人（配偶者や子供など）及び法人も当該株主と同一株主グループを構成します（法令71②）。

2．使用人兼務役員の定義

使用人兼務役員は，部長や課長などのほか，支店長，工場長，営業所長などの使用人としての職制上の地位を有し，常時使用人として職務に従事する者が，役員である者をいいます（法法34⑤)。なお使用人兼務役員になれない役員とは，代表取締役，代表執行役，代表理事，清算人，副社長，専務(3)，常務，（委員会設置会社における）取締役，会計参与，監査役，監事，みなし役員があげられます（法令71①)。したがって，例えば取締役工場長は使用人兼務役員となりますが，専務取締役営業所長は通常，使用人兼務役員とはなりません。

問題３－20

甲株式会社の当期末における下記の資料により、第１順位から第４順位の株主グループの持ち株数を計算し，株主Ｅ及び株主Ｇについての使用人兼務役員の判定を行いなさい。

【資料】株主等に関する事項

1．当期（自平成26年４月１日　至平成27年３月31日）末における株主等の状況は次のとおりである。

株　主　名	役職名等	備　　考	持株数
A	代表取締役	－	15,000株
B	常務取締役	Ａの知人	10,000株
C	－	非同族会社	8,500株
D	専務取締役	Ａの知人	5,700株
E	取締役営業部長	Ａの妻	4,300株
F	監査役	Ｂの知人	3,000株
G	取締役工場長	Ｂの長男	1,500株
H	－	Ｄの長女	1,200株
I	－	Ｄの知人	1,000株
その他少数株主(注)	－		19,800株
合　　計			70,000株

（注）ＡからＩまでの株主と関係なく，各人の持株数は500株未満の個人株主である。

2．株主Ｅ及び株主Ｇは，使用人としての職制上の地位を有し，常時使用人としての職務に従事している。

3．当社は，留保金課税の不適用措置の対象となる中小法人ではない。

解答欄

1．株主グループ別持株数（□内に加算する株式数を記入する。）

第1順位の株主グループ		=	株
第2順位の株主グループ		=	株
第3順位の株主ゲループ		=	株
第4順位の株主グループ		=	株

2．使用人兼務役員の判定

株主名	50%超基準（注1）	10%超基準（注1）	5％超基準（注1）	判定（注2）
E				
G				

（注1）各基準を満たす場合は「○」，満たさない場合は「×」，判定をする必要がない場合は「—」を記入すること。

（注2）使用人兼務役員に該当する場合は「○」，該当しない場合は「×」を記入すること。

［2級・3問類題］

3．役員給与の損金算入額

税法上，役員給与とは，役員報酬や役員賞与，退職慰労金のほか，債務の免除やストックオプションなどの経済的利益[4]を含みます（法法34①）。また，定期同額給与・事前確定届出給与・業績連動給与は損金算入されますが，過大役員給与は損金不算入となります。

（1）定期同額給与

支給時期が1カ月以下の一定期間ごとに支給され，かつ，当事業年度の各支給時期における支給額が同額である給与，その他これに準ずるものを定期同額給与といいます（法法34①一）。しかし給与の改定が行われ，役員給与額が変動した場合は，定期同額給与に該当しないのでしょうか。実際は，定期同額給与額が次のような理由により変動する場合も損金算入となります（法令69①）。

イ　定期同額給与の改定が行われた場合，事業年度開始の日の属する会計期間開始の日から3カ月を経過する日までに支給された定期同額給与は損金算入されます。

ロ　役員の職制上の地位の変更や役員の職務の内容に重大な変更が生じるなどやむを得ない事情（「臨時改定事由」といいます。）がある場合，この定期給与額の改定額も損金算入となります。

ハ　法人経営が著しく悪化した場合（「業績悪化改定事由」といいます。）に役員給与を減額した場合に限り，減額した定期同額給与も損金算入とします。

ニ　継続的に供与される経済的な利益のうち，その供与される利益の額が毎月概ね一定であればそれも定期同額給与となり，損金算入となります。

また，定期同額給与規定の「支給時期が1月以下の一定の期間ごと」（法法34①一）という文言についてですが，同族会社の非常勤役員に対し，年俸または期間俸を年1回または年2回所定の時期に支給するようなものは定期同額給与には該当しません（法基通９-２-12）。

（２）事前確定届出給与

役員の定期同額給与は毎月の従業員の給料と同じ性質のもので，共に損金算入されます。それでは，従業員がボーナスを受け取るように，役員もボーナスを受け取ったら，これは損金算入になるのでしょうか。先ほど学習した役員の定期同額給与は，１カ月以下の間隔で同額の給与支給に限り，損金算入になりました。ここで学習するのは事前確定届出給与といわれるもので，一定の要件を満たせば，役員へのボーナスも損金算入となります。

事前確定届出給与は，役員の職務につき所定の時期に確定額を支給する旨の定めに基づいて支給する給与で，損金算入の扱いとなります（法法34①二）。ただし，株主総会や社員総会などの決議をした日から１カ月を経過する日と会計期間開始の日から４カ月を経過する日のいずれか早い日までに届出を行う必要があります。

また届出内容に変更が生じることもありえますが，臨時改定事由が生じて内容変更する場合は，当該事由が生じた日から１カ月以内に書類提出しなければなりません。また業績悪化改定事由が生じた場合は，内容変更を株主総会で決議しなければなりませんが，その決議した日から１カ月以内に書類提出しなければなりません（法令69③）。

ところで，納税地の所轄税務署長へ届け出た支給額よりも実際の支給額が多いことや少ないことも起こり得ますが，このような場合は事前確定届出給与に該当しないと考えます。このとき確定額との差額部分のみが損金不算入となるのか，その支給額の全額が損金不算入となるのかが問題ですが，通達では後者であると明示されています（法基通９-２-14）。

（３）業績連動給与

非同族会社における業務執行役員に対する業績連動給与は損金算入となりますが，同族会社において支給する業績連動給与は，同族会社以外の法人との間に当該法人による完全支配関係があるもの以外は，損金不算入となります（法法34①三）。

業績連動給与とは，利益の状況を示す指標，株式の市場価格の状況を示す指標，その他内国法人又は当該内国法人との間に支配関係がある法人の業績を示す指標を基礎として算定される額又は数の金銭又は株式若しくは新株予約権による給与等で無償で取得され，又は消滅する株式又は新株予約権の数が役務の提供期間以外の事由により変動するものをいいます（法法54①，54の２①，34⑤）。

なお，業務執行役員は，法人の業務を執行する役員をいいますので，法人の役員であっても，取締役会設置会社における代表取締役以外の取締役のうち業務を執行する取締役として選定されていない者，社外取締役，監査役及び会計参与に対する支給は，損金算入されません（法基通９-２-17）。

４．過大役員給与の損金不算入

役員給与が支給され，その額についてすべて損金算入を許すと，課税逃れのために過大な役員給与の計上を認めてしまうことになります。このため給与については不相当に高額な支給部分を損金不算入額とします（法法34②）。支給した役員給与が，実質基準，形式基準共に定める限度額を超える場合は，いずれか多い金額が損金不算入額となります（法令70一イ，ロ）。下の例では，役員給与の損金不算入額は580万円（＝8,230万円－7,650万円）となります。また，不正経理（事実の隠蔽・仮装経理など）により支給された役員給与も損金不算人となります（法法34③）。

実際に支給した役員報酬額　8,230万円
実質基準　7,720万円
形式基準限度額と使用人分給与の損金算入額　7,650万円

（1）実質基準

実質基準とは，支給した役員給与について，当該役員の職務内容，その内国法人の収益及びその使用人に対する給与の支給状況，その内国法人と同種の事業を営み，類似する事業規模の法人における役員給与の支給状況を鑑みて，相当と認められる金額までを損金算入とする基準です（法令70一イ）。

（2）形式基準

形式基準は，定款の規定や株主総会，社員総会の決議により役員給与として支給することのできる限度額を超えて役員給与を支給した場合，その超えた金額を損金不算入額とする基準です（法令70一ロ）。ただし，支給金額が定められていない場合は，実質基準のみによって役員給与の損金不算入額が決定されます。また形式基準では，個々の役員についてそれぞれに限度額を示している場合や，役員給与全体で限度額の総額を示している場合があります。

（3）形式基準と使用人兼務役員の役員給与

使用人兼務役員は使用人としての職務を有する役員ですから，理屈の上では使用人としての給料・賞与のほかに，役員としての報酬・賞与という4種類の給与を得ることになります。そこで使用人兼務役員の役員報酬・賞与が形式基準によって定められている場合，その定められた限度額に使用人分の給料・賞与を含んでいる場合と含んでいない場合に分かれます。含んでいる場合は全支給額から使用人分を差し引き，残額が限度額を超過するか否か判定します。

このとき使用人分として支給した給料・賞与が不相当に高額であれば，課税逃れを看過してしまうことになります。そこで，使用人分の給料にも過大部分については損金不算入とします（法令36）。例えばこの場合，当該使用人兼務役員と類似する職務に従事する使用人に対して支給した給料を目安にします（法令72の2）。しかし，比較する使用人がいない場合は，当該使用人兼務役員が役員となる前に受けていた使用人としての給料や，ベースアップの状況，最上位の使用人の給料を目安に適正額を見積もります（法基通9-2-23）。なお，使用人兼務役員に対して支給された使用人分賞与のうち，ほかの使用人に対する支給時期と異なる時期に支給した賞与は損金不算入額となります（法令72の3）。

問題３－21

次の資料から，甲株式会社（以下「甲社」という。）の当期における役員給与の支給状況は次のとおりである。これに基づき当期において税務調整すべき金額（解答欄において求められている項目の金額）を計算過程を明示して解答しなさい。

【資料】役員給与に関する事項

１．甲社が当期中に役員等に支給した給与の支給状況は次のとおりである。

氏名	役員名	報　酬		賞　与	
		役員分	使用人分	役員分	使用人分
Ａ氏	代表取締役社長	21,000,000円		8,000,000円	
Ｂ氏	専務取締役	15,000,000円		5,000,000円	
Ｃ氏	常務取締役	12,000,000円		4,000,000円	
Ｄ氏	取締役経理部長	5,400,000円	2,700,000円	2,200,000円	1,000,000円
Ｅ氏	監査役	4,500,000円		1,500,000円	
合　計		57,900,000円	2,700,000円	20,700,000円	1,000,000円

２．報酬として支給した給与は毎月20日に定額を支給したものの年額であり，期中において月額の変更はなく，法人税法第34条第１項第１号に規定する定期同額給与に該当するものである。

３．賞与のうち役員分として支給した金額は，その支給時期及び支給金額について適法に税務署長への届出が行われており，法人税法第34条第１項第２号に規定する事前確定届出給与に該当するものである。

４．各役員の職務内容等に照らしＣ氏に対する給与の適正額は，13,700,000円，Ｄ氏に対する給与の適正額は8,500,000円（うち使用人分適正額2,500,000円）であり，これ以外の者については職務の内容等に照らして適正額の範囲内である。

５．Ｄ氏は，常時使用人としての職務に従事している。

６．甲社は定款において取締役・監査役に対して支給する給与の限度額を定めており，その支給限度額は毎期取締役68,000,000円，監査役8,000,000円としている。ただし，この報酬には使用人兼務役員に対する使用人分の額を含めない旨を定めている。

７．使用人兼務役員に支給した使用人分賞与は他の使用人と異なる時期に支給している。

解答欄

法人税法第34条第２項基準（不相当に高額な金額の計算）

（１）使用人兼務役員の使用人分賞与　［　　　　円］

（２）上記以外

①　実質基準

（イ）Ｃ氏　［　　　　］＝［　　　　円］

（ロ）Ｄ氏　［　　　　］＝［　　　　円］

（ハ）小計（イ）＋（ロ）＝［　　　　円］

②　形式基準

（イ）取締役

㋑　実際支給額

［　　　　円］＋［　　　　円］＋［　　　　円］＋［　　　　円］

（注）

－（［　　　　円］＋［　　　　円］）－［　　　　円］＝［　　　　円］

（注）使用人兼務役員の使用人分

（［　　　　円］＋［　　　　円］－［　　　　円］＝［　　　　円］）

＞2,500,000円　∴［　　　　円］

㋺　限度額　［　　　　円］

㋩　超過額　［　　　　　　　　］＝［　　　　円］

（ロ）監査役

㋑　実際支給額　［　　　　円］＋［　　　　円］＝［　　　　円］

㋺　限度額　［　　　　円］

㋩　超過額　㋑　≦　㋺　∴［　　　　円］

（ハ）小　計（イ）＋（ロ）＝［　　　　円］

③　判　定　①　$\gtrless$　②　∴［　　　　円］

｛いずれかを○で囲む｝

［78回　1級・2問］

5．役員報酬をめぐる課税事件

実質基準によれば，同業の類似法人との比較によ っ て役員報酬の損金算入限度額が明らかになります。しかしこの水準を納税者は知り得ないため，いかなる程度が損金算入限度額なのか不明確であり，過大役員報酬の判定を受けるのは不当であるとして争われた事例があります（平成6年6月15日名古屋地裁判決に始まる一連の係争事例）。

納税者は申告に際し『類似法人』の平均報酬額を知ることは不可能であると主張しましたが，裁判所は「（旧法人税法施行－引用者注）令69条1号に定められた当該役員の職務の内容，当該法人の収益の状況及び使用人に対する給料の支給の状況という判断基準は納税者自身において把握している事柄であり，同業種・類似規模の法人の役員報酬の支給状況についても入手可能な資料からある程度認識できる」と判示し，続く最高裁判決でもこれを支持しました。この結果，納税者は敗訴となっています。

6．特殊関係使用人に対する過大給与

特殊関係使用人とは，①役員の親族，②役員と事実上婚姻関係と同様の関係にある者，③ ①②以外の人で，役員から生計の支援を受けているもの，④ ②③の人と生計を一にするこれらの人の親族をいいます（法令72の3）。これらの者に対する不相当に高額な給与は損金不算入となります（法法36）。不相当に高額の判断基準は，当該使用人の職務の内容，当該法人の収益状況及び使用人に対する給料の支給状況，同種・類似規模の法人における使用人への給料などを用います。

第６節　寄附金

寄附金とは，法人が行った金銭，物品その他経済的利益の贈与又は無償の供与のことをいいます（法法37⑦)。寄附金は，直接には反対給付のない支出であることから，性格としては，剰余金の分配，あるいはそれに近く，法人の事業活動に必要な経費であるかの判別が困難なものも含まれてきます。このような寄附金を，法人税法上，無制限に損金として認容してしまうと，租税負担の回避のための意図的な支出を誘発する可能性があります。そのため法人税法では，行政的便宜及び公平の維持の観点から，特定の寄附金を除き，一定限度を超える寄附金を損金不算入とする規制措置がとられています。

１．寄附金の範囲

（１）寄附金となるもの

一般的に寄附金，拠出金，見舞金等と呼ばれるものは，名義を問わず寄附金に含まれます（法法37⑦)。また，事業に直接関係のない者に対する金銭の贈与（社会事業団体，政治団体に対する拠金や，神社の祭礼等の寄贈金など）も，原則として寄附金となります（措通61の４(1)-２)。さらに，金銭の贈与や，資産の無償譲渡，役務の無償供与だけでなく，資産の低額譲渡や役務の低廉供与，資産の低廉貸付け，債権放棄も，寄附金とみなされることがありえます。このように，法人税法の寄附金の範囲は，社会通念上の寄附金の概念よりも広くなっています。例として法人が支出した次の金額は，社会通念上は寄附金と称されませんが，法人税法上は寄附金とみなされます。

①　法人が，時価よりも低い価額で，資産の譲渡又は経済的な利益の供与をした場合には，その対価と時価との差額のうち，実質的に贈与又は無償の供与をしたと認められる金額は，寄附金の額に含まれます（法法37⑧)。

②　法人が，特定公益信託の信託財産とするために支出した金銭の額で，その目的が，教育又は科学の振興，文化の向上，社会福祉への貢献，その他公益の増進に著しく寄与するものは，寄附金の額とみなされます（法法37⑥)。

③　公益法人等が，その収益事業に属する資産のうちから，その収益事業以外の事業（公益事業）のために支出した金額は，その収益事業に係る寄附金の額とみなされます（法法37⑤)。

（２）寄附金から除かれるもの

ただし，贈与または無償の供与に該当するものであっても，それが広い意味における事業経費と認められるものや，寄附金とすることが経済的実態に照らして適当でない場合は，寄附金とは取り扱われません。金銭や物品などを贈与した場合に，それが寄附金になるか否かは，個々の実態をよく検討した上で判定することになります。例えば，次のような費用等については，寄附金の範囲から除かれます。

①　寄附金，拠出金，見舞金などの名義の支出であっても，法人の事業活動に直接関係があると認められる広告宣伝や見本品費用，交際費や接待費，福利厚生費とされるべきものは，寄

附金に該当せず，（交際費等の損金不算入額を除き）それぞれの費用として損金になります（法法37⑦）。

② 法人が損金として支出した寄附金で，その法人の役員等が，個人として負担すべきものと認められるものは，その負担すべき者に対する給与になります（法基通9-4-2の2）。

③ 法人が，不特定又は多数の被災者を救援するために緊急に行う自社製品等の提供に要する費用の額は，寄附金に該当しません（法基通9-4-6の4）。

④ 法人が，災害を受けた取引先に対して，その復旧を支援することを目的として，災害発生後相当の期間内に，（イ）売掛金，未収請負金，貸付金その他これらに準ずる債権の全部又は一部を免除した場合，（ロ）既に契約で定められたリース料，貸付利息，割賦販売に係る賦払金等で，災害発生後に授受するものの全部又は一部の免除を行うなど，契約で定められた従前の取引条件を変更する場合，（ハ）災害発生後に新たに行う取引につき従前の取引条件を変更する場合には，その免除したことによる損失の額は，寄附金に該当しません（法基通9-4-6の2）。また，法人が，災害を受けた取引先に対して，低利又は無利息による融資をした場合にも，その融資は正常な取引条件に従って行われたものとされます（法基通9-4-6の3）。

⑤ 法人が，その子会社等の解散，経営権の譲渡等に伴い，その子会社等のために，債務の引受け，その他の損失負担又は債権放棄等をした場合において，その損失負担等をしなければ，今後より大きな損失を蒙ることになることが，社会通念上明らかであると認められるため，やむを得ずその損失負担等をするに至った等，そのことについて相当な理由があると認められるときは，その損失負担等により供与する経済的利益の額は，寄附金の額に該当しません（法基通9-4-1）。

⑥ 法人が，その子会社等に対して金銭の無償，若しくは通常の利率よりも低い利率での貸付け又は債権放棄等をした場合において，その無利息貸付け等が，例えば業績不振の子会社等の倒産を防止するためにやむを得ず行われるもので，合理的な再建計画に基づくものである等，その無利息貸付け等をしたことについて相当な理由があると認められるときは，その無利息貸付け等により供与する経済的利益の額は，寄附金の額に該当しません（法基通9-4-2）。

2．寄附金の区分

支出した寄附金は，支払先によって，「指定寄附金等」，「特定公益増進法人に対する寄附金」，「一般の寄附金」に区分されます。

（1）指定寄附金等

指定寄附金等とは，「国，地方公共団体に対する寄附金」と「財務大臣の指定した寄附金」をいいます。

「国，地方公共団体に対する寄附金」とは，国または地方公共団体が採納の手続きをした寄附金をいいます。なお，例えば国公立学校の後援会等を通じる寄附金であっても，その寄附の目的となる施設等が完成後遅滞なく国等に帰属することが明らかな場合には，国等に対する寄附金に該当します。ただし，最終的に国等に帰属しないと認められるものは，該当しません（法基通９-４-４）。また，寄附によって設けられた設備を専属的に利用すること，その他特別の利益がその寄附をした者に及ぶと認められるものも，該当しません（法法37③一）。

「財務大臣の指定した寄附金」とは，公益社団法人，公益財団法人その他公益を目的とする事業を行う法人又は団体に対する寄附金のうち，（イ）広く一般に募集されること，（ロ）教育又は科学の振典，文化の向上，社会福祉への貢献その他公益の増進に寄与するための支出で，緊急を要するものに充てられることが確実であること，という要件を満たすと認められるものとして，財務大臣が指定したものをいいます（法法37③二）。

（２）特定公益増進法人に対する寄附金

特定公益増進法人は，例えば，独立行政法人，日本赤十字社，自動車安全運転センター，公益社団法人・公益財団法人，学校法人（私立学校），社会福祉法人，認定特定非営利活動法人（認定NPO法人）などをいいます（法令77，措法66の11の２②）。法人税法上，「特定公益増進法人に対する寄附金」とは，公共法人，公益法人等その他特別の法律により設立された法人のうち，教育又は科学の振興，文化の向上，社会福祉への貢献その他公益の増進に著しく寄与するものとして，政令で定めるものに対する，その法人の主たる目的である業務に関連して支出する寄附金をいいます（法法37④）。

（３）その他の寄附金（一般寄附金）

一般の寄附金とは，「指定寄附金等」，「特定公益増進法人に対する寄附金」以外のその他の寄附金をいいます。

３．寄附金の損金不算入額の計算

「指定寄附金等」については，全額損金の額に算入されますが，「特定公益増進法人に対する寄附金」及び「一般の寄附金」のうち一定限度額を超える部分の金額は，損金の額に算入されません。

（１）一般寄附金だけの場合（損金算入限度額の計算）

寄附金は，その支出の目的が多様であることから，事業活動に関連する部分と関連しない部分とが混在することがありえます。しかし，支出した寄附金のうち，事業活動に関連する部分を正確に区別するには困難を伴うことも少なくありません。そのため，法人税法では，形式的に，次のような損金算入限度額を算定し，それを超える寄附金の額は，損金に算入しないものとしています（法法37①，法令73①）。

損金算入限度額

$$=（資本基準額＋所得基準額）\times \frac{1}{4}$$

$$=\{(資本金等の額 \times \frac{当期の月数}{12} \times \frac{2.5}{1,000})＋(所得金額 \times \frac{2.5}{100})\} \times \frac{1}{4}$$

ここにいう「所得金額」は，寄附金を損金に算入する前の金額です。具体的には，申告書別表四「仮計」欄の金額に，支出した寄附金の額を加算した金額をいいます（法令73②）。

なお，寄附金を支出する法人が，次のような場合は，所得基準のみによることとされています（法令73①）。資本（出資）を有しない普通法人（所得金額$\times\frac{1.25}{100}$），公益社団法人又は公益財団法人（所得金額$\times\frac{50}{100}$），学校法人・社会福祉法人等（所得金額$\times\frac{50}{100}$，年200万円のいずれか大きい金額），その他の公益法人（所得金額$\times\frac{20}{100}$）。

（2）指定寄附金等と一般寄附金がある場合

「指定寄附金」は，広く公共に役立つ支出であることから，全額損金算入されます（法法37③）。したがって，指定寄附金等と一般寄附金がある場合の損金不算入額は次のようになります。

損金不算入額＝支出寄附金総額－指定寄附金等－損金算入限度額

（3）特定公益増進法人に対する寄附金がある場合（特別損金算入限度額）

「特定公益増進法人に対する寄附金」は，一般の寄附金の損金算入限度額とは別枠の限度額が設けられており，その限度額の範囲内の金額を損金の額に算入することができます（法法37④）。この特別損金算入限度額は，次のように算定します（法令77の２）。

特別損金算入限度額

$$=（資本基準額＋所得基準額）\times \frac{1}{2}$$

$$=\{(資本金等の額 \times \frac{当期の月数}{12} \times \frac{3.75}{1,000})＋(所得金額 \times \frac{6.25}{100})\} \times \frac{1}{2}$$

以上のことから，寄附金の損金不算入額は，次のような算式によって求められます。

損金不算入額

＝支出寄附金総額－指定寄附金等－特別損金算入限度額(注)－損金算入限度額

(注)「特別損金算入限度額」と，「特定公益増進法人に対する寄附金」とのいずれか低い額

４．未払寄附金，仮払寄附金

法人税法上の寄附金については，現金主義によって計算することとされ，法人の経理処理のいかんにかかわらず，現実に支払った事業年度の損金として取り扱うこととされています（法令78)。未払いの寄附金や手形払いで未決済の寄附金を認めてしまうと，「書面によらない贈与の撤回自由性（民法550)」を利用した租税回避を可能にしてしまいます。また，指定寄附金等において未払計上を認めてしまうと，募集期間を定める意義が失われかねないといった理由があげられます。

すなわち，寄附金を未払金経理している場合，現実に支払われるまでは，寄附金の支払いがなかったものとされるので，その計上した事業年度では，損金の額に算入されません。

また，寄附金を仮払金経理している場合，その支出した事業年度の寄附金として取り扱うことになります。

税務上の支出寄附金の額＝法人計上の寄附金－未払寄附金＋仮払寄附金

なお，損金算入限度額，特別損金算入限度額を算定する上での所得基準額の計算においては，次のように，未払経理の寄附金は，所得金額に加算し，仮払経理の寄附金は，所得金額から減算することになります。

所得基準額

$$=\{(\text{所得金額}+\text{未払寄附金否認額}-\text{仮払寄附金認定損})+\text{税務上の支出寄附金の額}\}\times\frac{2.5\text{または}6.25^{(\text{注})}}{100}$$

（注）分子は，資本（出資）を有する普通法人の損金算入限度額の計算の場合。

問題３－22

次の資料から、内国法人乙株式会社（以下「乙社」という。）の当期（自平成29年４月１日　至平成30年３月31日）における確定申告書に記載すべき事項として，以下の項目について空欄を埋めなさい。

【資料】寄附金に関する事項

１．当期の費用に計上した寄附金の総額は4,450,000円であり，その内訳は次のとおりである。

（１）特定公益増進法人に対する寄附金	1,500,000円
（２）某政治団体に対する寄附金	2,600,000円
（３）市立小学校に対する寄附金	350,000円

２．乙社の当期末における資本金等の額は，65,000,000円である。

解答欄

１．支出寄附金の額

（１）指定寄附金等	円
（２）特定公益増進法人に対する寄附金	円
（３）その他の寄附金	円

（４）合計

（１）＋（２）＋（３）＝ 　　　　　円

2．寄附金支出前所得金額

152,225,000円（別表四「仮計」欄の金額）± [　　　円] ＝ [　　　円]

（いずれかを○で囲む）

3．損金算入限度額

（1）資本基準額

[　　　円] × [　　]/[　　] × [　　]/[　　] ＝ [　　　円]

（2）所得基準額

[　　　円] × [　　]/[　　] ＝ [　　　円]

（3）損金算入限度額

（[　　　円] ＋ [　　　円]）× [　　]/[　　] ＝ [　　　円]

4．特別損金算入限度額

（1）資本基準額

[　　　円] × [　　]/[　　] × [　　]/[　　] ＝ [　　　円]

（2）所得基準額

[　　　円] × [　　]/[　　] ＝ [　　　円]

（3）特別損金算入限度額

（[　　　円] ＋ [　　　円]）× [　　]/[　　] ＝ [　　　円]

5．損金不算入額

[　　　円] － [　　　円] － [　　　円]（注）

－ [　　　円] ＝ [　　　円]

（注）[　　　円] ＞ [　　　円]　∴ [　　　円]

［90回　1級・3問類題］

5．寄附金をめぐる課税事件

寄附金は，直接には反対給付のない支出であることから，法人の事業活動に必要な経費であるかの判別には困難を伴い，実務上多く争われます。そのなかで，子会社に対する債権放棄が寄附金認定された，平成19年の事例（東京地裁平成19年6月12日判決）を紹介しましょう。

X会社（原告）は，子会社であるC社との間で，自主的に再建計画を策定し，その再建計画に基づいて，C社の資産の処分，工場集約のほか，2億8,200万円の本件債権放棄をし，同金額を損金の額に算入しました。これに対して，Y税務署長は，本件実施権はX会社にとって不要のものであるとして，本件代金が「寄附金」に当たるとする更正処分等をしました。X会社は，この処分を不服として提訴しましたが，東京地裁は，X会社の請求を棄却しました。

法人税法では，一定の要件の下における債権放棄等については，寄附金に該当しないとされています（法基通９-４-１，２）。その例として，「子会社など，資本関係，取引関係，人的関係，資金関係等において密接なつながりがある会社が業績不振に陥り，その子会社等を整理するに当たり，あるいは倒産を防止するために（再建のために），債権を放棄する場合」があげられます。この理由は，「このような場合に債権放棄などの支援を行わなければ，かえって支援する側の法人自身が将来的に大きな損失を被ることが有り得るから」と解することができます。なお，経済的利益の供与が寄附金に相当しない要件については，昭和61年の事例でも次のように判示されています。「経済的利益の供与によって，これと対価的意義を有する何らかの経済的利益を受けることとなると認められる場合であるとか，経済的利益の無償の供与をすることによって直ちに対価的意義を有する何らかの利益を得る物でなくとも，これをすることに合理的な経済的目的が存すると認められる場合であるというようなときにはその利益の供与を寄附金と認めるのは相当でない（東京地裁昭和61年９月29日判決）」。

ただし本件の債権放棄については，Ｘ会社とＣ社との間で自主的に練られた再建計画に基づいたものであり，その計画には金融機関等の第三者が介在していないことに特質があります。本判決では，「客観的にみて費用性が明白な支出であると認められない限り寄附金該当性は否定されないと解すべきである」点を重視し，「外形的にはＣの倒産を防止するという目的を有していたといえるものの，むしろ，原告自身の投資の拡大をすることを主な目的として本件債権放棄をしたと認められる」として，Ｘ会社の請求を棄却しました。本件は，子会社の債権処理については，そこに金融機関を介在させると公正な処理が行われたということで，課税上有利に取り扱われることがある一方，自主的な再建処理は不利に扱われることがあるという判例の１つです。

第７節　交際費等

交際費等とは，交際費，接待費，機密費その他の費用で，法人が，その得意先，仕入先その他事業に関係のある者等に対する接待，供応，慰安，贈答その他これらに類する行為のために支出するものをいいます（措法61の４④）。これらの行為が，一般に得意先等との取引の円滑化や販売の拡張を図ることを目的に行われる場合，交際費は，法人の事業活動に必要な経費ということができます。しかし，交際費は，多分に冗費性または濫費性を帯びる費用でもあるため，社会通念上で是認される限度を超える接待，供応，慰安，贈答等が過度に行われる可能性や，私的費用や使途不明金が混入してしまう可能性もあります。このようなことから，法人税法では，冗費，濫費を節減して，企業所得の内部留保による資本蓄積の促進を図るという政策目的の実現を企図して，一定限度を超える交際費等を損金不算入とする規制措置がとられています。

１．交際費等の範囲

（１）交際費等となるもの

法人税法上，交際費等に該当する行為には，接待，供応，慰安のほか，贈答その他これらに類する行為も含まれます。また，行為の相手方には，得意先，仕入先等のように，法人の事業活動に直接関係のある者のほか，その法人の役員，従業員，株主等のように，間接にその法人の利害に関係のある者も含まれます。そのため，税法上の交際費等の範囲は，社会通念上の交際費の概念よりも幅広く定められています（措法61の４④，措通61の４(1)-22)。例えば，法人が支出した次の金額は，原則として交際費等の範囲に含まれるとされています（措通61の４(1)-15)。

①　会社の何周年記念又は社屋新築記念，ならびに新船建造又は土木建築等に伴う進水式，起工式，落成式等における，宴会費，交通費，記念品代。
②　下請工場，特約店，代理店等となるため，又はするための運動費等の費用。
③　得意先，仕入先等の従業員等に対して，取引の謝礼等として支出する金品の費用。
④　得意先，仕入先等社外の者の，慶弔，禍福に際し支出する金品等の費用。
⑤　得意先，仕入先その他事業に関係のある者等を旅行，観劇等に招待する費用。
⑥　製品又は商品の卸売業者に対し，その卸売業者が小売業者等を旅行，観劇等に招待する費用の全部又は一部を負担した場合のその負担額。
⑦　いわゆる総会対策等のために支出する費用で，総会屋等に対して会費，賛助金，寄附金，広告料，購読料等の名目で支出する金品に係るもの。
⑧　スーパーマーケット業，百貨店業等を営む法人が，既存の商店街等に進出するに当たり，周辺の商店等の同意を得るために支出する運動費等の費用。
⑨　建設業者等が，高層ビル，マンション等の建設に当たり，周辺の住民の同意を得るために，住民又はその関係者を，旅行，観劇等に招待し，又は酒食を提供した場合に要した費用。
⑩　建設業者等が，工事の入札等に際して支出するいわゆる談合金その他これに類する費用。

（２）交際費等から除かれるもの

ただし，交際費等に関する概念規定からは，交際費等の範囲が過度に幅広く解釈される可能性もあります。そこで，「通常要する費用」と認められる次のような費用等については，法令において，交際費等から除かれるとされています（措法61の４④，措令37の５②)。

①　<少額広告宣伝費> カレンダー，手帳，扇子，うちわ，手ぬぐいその他のこれらに類する物品を贈与するために通常要する費用は，交際費等に該当せず，広告宣伝費になります。
②　<福利厚生費> 専ら従業員の慰安のために行われる運動会，演芸会，旅行等のために通常要する費用は，交際費等に該当せず，福利厚生費になります。
③　<会議費> 会議に関連して，茶菓，弁当その他これらに類する飲食物を供与するために通常要する費用は，会議費に該当します。
④　<飲食費等> 飲食，その他これに類する行為のために要する費用で，参加者一人当たり5,000円以下の費用は，交際費等に該当しません（措令37の５①)。

　飲食費用は，その性格からは交際費等ですが，一定の少額な飲食費用については，交際費の範囲から除外するとされています。そのため，一人当たりの金額が5,000円を超える場合は，飲食費用のうちその超える部分だけが交際費等に該当するものではなく，飲食費用のすべてが交際費等に該当することになります。

⑤　<取材費> 新聞，雑誌等の出版物又は放送番組を編集するために行われる，座談会その

他記事の収集のために，又は放送のための取材に通常要する費用は，取材費に該当します。

⑥　上記のほか，主として，寄附金，値引き及び割戻し，広告宣伝費，福利厚生費，給与等の性質を有するものは，交際費等には含まれません。（措通61の４(1)-１）。

２．交際費等と他の費用との区分

このように，交際費等と類似する費用には，寄附金，広告宣伝費，売上割戻し，販売奨励金等，福利厚生費，給与等，情報提供料などがあります。それぞれの支出が，規定されている交際費等の概念に該当するか否かを区別するには，その支出の形態，内容，性格等を考慮する必要があり，困難を伴うことも少なくありません。そこで，交際費等とその隣接費用とを区別する次のような例が，取扱通達において示されています。

①　＜寄附金との区分＞ 事業に直接関係のない者に対する金銭の贈与は，交際費等には含まれず，原則として寄附金となります。社会事業団体，政治団体に対する拠金や，神社の祭礼等の寄贈金がこれに該当し寄附金となります（措通61の４(1)-２）。

②　＜売上割戻しとの区分＞ 得意先に対して，売上高若しくは売掛金の回収高に比例して，又は売上高の一定額ごとに金銭で支出する場合は，交際費等には含まれません（措通61の４(1)-３）。

ただし，得意先を旅行，観劇等に招待する際に要する費用は，たとえそれらの行為が売上割戻しと同様の基準で行われるものであっても，交際費等に該当します。これらの費用を一定額に達するまで，預り金として毎年積立てていた場合には，旅行等を実施した事業年度において交際費等として支出したものとみなされます（措通61の４(1)-４，６）。また，売上割戻しと同様の基準で，物品の交付が行われる場合であっても，交付する物品が事業用資産ではなく，かつ，その購入単価がおおむね3,000円以下の少額物品でもない場合には，交際費等に該当します（措通61の４(1)-４）。

③　＜販売奨励金との区分＞ 特定地域の得意先に対する販売奨励金等として金銭，事業用資産の交付に要する費用は，交際費等に該当しません（ただし，旅行，観劇等の負担金等として交付するものは，交際費等になります）（措通61の４(1)-７）。

④　＜景品費との区分＞ 製造業者又は卸売業者が，得意先に対して交付する景品が，おおむね3,000円以下の少額物品であり，かつ，その種類及び金額が交付する業者で確認できるものである場合には，交際費等に該当しません（措通61の４(1)-５）。

⑤　＜広告宣伝費との区分＞ 特定の者に対して，広告宣伝効果というよりは，贈答，謝礼を意図する金品の交付等は，交際費等に該当します。

これに対し，不特定多数の者に対して，宣伝効果を意図する金品の交付等は，交際費等に該当しません。不特定多数の者には，商品を購入した一般消費者，一般の工場見学者，自社製品のモニター等，抽選で選ばれた一般消費者も含まれます。また，多数の者に対して，主として広告宣伝効果を意図して，少額な物品を交付するのに要した費用も，交際費等には該当しません（措通61の４(1)-９，20）。

⑥　＜情報提供料との区分＞ 取引に関する情報の提供又は取引の媒介，代理，あっせん等の

役務の提供を行うことを業としていない者に対して，情報提供等の対価として金品を交付した場合でも，その金品の交付が，例えば，あらかじめ締結された契約に基づくものであったり，役務の内容に相当と認められる価額であったりと，正当な対価の支払いであると認められるときは，その交付に要した費用は交際費等に該当しません（措通61の４(1)-８）。

⑦　＜特約店等のセールスマンのために支出する費用との区分＞　自社又は特約店等に専属するセールスマンに対して，その取扱数量又は取扱金額に応じてあらかじめ定められているところにより交付する金品の費用や，セールスマンの慰安のために行われる運動会，演芸会，旅行等のために通常要する費用，セールスマン又はその親族等の慶弔，禍福に際し一定の基準に従って交付する金品の費用については，交際費等に該当しません（措通61の４(1)-13）。

⑧　＜福利厚生費との区分＞　社内の行事に際して支出される金額等で，創立記念日，国民祝日，新社屋落成式等に際し従業員等におおむね一律に社内において供与される通常の飲食に要する費用は，交際費等に該当しません。また，従業員等（従業員等であった者を含む）又はその親族等の慶弔，禍福に際し一定の基準に従って支給される金品に要する費用についても，交際費等に該当しません（措通61の４(1)-10）。

⑨　＜給与等との区分＞　役員等又は従業員に対して，機密費，接待費，交際費，旅費等の名義で支給したもののうち，その法人の業務のために使用したことが明らかでないものは，役員報酬又は給与等に該当します（措通61の４(1)-12，法基通９-２-９）。

なお，交際費，機密費，接待費等の名義をもって支出した金銭で，その費途が明らかでないものは，損金の額になりません（法基通９-７-20）。

さらに，使途秘匿金（金銭の支出のうち，相当の理由がなく，その相手方の氏名又は名称及び住所又は所在地並びにその事由を帳簿書類に記載していないもの）を支出した場合には，その支出額は損金の額に算入されないばかりでなく，通常の法人税の額とは別に，その支出額の40％の税負担が生じることになります（措法62①，②）。

３．交際費等の損金不算入額の計算

（１）損金算入限度額の計算

法人が支出する交際費等は，原則として損金不算入となります。ただし，期末の資本金の額等が100億円以下である法人については，交際費等の額のうち，接待飲食費の額の50％は，損金算入となります（措法61の４①）。なお，期末の資本金の額等が１億円以下である法人（中小法人。ただし，資本金（出資金）の額が５億円以上である法人による完全支配関係がある普通法人等を除く）の損金算入限度額は，接待飲食費の額の50％と，定額控除限度額の800万円とのいずれかを選択適用できることとされています（措法61の４②，法法66⑥）。

接待飲食費とは，交際費等のうち，飲食その他これに類する行為のために要する費用のことをいいます。ただし，専らその法人の，役員若しくは従業員又はこれらの親族に対する接待等のために支出するものを除きます。飲食その他これに類する行為のために要する費用で，参加者１人当たり5,000円以下の費用は，損金に算入されます（措法61の４④，措令37の５①）。

大法人（期末資本金額が1億円超～100億円以下である法人）の場合

損金算入限度額 ＝ 接待飲食費 × 50%

中小法人（期末資本金額が1億円以下である法人）の場合

（1）交際費等の額 ＞ 800万円 × $\frac{\text{当期の月数}}{12}$ の場合

損金算入限度額 ＝「接待飲食費×50%」と

「800万円 × $\frac{\text{当期の月数}}{12}$ 」のいずれか多い金額

（2）交際費等の額 ≦ 800万円 × $\frac{\text{当期の月数}}{12}$ の場合

損金算入限度額＝「接待飲食費×50%」と「交際費等の額」とのいずれか多い金額

なお，各事業年度において支出した交際費等とは，交際費等の支出の事実があったものをいうことから，次の（2），（3）の点に留意する必要があります。

（2）未払交際費・仮払交際費

交際費等の支出の事実のあったときとは，接待，供応，慰安，贈答その他これらに類する行為のあったときをいいます。そのため，これらに要した費用につき仮払又は未払等の経理をしているといないとを問わず，税務上の交際費等として取り扱うことになります（措通61の4(1)-24)。

（3）資産の取得価額に含めた交際費等

取得価額に含まれている交際費等で当該事業年度の損金の額に算入されていないものであっても，支出の事実があった事業年度の交際費等に算入するものとします（措通61の4(1)-24)。

ここで支出した交際費等を，棚卸資産，若しくは固定資産の取得価額に含めたため，直接その事業年度の損金の額に算入されていない場合において，「交際費等の損金不算入額」があるときは，その事業年度の確定申告書において，取得価額算入額のうち，損金不算入額から成る部分の金額を限度として，その事業年度終了の時における棚卸資産，若しくは固定資産の取得価額等を減額することができます。取得価額からの減額は次のように算定します（措通61の4(2)-7)。

取得価額からの減額＝交際費等の損金不算入額×$\frac{\text{取得価額に含まれている交際費等}}{\text{支出交際費等の金額}}$

問題3－23

次の資料に基づき，甲株式会社（以下「甲社」という。）の当期（自令和2年4月1日　至令和3年3月31日）において調整すべき金額を解答欄にしたがって計算しなさい。

【資料】

1．当期において損金経理により計上した接待交際費勘定の内訳は次のとおりである。

①	得意先の役員の慶弔・禍福に際して支出した金額	450,000円
②	得意先・仕入先等に対する，中元・歳暮の贈答に要した費用	3,845,000円
③	得意先・仕入先等を飲食店で接待した費用 このなかには，１人当たり5,000円以下の飲食費用の額（税務上適正に処理されている。）が692,000円含まれている。	4,221,000円
④	得意先等に対して配布した当社名入りのカレンダー作成費用	250,000円
⑤	その他税務上の交際費等に該当するもの	780,000円

2．当期中の３月９日に得意先の役員を旅行に招待した費用が1,200,000円あるが，当期末において請求書が未着のため何ら処理を行っていない。

3．甲社の期末資本金の額は50,000,000円である。

解答欄

1．所得金額の計算

加算		
減算		

2．交際費等の損金不算入額の計算

（1）支出交際費等の額

① 飲食費

円 － 円 ＝ 円

② その他

円 ＋ 円 ＋ 円 ＋ 円

＝ 円

③ 合計

① ＋ ② ＝ 円

（2）定額控除限度額

円 × ― ＝ 円

（3）損金算入限度額

（ 円 × ％ ＝ 円 ） ≶ 円

（いずれかを○で囲む）

∴ 円

（4）損金不算入額

円 － 円 ＝ 円

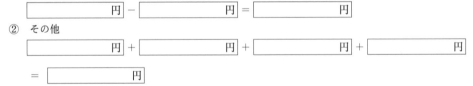

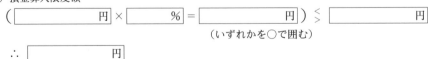

［2級・3問類題］

問題3－24

次の資料に基づき，甲株式会社（以下「甲社」という。）の当期（自令和2年4月1日　至令和3年3月31日）において調整すべき金額を解答欄にしたがって計算しなさい。

【資料】

1．当期において損金経理により計上した接待交際費勘定の内訳は次のとおりである。

①	当期において試供品の供与に要した費用の額	210,000円
②	得意先・仕入先の役員・従業員の慶弔・禍福に要した費用の額	1,250,000円
③	甲社従業員の慶弔・禍福に要した費用の額（社内規定に基づくものである。）	160,000円
④	得意先・仕入先等に対する，中元・歳暮の贈答に要した費用の額	1,230,000円
⑤	得意先・仕入先等を飲食店で接待した費用で1人当たり5,000円以下の飲食費用の額（税務上適正に処理されている。）	600,000円
⑥	得意先・仕入先等を飲食店で接待した費用で1人当たり5,000円を超える飲食費用の額	850,000円
⑦	甲社の35周年記念式典に要した費用の額で得意先に対するもの	870,000円
⑧	その他税務上の交際費等に該当するもの	900,000円

2．当期において仮払金として計上した金額のうち2,780,000円は当期に得意先の役員を旅行に招待したことにより支出したものである。

3．前期において得意先を旅行に招待したが，前期末において仮払経理した650,000円（前期は適正に税務調整がされている。）を当期に消却している。

4．売上割戻し勘定のうち，得意先を旅行に招待するために支出した金銭の額が1,000,000円あるが，甲社は得意先を旅行に招待するときには，預り金として一定額に達するまで積み立てることとしている。
今回の招待に伴い前期に預り金として積み立てた800,000円を取り崩し，あわせて支出している。なお，この積立金については前期において適正に税務調整が行われている。

5．当期中において工場用地として土地を取得しているが，土地購入に際して地主を料亭で接待した飲食費用（1人当たり5,000円以下の飲食費用は含まれていない。）で，土地の取得価額に算入したものが320,000円ある。

6．甲社の期末資本金の額は30,000,000円である。

解答欄

1．所得金額の計算

加算		
減算		

2．交際費等の損金不算入額の計算

（1）支出交際費等の額

① 飲食費

＝　　　　円

②　その他

＝［　　　　　円］

③　合　計　　①＋②＝［　　　　　円］

（２）定額控除限度額

［　　　　　円］×［　　］／［　　］＝［　　　　　円］

（３）損金算入限度額

（［　　　　　円］×［　　　］＝［　　　　　円］）≦≧［　　　　　円］

（いずれかを○で囲む）

∴［　　　　　円］

（４）損金不算入額

［　　　　　円］－［　　　　　円］＝［　　　　　円］

３．土地取得価額減額

［　　　　　円］×［　　　円］／［　　　円］＝［　　　　　円］

［１級・２問類題］

４．交際費等をめぐる課税事件

交際費等の範囲に関して，実務上多く争われるものの１つが，役員・従業員の会合等における飲食費用についての取り扱いです。すなわち，その費用が，「福利厚生費又は会議費」として損金計上が認められるか，それとも，「交際費等」として損金不算入とされるのかです。これについて，平成４年の神戸地裁の事例（神戸地裁平成４年11月25日棄却，大阪高裁平成５年８月５日棄却）を紹介しましょう。

Ｘ会社（原告）は，従業員の慰安のために，社外の居酒屋，中華料理店等で，「親睦会・懇親会，打合せ会」などと称した会を開き，これらの会における飲食に要した費用を，「福利厚生費又は会議費」の名目で支出し，所得金額の計算上，損金の額に算入して確定申告をしました。これに対して，Ｙ税務署長（被告）は，本件費用が租税特別措置法に定める「交際費等」に当たるとして，損金算入を否認する更正処分等をしました。Ｘ会社は，この処分を不服として提訴しましたが，神戸地裁は，Ｘ会社の請求を棄却しました。以下では，本件で示された判示に基づいて，交際費等と福利厚生費等との区分の認定基準について説明します。

租税特別措置法第61条の４第４項の規定によると，交際費等とは，交際費，接待費，機密費その他の費用で，法人が，その得意先，仕入先その他事業に関係のある者等に対する接待，供応，慰安，贈答その他これらに類する行為のために支出するものをいいます。そこで本件のように，従業員の慰安のために要した飲食費用の損金性については，主に次の２点が争点となりえます。（１）支出の相手方である「従業員」が，「その他事業に関係のある者」に当たるか，（２）これらの飲食費用が，福利厚生費又は会議費として「通常要する費用」といえるかです。

（１）＜支出の相手方＞ 法人税法は，交際費等が，「私的な接待又は事業上の必要を超えた接待に使われ，冗費濫費を生じる傾向にあるため，それらの弊害を抑制し，資本の蓄積を促進するという政策目的から，交際費課税を定めて」いると解することができます。この趣旨からすれば，「冗費濫費のおそれがあるのは，法人が取引先等に支出した場合だけでなく，法人がその役員や従業員のために支出した場合も同様」であるといえます。なお，同項一号では，「交際費等の範囲から，『専ら従業員の慰安のために行われる運動会，演芸会，旅行等のために通常要する費用その他政令で定める費用』を除いており，従業員に対するこれらの支出が本来的には交際費等に当たるべきものであることを前提としていると解する」ことができます。このことから「同項の『その得意先，仕入先その他事業に関係のある者』とは，得意先，仕入先だけでなく，当該費用を支出した法人の役員及び従業員も含まれると解するのが相当である」として，「法人がその従業員の慰労のために費用を支出した場合も，措置法に定める交際費等に当たることがありうる」と判示しました。

（２）＜福利厚生費の要件＞ 福利厚生費とは，「当該企業に所属する従業員の労働力の確保とその向上をはかるために支出されるもの」です。ただしこのような趣旨であっても，従業員全員の参加を予定したものでなければなりません。例えば，「それが特定の者に対してだけ支出されたり，従業員各人によってその支出の内容が異な」るものではなく，「従業員全員が，各人の労働の質，量，能率等にかかわらず，当該企業に所属していれば誰でも同様の給付を受けることができるという原則で運営されるもの」でなければなりません。

なお，X会社は，慰労のための酒食の支出が，福利厚生費として相当な程度を超えている（大部分は７名以内の少人数で，10ヵ月間に53回という多数に及んでいる）ことについて，「中小企業にとっては，住居，保養所等の施設の整備，融資，生活保障等多額の資金を要するものはできないから，慰労のための酒食を提供するのであると主張」しました。これに対して判決では，「必要性があることと施設の整備等をするような資金がないことをもって，福利厚生費として許容される程度を超えた酒食を福利厚生費として扱うことはできない」として，原告の主張を退けました。

（３）＜会議費の要件＞ 会議費とは，法人が得意先又は従業員と，販売の促進あるいは業務の打ち合わせ等の会議をする場合に，会議に関連して，茶菓，弁当その他これらに類する飲食物を供与するために通常要する費用をいいます（措令37の５②）。しかし，「会議が単なる名目，形式にすぎず，会議としての実体を備えているということができない場合は，その費用を交際費等の範囲から除外することはできない。そして，会議が実体を備えているかどうかは，開催場所，会議の議題及び内容並びに支出内容等を総合的に検討して判断」することになります。本件の判決では，「開催場所は，焼鳥屋，焼肉店，ステーキハウス，割烹店等であって，通常会議が行われるに相応しくない場所であり，その議題，内容等が帳簿上明らかになっておらず」，会議とは「名目，形式にすぎず，その支出の原因になった会合は，会議としての実体を備えていないものと推認することができる」として，原告の主張は退けられました。

第８節　貸倒損失と貸倒引当金

１．金銭債権の回収不能（貸倒れ）の損金算入

受取手形や売掛金，貸付金などの金銭債権が回収できなくなったとき（貸倒れたとき），法人税法上どのように取り扱われるでしょうか。

金銭債権が回収できなくなったということは，金銭債権の評価額がゼロになった（あるいは評価額が下がった）と考えることもできます。しかし法人税法上，資産の評価益は益金に算入しないこととされている（法法25①）一方で資産の評価損は損金算入が認められていません（法法33①)。したがって，金銭債権の貸倒れを資産の評価損として捉えた場合は，損金算入することは原則としてできないことになります。

災害による著しい損傷により資産の価額がその帳簿価額を下回ることとなった場合の評価損などは一定の場合（法令68①）に損金算入が認められているものの，対象が棚卸資産・有価証券・固定資産・繰延資産に限定されており，金銭債権は対象外となっています(法法33②)。災害などによって得意先が被害を受け売掛金が回収できなくなった場合などに問題が生じることが懸念されますが，金銭債権が回収不能であることが客観的に明らかである場合には，災害による貸倒れもそれ以外の貸倒れも次のように法人税法22条３項の規定などを根拠として，貸倒損失として損金算入が認められます。

２．貸倒損失の損金算入限度額

金銭債権が回収不能であることが客観的に明らかであれば法人税法22条３項３号の「当該事業年度の損失の額」として損金に算入することができます（最判平成16年12月24日判決民集58巻９号2637頁及び後述する法基通９-６-１，９-６-２，９-６-３）。

貸倒損失として損金算入が認められるケースとして，金銭債権が切捨てられた場合（法基通９-６-１），金銭債権が事実上回収不能となった場合（法基通９-６-２），取引停止後一定期間弁済がない場合などが通達で例示されています（法基通９-６-３）。

図表３－３　通達により損金算入が認められている貸倒損失

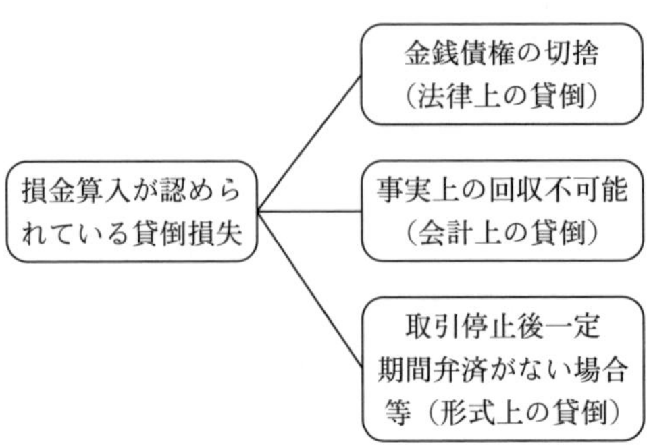

（１）金銭債権の切捨（法律上の貸倒れ）

金銭債権の切捨てがあった場合（法基通９-６-１）には，次の金額の損金算入が認められます。金銭債権の切捨ては原則として法的手続きにより行われるため，法律上の貸倒れとも呼ばれています。

① 更生計画認可の決定又は再生計画認可の決定により切り捨てられることとなった部分の金額

② 特別清算に係る協定の認可の決定により切り捨てられることとなった部分の金額

③ 債権者集会の協議決定（合理的な基準により債務者の負債整理を定めているもの）により切り捨てられることとなった部分の金額

④ 行政機関又は金融機関その他の第三者のあっせんによる当事者間の協議により締結された契約（その内容が上記債権者集会の協議決定）に準ずるものにより切り捨てられることとなった部分の金額

⑤ 債務者の債務超過の状態が相当期間継続し，その金銭債権の弁済を受けることができないと認められる場合に，その債務者に対し書面により明らかにされた債務免除額

（２）事実上の回収不能（会計上の貸倒れ）

金銭債権について，その債務者の資産状況，支払能力等からみてその全額が回収できないことが明らかになった場合には，その明らかになった事業年度において貸倒れとして損金経理をして損金算入することができます（法基通９-６-２）。ただし，金銭債権について担保物があるときは，その担保物を処分した後でなければ貸倒れとして損金経理をすることはできません。また，保証債務は，履行した後でなければ貸倒れの対象にすることはできないこととされています。

債務者の資産状況や支払能力等は財務諸表をもとに把握されることから，会計上の貸倒れとも呼ばれています。

（３）取引停止後一定期間弁済がない場合など（形式上の貸倒れ）

次の①，②の場合には，売掛債権の額から備忘価額を控除した残額を貸倒れとして損金経理をすることにより，損金算入することが認められています（法基通９-６-３）。期間や金額といった形式的基準により判断することから形式上の貸倒れとも呼ばれています。形式上の貸倒れは売掛債権だけが対象とされているため貸付金の貸倒れを損金とすることはできません。

① 債務者との取引を停止した時以後１年以上経過した場合。ただし，取引停止後に弁済があった場合（または弁済期が到来した場合）はその時から１年以上経過した場合に損金とすることができます。ただし，継続的な取引を行っていた債務者との取引を停止した場合に限られ，不動産売買取引のような非経常的な取引に係る売掛債権は対象になりません。また，その売掛債権について担保物がある場合も対象から除かれます。

② 同一地域の債務者について有する売掛債権の総額がその取立てのために要する旅費その他の費用に満たない場合。ただし，債務者に対して支払を督促したにもかかわらず弁済がないときに限られます。

3．貸倒引当金繰入の損金算入

（1）貸倒引当金繰入と債務確定主義

金銭債権について将来貸し倒れが見込まれる場合に，企業会計上は当期の負担に属する金額を費用または損失として貸倒引当金に繰り入れることになります（「企業会計原則注解」注18，「金融商品に関する会計基準」27～28項）。しかし，法人税法上は，債務が確定している費用だけを損金とすることができるという債務確定主義が原則です（法法22③三）。貸倒引当金は未だ貸倒れていない（債務が確定していない）状態で計上するものであるため，債務確定主義の視点からは損金算入が認められませんが，例外として別段の定め（法法52①②）により損金算入が認められるものがあります。

法人税法上，各種引当金の損金算入は徐々に廃止・縮減されてきています。平成８年の税制調査会法人課税小委員会報告で「引当金は，具体的に債務が確定していない費用又は損失の見積りであることから，常にその見積りが適正なものであるかどうかが問題となる。公平性，明確性という課税上の要請からは，そうした不確実な費用又は損失の見積り計上は極力抑制すべきである」とされ，平成10年度税制改正において製品保証等引当金及び賞与引当金の損金算入が廃止されました。その後も平成14年度税制改正において退職給与引当金の損金算入が廃止されています。

（2）損金算入できる法人等

貸倒引当金については，平成23年度税制改正において損金算入できる法人の範囲が縮減され（法法52①一～三），資本金１億円以下の法人や，銀行，保険会社など，次のものに限定されました。

① 普通法人（ただし資本金の額若しくは出資金の額が１億円超の法人や，投資法人及び特定目的会社を除く。また，資本金５億円超の法人に支配されている法人や，相互会社も対象外。）
② 公益法人等又は協同組合等
③ 人格のない社団等
④ 銀行
⑤ 保険会社
⑥ 証券金融会社など（法令96④）
⑦ リース資産の対価の額に係る金銭債権を有する内国法人その他の金融に関する取引に係る金銭債権を有する内国法人（法令96⑤）

また，返品調整引当金は平成30年度税制改正により廃止されましたが，経過措置として平成33年３月31日までに開始する事業年度においては従来通り（法基通９-６-４）損金算入が認められます。それ以降は10年間，損金算入限度額が10分の１ずつ縮減されることとされています。

4．貸倒引当金繰入の損金算入限度額計算の分類

法人税法上，貸倒引当金繰入の損金算入限度額は，個別評価金銭債権と一括評価金銭債権にわけて計算します（それぞれの金銭債権に対する貸倒引当金繰入の損金算入限度額の概要として図表３－４

参照)。

個別評価金銭債権と一括評価金銭債権はそれぞれ別に損金算入限度額を計算するため，どちらかの限度額に余裕がある場合でも，他方の超過額を損金算入することはできません（法基通11-２-１の２)。

図表３－４　貸倒引当金繰入の損金算入限度額の概要

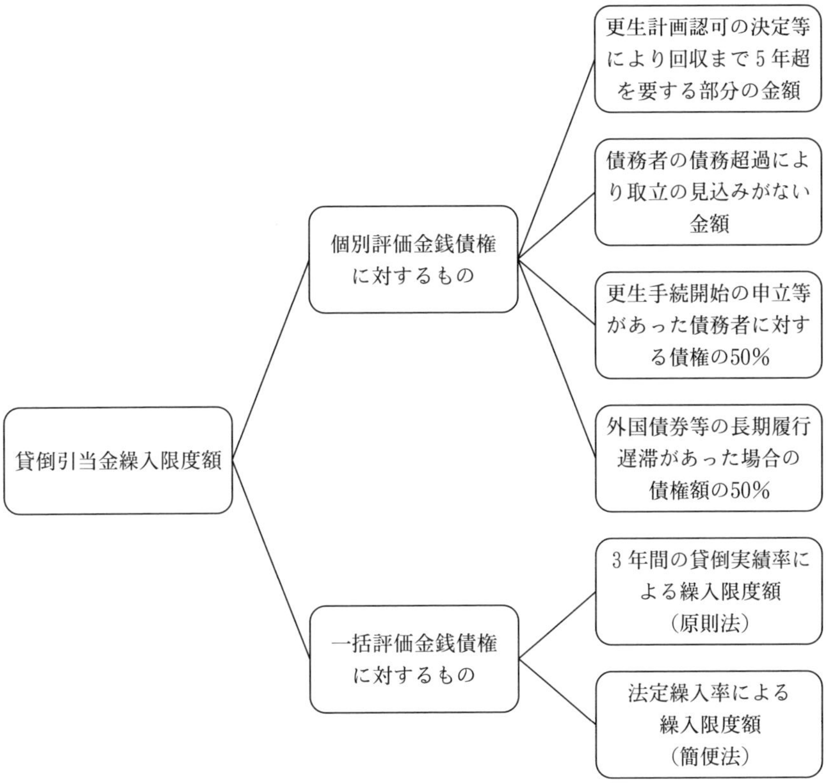

貸倒引当金の損金算入は確定申告書に貸倒引当金勘定に繰り入れた金額の損金算入に関する明細の記載がある場合に限り適用することとされています（法法52③)。ただし，明細の記載がない場合でも，確定申告書の提出後に明細書が提出されていて，疎明資料の保存がある場合には，損金算入できることとされています（法基通11-２-２)。

５．個別評価金銭債権

更生計画認可の決定などにより貸倒れが見込まれる金銭債権を個別評価金銭債権といいます。ここでいう貸倒れには，売掛金や貸付金の回収不能だけでなく，保証金や前渡金等について返還請求を行った場合における当該返還請求債権の回収不能も含まれると解されています（法基通11-２-３)。また，貸倒れが見込まれる金銭債権に係る債務者が振り出した受取手形を裏書譲渡または割引した場合には，その受取手形に係る既存債権を個別評価金銭債権として判断することとされています（法基通11-２-４）。

個別評価金銭債権の損失の見込額として損金経理により貸倒引当金勘定に繰り入れた金額については，個別貸倒引当金繰入限度額までの金額は損金の額に算入することができます（法法52①）。

６．個別評価金銭債権の貸倒引当金の繰入限度額

個別評価金銭債権に対する貸倒引当金の繰入限度額は，事実の状況などに応じて次のように定められています（法令96①）。なお，その事実が生じていることを証する書類の保存がされていないときは，保存できなかったことについてやむを得ない事情がない限り，損金算入することができません（法令96②③）。

（１）更生計画認可の決定等

次の事由により金銭債権の弁済を猶予され，又は賦払により弁済される場合は，その事由が生じた日の属する事業年度終了の日の翌日から５年を経過する日までに弁済されることとなっている金額以外の金額，すなわち回収するまで５年を超える債権の金額が限度額になります。ただし，担保権の実行などにより取立て又は弁済の見込みがあると認められる部分の金額は除きます。

①　更生計画認可の決定

②　再生計画認可の決定

③　特別清算に係る協定の認可の決定

④　債権者集会の協議決定（合理的な基準により債務者の負債整理を定めているもの）や，行政機関・金融機関その他第三者の斡旋による当事者間の協議により締結された契約でその内容が上記債権者集会の協議決定に準ずるもの（法規25の２）

（２）債務者の債務超過

債務者の債務超過の状態が相当期間継続し，かつ，その営む事業に好転の見通しがないことや，災害，経済事情の急変等により金銭債権の一部の金額につきその取立て等の見込みがないと認められる場合は，取立ての見込みがない金額に相当する金額が限度額となります。

なお，ここでいう「相当期間」とは，「おおむね１年以上」とし，その債務超過に至った事情と事業好転の見通しをみて，取立ての見込みがないかどうか判断することとされています（法基通11-２-６）。

また，取立ての見込みがない金額は，その金銭債権の額から担保物の処分による回収可能額及び人的保証に係る回収可能額などを控除して算定することとされていますが，次の場合には人的保証に係る回収可能額の算定上，回収可能額を考慮しないことができます（法基通11-２-７）。

①　保証債務の存否に争いのある場合で，そのことにつき相当の理由のあるとき

②　保証人が行方不明で，かつ，当該保証人の有する資産について評価額以上の質権，抵当権が設定されていること等により当該資産からの回収が見込まれない場合

③　保証人について法令第96条第１項第３号に掲げる事由（更生手続開始の申立てなど）が生じている場合

④　保証人が生活保護を受けている場合（それと同程度の収入しかない場合を含む。）で，かつ，当該保証人の有する資産について評価額以上の質権等が設定されていること等により当該資産からの回収が見込まれないこと

⑤　保証人が個人であって，次のいずれにも該当する場合

Ａ）当該保証人が有する資産について評価額以上の質権等が設定されていること等により，当該資産からの回収が見込まれないこと

Ｂ）当該保証人の年収額（その事業年度終了の日の直近１年間における収入金額）が当該保証人に係る保証債務の額の合計額（当該保証人の保証に係る金銭債権につき担保物がある場合には当該金銭債権の額から当該担保物の価額を控除した金額）の５％未満であること（なお，当該保証人の年収額の算定が困難であるときは，当該保証人の前年分の収入金額とすることができます）

（３）更生手続開始の申立て等

債務者が，次の申立てなどをした場合はその債務者に対する金銭債権の額の50％が限度額となります。ただし金銭債権の額のうち，当該債務者から受け入れた金額があるため実質的に債権とみられない部分の金額及び担保権の実行，金融機関又は保証機関による保証債務の履行その他により取立て等の見込みがあると認められる部分の金額は除きます。

①　更生手続開始の申立て

②　再生手続開始の申立て

③　破産手続開始の申立て

④　特別清算開始の申立て

⑤　手形交換所による取引停止処分や，電子記録債権法に規定する一定の電子債権記録機関による取引停止処分（法規25の３）

（４）外国債権等の長期履行遅滞

債務者である外国の政府，中央銀行又は地方公共団体の長期にわたる債務の履行遅滞によりその金銭債権の経済的な価値が著しく減少し，かつ，その弁済を受けることが著しく困難であると認められる場合は，その金銭債権の額の50％が限度額になります。

ただし金銭債権の額のうち，これらの者から受け入れた金額があるため実質的に債権とみられない部分の金額及び保証債務の履行その他により取立て等の見込みがあると認められる部分の金額は除きます。なお，「取立て等の見込みがあると認められる部分の金額」とは，次に掲げる金額をいうこととされています（法基通11-２-15）。

①　当該金銭債権につき他の者により債務の保証が付されている場合の当該保証が付されている部分に相当する金額

②　当該金銭債権につき債務の履行不能によって生ずる損失を填補する保険が付されている場合の当該保険が付されている部分に相当する金額

③　当該金銭債権につき質権，抵当権，所有権留保等によって担保されている場合の当該担保

されている部分の金額

④　当該公的債務者から他の者が振り出した手形を受け取っている場合のその手形の金額に相当する金額等実質的に債権と認められない金額

７．実質的に債権とみられない金額

（１）実質的に債権とみられない部分の範囲

金銭債権の額のうち，当該債務者から受け入れた金額があるため実質的に債権とみられない部分の金額は，金銭債権から除外して貸倒引当金の繰入限度額を計算します。これは後述する一括評価金銭債権についても同様です。

実質的に債権とみられない金額として，次のものがあげられます（法基通11-２-９）。

①　同一人に対する売掛金又は受取手形と買掛金がある場合のその売掛金又は受取手形の金額のうち買掛金の金額に相当する金額

②　同一人に対する売掛金又は受取手形と買掛金がある場合において，当該買掛金の支払のために他から取得した受取手形を裏書譲渡したときのその売掛金又は受取手形の金額のうち当該裏書譲渡した手形（支払期日の到来していないものに限る。）の金額に相当する金額

③　同一人に対する売掛金とその者から受け入れた営業に係る保証金がある場合のその売掛金の額のうち保証金の額に相当する金額

④　同一人に対する売掛金とその者から受け入れた借入金がある場合のその売掛金の額のうち借入金の額に相当する金額

⑤　同一人に対する完成工事の未収金とその者から受け入れた未成工事に対する受入金がある場合のその未収金の額のうち受入金の額に相当する金額

⑥　同一人に対する貸付金と買掛金がある場合のその貸付金の額のうち買掛金の額に相当する金額

⑦　使用人に対する貸付金とその使用人から受け入れた預り金がある場合のその貸付金の額のうち預り金の額に相当する金額

⑧　専ら融資を受ける手段として他から受取手形を取得し，その見合いとして借入金を計上した場合のその受取手形の金額のうち借入金の額に相当する金額

⑨　同一人に対する未収地代家賃とその者から受け入れた敷金がある場合のその未収地代家賃の額のうち敷金の額に相当する金額

（２）実質的に債権とみられない金額の計算の簡便法

中小法人等は，簡便法によって実質的に債権とみられない部分の金額を計算することができます（法令33条の７③）。簡便法による計算式は次の通りです。

事業年度終了時の金銭債権の額	×	分母の各事業年度終了時における実質的に債権とみられない部分の金額の合計額 ／ 平成27年４月１日から平成29年３月31日までに開始する各事業年度終了時の金銭債権の合計額	（小数点３位未満の端数切捨て）	＝	実質的に債権とみられない部分の金額

８．一括評価金銭債権

（１）一括評価金銭債権の範囲

売掛金，貸付金などのうち，個別評価金銭債権に該当しない金銭債権を一括評価金銭債権といいます。

原則として，金銭債権のうち個別評価金銭債権以外はすべて一括評価金銭債権になりますが，売掛金や貸付金以外に一括評価金銭債権となるものの例として次のようなものがあります（法基通11-２-16）。

①　未収の譲渡代金，未収加工料，未収請負金，未収手数料，未収保管料，未収地代家賃等又は貸付金の未収利子で，益金の額に算入されたもの

②　他人のために立替払をした場合の立替金

③　未収の損害賠償金で益金の額に算入されたもの

④　保証債務を履行した場合の求償権

⑤　連結法人税の個別帰属額の計算に規定する「法人税の負担額」又は「法人税の減少額」として帰せられる金額に係る未収金

⑥　売掛金，貸付金等の債権について取得した先日付小切手

⑦　売買があったものとされたリース取引に係るリース料のうち，当該事業年度終了の時において支払期日の到来していないリース料の額の合計額（法基通11-２-20）

（２）一括評価金銭債権にならないもの

なお，次のものは一括評価金銭債権とならないこととされています（法基通11-２-18）。

①　預貯金及びその未収利子，公社債の未収利子，未収配当その他これらに類する債権

②　保証金，敷金（借地権，借家権等の取得等に関連して無利息又は低利率で提供した建設協力金等を含む。），預け金その他これらに類する債権

③　手付金，前渡金等のように資産の取得の代価又は費用の支出に充てるものとして支出した金額

④　前払給料，概算払旅費，前渡交際費等のように将来精算される費用の前払として一時的に仮払金，立替金等として経理されている金額

⑤　金融機関における他店為替貸借の決済取引に伴う未決済為替貸勘定の金額

⑥　証券会社又は証券金融会社に対し，借株の担保として差し入れた信用取引に係る株式の売却代金に相当する金額

⑦　雇用保険法，労働施策の総合的な推進並びに労働者の雇用の安定及び職業生活の充実等に

関する法律，障害者の雇用の促進等に関する法律等の法令の規定に基づき交付を受ける給付金等の未収金

⑧　仕入割戻しの未収金

⑨　保険会社における代理店貸勘定（外国代理店貸勘定を含む。）の金額

⑩　法法第61条の５第１項《デリバティブ取引に係る利益相当額の益金算入等》に規定する未決済デリバティブ取引に係る差金勘定等の金額

⑪　法人がいわゆる特定目的会社（SPC）を用いて売掛債権等の証券化を行った場合において，当該特定目的会社の発行する証券等のうち当該法人が保有することとなったもの

（３）一括評価金銭債権の貸倒繰入限度額

一括評価金銭債権の貸倒れによる損失の見込額として，各事業年度において損金経理により貸倒引当金勘定に繰り入れた金額については，当該繰り入れた金額のうち，一括貸倒引当金繰入限度額に達するまでの金額は，当該事業年度の所得の金額の計算上，損金の額に算入することができます（法法52②）。なお，実質的に債権とみられない部分は一括評価金銭債権から除外します。実質的に債権とみられない部分の範囲や計算については前述した「７．実質的に債権とみられない金額」を参照してください。

①原則法

一括貸倒引当金繰入限度額は，原則として，一括評価金銭債権の帳簿価額の合計額に貸倒実績率を乗じて計算します。貸倒実績率の計算は次のように行います（法令96⑥）。

$$\frac{(\text{当該事業年度開始の日前3年内事業年度における貸倒損失の合計額}-\text{貸倒引当金戻入額})\times\dfrac{12}{\text{前3年内事業年度における事業年度の月数の合計数}}}{\text{当該事業年度開始の日前3年以内に開始した各事業年度終了の時における一括評価金銭債権の帳簿価額の合計額}\div\text{当該前3年内事業年度における事業年度の数}}=\text{繰入率}$$

（小数点４位未満の端数切り上げ）

②簡便法

次の法人等は，一括評価金銭債権の帳簿価額の合計額に政令で定める割合（法定繰入率）を乗じて計算した金額を一括貸倒引当金繰入限度額とすることができます。

（ア）普通法人（ただし資本金の額若しくは出資金の額が１億円超の法人や，投資法人及び特定目的会社を除く。また，資本金５億円超の法人に支配されている法人や，相互会社も対象外。）

（イ）公益法人等又は協同組合等

（ウ）人格のない社団等

簡便法の法定繰入率は主たる事業に応じて次のように定められています（措令33条の７④）。

◈　卸売及び小売業（飲食店業を含む）……………10/1000

◈　製造業（電気，ガス，水道業を含む）……………8/1000

◈　金融及び保険業　…………………………………3/1000
◈　割賦販売小売業，信用購入斡旋業　……………13/1000
◈　上記の事業以外の事業　…………………………6/1000

問題３－25

内国法人甲株式会社（以下「甲社」という）は，当期（自平成31年４月１日　至令和２年３月31日）末の資本金の額が50,000,000円の卸売業を営む非同族会社である。

次の資料に基づき甲社の当期において調整すべき金額を解答欄にしたがって計算しなさい。

【資料】

（１）当期末現在の貸借対照表に計上されている債権等（貸倒引当金控除前）の金額は次のとおりである。

①	受取手形	29,332,000円
②	売掛金	108,543,000円
③	貸付金	46,427,000円
④	未収入金	658,000円
⑤	前渡金	1,200,00円

（２）上記（１）に掲げる債権につき，以下のような留意事項がある。

①　受取手形は，すべて売掛金の回収のために取得したものであるが，このほか貸借対照表に脚注表示された割引手形が3,830,000円ある。

②　売掛金のうち3,348,000円は，Ａ社に対するものであるが，甲社はＡ社に対して買掛金1,620,000円及び支払手形1,743,000円がある。

③　貸付金のうち19,000,000円は，Ｂ社に対するものであるが，Ｂ社について当期中に会社更生法の規定による更生計画の認可の決定があり，甲社の有する債権につき次の事実が決定した。

なお，この貸付金についてＢ社所有の土地（時価7,000,000円）が担保に供されている。

イ．債権金額のうち3,000,000円は切り捨てる。

ロ．債権金額のうち6,000,000円は令和12年５月10日まで棚上げする。

ハ．残額の10,000,000円は令和２年５月10日を第１回として毎年５月10日に1,000,000円を10回の年賦により均等払いで支払う。

甲社は，上記決定に関し，5,500,000円を損金経理により個別評価金銭債権に係る貸倒引当金として繰り入れているが，切捨額及び棚上げ額については何も経理していない。

④　未収入金の内訳は，以下のとおりである。

イ．	仕入割戻しに係るもの	80,000円
ロ．	備品の譲渡代金	448,000円
ハ．	未収配当金	130,000円

⑤　前渡金は商品の仕入に係るものである。

（３）実質的に債権とみられないものの額の簡便法による控除割合は，0.01961である。

（４）甲社の過去３年間における税務上の期末一括評価金銭債権の帳簿価額の状況，売掛債権等についての貸倒損失額の発生状況は次のとおりである。

事　業　年　度	各事業年度末における一括評価金銭債権の帳簿価額	貸　倒　損　失　額
平成28．4．1～平成29．3．31	183,121,000円	1,668,000円
平成29．4．1～平成30．3．31	180,326,000円	1,843,000円
平成30．4．1～平成31．3．31	177,528,000円	1,745,000円

（5）甲社が当期において費用に計上した一括評価金銭債権に係る貸倒引当金の繰入額は1,820,000円であり，また，前期において費用に計上した一括評価金銭債権に係る貸倒引当金の繰入額2,165,000円（うち繰入超過額123,900円）は，当期においてその全額を取崩して収益に計上している。

解答欄

1．貸倒損失認定損　［　　　　円］

2．個別評価金銭債権に係る貸倒引当金

（1）繰入限度額　［　　　　］＝［　　　　円］

（2）繰入超過額　［　　　　］＝［　　　　円］

3．一括評価金銭債権に係る貸倒引当金

（1）繰入限度額

①　期末一括評価金銭債権の額

［　　　　］＝［　　　　円］

②　実質的に債権とみられないものの額

イ．原則法

A．債権の額　［　　　　円］

B．債務の額　［　　　　］＝［　　　　円］

C．判定

A．$\gtrless$ B.　　∴［　　　　円］

（いずれかを○で囲む）

ロ．簡便法

［　　　　円］×［0.　　］（小数点以下［　　］位未満切り［　　］）＝［　　　　円］

ハ．判定

イ．$\gtrless$ ロ.　　∴［　　　　円］

（いずれかを○で囲む）

③　実績繰入率

$$\frac{[\quad\quad] \times \frac{[\quad]}{[\quad]}}{[\quad\quad] \div [\quad]} = [0.\quad]$$

（小数点以下［　　］位未満切り［　　］）

④　法定繰入率　　0.010

⑤　繰入限度額

イ．実績繰入率による繰入限度額

［　　　　円］×［0.　　］＝［　　　　円］

ロ．法定繰入率による繰入限度額

（[　　　　円]－[　　　　円]）×[0.　　　]＝[　　　　円]

ハ．判定

イ．＞＜ロ．　　∴[　　　　円]

（いずれかを○で囲む）

（２）繰入超過額

[　　　　円]－[　　　　円]＝[　　　　円]

４．貸倒引当金繰入超過額認容　[　　　　円]

［103回　１級・２問］

９．貸倒損失をめぐる課税事件

事実上の貸倒れについて，貸倒損失の損金算入ができるかどうかを検討するにあたり問題となる点として，①金銭債権の全額が回収不能でなければならないか（一部回収不能では損金算入できないのか），②回収不能性を判断するにあたり債務者側の事情だけ考慮すればよいか（債権者側の事情や経済環境などは考慮不要か），などがあげられます。

これらの点について判断した事例として最高裁第二小法廷平成16年12月24日判決（民集58巻９号2637頁），いわゆる興銀事件があります。

本件では，Ｄ株式会社に対し残高合計約3,760億円の貸付債権を有していた株式会社Ｅ興業銀行が，平成８年３月29日に本件債権を放棄し，本件債権相当額を損金の額に算入して欠損金額を約132億円とする申告をしました。

ところが課税庁から上記の損金算入を否認され，所得金額を約3,641億円とする法人税の再更正並びにこれに係る過少申告加算税及び重加算税の各賦課決定処分を受けたため，この処分の取り消しを求めて争いました。

最高裁はまず，金銭債権の貸倒損失を法人税法22条３項３号にいう「当該事業年度の損失の額」として当該事業年度の損金の額に算入するためには，当該金銭債権の全額が回収不能であることが客観的に明らかでなければならないと判断しました。

また，金銭債権の全額が回収不能かどうかは，債務者の資産状況，支払能力等の債務者側の事情のみならず，債権回収に必要な労力，債権額と取立費用との比較衡量，債権回収を強行することによって生ずる他の債権者との軋轢などによる経営的損失等といった債権者側の事情，経済的環境等も踏まえ，社会通念に従って総合的に判断されるべきであると判示しました。

最高裁は以上の判断枠組みを具体的な事実に当てはめて，上記債権相当額は放棄の時点でその全額が回収不能であることが客観的に明らかになっており，法人税法22条３項３号にいう「当該事業年度の損失の額」として上記放棄の日の属する事業年度の損金の額に算入されるべきであると判断しました。

事実上の貸倒れにおいて①金銭債権の全額が回収不能でなければならないか（一部回収不能では損金算入できないのか）という点については，最高裁は全額が回収不能でなければならないとする立場を採っており，通達も同様です。しかし，実質的に回収不能な部分があるにもかかわらず，その貸倒損失を損金算入できないとすれば，所得のない（租税支払能力がない）ところに課税してしまうことで企業経営に支障をきたす恐れがあるという問題があります。この点に関連して，金銭債権の一部が回収不能である場合にも貸倒れを認めるべきとする有力な学説があります（金子「部分貸倒れの損金算入－不良債権処理の一方策」『租税法理論の形成と解明（下）』94頁）。また，アメリカでは金銭債権の一部が回収不能である場合にも貸倒損失控除が認められています（IRC§166(a)(2) Partially worthless debts，太田「アメリカにおける貸倒損失の税務上の取扱い」『税研』158号50頁）。

また，②回収不能かどうかを判断するにあたり債務者側の事情だけ考慮すればよいか（債権者側の事情や経済環境などは考慮不要か）という点については，最高裁は，債務者側の事情に加え，債権者側の事情や経済的環境等も踏まえ社会通念に従って総合的に判断されるべきであるとしています。この点について債務者側の事情のみを判断すれば足りるとしていた高裁判決を変更しています。金銭債権の回収が債権者と債務者との関係や両者の置かれた経済的環境のもとで実現されることからすれば，回収不能を推認させる事実が債務者側の事情に限定される必然性はないと考えられます（吉村「貸倒れの意義－興銀事件」『租税判例百選　第6版』108頁）。一方で，債権者（納税者）の主観的要素を考慮すると恣意的な損金算入がおこなわれる恐れもあります。債務者と債権者の両方の事情を考慮したうえで恣意的な損金算入を防止するためには，債務者側の事情は財務諸表等をもとに資産状況や支払能力などを考慮するとともに，債権者（納税者）側の事情も客観的なものに限り考慮要素とすべきでしょう。

第9節　返品調整引当金

1．返品調整引当金の概要と範囲

仕入れた商品の返品はどの業種でも起こり得ることであり，販売側では売上の戻りとして会計処理をします。しかし，とりわけ出版業や出版に関わる取次業，医薬品・農薬・化粧品・既製服・CD（レコード）の製造業やこれらの卸売業（法令99）では，他の業種に比し，大量の返品による損失発生を予測することが可能です。そこで法人税法では，これらの特定業種の事業を返品調整引当金勘定を設定することができる事業を「対象事業」とし，次の特約（法令100）があることを条件として，実績値による返品調整引当金の計上を認めています（法法53①）。

（1）販売先からの求めに応じ，その販売したたな卸資産を当初の販売価額によって無条件に買い戻すこと。

（2）販売先において，商品の送付を受けた場合に，注文によるものかどうかを問わずこれを購入すること。

2．返品調整引当金の繰入限度額計算

返品調整引当金の繰入限度額計算は，（1）売掛金残高を基に計算する方法と，（2）売上高を基に計算する方法の2つがあり，そのいずれの方法を適用しても良いことから，対象事業の種類

ごとに，繰入限度額が大きく計算された方法を適用します（法令101①）。

（１）各事業年度終了時の対象事業に係る売掛金の帳簿価額の合計額に，当該対象事業に係る棚卸資産の返品率と売買利益率を乗じて計算する方法（期末売掛金の額×返品率×売買利益率）

（２）各事業年度終了日以前２月間における対象事業に係る棚卸資産の販売価額（売上高）に当該対象事業に係る棚卸資産の返品率と売買利益率を乗じて計算する方法（期末前２カ月間の棚卸資産の売上高×返品率×売買利益率）

なお，売掛金の範囲として受取手形をも含み，また割引又は裏書譲渡をも含みます（法基通11-3-2）。また上記の（２）の方法における返品率と売買利益率の算定式は次のとおりです。

・返品率＝（その事業年度及びその事業年度前１年以内に開始した各事業年度における特約に基づく返品額の合計額）／（その事業年度及びその事業年度開始前１年以内に開始した各事業年度における売上高）（法令101②）

・売買利益率＝（その事業年度の販売価額の総額－その売上原価－販売手数料）／（その事業年度の販売価額（ただし，特約により買い戻し分を控除した額））（法令101③）

つまり返品率は，買戻事業年度（当該事業年度及び当該事業年度開始の日前１年以内に開始した各事業年度）における売上高のうち，買戻額の占める割合をいいます。また売買利益率とは，当該事業年度における当該対象事業に係る売上高から特約に基づく買戻額を控除した残額のうち，利益総額から販売手数料を差し引いた額の占める割合をいいます。

以上のように，返品調整引当金制度の対象となる事業を営む法人について返品調整引当金は，引当金のひとつとして損金算入が認められてきましたが，税制改正により廃止が決定しています。ただ，一気に廃止されるのではなく経過措置が設けられています。すなわち，令和３年３月31日までに開始する各事業年度については現行の損金算入限度額までの引当てを認めるものの，令和３年４月１日から令和22年３月31日までの間に開始する各事業年度については現行法による損金算入限度額に対して毎年10分の１ずつ縮小した額の引当てを認める等の経過措置が設けられています。

問題３－26

化粧品の製造・卸売業を営む年１回３月決算の非同族会社・乙株式会社（以下「乙社」という。）の当期（自平成31年４月１日　至令和２年３月31日）における返品調整引当金の繰入超過額を算定しなさい。

１．乙社では，化粧品の販売に関して，その販売先からの求めに応じ販売価額によって無条件で買い戻すこと，及び販売先では化粧品の送付を受けた場合には，注文によるか否かを問わず，購入する旨の特約を結んでいる。

２．最近における売上高等の状況は次のとおりである。

事業年度	総売上高	戻し高	売上原価	販売手数料
平成30年４月１日～平成31年３月31日	1,261,559,000円	31,003,000円	560,036,000円	31,295,100円
平成31年４月１日～令和２年３月31日	1,379,441,000円	32,381,000円	612,369,200円	34,219,600円

（１）当期における期末以前２カ月間の総売上高は345,109,000円であり，買戻し高は5,209,000円である。

（２）当期末貸借対照表に計上されている売掛金128,764,600円及び受取手形215,233,700円はすべてが化粧品の販売代金に係るものである。

３．乙社は当期において返品調整引当金として損金経理により4,500,000円を繰り入れている。

４．前期において損金経理により繰り入れた返品調整引当金4,300,000円（うち，繰入超過額164,000円）を当期に全額戻し入れて，当期の収益として計上している。

解答欄

１．返品率

$$\frac{\boxed{}}{\boxed{}} = \boxed{}$$

２．売買利益率

$$\frac{\boxed{}}{\boxed{}} = \boxed{}$$

３．繰入限度額

（１）売掛金基準

［　　　　　　　　　　　　　］＝［　　　　　　円］

（２）売上高基準

［　　　　　　　　　　　　　］＝［　　　　　　円］

（３）　（１）$\gtrless$（２）　　∴［　　　　　　円］

（いずれかを○で囲む）

４．繰入超過額

［　　　　円］－［　　　　円］＝［　　　　円］

［82回　１級・３問類題］

■ 注 ■

（１）金子宏『租税法』第22版，弘文堂，2017年，389頁。

（３）LEX/DB 文献番号25494096。

（４）通称専務とか，名刺専務といわれる役員がいます。例えば，「平取締役が営業のため等，対外的理由によって専務，常務という名刺を使用している場合」については，「その名称利用だけで使用人兼務役員を認めないというのも形式的すぎる」といえ，「単に『通称専務』または『名刺専務』といわれる取締役は使用人兼務役員になれる」ということになります（大淵博義『裁判例・判決例からみた役員給与・交際費・寄付金の税務』税務研究会出版局，2001年，12頁）。法人税法上の専務取締役などの定義は，定款等の規定又は総会若しくは取締役会の決議等により専務取締役等としての職制上の地位が付与された役員をいうとされています（法基通９-２-１の３）。

（４）経済的利益とは，物品等の贈与，低廉譲渡の際の時価と譲渡価額の差額，法人に時価を上回る価格によって資産譲渡した場合の差額，債務免除益など，役員からの無償の債務引き受け，居住用土地・家屋の低額賃貸，役員への金銭の無利息・低利息による貸付などがあげられます（法基通９-２-10）。

第４章　税額の計算

第１節　所得税額の控除

法人税の額を計算するとき，所得金額に税率を乗じて税額を算出し，そこから税額控除の額を差し引いて，納付すべき税額を計算します。税額控除には，所得税額の控除，外国税額の控除などがあります。本書では，所得税額の控除について説明します。

１．所得税額の控除

法人が受け取る一定の利子や配当にも源泉所得税が課されます（所得税法174条）。重複課税防止の趣旨から，ここで徴収された源泉所得税は法人税の金額から控除します（法法68①）。控除しきれないときは，還付されます（法法78①）。この控除を適用するためには，確定申告書に控除を受けるべき金額を記載するなどの要件があります（法法68④）。控除した所得税額は損金不算入になります（法法40）。

２．控除金額の計算

法人税の額から控除する所得税の額は，次に掲げるものについては，その元本を所有していた期間に対応する部分だけが控除対象になります（法令140の２①）。これらを配当等といいます。

（１）法人から受ける剰余金の配当など

（２）集団投資信託の収益の分配

具体的な計算式は次のとおりです（法令140の２②）。この計算方法を個別法といいます。

控除を受ける所得税額＝所得税額×所有期間割合
所有期間割合（小数点以下３位未満切り上げ）＝所得税額×$\frac{\text{元本所有期間}}{\text{配当等の計算期間}}$

※月数は暦に従って計算し，１月未満の端数は切り上げます。

また，次のような簡便な方法で計算することも認められています（法法140の２③）。この計算方法を銘柄別簡便法といいます。

> 控除を受ける所得税額＝所得税額×所有元本割合
>
> 所有元本割合（*小数点以下3位未満切り上げ，1を超える場合は1*）＝
>
> $$\frac{\text{配当等の計算期首の所有元本数等}-(\text{配当等の計算期末の所有元本数等}-\text{配当等の計算期首の所有元本数等})\times\frac{1}{2}}{\text{配当等の計算期末の所有元本数等}}$$

※（配当等の計算期間期末の所有元本数等－配当等の計算期首の所有元本数等）がマイナスの場合は0

法人はいずれかの計算方法を選択することができます。継続適用も要求されていません。

問題４－１

次の資料に基づき，甲株式会社（以下「甲社」という。）の当期（自平成31年4月1日　至令和2年3月31日）における所得税額控除額を解答欄にしたがって計算しなさい。

【資料】

当期において受け取った配当等の額は次のとおりであり，甲社は源泉徴収税額控除後の差引手取額を当期の収益に計上している。なお，復興特別所得税は考慮していない。

銘柄等	区分	配当等の計算期間	受取配当等の額	源泉徴収税額	差引手取額	(注)
A 株 式	配　当　金	平成30. 4. 1～平成31. 3. 31	1,300,000円	260,000円	1,040,000円	1
B 株 式	配　当　金	平成30. 10. 1～令和1. 9. 30	700,000円	140,000円	560,000円	2
銀行預金	預 金 利 子	－	82,000円	12,300円	69,700円	－

（注1）A株式（配当等の計算期間の初日における株式等保有割合40%）は，平成28年10月20日に64,000株，平成31年3月5日に16,000株を所得しており，その後に異動はない。

（注2）B株式（配当等の計算期間の初日における株式等保有割合25%）は，数年前から所有している。

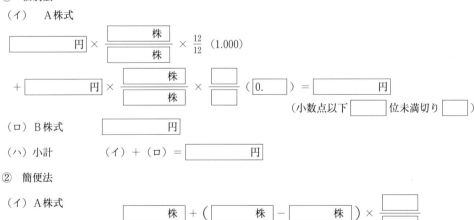

解答欄

（1）株式・出資

①　個別法

（イ）　A株式

$$\boxed{\qquad\text{円}}\times\frac{\boxed{\qquad\text{株}}}{\boxed{\qquad\text{株}}}\times\frac{12}{12}\ (1.000)$$

$$+\boxed{\qquad\text{円}}\times\frac{\boxed{\qquad\text{株}}}{\boxed{\qquad\text{株}}}\times\frac{\boxed{\quad}}{\boxed{\quad}}\ (\boxed{0.\quad})=\boxed{\qquad\text{円}}$$

（小数点以下□位未満切り□）

（ロ）B株式　□円

（ハ）小計　（イ）＋（ロ）＝□円

②　簡便法

（イ）A株式

$$\boxed{\qquad\text{円}}\times\frac{\boxed{\qquad\text{株}}+(\boxed{\qquad\text{株}}-\boxed{\qquad\text{株}})\times\frac{\boxed{\quad}}{\boxed{\quad}}}{\boxed{\qquad\text{株}}}\ (\boxed{0.\quad})$$

（小数点以下□位未満切り□）

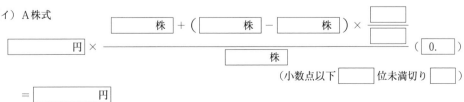

＝□円

（ロ）Ｂ株式　　　　　　円

（ハ）小計　　　（イ）＋（ロ）＝　　　　　　円

③　　　　　　円＜　　　　　　円　　∴　　　　　　円

（２）その他　　　　　　円

（３）合計　　（１）＋（２）＝　　　　　　円

［101回　１級・３問］

問題４－２

次の資料に基づき，甲株式会社（以下「甲社」という。）の当期（自平成31年４月１日　至令和２年３月31日）における所得税額の控除額を計算しなさい。

【資料】

当期において受け取った配当等の額は次のとおりであり，甲社は源泉徴収税額控除後の差引手取額を当期の収益に計上している。

なお，復興特別所得税は考慮していない。

銘柄等	区分	配当等の計算期間	受取配当等の額	源泉徴収税額	差引手取額	(注)
Ａ 株 式	配　当　金	平成30．４．１～平成31．３．31	1,200,000円	84,000円	1,116,000円	1
Ｂ 株 式	配　当　金	平成30．10．１～令和１．９．30	400,000円	80,000円	320,000円	2
銀行預金	預 金 利 子	平成30．８．１～令和１．７．31	136,000円	20,400円	115,600円	－

（注１）Ａ株式の取得状況は以下の通りである。
　　なお，Ａ株式は内国法人Ａ社が発行する株式である。
　　①　平成29年５月25日に取得した株式数　　100,000株
　　②　平成31年２月12日に譲渡した株式数　　20,000株

（注２）Ｂ株式は，内国法人Ｂ社が発行する株式である。
　　なお，Ｂ株式は数年前から所有している。

［91回　１級・３問類題］

解答欄

法人税額から控除される所得税額　　　　　　円

第２節　同族会社と留保金課税

わが国では，実体が個人企業と異ならない法人がきわめて多いという状況です。これは，株式会社，合同会社，一般社団法人等の法人の設立が容易であることが要因と考えられます。これらの法人は，一般に，少数（１人）の株主によって支配されており，所有と経営が結合しています。そのため，少数の株主の恣意的な取引や経理が行われやすく，その結果として，税負担が減少することが少なくありません。また，これらの法人においては，家族構成員を役員または従業員としてこれに給与を支払うことで，所得を分割する傾向があります。さらに，利益を内部に留保（株主に配当せず，法人内に溜め込む）して，法人税率よりも高い所得税の段階税率の適用を回避す

る傾向がみられます。

これらの傾向に対処するため，租税法は，これらの法人のうち，一定の形式的基準に該当するものを同族会社と呼び，その他の法人と異なる「特別の取扱」をしています。この「特別の取扱」は，特定同族会社の特別税率に関する規定（法法67条）と同族会社の行為計算の否認を認める規定です（法法132）。この同族会社の否認規定は，同族会社との取引によって生じる法人税以外にも適用があります（所法157，相法64，地方税法72の43）。

１．同族会社と特定同族会社

（１）同族会社

同族会社とは，次の①，②，③のいずれかに該当する会社をいいます。

①　会社の株主等（特殊の関係のある個人及び法人をグルーピングします。）の３人以下がその会社の発行済株式又は出資（その会社が有する自己の株式又は出資を除きます。）の総数又は総額の50％を超える数又は金額の株式又は出資を有する場合（法法２十，法令４⑤）。

・特殊の関係のある個人（法令４①）

ⅰ．株主等の親族（民法725）
ⅱ．株主等と事実上の婚姻関係にある者（内縁関係者）
ⅲ．個人である株主等の使用人
ⅳ．ⅰ～ⅲ以外の者で個人である株主等から受ける金銭等によって生計を維持しているもの
ⅴ．ⅱ～ⅳの者と生計を一にするこれらの者の親族

・特殊の関係のある法人（法令４②）

ⅰ．判定対象となる会社の株主等の１人が支配している他の会社
ⅱ．判定対象となる会社の株主等の１人及びこれとの特殊の関係のある会社が支配している他の会社
ⅲ．判定対象となる会社の株主等の１人及びこれと①②の特殊の関係のある会社が支配している他の会社

・他の会社を支配しているとは次の場合をいいます。

ⅰ．他の会社の発行済株式又は出資（その有する自己の株式又は出資を除く。）の総数又総額の50％を超える数又は金額の株式又は出資を有する場合
ⅱ．他の会社の次に掲げる議決権のいずれかにつき，その総数の50％を超える数を有する場合
・事業の全部若しくは重要な部分の譲渡等に関する決議に係る議決権
・役員の選任及び解任に関する決議に係る議決権
・役員の報酬，賞与等として会社が供与する財産上の利益に関する事項についての議決権
・剰余金の配当又は利益の配当に関する決議に係る議決権

②　会社の株主等の３人以下が次の議決権のいずれかにつき，その総数の50％を超える数を有する場合

ⅰ．事業の全部若しくは重要な部分の譲渡等に関する決議に係る議決権
ⅱ．役員の選任及び解任に関する決議に係る議決権

ⅲ．役員の報酬，賞与等として会社が供与する財産上の利益に関する事項についての議決権
ⅳ．剰余金の配当又は利益の配当に関する決議に係る議決権

③　株主等の３人以下が合名会社，合資会社又は合同会社の社員の過半数を占める場合

（２）特定同族会社

特定同族会社とは，被支配会社（(1) の同族会社の「３人」を「１人」と読み替えて判定します。(法令139の７①～③)）で，被支配会社であることについての判定の基礎となった株主，社員又は出資者のうちに被支配会社でない法人がある場合には，その法人をその判定の基礎となる株主，社員又は出資者から除外して判定するとした場合においても被支配会社となるものをいいます(法法67①)。なお，清算中の法人，資本の額又は出資金の額が１億円以下（一の大法人による完全支配関係があるものを除く。）である法人は特定同族会社になりません。

２．特定同族会社の留保金課税

特定同族会社が各事業年度の所得を留保した場合で，その留保金額が一定の金額を超えるときは，通常の法人税額のほかに，その超える金額に応じた特別税率による法人税が課税されます。留保金課税の適用対象となるのは，同族会社のうち特定同族会社です。ただし，資本金の額又は出資金の額が１億円以下の法人については，特定同族会社となりません。また，特定同族会社に該当するか否かの判定は，その事業年度終了時の現況によるものとされています(法法67③)。

（１）特別税額の算定

特定同族会社の留保金課税の概要は，次の図のようになります。

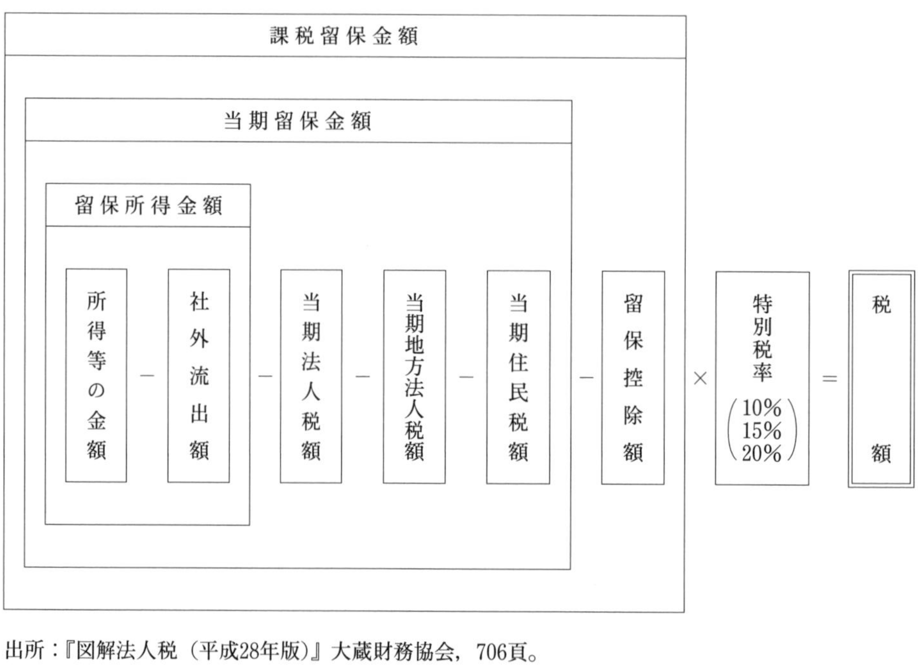

出所：『図解法人税（平成28年版）』大蔵財務協会，706頁。

①　当期留保金額（イ－ロ－ハ－ニ）

イ．留保所得等

当期の所得金額（別表四総計）に，別段の定めによる減算調整項目のうち所得は減少しているが資金は内部に留保されているものを加算し，所得等の金額から社外流出額（別段の定めによる加算調整項目のうち所得は増加しているが資金は社外に流出しているものをいいます。）を減じた金額です（法法67③）。なお，該当する減算調整項目は，受取配当等の益金不算入額，外国子会社配当等の益金不算入額，受贈益の益金不算入額，所得税額等の還付金額，収用等の特別控除額，欠損金の当期控除額などをいいます。また，該当する社外流出額とは，損金計上付帯税等，交際費等の損金不算入額，役員給与損金不算入額，費途不明金否認，寄附金の損金不算入額，法人税額から控除される所得税額等，税額控除の対象とされる外国法人税の額などです。

ロ．法人税額

［法人税額 別表一（一）2］－［試験研究 特別控除］＋［使途秘匿金 特別税額］－［控除 所得税額］－［控除 外国税額］

ハ．地方法人税額

（［法人税額 別表一（一）2］＋［使途秘匿金 特別税額］）×［4.4％］

ニ．住民税額

（［法人税額 別表一（一）2］＋［使途秘匿金 特別税額］－［控除 外国税額］）×［16.3％］

②　留保控除額

留保控除額は，適正な留保金額と考えられる部分の金額であり，次のうち最も大きい金額とされます（法法67⑤）。

イ．所得基準……所得等の金額（別表四所得金額＋別段の定めによる減算調整項目）×40％

ロ．定額基準……2,000万円×その事業年度の月数／12

ハ．積立金基準……期末資本金の額又は出資金額×25％－（期首利益積立金額－前期末配当額）

※期首利益積立金額とは，別表五（一）Ⅰ31①の金額（期首利益積立金額の差引合計額）です。

③　課税留保金額（①－②）

不当な内部留保である課税留保金額は，留保金額から留保控除額を減じた金額です（法法67①）。これは課税標準であるため，千円未満の金額を切り捨てます（法基通16-1-8）。

④　特別税額（③×特別税率）

課税留保金額に特別税率を乗じます（法法67①）。

特別税率は，次の区分に従います。法人税は定率課税ですが，留保金課税において累進税率が採用されているのは，所得税の補完としての役割があるためです。

課税留保金額が年3,000万円以下の部分……………………10%

課税留保金額が年3,000万円超１億円以下の部分…………15%

課税留保金額が年１億円超の部分…………………………20%

３．同族会社の行為計算の否認

（１）適用対象法人

この規定の適用対象は，法人税法上の同族会社です（法法２条①十)。「会社」ということですから，会社法上の「会社」に限定されます。したがって，民法上の法人や特別法により設立された法人は含まれません。

（２）行為計算否認規定

税務署長が法人税について更正又は決定をする場合において，その法人の行為又は計算でこれを容認した場合には法人税の負担を不当に減少させる結果となると認められるものがあるときは，その法人の行為又は計算にかかわらず，私法上の取引を仮装した取引に置き換えて，その法人に係る法人税の課税標準もしくは欠損金額又は法人税の額等を計算することを認めています（法法132①)。なお，同族会社等に該当するかどうかの判定は，その行為又は計算の事実があった時の現況によります（法法132②)。

この同族会社の否認規定は，同族会社との取引によって生じる法人税以外にも適用があります。また，同族会社の代表者である個人が所得税法157条の同族会社等の行為計算否認規定の適用により所得税の増額更正があった場合は，これに対応する法人税の減額更正が行われると考えられます。これを法人税法132条３項の対応的調整といいます。

問題４－３

次の資料から，甲株式会社（特定同族会社に該当する）の平成29年度における課税留保金額に対する特別税額を解答欄にしたがって計算しなさい。

【資料】留保金課税に関する事項

１．別表四に関する事項は次のとおりです。

区分		金額	うち留保金額
当期利益		51,550,000 円	30,150,000 円
加算	損金の額に算入した納税充当金	48,390,000	48,390,000
	損金の額に算入した法人税	12,600,000	12,600,000
	損金の額に算入した住民税	2,450,000	2,450,000
	交際費等の損金不算入額	2,739,000	
	使途不明金否認	1,000,000	
	小計	67,179,000	63,440,000
減算	納税充当金から支出した事業税等の額	2,207,000	2,207,000
	収用等の特別控除額	10,000,000	
	小計	12,207,000	2,207,000
仮計		106,522,000	91,383,000
法人税額から控除される所得税額		40,000	
合計・総計・差引計		106,562,000	91,383,000
所得金額		106,562,000	91,383,000

２．別表一（一）に関する事項

（１）使途秘匿金の支出に対する税額　　400,000円

（２）控除税額　　40,000円

（３）地方法人税額　　1,114,740円

３．当社は，当期末（平成29年３月31日）における資本金額２億円，利益積立金額３億４千万円（当期の所得等の金額に係る部分を除く）の青色申告法人である。

解答欄

１．法人税額の計算

［　　　　円］×［　　　％］＝［　　　　円］

２．課税留保金額の計算

（１）当期留保金額

①　留保所得金額

［　　　　円］

②　法人税額

［　　　　円］＋［　　　　円］－［　　　　円］＋［　　　　円］

＝［　　　　円］

③　地方法人税額

［　　　　円］

④　住民税額

（［　　　　円］＋［　　　　円］）× 16.3% ＝［　　　　円］

⑤　当期留保金額

①－②－③－④＝［　　　　円］

（２）留保控除額

①　所得基準額

（［　　　　円］＋［　　　　円］）×［　　　　％］＝［　　　　円］

②　定額基準額

［　　　　円］×［――］＝［　　　　円］

③　積立金基準額

（［　　　　円］×［　　　　％］－［　　　　円］＝［　　　　円］）　＜0

∴ 0

④　留保控除額

①，②，③のうち最も大きい金額　　∴［　　　　円］

（３）課税留保金額（千円未満の端数切り捨て）

［　　　　円］－［　　　　円］＝［　　　　円］→［　　　　円］

３．課税留保金額に対する特別税額の計算

［　　　　円］×［　　　　％］＝［　　　　円］

［１級・２問類題］

４．同族会社をめぐる課税事件

同族会社の代表取締役であった者Ａが，同社の取締役ないし監査役として選任されていた，就学中の未成年のＡの子女である，Ｂ，Ｃ及びＤに対して役員報酬を支払っていました。そして，これを役員報酬として損金に算入して法人税の申告をしたところ，税務署は，同族会社の行為・計算の否認規定を適用して，更正処分を行いました。裁判所は，実質的に業務に参画することがない未成年で就学中の取締役３名に対し役員報酬を支給したことは，純経済人の行為としては不合理，不自然であって，この同族会社の法人税負担を不当に減少させるものというべきであるから，その報酬全額の損金算入を否認すべきであるとした原審の判断を正当として是認し，上告を棄却しました（最高裁第三小法廷 平成11年１月29日判決）。

もっとも，会社法においては，たとえ未成年者であっても，取締役や監査役に就任することは可能です。また，一般の雇用関係の下にある使用人と異なり，委任関係においてその職務を遂行することで役員としての報酬を受け取ることができます。本件においては，Ｂ，Ｃ及びＤが実質的に業務に参画することがない未成年で就学中であったことが問題とされました。同族会社に限らず租税回避行為（脱税ではありません。）を防止するためには法規定の充実が不可欠です。

このような包括的な租税回避否認規定がなければ，法に抵触しない範囲のいかなる取引も認められることになり，法の網の目を潜るような行為が助長されることにもなりかねません。とはいえ，この規定の発動には，課税庁の慎重な姿勢が求められます。なお，現行の法人税では，この規定のほかに組織再編成に係る行為又は計算の否認規定（法法132の２），連結法人に係る行為又は計算の否認規定（法法132の３）があります。

第５章　法人税法における用語の問題

問題５－１

次の各文章の空欄に適切な用語又は数字を記入して文章を完成させなさい。

1．内国法人とは，国内に［イ］又は主たる事務所を有する法人をいい，外国法人とは，内国法人以外の法人をいう。

2．人格のない社団等とは，法人でない［ロ］又は財団で代表者又は［ハ］の定めがあるものをいう。

3．青色申告の承認を受けようとする内国法人は，その事業年度［ニ］の日の前日までに，所定の事項を記載した［ホ］を納税地の所轄税務署長に提出しなければならない。

4．青色申告の［ヘ］の申請書の提出があった場合において，その青色申告をしようとする事業年度の［ト］の日（その事業年度について中間申告書を提出すべき法人については，その事業年度開始の日以後６月を経過する日）までにその申請につき，［ヘ］又は却下の処分がなかったときは，その日においてその［ヘ］があったものとみなす。

5．青色申告の承認を受けている内国法人は，その事業年度以後の各事業年度の申告書を青色の申告書により提出することをやめようとするときは，その事業年度終了の日の翌日から［チ］以内に，所定の届出書を納税地の所轄［リ］に提出しなければならない。

6．内国法人は，各事業年度終了の日の翌日から［チ］以内に，税務署長に対し，［ヌ］に基づき所定の事項を記載した確定申告書を提出しなければならない。

7．内国法人は，法人税を納める義務がある。
ただし，［ル］又は人格のない社団等については，［ヲ］を行う場合，法人課税信託の引受けを行う場合又は退職年金業務等を行う場合に限る。

8．確定申告書を提出した内国法人は，その申告書に記載した法人税の額があるときは，その申告書の［ワ］までに，その金額に相当する法人税を［カ］に納付しなければならない。

9．確定申告書の提出があった場合において，その申告書に所得税額等の［ヨ］の記載があるときは，税務署長は，その申告書を提出した内国法人に対し，その金額に相当する税額を［タ］する。

10．内国法人である普通法人（清算中のものを除く。）は，その事業年度が［レ］を超える場合には，その事業年度開始の日以後［レ］を経過した日から２月以内に，［ソ］に対し，中間納付額等を記載した中間申告書を提出しなければならない。
ただし，中間納付額が［ツ］以下である場合又はその金額がない場合は，中間申告書の提出を要しない。

11．内国法人に対して課する各事業年度の所得に対する法人税の［ネ］は，各事業年度の［ナ］とする。

12．欠損金額とは，各事業年度の所得の金額の計算上その事業年度の［ラ］がその事業年度の［ム］を超える場合におけるその超える部分の金額をいう。

13．各事業年度の所得の金額の計算上，益金の額に算入すべき［ウ］並びに損金の額に算入すべき原価，費用及び損失の額は，一般に［キ］と認められる会計処理の基準に従って計算されるものとする。

14．内国法人の各事業年度の所得の金額の計算上その事業年度の［ノ］に算入すべき金額は，別段の定めがあるものを除き，［オ］，有償又は無償による資産の譲渡又は役務の提供，無償による資産の譲受けその他の取引で［ク］以外のものに係るその事業年度の収益の額とする。

15. 資本等取引とは，法人の資本金等の額の［ヤ］を生ずる取引並びに法人が行う［マ］の分配（資産の流動化に関する法律に規定する金銭の分配を含む。）及び残余財産の分配又は引渡しをいう。
16. 売買目的有価証券とは，［ケ］な価格の変動を利用して［フ］を得る目的で取得した有価証券として特定のものをいう。
17. 棚卸資産の評価の方法を［コ］しなかった場合又は［コ］した評価の方法により評価しなかった場合には，［エ］により算出した取得価額による原価法により評価する。
18. 減価償却資産とは，建物，構築物，［テ］，船舶，車両及び運搬具，工具，器具及び備品，鉱業権その他の資産で［ア］をすべきものとして特定のものをいう。
19. 繰延資産とは，法人が支出する費用のうち，その［サ］がその支出の日以後［キ］に及ぶもので特定のものをいう。
20. 事前確定届出給与とは，その役員の職務につき所定の時期に［ユ］を支給する旨の定めに基づいて支給する給与（［メ］給与及び利益連動給与を除き，同族会社以外の内国法人が定期給与を支給しない役員に対して支給する給与以外の給与については所定の期限までに納税地の所轄税務署長に届出をしているものに限る。）をいう。
21. 定期同額給与とは，その支給時期が［ミ］の一定の期間ごとであり，かつ，その事業年度の各支給時期における支給額が［シ］である給与その他これに準ずるものとして一定の給与をいう。
22. 交際費等とは，交際費，接待費，［エ］その他の費用で，法人が，その得意先，仕入先その他事業に関係のある者等に対する接待，供応，［ヒ］，贈答その他これらに類する行為のために支出するものをいう。
23. 内国法人が各事業年度において利子及び配当等の支払を受ける場合には，これらにつき課される［モ］は，その事業年度の所得に対する［セ］から控除する。
24. 同族会社とは，会社の株主等（その会社が自己の株式又は出資を有する場合のその会社を除く。）の［ス］並びにこれらと特殊の関係のある個人及び法人がその会社の発行済株式又は出資（その会社が有する自己の株式又は出資を除く。）の総数又は総額の［ン］を超える数又は金額の株式又は出資を有する場合その他特定の場合におけるその会社をいう。

解答欄

イ	ロ	ハ	ニ	ホ
ヘ	ト	チ	リ	ヌ
ル	ヲ	ワ	カ	ヨ
タ	レ	ソ	ツ	ネ

ナ	ラ	ム	ウ	ヰ
ノ	オ	ク	ヤ	マ
ケ	フ	コ	エ	テ
ア	サ	キ	ユ	メ
ミ	シ	ヱ	ヒ	モ
セ	ス	ン		

［１級・１問］

問題５－２

次の各文章の空欄に下記語群のうちから適切なものを選び，その番号を解答欄に記入しなさい。

1．確定した決算とは，その事業年度の決算につき，［ア］の承認又は［イ］の同意その他これらに準ずるものがあったものをいう。

2．内国法人の各事業年度の所得の金額は，その事業年度の［ウ］の額からその事業年度の［エ］の額を控除した金額とする。

3．損金経理とは，法人がその確定した［オ］において，［カ］として経理することをいう。

4．内国法人がその有する資産の［キ］をしてその帳簿価額を増額した場合には，原則として，その増額した部分の金額は，その内国法人の各事業年度の所得の金額の計算上，［ク］の額に算入しない。

5．棚卸資産とは，商品，製品，［ケ］，仕掛品，原材料その他の資産で［コ］をすべきものとして特定のもの（有価証券及び短期売買商品を除く。）をいう。

6．新たに［サ］した内国法人は，その［サ］の日の属する事業年度の確定申告書の［シ］までに，棚卸資産につき，選定した評価の方法を書面により納税地の所轄税務署長に届け出なければならない。

7．内国法人は，棚卸資産につき選定した評価の方法を変更しようとするときは，その新たな評価の方法を採用しようとする事業年度［ス］の日の前日までに，納税地の所轄税務署長に対して，所定の事項を記載した［セ］を提出し，その承認を受けなければならない。

8．役員とは，法人の取締役，［ソ］，会計参与，監査役，理事，監事及び清算人並びにこれら以外の者で法人の［タ］に従事している者のうち特定のものをいう。

9．合併法人とは，［チ］により被合併法人から［ツ］の移転を受けた法人をいう。

＜語　群＞

① 在庫品	② 半製品	③ 貯蔵品	④ 死蔵品	⑤ 出資者
⑥ 労働組合	⑦ 総社員	⑧ 監査役会	⑨ 株主総会	⑩ 取締役会
⑪ 決算	⑫ 専務	⑬ 常務	⑭ 執行役	⑮ 財務
⑯ 労務	⑰ 経営	⑱ 法務	⑲ 利益	⑳ 収益
㉑ 収入	㉒ 益金	㉓ 費用	㉔ 損失	㉕ 損金
㉖ 評価換え	㉗ 償却	㉘ 棚卸し	㉙ 清算	㉚ 分割
㉛ 合併	㉜ 設立	㉝ 資産及び負債	㉞ 財産及び債務	㉟ 利益及び損失
㊱ 提出期限	㊲ 申請期限	㊳ 費用又は損失	㊴ 利益又は損失	㊵ 収益又は費用
㊶ 開始	㊷ 終了	㊸ 申請書	㊹ 届出書	

解答欄

ア	イ	ウ	エ	オ	カ	キ	ク	ケ	コ

サ	シ	ス	セ	ソ	タ	チ	ツ

［２級・１問］

問題５－３

次の各文の（　　）内の語句のうち，適切なものを選び，解答欄に記号で記入しなさい。

1．普通法人とは．公共法人，（① ア．公益法人等，イ．外国法人）及び協同組合等以外の法人をいい，人格のない社団等を（② ウ．含まない，エ．含む）。

2．外国法人は，（③ オ．国外，カ．国内）源泉所得を有するとき（人格のない社団等にあっては，収益事業から生ずるものを有するときに限る。）は，（④ キ．相続税，ク．法人税）を納める義務がある。

3．株主等とは，（⑤ ケ．資本主，コ．株主）又は合名会社，合資会社若しくは合同会社の（⑥ サ．役員，シ．社員）その他法人の出資者をいう。

4．法人は，その法人の（⑦ ス．所在地，セ．納税地）に異動があった場合には，遅滞なく，その異動前の（⑦ ス．所在地，セ．納税地）の所轄（⑧ ソ．税務署長，タ．国税局長）及び異動後の（⑦ ス．所在地，セ．納税地）の所轄（⑧ソ．税務署長，タ．国税局長）にその旨を届け出なければならない。

5．内国法人は，（⑨ チ．所在地，ツ．納税地）の所轄税務署長の承認を受けた場合には，中間申告書，確定申告書等及びこれらの申告書に係る修正申告書を（⑩ テ．青色，ト．白色）の申告書により提出することができる。

6．棚卸資産の販売による収益の額は，原則として，その（⑪ ナ．注文，ニ．引渡し）があった日の属する事業年度の（⑫ ヌ．益金，ネ．損金）の額に算入する。

7．購入した棚卸資産の取得価額は，その資産の購入の（⑬ ノ．代価，ハ．対価）及びその資産を消費し又は（⑭ ヒ．貸付け，フ．販売）の用に供するために直接要した費用の額の合計額とする。

8．少額減価償却資産とは，減価償却資産のうち，その使用可能期間が（⑮ ヘ．１年，ホ．２年）未満であるもの又はその取得価額が（⑯ マ．３万円，ミ．10万円）未満であるものをいう。

9．新たに設立した内国法人は，その設立の日の属する事業年度の（⑰ ム．中間申告書，メ．確定申告書）の提出期限までに，減価償却資産につき，選定した（⑱ モ．償却，ヤ．評価）の方法を書面により納税地の所轄税務署長に届け出なければならない。

10．内国法人は，減価償却資産につき選定した償却の方法を変更しようとするときは，その新たな償却の方法を採用しようとする事業年度開始の（⑲ユ．日，ヨ．日の前日）までに，所定の事項を記載した申請書を（⑳ ラ．納税地，リ．所在地）の所轄税務署長に提出し，その承認を受けなければならない。

解答欄

①	②	③	④	⑤	⑥	⑦	⑧	⑨	⑩
⑪	⑫	⑬	⑭	⑮	⑯	⑰	⑱	⑲	⑳

［3級・1問］

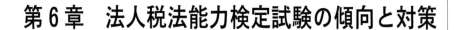

第6章　法人税法能力検定試験の傾向と対策

第1節　法人税法1級の傾向と対策

法人税法1級では，第1問で空所補充問題が10問（各2点・合計20点），第2問で個別問題（20点），第3問で別表四と別表一を完成させる総合問題（60点）が出題されています。

（1）第1問の分析

第1問は法人税法分野における重要語句を解答させる問題であり，過去に出題された問題が繰り返し出題されます。対策として第1編第5章で用語に関する問題を何度も解いておきましょう。

（2）第2問の分析

第2問の出題傾向は2つに分けられます。まず，もともと第3問の総合問題の一部を構成する項目について，その内容を詳しく複雑にして個別問題化する場合です。例えば役員給与の損金不算入額の算定（78回）や交際費の判定と損金不算入額計算（80・85・89・93・99回）は第3問の総合問題でも出題され得る項目ですが，第2問で出題されるときは役員6名の給与判定をさせたり，10項目を超える交際費を判定させるなど，問題が複雑になります。2つ目の出題パターンとしては，第3問に含めて出題するとボリュームが増えてしまい，バランスが悪くなるような領域が個別問題として第2問で出題される傾向もあり，その例として同族会社の留保金課税（67・74回）や試験研究費の特別控除額（73・79回）が出題されていましたが，今は出題が控えられています。

図表6－1　法人税法1級 第2問の出題傾向

	第78回	第79回	第80回	第81回	第82回	第83回	第84回	第85回	第86回
	役員報酬の損金不算入額	試験研究費の特別控除額	交際費判定と損金不算入額	資本的支出と中古資産の償却	受配益金不算入，短期所有株式	貸引繰入超過額	広告資産の償却と資本的支出	交際費判定と損金不算入額	貸引繰入超過額
	第87回	第88回	第89回	第90回	第91回	第92回	第93回	第94回	第95回
第2問	受配益金不算入，短期所有株式と所得税額控除	広告資産の償却と改訂償却率による計算	交際費判定と損金不算入額	貸引繰入超過額	資本的支出と中古資産の償却	受配益金不算入，短期所有株式と所得税額控除	交際費判定と損金不算入額	保険差益（圧縮記帳）差益	収　用（圧縮記帳）
	第96回	第97回	第98回	第99回	第100回	第101回	第102回	第103回	
	資本的支出と中古資産の償却	受配益金不算入と所得税額控除	貸引繰入超過額	交際費判定と損金不算入額	収　用（圧縮記帳）	広告資産の償却と改訂償却率による計算	保険差益（圧縮記帳）差益	貸引繰入超過額	

（3）第 3 問の分析

第 3 問は別表四を中心とする総合問題です。受取配当等の益金不算入額の算定や法人税額から控除される所得税の計算は，86・88・91・98・101・103回の出題のとおり，やや煩雑な計算を含みますが，パターン化して出題されます。問題が複雑なのは，受配も控除所得税も，いずれも計算過程において小数端数処理まで問われるからです。同様に貸倒引当金の繰入超過額を算定させる問題で，実質的に債権とみられないものの額を算定する際と，実績繰入率を算定する際に小数端数処理が問われます。これら小数端数処理は最終的な正答に影響を与えるので，第何位で切り上げるのか，切り捨てるのか，本書で見直しておきましょう。

この他，減価償却の償却超過額や認容額を算定させる問題，寄附金・交際費の損金不算入額の算定はほぼ毎回のように出題されます。また減価償却に関連する学習分野に圧縮記帳があります。圧縮額の算定いかんによっては，減価償却費の算定も誤答となるので，圧縮記帳は手を抜かずに学習しましょう。その圧縮記帳ですが，81・85・89・97・103回で収用等，78・82・86・90・95・99回で保険差益，83・87・91・96・100回で買換え，80・88・98・101回で交換差益，79回で国庫補助金による圧縮記帳が出題されており，毎回何らかの圧縮記帳が出題されると覚悟する必要があります。

図表 6 － 2　法人税法 1 級 第 3 問の出題傾向

第 3 問		受配	減価償却	圧縮記帳	繰延資産	寄附金	交際費	貸　引	控　除 所得税	その他
第3問（配点60点）	第83回	○	○	買換			○		○	
	第84回	短期所有 株式			同業者団 体加入金		○	個と一	○	
	第85回	○		収用		○			○	
	第86回	○		保険差益			○		○	
	第87回		○	買換		○	○	個と一		
	第88回	○		交換			○	個と一	○	
	第89回			収用		○		個と一		
	第90回			保険差益			○			
	第91回	○	○	収用			○	個と一	○	収用特 別控除
	第92回			収用			○	個と一		
	第93回		認容	交換		○		個と一		
	第94回		認容			○	○	個と一		
	第95回			保険差益		○	○	個と一		
	第96回			買換	同業者団 体加入金	○	○			
	第97回			収用		○	○	個と一		
	第98回	○		交換					○	
	第99回		認容	保険差益		○		個と一		
	第100回			買換		○	○	個と一		
	第101回	○		交換			○	個と一	○	
	第102回				同業者団 体加入金	○	○	個と一		
	第103回	○	認容	収用			○		○	

第２節　第103回　法人税法１級　過去問題

第103回法人税法能力検定試験　問題
１　級

解答は解答用紙に

第１問　次の各文章の空欄に適切な用語又は数字を記入して文章を完成させなさい。(20点)

１．欠損金額とは，各事業年度の所得の金額の計算上その事業年度の［イ］がその事業年度の［ロ］を越える場合におけるその越える部分の金額をいう。

２．同族会社とは，会社の株主等（その会社が自己の株式又は出資を有する場合のその会社を除く。）の［ハ］並びにこれらと特殊の関係のある個人及び法人がその会社の発行済株式又は出資（その会社が有する自己の株式又は出資を除く。）の総数又は総額の［ニ］を越える数又は金額の株式又は出資を有する場合その他特定の場合におけるその会社をいう。

３．内国法人である普通法人（清算中のものを除く。）は，その事業年度が［ホ］を超える場合には，その事業年度開始の日以後［ホ］を経過した日から２月以内に，［ヘ］に対し，中間納付額等を記載した中間申告書を提出しなければならない。

ただし，中間納付額が［ト］以下である場合又はその金額がない場合は，中間申告書の提出を要しない。

４．青色申告の承認を受けようとする内国法人は，その事業年度［チ］の日の前日までに，所定の事項を記載した申請書を納税地の所轄［ヘ］に提出しなければならない。

５．減価償却資産とは，建物，構築物，［リ］，船舶，車両及び運搬具，工具，器具及び備品，鉱業権その他の資産で［ヌ］をすべきものとして特定のものをいう。

第２問　内国法人甲株式会社（以下「甲社」という。）は，当期（自平成31年４月１日　至令和２年３月31日）末の資本金の額が50,000,000円の卸売業を営む非同族会社である。

次の資料に基づき甲社の当期において調整すべき金額を解答欄にしたがって計算しなさい。(20点)

＜資　料＞

⑴　当期末現在の貸借対照表に計上されている債権等（貸倒引当金控除前）の金額は次のとおりである。

①	受取手形	29,332,000円
②	売掛金	108,543,000円
③	貸付金	46,427,000円
④	未収入金	658,000円
⑤	前渡金	1,200,000円

(2)　上記(1)に掲げる債権につき，以下のような留意事項がある。

①　受取手形は，すべて売掛金の回収のために取得したものであるが，このほか貸借対照表に脚注表示された割引手形が3,830,000円ある。

②　売掛金のうち3,348,000円は，A社に対するものであるが，甲社はA社に対して買掛金1,620,000円及び支払手形1,743,000円がある。

③　貸付金のうち19,000,000円は，B社に対するものであるが，B社について当期中に会社更生法の規定による更生計画の認可の決定があり，甲社の有する債権につき次の事実が決定した。

なお，この貸付金についてB社所有の土地（時価7,000,000円）が担保に供されている。

イ．債権金額のうち3,000,000円は切り捨てる。

ロ．債権金額のうち6,000,000円は令和12年5月10日まで棚上げする。

ハ．残額の10,000,000円は令和2年5月10日を第1回として毎年5月10日に1,000,000円を10回の年賦により均等払いで支払う。

甲社は，上記決定に関し，5,500,000円を損金経理により個別評価金銭債権に係る貸倒引当金として繰り入れているが，切捨額及び棚上げ額については何も経理していない。

④　未収入金の内訳は，以下のとおりである。

イ．仕入割戻しに係るもの　　80,000円

ロ．備品の譲渡代金　　448,000円

ハ．未収配当金　　130,000円

⑤　前渡金は商品の仕入に係るものである。

(3)　実質的に債権とみられないものの額の簡便法による控除割合は，0.01961である。

(4)　甲社の過去3年間における税務上の期末一括評価金銭債権の帳簿価額の状況，売掛債権等についての貸倒損失額の発生状況は次のとおりである。

事業年度	各事業年度末における一括評価金銭債権の帳簿価額	貸倒損失額
平成28．4．1～平成29．3．31	183,121,000円	1,668,000円
平成29．4．1～平成30．3．31	180,326,000円	1,843,000円
平成30．4．1～平成31．3．31	177,528,000円	1,745,000円

(5)　甲社が当期において費用に計上した一括評価金銭債権に係る貸倒引当金の繰入額は1,820,000円であり，また，前期において費用に計上した一括評価金銭債権に係る貸倒引当金の繰入額2,165,000円（うち繰入超過額123,900円）は，当期においてその全額を取崩して収益に計上している。

第３問　内国法人乙株式会社（以下「乙社」という。）は，電化製品の卸売業を営む年１回３月末決算の非同族会社で，当期（自平成31年４月１日　至令和２年３月31日）末の資本金の額は60,000,000円である。

乙社は設立以来毎期継続して青色の申告書によって適法に法人税の確定申告書を提出しており，当期についても申告期限内に青色の申告書により法人税の確定申告を行う予定である。

乙社の当期における法人税の確定申告のために作成した【資料】は次のとおりである。

これらに基づいて，当期の法人税の課税標準である所得の金額及び確定申告により納付すべき法人税額を計算しなさい。(60点)

⑴　税法上選択できる計算方法が２以上ある事項については，設問上において指示されている事項を除き，当期の法人税額が最も少なくなる計算方法によるものとする。

⑵　法人税の確定申告に当たって必要な申告の記載及び証明書の添付その他の手続きは，いずれも適法に行うものとする。

⑶　消費税等については考慮する必要はない。

⑷　地方法人税の額については計算する必要はない。

【資　料】

１．当期の株主総会の承認を受けた決算に基づく当期利益は，36,998,000円である。

２．租税公課に関する事項

⑴　当期に納付した前期分の確定申告に係る法人税本税17,422,000円，住民税本税3,261,000円，事業税本税4,918,000円については，前期から繰り越された納税充当金25,601,000円の全額を取り崩す経理をしている。

⑵　当期において損金経理により納税充当金勘定に計上した金額は22,846,000円である。

⑶　当期において損金経理した租税公課には次のものが含まれている。

①　当期中間申告分の法人税（本税）	10,169,000円
②　当期中間申告分の住民税（本税）	2,392,500円
③　当期中間申告分の事業税（本税）	3,105,400円
④　固定資産税（このうち36,000円は納付遅延による延滞金である。）	1,794,000円
⑤　印紙税の過怠税	30,000円

３．利子・配当等に関する事項

⑴　当期において受け取った配当等の額は次のとおりであり，乙社は源泉徴収税額控除後の差引手取額を当期の収益に計上している。

なお，復興特別所得税は考慮していない。

銘柄等	区　分	配当等の計算期間	受取配当等の額	源泉徴収税額	差引手取額	(注)
Ａ　株　式	配　当　金	平成30. 4. 1～平成31. 3.31	600,000円	120,000円	480,000円	1
Ｂ　株　式	配　当　金	平成30. 6. 1～令和 1. 5.31	40,000円	8,000円	32,000円	2
銀 行 預 金	預金利子	――――――	12,000円	1,800円	10,200円	－

（注１）Ａ株式（配当等の計算期間の初日における株式等保有割合40％）の取得状況は以下の通りである。

① 平成26年４月16日に取得した株式数　　42,000株

② 平成31年２月20日に取得した株式数　　8,000株

（注２）Ｂ株式（配当等の計算期間の初日における株式等保有割合３％）は，数年前から所有している。

(2) 関連法人株式等に係る控除負債利子の額の原則法による適正額は56,000円であり，簡便法による適正額は62,000円である。

４．収用に関する事項

(1) 当期の５月19日に土地収用法の規定により，乙社所有の倉庫及びその敷地が国に収用されたが，その内訳は，以下のとおりである。

区　　分	譲渡直前帳簿価額	対価補償金	譲渡経費	経費補償金
土　地　Ｃ	30,240,000円	55,700,000円	3,200,000円	2,400,000円
倉庫用建物Ｃ	8,460,000円	17,100,000円		
合　　計	38,700,000円	72,800,000円	3,200,000円	2,400,000円

（注１）経費補償金は譲渡経費に充てるために交付されたものである。

（注２）倉庫用建物Ｃについては，繰越償却超過額が180,000円ある。

(2) 乙社は，収受した対価補償金及び経費補償金の額を当期の収益に計上し，譲渡資産の譲渡直前の帳簿価額及び譲渡経費は当期の費用に計上している。

なお，次の資産を代替資産として取得しており，取得後直ちに事業の用に供している。

区　　分	取得価額（圧縮前）	圧　縮　額	減価償却費	取得年月日	法定耐用年数
土　地　Ｄ	56,000,000円	32,600,000円	――	令和１年11月15日	――
倉庫用建物Ｄ	38,000,000円	9,100,000円	280,000円		31年

（注）圧縮額及び減価償却費は，いずれも当期において損金経理により計上されたものである。

(3) 乙社は，減価償却資産の償却方法については何ら選定の届け出をしていない。

なお，耐用年数31年に対応する定額法償却率は，0.033である。

(4) 差益割合は一括して計算するものとする。

５．交際費等に関する事項

(1) 当期において損金経理により交際費勘定に計上した金額の内訳は次のとおりである。

① 従業員に対して慶弔・禍福の際に社内規程に基づき支出した費用　210,000円

② 得意先に対して慶弔・禍福の際に支出した費用　480,000円

③ 得意先に配布した当社名入りの手帳の製作費　780,000円

④ 得意先に対する中元・歳暮の贈答費用　1,984,000円

⑤ 得意先・仕入先等を飲食店で接待した１人当たり5,000円以下の飲食費用の額

904,500円

⑥　得意先・仕入先等を飲食店で接待した１人当たり5,000円を超える飲食費用の額

2,896,000円

⑦　その他税務上交際費等に該当するもの　3,160,000円

⑵　前期において得意先を旅行に招待したが，前期末において仮払経理した780,000円（前期は税務上適正に調整がされている。）を当期に消却している。

６．その他税務上，調整すべき事項

⑴	一括評価金銭債権に係る貸倒引当金繰入超過額	133,400円
⑵	一括評価金銭債権に係る貸倒引当金繰入超過額認容	108,690円
⑶	土地評価損の損金不算入額	5,760,000円
⑷	有価証券評価益の益金不算入額	1,670,000円
⑸	役員給与の損金不算入額	1,520,000円
⑹	繰延資産償却超過額	148,000円
⑺	繰延資産償却超過額認容	21,600円
⑻	寄附金の損金不算入額	1,520,840円

主催　公益社団法人　全国経理教育協会　　後援　文部科学省

第103回法人税法能力検定試験　解答用紙

１　級

試験会場 ＿＿＿＿＿＿
受験番号 ＿＿＿＿＿＿
採　　点 ＿＿＿＿＿＿

第１問（20点）

イ	ロ	ハ	ニ	ホ
ヘ	ト	チ	リ	ヌ

第２問（20点）

１．貸倒損失認定損　［　　　　円］

２．個別評価金銭債権に係る貸倒引当金

⑴　繰入限度額　［　　　　］＝［　　　　円］

⑵　繰入超過額　［　　　　］＝［　　　　円］

3．一括評価金銭債権に係る貸倒引当金

⑴　繰入限度額

①　期末一括評価金銭債権の額

[　　　　　　　　] ＝ [　　　円]

②　実質的に債権とみられないものの額

イ．原則法

A．債権の額　[　　　円]

B．債務の額　[　　　　　　] ＝ [　　　円]

C．判　　定

A．＞＜ B．　∴ [　　　円]

（いずれかを○で囲む）

ロ．簡便法

[　　　円] × [0.　　] （小数点以下[　　]位未満切り[　　]） ＝ [　　　円]

ハ．判　定

イ．＞＜ ロ．　∴ [　　　円]

（いずれかを○で囲む）

③　実績繰入率

$$\frac{[\quad] \times \frac{[\quad]}{[\quad]}}{[\quad] \div [\quad]} = [0.\quad]$$

（小数点以下[　　]位未満切り[　　]）

④　法定繰入率　　0. 010

⑤　繰入限度額

イ．実績繰入率による繰入限度額

[　　　円] × [0.　　] ＝ [　　　円]

ロ．法定繰入率による繰入限度額

（[　　　円] － [　　　円]） × [0.　　] ＝ [　　　円]

ハ．判　定

イ．＞＜ ロ．　∴ [　　　円]

（いずれかを○で囲む）

⑵　繰入超過額

[　　　円] － [　　　円] ＝ [　　　円]

4．貸倒引当金繰入超過額認容　[　　　円]

法 人 税 法 1 級

受験番号＿＿＿＿＿＿＿＿

第3問（60点）

1．所得金額の計算

区分		金額
当期利益		円
加算		
	小計	
減算		
	小計	
仮計		
合計・総計・差引計		
所得金額		

2．所得金額の計算過程

<table>
<tr><th>項　目</th><th>計　算　過　程</th></tr>
<tr><td>受取配当等の益金不算入額</td><td>(1) 受取配当等の額
① 関連法人株式等　[　　　　円]
② 非支配目的株式等　[　　　　円]
(2) 控除負債利子
① 原則法　[　　　　円]
② 簡便法　[　　　　円]
③ [　　　　円] < [　　　　円]　∴ [　　　　円]
(3) 益金不算入額
([　　　　円] − [　　　　円]) ＋ [　　　　円] × [　　] / [　　]
＝ [　　　　円]</td></tr>
<tr><td>収用等の圧縮記帳</td><td>(1) 譲渡経費
[　　　　円] − [　　　　円] ＝ [　　　　円]
(2) 差引対価補償金
[　　　　円] − [　　　　円] ＝ [　　　　円]
(3) 差益割合
{[　　　　円] − ([　　　　円] ＋ [　　　　円])} / [　　　　円] ＝ [0.　　]
(4) 圧縮基礎取得価額
① 土地D　[　　　　円] > [　　　　円]　∴ [　　　　円]
② 倉庫用建物D
([　　　　円] − [　　　　円] ＝ [　　　　円]) < [　　　　円]
∴ [　　　　円]
(5) 圧縮限度額
① 土地D
[　　　　　　　　] ＝ [　　　　円]
② 倉庫用建物D
[　　　　　　　　] ＝ [　　　　円]</td></tr>
</table>

法人税法1級

受験番号＿＿＿＿＿＿

	⑹　圧縮超過額 ①　土地D [　　　　] ＝ [　　円] ②　倉庫用建物D [　　　　] ＝ [　　円] ⑺　償却限度額 [　　　　] ＝ [　　円] ⑻　償却超過額 [　　　　] ＝ [　　円]
交際費等の損金不算入額	⑴　支出交際費等の額 ①　飲食費　[　　円] ②　その他 [　　　　] ＝ [　　円] ③　合　計 ① ＋ ② ＝ [　　円] ⑵　定額控除限度額 [　　円] × [　　]/[　　] ＝ [　　円] ⑶　損金算入限度額 （[⑴①　　円] × [　　%] ＝ [　　円]）＞＜ [⑵　　円] （いずれかを○で囲む） ∴ [　　円] ⑷　損金不算入額 [　　円] － [　　円] ＝ [　　円]

<table>
<tr>
<td>法人税額から控除される所得税額</td>
<td>
(1)　株式・出資
①　個別法
イ．A株式
［　　　円］× ［　　　株］／［　　　株］× 12／12　(1.000)
＋［　　　円］× ［　　　株］／［　　　株］× ［　　］／［　　］（［0.　　］）＝［　　　円］
（小数点以下［　　］位未満切り［　　］）
ロ．B株式
［　　　円］
ハ．小　計
イ．＋ ロ．＝［　　　円］
②　簡便法
イ．A株式
［　　　円］×
｛［　　　株］＋（［　　　株］－［　　　株］）× ［　　］／［　　］｝／［　　　株］（［0.　　］）
（小数点以下［　　］位未満切り［　　］）
＝［　　　円］
ロ．B株式
［　　　円］
ハ．小　計
イ．＋ ロ．＝［　　　円］
③　［　　　円］＜［　　　円］　∴［　　　円］
(2)　その他　［　　　円］
(3)　合　計
(1) ＋ (2) ＝［　　　円］
</td>
</tr>
</table>

法人税法1級

受験番号＿＿＿＿＿＿＿＿

3．納付すべき法人税額の計算

摘　要	金　額	備　考
所得金額	円	[　　　円] 未満切り [　　]
法人税額		
差引法人税額		
法人税額計		
控除税額		
差引所得に対する法人税額		[　　　円] 未満切り [　　]
中間申告分の法人税額		
納付すべき法人税額		

4．納付すべき法人税額の計算過程

税率適用区分	(1)　年800万円以下 [　　　円] × [　　]/[　　] × [　　%] = [　　　円] (2)　年800万円超 [　　　円] − [　　　円] × [　　]/[　　] = [　　　円] [　　　円] × [　　%] = [　　　円] (3)　合　計 (1) + (2) = [　　　円]

第3節　法人税法2級の傾向と対策

法人税法2級では，第1問で空所補充問題が10問（各2点・合計20点），第2問で個別問題（20点），第3問で別表四と別表一を完成させる総合問題（60点）が出題されます。

（1）第1問の分析

第1問は法人税法分野における重要語句を選択肢から解答させる択一問題であり，1つの空所に3つ程度の選択肢が用意されています。1級の第1問の出題同様，2級でも過去に出題された問題が繰り返し出題されますので，対策としては第1編第5章で用語に関する問題を何度も解いておきましょう。

（2）第2問の分析

第2問では個別問題が出題されますが，難易度的に1級ほど複雑な計算を解かせることはありません。圧縮記帳についても一部の限られた問題（国庫補助金・保険差益・交換）が出題されるのみです。第2問の出題分布については図表6－3にまとめたとおり，過去に出題された問題が繰り返し出題されます。

図表6－3　法人税法2級 個別問題の出題傾向

<table>
<tr><td rowspan="8">第2問</td><td>第78回</td><td>第79回</td><td>第80回</td><td>第81回</td><td>第82回</td><td>第83回</td><td>第84回</td></tr>
<tr><td>保険差益
（圧縮記帳）</td><td>貸引繰入超
過額</td><td>国庫補助金
（圧縮記帳）</td><td>保険差益
（圧縮記帳）</td><td>交　換
（圧縮記帳）</td><td>受配益金不
算入額と控
除所得税額</td><td>貸引繰入超
過額</td></tr>
<tr><td>第85回</td><td>第86回</td><td>第87回</td><td>第88回</td><td>第89回</td><td>第90回</td><td>第91回</td></tr>
<tr><td>交　換
（圧縮記帳）</td><td>受配益金不
算入額と控
除所得税額</td><td>国庫補助金
（圧縮記帳）</td><td>貸引繰入超
過額</td><td>保険差益
（圧縮記帳）</td><td>交　換
（圧縮記帳）</td><td>貸引繰入超
過額</td></tr>
<tr><td>第92回</td><td>第93回</td><td>第94回</td><td>第95回</td><td>第96回</td><td>第97回</td><td>第98回</td></tr>
<tr><td>国庫補助金
（圧縮記帳）</td><td>受配益金不
算入額と控
除所得税額</td><td>国庫補助金
（圧縮記帳）</td><td>保険差益
（圧縮記帳）</td><td>交　換
（圧縮記帳）</td><td>国庫補助金
（圧縮記帳）</td><td>受配益金不
算入額と控
除所得税額</td></tr>
<tr><td>第99回</td><td>第100回</td><td>第101回</td><td>第102回</td><td>第103回</td><td></td><td></td></tr>
<tr><td>貸引繰入超
過額</td><td>交　換
（圧縮記帳）</td><td>国庫補助金
（圧縮記帳）</td><td>受配益金不
算入額と控
除所得税額</td><td>保険差益
（圧縮記帳）</td><td></td><td></td></tr>
</table>

（3）第3問の分析

最後に総合問題ですが，設問の構成が1級と同じです。しかし1級で出題されている買換，収用の圧縮記帳や返品調整引当金は，今までのところ2級では出題されていません。

図表6－4に総合問題で出題された項目を一覧にしましたが，ここにあげられた項目は計算過程を示す必要のある出題に限定しています。つまり，加減算調整項目について単に金額が与えら

れ，その金額を解答欄に転記すれば良いという（単純な）問題は同図表にて示してはいません。

なお同表「貸引」の「個と一」とは，「個別評価金銭債権に係る貸倒引当金」と「一括評価金銭債権に係る貸倒引当金」の出題を意味しています。

図表６－４　法人税法２級 総合問題の出題傾向

総合問題		受　配	減価償却	圧縮記帳	繰延資産	寄附金	交際費	貸　引	控　除 所得税
第3問（配点60）	第78回		認　容			○		個と一	
	第79回		認　容	交　　換			○		
	第80回		認　容			○	○	個と一	
	第81回		認　容				○	個と一	
	第82回		認　容				○	個と一	
	第83回		認　容	交　　換			○		
	第84回			保険差益			○		
	第85回		認　容				○	個と一	
	第86回		認　容			○		個と一	
	第87回			交　　換		○	○		
	第88回			保険差益	会館建設負担金		○		
	第89回	○		交　　換					○
	第90回			国庫補助金		○	○		
	第91回		認　容			○	○		
	第92回			保険差益		○	○		
	第93回			国庫補助金		○	○	個と一	
	第94回			交　　換				個と一	
	第95回					○	○	個と一	
	第96回					○	○	個と一	○
	第97回	○		交　　換		○			○
	第98回					○	○	個と一	
	第99回		認容・中古資産			○	○		
	第100回		認　容			○	○	個と一	
	第101回		認　容	保険差益		○	○		
	第102回					○	○	個と一	
	第103回					○	○	個と一	

第４節　第103回　法人税法２級　過去問題

第103回法人税法能力検定試験　問題
２ 級

解答は解答用紙に

第１問　次の各文章の空欄に下記語群のうちから適切なものを選び，その番号を解答欄に記入しなさい。

（20点）

1．合併法人とは，［ア］により被合併法人から［イ］の移転を受けた法人をいう。

2．確定申告書を提出した内国法人は，その申告書に記載した［ウ］の額があるときは，その申告書の［エ］までに，その金額に相当する［ウ］を国に納付しなければならない。

3．青色申告の承認の申請書の提出があった場合において，その青色申告をしようとする事業年度［オ］（その事業年度について中間申告書を提出すべき法人については，その事業年度開始の日以後［カ］を経過する日）までにその申請につき，承認又は却下の処分がなかったときは，その日においてその承認があったものとみなす。

4．繰延資産とは，法人が支出する費用のうち，その支出の［キ］がその支出の日以後［ク］以上に及ぶもので特定のものをいう。

5．人格のない社団等とは，法人でない社団又は［ケ］で代表者又は［コ］の定めがあるものをいう。

＜語　群＞

① 開始の日	② 終了の日	③ 財団	④ 団体	⑤ 組織
⑥ 利益及び損失	⑦ 財産及び債務	⑧ 資産及び負債	⑨ ３月	⑩ ４月
⑪ ５月	⑫ ６月	⑬ 反応	⑭ 効果	⑮ 影響
⑯ １年	⑰ ２年	⑱ ３年	⑲ 合併	⑳ 清算
㉑ 分割	㉒ 所得税	㉓ 法人税	㉔ 相続税	㉕ 消費税
㉖ 管理人	㉗ 管財人	㉘ 執行人	㉙ 提出期限	㉚ 申請期限

第２問　次の資料に基づき甲株式会社（以下「甲社」という。）の当期（自平成31年４月１日　至令和２年３月31日）における取得した建物に係る圧縮限度額及び圧縮超過額並びに減価償却限度額及び償却超過額を計算しなさい。(20点)

＜資　　料＞

１．甲社は当期の６月14日に事務所用建物が火災により全焼している。

なお，焼失した資産の焼失直前の帳簿価額は次のとおりであり，当期の費用に計上している。

⑴　事務所用建物Ａ	32,000,000円
⑵　商品	11,680,000円

２．火災に伴い滅失経費として支出した金額の内訳は次のとおりである。

なお，共通経費の各資産への配賦は，受取保険金の比によるのが合理的であると認められる。

⑴　消防に要した費用	450,000円
⑵　新聞に謝罪広告を掲載した費用	1,200,000円
⑶　けが人への見舞金	600,000円
⑷　焼跡の整理費用	1,800,000円

３．甲社は当期の10月５日に保険会社から保険金として建物分38,000,000円，商品分12,000,000円を受け取った。

なお，受け取った保険金で事務所用建物Ｂを令和元年11月15日に40,190,000円で取得し，直ちに事業の用に供している。

４．甲社が当期に損金経理により計上した金額は次のとおりである。

⑴　事務所用建物Ｂに係る圧縮損	5,000,000円
⑵　事務所用建物Ｂに係る減価償却費	350,000円

５．甲社は，建物の減価償却方法として定額法を選定しており，耐用年数は38年（平成19年４月１日以後取得した資産に係る定額法償却率0.027）である。

第３問　内国法人乙株式会社（以下「乙社」という。）は，物品販売業を営む非同族会社であり，当期（自平成31年４月１日　至令和２年３月31日）末の資本金の額は40,000,000円である。

乙社の当期における確定申告書に記載すべき課税標準である所得の金額及び納付すべき法人税額を計算しなさい。(60点)

＜資　　料＞

１．確定した決算による当期利益の額　　68,117,000円

２．所得金額の計算上税務調整すべき事項

⑴　損金経理をした中間納付の法人税の額	14,819,000円
⑵　損金経理をした中間納付の住民税の額	2,565,000円

(3)	損金経理をした納税充当金	32,991,000円
(4)	損金経理をした固定資産税の延滞金	29,000円
(5)	損金経理をした業務中の従業員の交通反則金	48,000円
(6)	損金経理をした印紙税の過怠税	45,000円
(7)	納税充当金から支出した前期分事業税等の金額	5,163,000円
(8)	役員給与の損金不算入額	2,500,000円
(9)	受取配当等の益金不算入額	468,400円
(10)	有価証券評価益の益金不算入額	3,678,500円
(11)	土地評価損の損金不算入額	7,900,000円
(12)	土地圧縮超過額	3,250,000円
(13)	建物減価償却超過額	210,900円
(14)	備品減価償却超過額の当期認容額	16,200円

(15) 交際費等に関する事項

当期において損金経理により計上した接待交際費勘定の内訳は次のとおりである。

①	得意先の役員の慶弔・禍福に際して支出した金額	700,000円
②	得意先等に対して配布した当社名入りのカレンダーの作成費用	840,000円
③	得意先・仕入先等に対する中元・歳暮の贈答に要した費用	3,054,000円
④	得意先・仕入先等を飲食店で接待した費用	4,628,000円

このなかには，一人当りの飲食費用が5,000円以下の飲食費等（税務上適正に処理されている。）が1,443,000円含まれている。

⑤	得意先をプロ野球の試合に招待した費用	367,000円
⑥	社内会議に際して支出した飲物・弁当代	188,000円
⑦	従業員慰安旅行の費用	680,000円
⑧	その他税務上交際費等に該当する費用	2,991,000円

(16) 貸倒引当金に関する事項

① 当期末現在の貸借対照表に計上されている債権等（貸倒引当金控除前）の金額は次のとおりである。

イ．受取手形	39,158,000円
ロ．売掛金	99,108,000円
ハ．貸付金	42,500,000円
ニ．仮払金	165,000円
ホ．前渡金	1,300,000円
ヘ．未収利子	248,000円

② 上記①に掲げる債権につき，以下のような留意事項がある。

イ．受取手形は，すべて売掛金の回収のために取得したものであるが，このほか貸借対照表に脚注表示された割引手形6,210,000円がある。

ロ．売掛金のうち2,800,000円は，Ｘ社に対するものであるが，同社は債務超過の状態が相当期間継続していることから乙社は当期末において損金経理により個別評価金銭債権に係る貸倒引当金2,500,000円を繰り入れている。

なお，取立て等の見込みがないと認められる金額は2,000,000円である。

ハ．貸付金のうち4,200,000円は，Ｙ社に対するものであるが，乙社はＹ社に対して買掛金2,450,000円及び支払手形1,880,000円がある。

ニ．仮払金は出張旅費の概算払の未精算額である。

ホ．前渡金は商品仕入に係るものである。

ヘ．未収利子のうちＹ社に対する貸付金に係るものは58,000円である。

③　実質的に債権とみとめられないものの額の簡便法による控除割合は，0.023948である。

④　乙社の過去３年間における税務上の期末一括評価金銭債権の帳簿価額の状況，売掛債権等についての貸倒損失額の発生状況は次のとおりである。

事　業　年　度	各事業年度末における 一括評価金銭債権の帳簿価額	貸　倒　損　失　額
平成28．4．1～平成29．3．31	182,350,000円	1,680,000円
平成29．4．1～平成30．3．31	188,490,000円	1,916,000円
平成30．4．1～平成31．3．31	186,620,000円	1,804,000円

⑤　前期において損金経理により一括評価金銭債権に係る貸倒引当金として繰り入れた金額は1,890,000円（うち繰入限度超過額104,700円）であり，当期において全額戻し入れて収益に計上している。

また，当期に一括評価金銭債権に係る貸倒引当金として損金経理により繰り入れた金額は1,950,000円である。

⒄　寄附金に関する事項

①　当期において損金経理により寄附金勘定に計上した金額の内訳は次のとおりである。

イ．特定公益増進法人に対する寄附金　　1,200,000円

ロ．公立小学校に対する寄附金　　360,000円

ハ．宗教法人に対する寄附金　　1,800,000円

②　乙社の当期末における資本金等の額は48,000,000円である。

⒅　法人税額から控除される所得税額等　　188,640円

主催　公益社団法人　全国経理教育協会　　後援　文部科学省

第103回法人税法能力検定試験　解答用紙

2 級

試験会場 ＿＿＿＿
受験番号 ＿＿＿＿
採　　点 ＿＿＿＿

第1問（20点）

ア	イ	ウ	エ	オ	カ	キ	ク	ケ	コ

第2問（20点）

1．滅失等により支出した経費の額

（□円 ＋ □円）× □円 ／（□円 ＋ □円）＝ □円

2．改訂保険金等の額

□円 － □円 ＝ □円

3．保険差益の額

□円 － □円 ＝ □円

4．圧縮限度額

□円 × （注）□円 ／ □円 ＝ □円

（注）□円 ＞ □円　∴ □円

5．圧縮超過額

□円 － □円 ＝ □円

6．償却限度額

（□円 － □円）× 0.□ × □／□ ＝ □円

7．償却超過額

（□円 ＋ □円）－ □円 ＝ □円

第３問（60点）

１．所得金額の計算

区分		金額
当期利益		円
加算		
	小計	
減算		
	小計	
仮計		
合計・総計・差引計		
所得金額		

法 人 税 法 ２ 級

受験番号＿＿＿＿＿＿＿＿

２．所得金額の計算過程

項　　目	計　　算　　過　　程
交際費等の損金不算入額	⑴　支出交際費等の額 ①　飲食費 ［　　円］－［　　円］＝［　　円］ ②　その他 ［　　円］＋［　　円］＋［　　円］＋［　　円］ ＝［　　円］ ③　合　計 ①　＋　②　＝［　　円］ ⑵　定額控除限度額 ［　　円］×［　　］/［　　］＝［　　円］ ⑶　損金算入限度額 （［⑴①　　円］×［　　%］＝［　　円］）< >［　　円］ ∴［　　円］　（いずれかを○で囲む） ⑷　損金不算入額 ［　　円］－［　　円］＝［　　円］
個別評価金銭債権に係る貸倒引当金	⑴　繰入限度額 ［　　円］ ⑵　繰入超過額 ［　　円］－［　　円］＝［　　円］
一括評価金銭債権に係る貸倒引当金	⑴　繰入限度額 ①　期末一括評価金銭債権の額 （［　　円］＋［　　円］）＋（［　　円］－［　　円］） ＋［　　円］＋［　　円］＝［　　円］ ②　実質的に債権とみられないものの額 イ．原則法 A．債権の額［　　］＝［　　円］ B．債務の額［　　］＝［　　円］ C．判　定 A．> < B．　∴［　　円］ （いずれかを○で囲むこと）

ロ．簡便法

[　　　円] × [0.　　] (小数点以下[　]位未満切り[　]) ＝ [　　　円]

ハ．判　定

イ．＞＜ ロ．　∴ [　　　円]

(いずれかを○で囲むこと)

③　実績繰入率

$$\frac{(\boxed{\quad\text{円}} + \boxed{\quad\text{円}} + \boxed{\quad\text{円}}) \times \dfrac{\boxed{\quad}}{\boxed{\quad}}}{(\boxed{\quad\text{円}} + \boxed{\quad\text{円}} + \boxed{\quad\text{円}}) \div \boxed{\quad}}$$

＝ [0.　　] (小数点以下[　]位未満切り[　])

④　法定繰入率　　0.010

⑤　繰入限度額

イ．実績繰入率による繰入限度額

[　　　円] × [0.　　] ＝ [　　　円]

ロ．法定繰入率による繰入限度額

([　　　円] − [　　　円]) × [0.　　] ＝ [　　　円]

ハ．判　定

イ．＞＜ ロ．　∴ [　　　円]

(いずれかを○で囲むこと)

⑵　繰入超過額

[　　　円] − [　　　円] ＝ [　　　円]

法 人 税 法 2 級

受験番号 ＿＿＿＿＿＿＿＿

寄附金の損金不算入額

(1) 支出寄附金の額

① 指定寄附金等　　　　　円

② 特定公益増進法人に対する寄附金　　　　　円

③ その他の寄附金　　　　　円

④ 合　計

①＋②＋③＝　　　　　円

(2) 寄附金支出前所得金額

　　　円＋　　　円＝　　　円

(3) 損金算入限度額

① 資本基準額

　　　円 × □/□ × □/□ ＝　　　円

② 所得基準額

　　　円 × □/□ ＝　　　円

③ 損金算入限度額

（　　　円＋　　　円）× □/□ ＝　　　円

(4) 特別損金算入限度額

① 資本基準額

　　　円 × □/□ × □/□ ＝　　　円

② 所得基準額

　　　円 × □/□ ＝　　　円

③ 特別損金算入限度額

（　　　円＋　　　円）× □/□ ＝　　　円

(5) 損金不算入額

　　　円－　　　円－（注）　　　円－　　　円

＝　　　円

（注）　　　円 ＞　　　円　∴　　　円

3．納付すべき法人税額の計算

摘　　　要	金　　　額	備　　　考
所得金額	円	[　　円] 未満切り [　　]
法人税額		
差引法人税額		
法人税額計		
控除税額		
差引所得に対する法人税額		[　　円] 未満切り [　　]
中間申告分の法人税額		
納付すべき法人税額		

4．納付すべき法人税額の計算過程

税率適用区分	⑴　年800万円以下 [　　円] × $\frac{12}{12}$ × [　　%] ＝ [　　円] ⑵　年800万円超 [　　円] － [　　円] × $\frac{12}{12}$ ＝ [　　円] [　　円] × [　　%] ＝ [　　円] ⑶　合　計 ⑴＋⑵＝ [　　円]

第７章　検定試験規則

公益社団法人　**全国経理教育協会主催**

所得税法能力検定試験規則
法人税法能力検定試験規則
消費税法能力検定試験規則
相続税法能力検定試験規則

（令和２年４月改正）

第１条　本協会は，この規則により全国一斉に所得税法能力検定試験，法人税法能力検定試験，消費税法能力検定試験、相続税法能力検定試験を行う。

第２条　検定試験は筆記によって行い，受験資格を制限しない。

第３条　検定試験は年間２回行い，その日時及び場所は施行のつどこれを定める。

第４条　検定試験は所得税法１級，所得税法２級，所得税法３級，法人税法１級，法人税法２級，法人税法３級，消費税法１級，消費税法２級，消費税法３級，相続税法１級，相続税法２級，相続税法３級のそれぞれ３ランクに分ける。

第５条　検定試験の種目及び制限時間を次のように定める。

所得税法１級	１時間30分	消費税法１級	１時間30分
所得税法２級	１時間	消費税法２級	１時間
所得税法３級	１時間	消費税法３級	１時間
法人税法１級	１時間30分	相続税法１級	１時間30分
法人税法２級	１時間	相続税法２級	１時間
法人税法３級	１時間	相続税法３級	１時間

第６条　検定試験の標準開始時間を次のように定める。

所得税法１級	９時00分	消費税法１級	13時00分
所得税法２級	10時50分	消費税法２級	14時50分
所得税法３級	９時00分	消費税法３級	13時00分
法人税法１級	10時50分	相続税法１級	14時50分
法人税法２級	９時00分	相続税法２級	13時00分
法人税法３級	10時50分	相続税法３級	14時50分

ただし，天災，交通機関の遅延等により，上記の時間に開始できないときは，各試験会場の試験実施責任者において「開始時間変更に関する申請書」を提出することとする。

第７条　検定試験は各級とも100点を満点とし，得点70点以上を合格とする。

第８条　検定試験に合格した者には，合格証書を交付する。

第９条　受験手続き及び受験料については別にこれを定める。

（令和２年４月改正）

所得税法能力検定試験
法人税法能力検定試験
消費税法能力検定試験
相続税法能力検定試験
実施要項

所得税法能力検定試験規則，法人税法能力検定試験規則，消費税法能力検定試験規則，相続税法能力検定試験規則第９条の規定による詳細を次のとおり定める。

受験資格　男女の別，年齢，学歴，国籍等の制限なく誰でも受けられる。

申込方法　協会ホームページの申込サイト（http://app.zenkei.or.jp/）にアクセスし，メールアドレスを登録し，マイページにログインするためのＩＤとパスワードを受け取る。

マイページの検定実施一覧から申し込みを行う。申し込み後，コンビニ・ペイジー・ネットバンキング・クレジットカード・キャリア決済・プリペイドのいずれかで受験料を支払う。受験票はマイページから印刷し試験当日に持参する。

受 験 料	１　級	3,500円	３　級	2,300円
（税込）	２　級	2,700円		

（注）所得税法・法人税法・消費税法・相続税法各級共通
相続税法は２級・３級のみの施行となります。

試験時間　試験時間は試験規則第５条を適用するものとする。開始時間は受験票に記載する。

合格発表　試験日から１週間以内にインターネット上のマイページで閲覧できる。

※試験会場の学生，生徒の場合，各受付校で発表する。

◆第1編の参考文献◆

青木孝徳ほか『改正税法のすべて―平成18年度国税・地方税の改正点の詳解―』日本税務協会，2006年。
新井益太郎監修，成道秀雄『税務会計論（第3版）』中央経済社，2004年。
大城建夫『税務会計の理論的展開』同文舘，2006年。
大淵博義〈MJS札幌研修会〉「税法の解釈適用と法形式否認の法理の限界を探る～最新判例に見る税法解釈と法律構成の否認の検証～」＝講義資料より，2005年。
小畑孝雄編『（平成16年版）法人税　決算と申告の実務』大蔵財務協会，2004年。
岸田雅雄『会社税法』悠々社，1997年。
黒坂昭一『図解国税通則法』大蔵財務協会，2007年。
国税庁タックスアンサー・税務・会計データベースDHC Premium（第一法規）。
鈴木基史『重要解説／法人税申告の実務（平成18年版）』清文社，2006年。
鈴木基史『法人税申告書作成ゼミナール』清文社，　2005 年。
瀬戸口有雄『判例から学ぶ法人税重要事例検討集』税務研究会出版局，2002年。
高口秀章『図解国税徴収法』大蔵財務協会，2006年。
武田隆二『法人税法精説（平成14年版）』森山書店，2002年。
富岡幸雄『新版　税務会計学講義　第2版』中央経済社，2011年。
富岡幸雄『税務会計論講義』中央経済社，1993年。
中島茂幸『新会社法における会計と計算書類』税務経理協会，2006年。
中島茂幸「法人に対する交際費課税の研究」『北見大学論集』第28号，1992年。
中田信正『税務会計要論（14訂版）』同文舘，2006年。
中村利雄『法人税法要論』税務研究会，1990年。
成道秀雄編『税務会計学辞典』中央経済社，2002年。
日本経済新聞社編『会計用語事典』日経文庫，1989年。
橋本　徹・山本栄一他『基本財政学　第4版』有斐閣ブックス，2006年。
長谷川忠一『税務会計の基礎知識』同文舘，1984年。
福浦幾巳ほか『図説租税法の基礎』中央経済社，2008年。
福浦幾巳ほか『税法入門ゼミナール』創成社，2003年。
堀　三芳監修・備後弘子・勝山武彦『平成18年版 税理士のための法人税実務必携』清文社，2006年。
本間正明編著『ゼミナール現代財政入門』日本経済新聞社，1994年。
丸山弘昭『オーナー企業のための会社の税金』東洋経済，2002年。
三木義一『新　税理士春香の事件簿』清文社，2005年。
水野忠恒『租税法〔第四版〕』有斐閣，2009年。
八ツ尾順一『重加算税の研究』清文社，2006年。
山本守之『法人税の理論と実務』中央経済社，2006年。
山本守之『法人税の実務』税務研究会出版局，2001年。
渡辺淑夫『最新外国税額控除』同文舘，2002年。

第 2 編

消費税法

第１章　消費税法の概要と納税義務者

第１節　消費税法の概要

１．消費税の沿革

（１）消費税の創設

わが国の消費税制には，戦後の取引高税導入，シャウプ勧告における取引高税の廃止と都道府県税としての付加価値税の導入がありました[1]。その後，1978（昭和53）年に大平正芳内閣が一般消費税構想を打ち出したが頓挫し，1987（昭和62）年に中曽根康弘内閣が売上税法を固めるまで進んだのですが廃案となりました。こうした反省に立ち，竹下登内閣における直間比率の見直しなど1988（昭和63）年の抜本的税制改革において，制度上にいろいろの日本的工夫を凝らして，日本型消費税の創設となったのです。1988（昭和63）年12月24日に成立し，同月30日に法律第101号として公布され，1989（平成元）年４月１日から施行されました。消費税は，それまで実施されていた酒税，物品税，砂糖消費税などの個別の財貨に対する税（個別消費税）と異なり，課税の対象を広く物品及びサービス全般にも課税する新型間接税として生まれました[2]。

（２）間接税の類型

消費税が創設される以前には，物品税という間接税がありました。これは貴金属・宝石，家電製品，自動車など個々の物品を列挙し，それぞれ個々の物品ごとに対応した税率を定めて課税する個別消費税でした。物品税などは消費税法の創設によって廃止されましたが，酒税，たばこ消費税，揮発油税など課税対象を個別に定める間接税は，今日でも存在しています。

戦後創設され1948（昭和23）年９月に施行された取引高税は，一般売上税類型に分類され，経済取引に広く課税する点において消費税と類似しています。しかし，取引高税（税率は取引金額の１％）は，取引のつど課税され，流通経路が長いと「税が税を生む」という累積型の間接税で，しかも原則として「印紙納付制度」であったところから反対が多く，２年弱（昭和24年12月）で廃止されました[3]。

そこで，現在の消費税法による消費税を述べる前に，一般的な概念としていわれる消費税についてその類型を整理しておきます。

森信茂樹教授は，一般消費税について，図表１－１のように分類しています[4]。これに対して山本守之教授は，累積排除型をさらに付加価値税と消費税に分類され，この意味はインボイス方式と帳簿方式の相違を明示したものと考えられます[5]。

課税ベースの広い間接税には，税が生産から消費に至るまで一度だけ課税されるか，取引の各段階で課税されるかによって，単段階課税と多段階課税に分類されます。単段階課税の場合にはその課税ポイントによって，製造業者の段階で課税するものを製造業者売上税，卸売段階で課税するものを卸売売上税，そして小売段階で課税するものを小売売上税といいます。一方，多段階課税の場合には，多段階で課税される額がそのまま累積する方式を累積型といい，多段階課税ではあるが，課税額の累積を防ぐような仕組みの制度となっている方式を累積排除型といいます。税の累積を防ぐ方法には，**インボイス方式**と**帳簿方式**があります。インボイス方式は，個々の領収証等に記載された税額を集計して売上に対する課税額から控除します。帳簿方式は，これから述べる日本の消費税制度で，日本型付加価値税ともいわれます。

図表１－１　消費税の分類

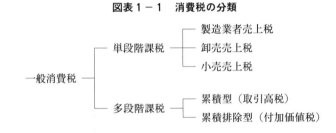

- 一般消費税
  - 単段階課税
    - 製造業者売上税
    - 卸売売上税
    - 小売売上税
  - 多段階課税
    - 累積型（取引高税）
    - 累積排除型（付加価値税）

出所：森信茂樹『日本の消費税』納税協会連合会，2000年，45頁。

（３）わが国消費税の類型

わが国の消費税（consumption tax）は，多段階課税で累積排除型であり，基本的な考え方はEUにおける付加価値税（value add tax（VAT））と同じです。しかし，税の累積排除方式が，EUはインボイス方式により計算するのに対して，わが国は帳簿方式を採用しています。帳簿方式では，売上に対する課税額から控除する税額を帳簿及び請求書等によって計算します。

なお，令和５年10月１日以降は，インボイス方式（適格請求書等保存方式）が採用されることになっています。

２．わが国消費税の基本的な仕組み

簡単なビジネスを想定し，消費税率を10％として取引と税の転嫁をみてみます。

林業を営む個人Ａは，パルプ用のチップ200を生産しますが原価・経費はなかったものとします。これを製紙会社Ｂへ220（税込み）で販売します。

製紙会社Ｂは，チップを用紙に加工して，印刷会社Ｃに440（税込み）で販売します。印刷会社Ｃは，用紙に印刷をして製本し出版社Ｄに880（税込み）で販売します。

出版社Ｄは，刊行した書籍を消費者Ｅに1,100（税込み）で販売します。

このモデルにおける消費税の課税と納税の関係は，図表１－２のようになります。ＡからＤまでが事業者で，Ｅが消費者です。事業者は，売上高に係る消費税額から仕入高に係る消費税額を控除した差額を納税します。この合計額は100になります。消費者Ｅは，消費税のない場合には1,000の支払いで済んだところ1,100を支払います。消費税のない場合と比較して100の負担増となっています。

図表1－2　取引の流れと消費税の転嫁

A林業		B製紙会社		C印刷会社		D出版社		E消費者
売上高　200 消費税　20 仕入高　0 消費税　0	→	売上高　400 消費税　40 仕入高　200 消費税　20	→	売上高　800 消費税　80 仕入高　400 消費税　40	→	売上高　1,100 （税込み） 仕入高　800 消費税　80	→	支払高　1,100
納税額 20＝20－0	＋	納税額 20＝40－20	＋	納税額 40＝80－40	＋	納税額 20＝100－80	＝	納税額合計 100

3．わが国消費税の特徴

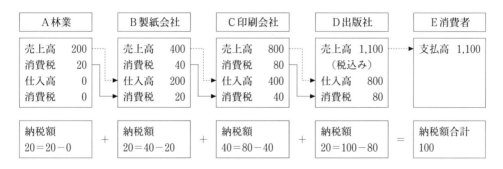

竹下登内閣で成立した日本の消費税は，売上税における制度上の諸問題を解消するため，非課税項目を限定，中小企業対策として簡易課税制度を設定，税率を3％単一税率に設定するなど，次のような特徴を有していました。

（1）課税の対象と非課税

消費税は，国内における農林水産物・商品・製品・建物などの財貨をはじめ，理容・美容・医療・コンサートなどのサービスの対価などを消費することに担税力を求めて課税されます。しかし，消費税の性格や社会的政策上から土地代，住宅用家賃，商品券，利息，社会保険医療費，出産費，教育費，埋葬料等，きわめて限定的に定められたものについて非課税としています。

（2）納税義務者

消費税の納税義務者は，一般的な個人企業の事業者や法人企業をはじめ，国，地方公共団体，公共法人，公益法人等も含まれます。外国から貨物を引き取る場合には，一般消費者としての個人も納税義務者となります。さらに平成27年度改正において「特定課税仕入れ」という新たな概念を導入して特定課税仕入れを行う者も納税義務者となりました。この「特定課税仕入れ」については，第2節1．納税義務者のところで説明します。

なお，免税事業者の基準について，当初は課税売上高3千万円以下と高い水準に設定されていましたが，平成15年改正後，現在は1千万円以下に引き下げられています。

（3）前段階税額控除と帳簿方式

消費税は，多段階課税ですが，取引のたびに税が累積しないように前段階の税額を控除する累積排除型の制度としています。この控除する税額を「仕入税額控除」といいます。わが国は，この計算を当初は「帳簿又は請求書等」（その後「帳簿及び請求書等」に改正）によって行うこととしており，EUのインボイス方式に対して帳簿方式といわれています。令和元年10月1日からは消費税に複数税率制度が導入されたので，帳簿方式をベースに令和元年10月１日から令和５年９月30日までの間は，「区分記載請求書等保存方式」を採用し事務的な負担軽減を図っています。「区分記載請求書等保存方式」とは，課税仕入れを帳簿に記載するとき従来の記載事項のほか，軽減税率対象資産である旨を明記することです。

（４）仕入税額控除と簡易課税制度

消費税法は，原則として次の算式によって「納付すべき消費税額」を計算します。

課税売上高に係る消費税額	－	課税仕入高に係る消費税額	＝納付すべき消費税額

仕入税額控除は，原則として，取引の１つ１つについて課税仕入れに該当するか否かを判定し，課税仕入れに該当する取引の消費税額を合計して控除します。さらに課税仕入れ取引について帳簿と請求書等の保存が必要となっています。これを「本則計算」あるいは「原則計算」といいます。この計算方法では，小企業における消費税額の計算に係る事務負担が重たいものとなります。そこで，課税売上高に係る消費税額と事業者の営む事業内容によって，簡単に仕入税額控除を計算する方法が設けられており，これを「簡易課税制度」といいます。当初は，この制度の適用範囲を課税売上高５億円以下の事業者に適用できるようになっていましたが，その後，改正のつど順次引き下げられて，現在は５千万円以下になりました。

（５）単一税率から複数税率に移行

消費税は，当初，国税のみの３％でした。その後，平成６年12月に税率が引き上げられ，国税としての消費税４％と，都道府県の地方消費税として国の消費税の25%，つまり国税ベースにすると１％，合計５％の単一税率となり，平成９年４月１日から適用されています。しかし，消費税に関する申告事務を簡素化するため，確定申告書には，課税標準に対して４％を乗じて消費税額を計算し，その税額から仕入に係る消費税額を控除し，差引税額を算出します。次に，この差引税額を基礎に25%を乗じて地方消費税を算出します。そしてこれらの金額合計を「消費税等」として国へ一括して申告・納税することとしています。

この税率は，平成24年８月10日に成立した法律によって引き上げが決定されており，平成26年４月１日から８％（このうち国の消費税率6.3%）で実施され，さらに，平成27年10月１日から10%（このうち国の消費税率7.8%）として実施されることになっていましたが延期され，令和元年10月１日から実施されることになりました。税率の改正については，第４章で詳述しますが，この改正において同時期から軽減税率制度が導入されました。

（６）申告納税方式

消費税は申告納税方式を採用し，課税期間終了後２月以内に確定申告書を所轄税務署長に提出します。前課税期間において一定額以上の消費税の納税額がある場合には，当初は，６カ月に１

回の中間申告が必要でした。現在は，原則として，１月ごとに中間申告書を提出し納税します。

なお，前課税期間の消費税額等に応じて３月ごと，６月ごとになりますが，詳しくは第７章第２節で述べます。

第２節　納税義務者

１．納税義務者

（１）２つのタイプの納税義務者

消費税法は，消費税の対象となる事柄として「国内取引」及び「輸入取引」の２つの取引を定め，それらの取引を行った者に納税義務を課しています。国内取引に係る納税義務者は，「個人事業者」及び「法人」としています。輸入取引に係る納税義務者は，保税地域から課税貨物を「引き取る者」としています。

（２）個人事業者

個人事業者とは，事業を行う個人をいいます（消法２①三，四)。個人が，国内で農林漁業，小売店，卸売商，製造，美容，理容，タクシー，駐車場賃貸などの仕事，つまり事業として「資産の譲渡及び貸付け並びに役務の提供」（第３節参照）の取引を営む場合に納税義務が発生します。反対に解すれば，一般の生活者個人が行う居住用住宅，家財，自動車などの購入・売却などは，「事業を行う個人」の行為には該当しません。

この消費税法における「事業」の意義は，「反復，継続，独立」して取引を行っていれば「事業」に該当するものと解されています（消基通５-１-１)。この点，所得税法における「事業所得」や事業として「不動産所得」となるためには，その所得発生原因の性質，形態，規模などが必要とされています（所基通26-９，27-６，27-７参照)。つまり，消費税法の「事業」概念は規模を問わないため，所得税法の「事業」概念よりも広いところに特徴があります。

（３）法人

消費税法では，「法人」と定めるのみで，法人税法のように公共法人，公益法人，普通法人などの定義をしていません。したがって，この法人には，国，都道府県，市町村をはじめ，社団法人，財団法人，株式会社，持分会社（合名会社・合資会社・合同会社)，公共法人，公益法人，協同組合及び「人格のない社団等」などの団体すべてが含まれます（消法３)。この「人格のない社団等」とは，例えば，学校のPTAやサークルなど，法人格は有していない社団又は財団で代表者又は管理人の定めがあるものをいいます（消法２①七)。

消費税法は，法人は事業者であるとしていますので，個人のように反復，継続，独立などにかかわらず最初からすべて事業者になります。法人が行う資産の譲渡及び貸付け並びに役務の提供は，そのすべてが「事業」に該当するものと解されています（消基通５-１-１)。例えば，市町村において水道事業，ガス事業などの事業を営む場合には資産の譲渡に該当するので，消費税の納税義務者になります。

（４）外国貨物を引き取る者

外国貨物を保税地域から引き取る者は，課税貨物につき，納税義務者となります。この外国貨物とは国外から日本に搬入される貨物のことで，国内に搬入するためには，必ず，税関の検査を受けます。そのため，日本に搬入された貨物はいったん保税地域といわれる輸入手続き前の貨物を保管する場所に留め置かれます。ここから税関の検査後に貨物を引き取りますが，その貨物が課税貨物であれば税関長に消費税等を納税します。

この外国貨物を引き取る者は「事業者」と規定していませんので，事業者はもちろん，事業者以外の者，例えば，主婦やサラリーマンなど，すべての者が含まれます（消法５②）。したがって，法人の輸入取引，個人事業者の輸入取引はもちろん，例えば，海外から書籍等や商品を個人使用目的に輸入する主婦やサラリーマンであっても，その課税貨物を輸入するときは，消費税の納税義務者となります（消法５②）。このように輸入時に輸入国で消費税を課税することを「消費地課税主義」[6]といい，EUの付加価値税も同じ立場を採用しています。反対に輸出のときには，国内で課税された消費税を免税とします。

消費税法は，「保税地域から引き取られる外国貨物」が課税の対象ですから，インターネットを通じて海外から音楽・映像などの配信を受け，直接データとしてダウンロードした場合には保税地域を経由しないので消費税は課税されていませんでしたが，平成28年度の改正において，インターネットを通じて行われる役務の提供（以下「電気通信利用役務の提供」という。）の国内外の判定は「役務の提供を受ける者の住所等」で判定することとされ，国内取引として課税の対象になりました（消法４③三，消基通５-８-３）。

（５）特定課税仕入れを行う事業者

消費税は原則として資産の譲渡等を行った者が納税義務者となります。しかし，平成28年度の改正で，事業者向け電気通信利用役務の提供及び特定役務の提供（「特定資産の譲渡等」という。）については，その特定資産の譲渡等を受けた者（「特定仕入れ」という。）が納税義務者となります（消法２①八の四，五，４①，５，消基通５-８-４）。このような制度を一般的に「リバースチャージ方式」といいます。

２．納税義務の免除

（１）課税期間と基準期間及び特定期間

消費税の納税義務者は，国内において「課税資産の譲渡等を行う事業者」及び「保税地域から課税貨物を引き取る者」です。そこで消費税法は，零細な事業者の事務負担や税務行政の執行面に配慮して，一定の条件に該当する事業者の納税義務を免除しています。これを「免税事業者」といいます。

事業者が納税義務者になるか否かの判定は，「課税期間」に対応する「基準期間又は特定期間の課税売上高等」によります。「基準期間」の課税売上高が１千万円（平成15年改正前３千万円）以下[7]，及び「特定期間」の課税売上高又は給与等の金額が１千万円以下の事業者の「課税期間」について消費税を免除するものです（消法９）。

①「**基準期間**」とは，個人事業者は暦年の前々年，法人は前々事業年度のことをいいます。個人事業者の課税期間は暦年なので，前々年の事業期間が１年未満であってもそのままの金額で判定します。しかし法人の前々事業年度が１年未満である場合には，課税事業年度開始の日の２年前の日の前日から１年を経過する日までに開始した各事業年度を合わせた期間が，基準期間になります（消法２①十四）。例えば図表１-３のように，３月，９月年２回，６カ月決算法人の場合，X３.４.１～X３.９.30課税期間の事業年度の開始の日は４月１日ですが，２年前の日はX１年４月２日となるので，その前日X１年４月１日から１年間に開始される事業年度，つまりX１年９月期と翌X２年３月期の合計を基準期間とします。あるいは，X１年６月１日設立法人で３月，９月年２回，６カ月決算法人の場合，X３.４.１～X３.９.30課税期間の基準期間は，X１年９月期と翌X２年３月期が２年前の日から１年以内に開始した事業年度ですから，この事業月数10月の課税売上高を年換算して基準期間の課税売上高として判定します。したがって，法人の基準期間の事業月数が，１年未満あるいは１年を超える期間である場合には，当該基準期間の課税売上高を１年に換算した金額で判定します（消法９②二）。

図表１－３　基準期間

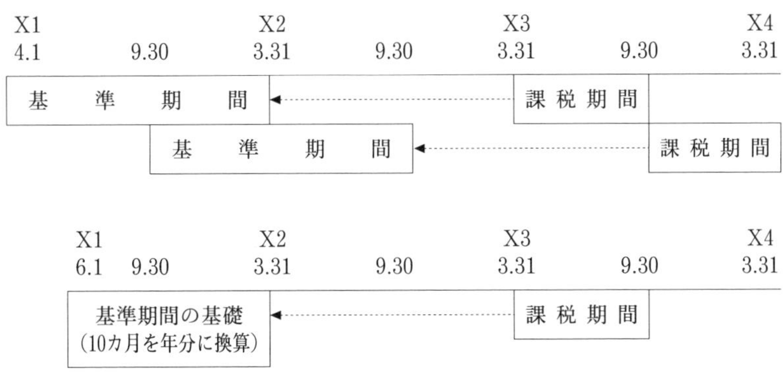

②「**特定期間**」とは，個人事業者の場合は，その年の前年の１月１日から６月30日までの期間をいい，法人の場合は，当該課税期間の前年の開始から６カ月間をいいます。

（２）基準期間がない場合の事業者の免税

新規に事業を開始した個人事業者の開業から２年間は，これらの年に対応する基準期間がありません。新規設立の法人の場合にも２年間は対応する基準期間がありません。したがって，これらの個人事業者及び法人は，原則として事業開始又は法人設立から２年間，消費税の納税義務が免除されます（消法９④）。しかし，法人の場合，新規設立時の資本金が１千万円以上の法人，合併法人，分割承継法人，特定新規設立法人は，設立時から課税事業者とされる特例が規定されています（消法12の２①，12の３）[8]。また，新規開業の個人事業者における前年の特定期間の課税売上高等が１千万円超の場合，新規設立法人の２期目における前事業年度の特定期間の課税売上高等が１千万円超の場合には，課税事業者になる特例も規定されています。

（3）基準期間の課税売上高1千万円以下の事業者の免税

第3年度の課税期間には，第1年度の基準期間が存在しているので，この第1年度の課税期間の課税売上高が1千万円以下であれば，第3年度の課税売上高の金額にかかわりなく免税事業者に該当します。反対に，第1年度の基準期間の課税売上高が1千万円を超えていれば課税事業者となりますので，第3年度の課税売上高が100万円でも500万円でも消費税が課税されます。

簡単な事例で説明します。X0年4月1日に3月決算法人（資本金1千万円未満）を設立した場合には，図表1－4のようになります。なお，免税となる課税期間であっても，所定の手続きを行えば，課税事業者となることができます。

図表1－4　基準期間による納税義務の判定

課税期間	X1年3月期	X2年3月期	X3年3月期	X4年3月期
判定基準期間	ない	ない	X1年3月期	X2年3月期
課税売上高	2,000万円	900万円	900万円	5,000万円
課否判定	免税	免税	課税	免税
X3年の判定	課税売上高◀ 1千万円超		基準期間 ▶課税事業者	
X4年の判定		課税売上高◀ 1千万円以下		基準期間 ▶免税事業者

［納税義務の判定］
① X1年3月期 → 基準期間の課税売上高がない → 免税
② X2年3月期 → 基準期間の課税売上高がない → 免税
③ X3年3月期 → 基準期間の課税売上高が1千万円超 → 課税
④ X4年3月期 → 基準期間の課税売上高が1千万円以下 → 免税

（4）免税事業者判定の特例

原則として事業者の課税期間の「基準期間の課税売上高」が1千万円以下の場合には，その課税期間は免税事業者となります（消法9①）。このとき事業規模が急激に拡大した場合には，規模が大きいにもかかわらず免税となるケースも生じます。そこで，平成23年改正において免税事業者の判定基準として新たに「特定期間の課税売上高」を導入しました。個人事業者の場合は課税期間の前年の1月1日から6月30日までの期間，法人（事業年度1年）の場合は課税期間の前事業年度の開始の日から6カ月を特定期間とし，基準期間の課税売上高が1千万円以下であってもこの特定期間の課税売上高が1千万円を超える場合には翌課税期間は免税事業者とはなりませんので，課税事業者として納税義務が発生します（消法9の2）。なお，事務負担の軽減から「特定期間における課税売上高」に代えて「特定期間中に支払った給与等の金額の合計額」によって判定することもできます（消法9の2③）。これは，納税者の選択によるものですから，特定期間の給与等の金額が1千万円を超えていても，特定期間の課税売上高が1千万円未満の場合には免税事業者に該当します。特定期間の課税売上高と給与等の金額のいずれの基準で判定するかは事業者の任意選択になりますので，一方が1千万円を超え，他の一方が1千万円以下である場合には課税事業者にも免税事業者にもなることができます。反対に給与等の金額が1千万円未満であれば，課税売上高が1千万円を超えていても免税事業者に該当します。この適用時期は，平成25

年１月１日以後に開始する個人事業者のその年，同日以後に開始する法人のその事業年度からとされています。

以下に簡単な例で示します。個人事業者の特定期間は１月１日から６月30日までと固定されていますので，判定は容易です。特定期間の課税売上高が①または②の場合，特定期間に支給した給与等の額がａ．またはｂ．の場合，という組み合わせが考えられますが，課税事業者に判定されるのは，②とｂ．　課税売上高が１千万円超で，かつ，給与等の支給額も１千万円の事業者です。

＜個人事業者の場合＞

判定要素の区分	Ｘ１.３.20（事業開始） 〜Ｘ１.12.31	Ｘ２.１.１　Ｘ２.12.31 １.１〜６.30特定期間	Ｘ３.１.１〜Ｘ３.12.31
課税売上高	（基準期間の課税売上高） 900万円	（特定期間の課税売上高） ①　600万円の場合 ②　1,100万円の場合	（課税期間の判定） ①とａ.＝免税事業者 ①とｂ.＝原則として免税事業者（＊） ②とａ.＝原則として免税事業者（＊） ②とｂ.＝課税事業者 （＊）課税事業者と判定することも可能
給与等の支給額	500万円	ａ．700万円の場合 ｂ．1,050万円の場合	

＜法人の場合＞

多くの法人の場合には，１年決算または６カ月決算としています。１年決算法人であれば前々事業年度が基準期間となり，課税期間の前年の事業年度に特定期間が生じます。例えば，３月決算の場合には４月１日から９月30日までが特定期間となります。決算月が異なれば順次ずらしていけばいいのです。６カ月決算の場合には，その事業年度の前々事業年度が特定期間となります。また，その事業年度の前事業年度の月数が８カ月に満たない場合には特定期間がないものとされています。その他，法人の場合には事業年度変更，合併，分割など組織変更による月数にいろいろな形態が生じますが，ここでは省略します。

イ．１年決算の法人

X1.4.1	X2.4.1	9.30	X3.4.1
基　準　期　間	特定期間	・・・・	課　税　期　間
	←前　事　業　年　度→		

ロ．半年決算の法人

X1.4.1		X2.4.1	9.30	X3.4.1
基　準　期　間		特定期間	・・・・	課　税　期　間
４期前事業年度	３期前事業年度	前々事業年度	前事業年度	

（５）課税売上高の判定

事業者の課税売上高は，納税義務者となるか否か重要な判断基準となる金額です。この課税売上高の金額は，①免税事業者の場合には，消費税等が含まれていないものとして「課税資産の譲渡等に伴い収受し又は収受すべき金銭等の額」，いわゆる「税込み課税売上高」で判定します。②課税事業者の場合には，消費税等が含まれているものとして「税抜き課税売上高」で判定します（消基通１-４-５）。

この件については，法律上の規定を文理解釈すると，上述のような判定の根拠はなく，課税売上高とは「税抜き課税売上高」と読めます。しかし，この解釈をめぐって平成７年に納税義務者であるとされた事業者が最高裁判所まで争ったのですが，敗訴し，上記の解釈が強制されることになりました（最判第三小平成12年（行ヒ）第126号，平成17年２月１日判決。この事件は通称「張江事件」といわれ，詳しくは７（2）を参照。消費税法基本通達１-４-５は，本件の課税処分直後の平成７年12月に発遣されたものです）。

３．納税義務免除の特例

（１）「消費税課税事業者選択届出書」の特例

基準期間がない事業者，基準期間及び特定期間における課税売上高等が1,000万円以下の事業者は，免税事業者に該当します。しかし，免税事業者に該当する場合であっても，課税貨物の輸入や課税商品の仕入や設備投資を行うと，それらには消費税等相当額が含まれています。免税事業者では，このような課税仕入に伴う消費税等相当額の還付を受けることはできません。そこで，免税事業者の要件に該当している場合であっても，自主的に課税事業者になることでこれらの消費税等相当額の還付を受けられるような制度を設けています。

すなわち，新規事業開始の事業者や免税事業者は，「消費税課税事業者選択届出書」を提出すると，新規事業開始の事業者はその課税期間又は翌課税期間から，免税事業者は翌課税期間から課税事業者となることができます（消法９④）。資本金1,000万円未満の新規設立法人の場合も同様に，選択により初年度からただちに課税事業者になることができます。この「消費税課税事業者選択届出書」の制度は特例であって，課税事業者に該当することとなった事業者が確認のために速やかに提出する「消費税課税事業者届出書」と異なり，効力発生の重要な手続です。

（２）「消費税課税事業者選択不適用届出書」による特例の廃止

「消費税課税事業者選択届出書」を提出して自主的に課税事業者となった者が，再び，免税事業者に戻る場合には「消費税課税事業者選択不適用届出書」を提出し，提出した日の翌課税期間から免税事業者に戻ることができます。ただし，この消費税課税事業者選択届出書の提出は事業者の選択によるものであり，事業を廃止した場合を除いて，課税事業者となった課税期間から２年間は課税事業者を止めることはできないという適用期間の制約があります（消法９①）。

（３）資本金１千万円以上の新設法人の特例

基準期間がない法人に対して形式的に免税事業者にすると，大規模法人の子会社設立などの場合にも２年間は消費税等を免除することになり，課税上の公平を欠くことになります。平成６年改正において，こうした制度上の調整を図るため，資本金額（出資金額）が１千万円以上の新設法人については，基準期間がない設立第１期の課税期間から，ただちに課税事業者とする特例を設けています（消法12の２）。つまり，資本金１千万円以上の新設法人の場合は，設立から第２年度の課税期間まで，基準期間の有無，課税売上高の金額に関係なく課税事業者になります（消法

12の２）。第３年度以降は原則に戻りますので，基準期間及び特定期間の課税売上高基準を満たせば免税適用が可能です。したがって，第１年度及び特定期間の課税売上高等が１千万円未満の場合には，第３年度の課税期間は免税事業者になります。この設立初年度及び第２年度課税期間に対する課税制度は「法人」に対する特例であり，「個人事業者」には適用されません。

（4）課税事業者選択者等の特例に対する制限

免税事業者が選択によって課税事業者となるのは，（１）で述べたような趣旨からです。したがって，例えば賃貸マンションを取得しても住宅家賃は非課税であるため，そのままではマンション取得に係る消費税等の還付は受けられません。そこでマンション取得と併せて自動販売機を設置してわずかな課税売上を作出し，課税事業者を選択することでマンション取得に係る消費税等の還付を受け，還付後は免税事業者に戻る，といった還付金の食い逃げ事例が目に余るようになりました。そこで上述（１）及び（３）の特例に対して，平成22年に制限を設けました（消法９⑦，12の２，平成22年４月１日以後適用）。つまり，これらの特例による課税事業者が，一定期間中に調整対象固定資産（100万円以上の資産）の課税仕入れを行い，本則計算によって申告した場合には，その課税仕入れを行った日の属する課税期間の初日から原則として３年間は，免税事業者となること，または簡易課税制度を選択することはできないこととしました。これによって還付金の食い逃げを制限しました。調整対象固定資産の詳細については，第５章第２節を参照してください。

（5）特定新規設立法人の特例

資本金が１千万円未満の新規設立法人で基準期間のない事業年度あっても，次の①及び②に該当する法人の基準期間に相当する課税期間の課税売上高が５億円を超えている場合は，免税事業者となることはできません。

①　その基準期間のない事業年度開始の日において特定要件に該当する場合
　特定要件とは，（a）他の者，（b）他の者により完全支配されている法人，（c）（a）及び（b）により完全支配されている法人によって，新規設立法人の発行済株式総数又は出資総額の50％を超える株式数又は出資額を直接又は間接に有されている場合をいいます（消令25の２，25の３，25の４）。
　なお，この「他の者」は，特殊関係法人の該当性の判定及び課税売上高５億円超の法人該当性の判定において新規設立法人の株式等を直接保有している株主に限られます。

②　その法人が特定要件に該当する旨の判定の基礎となった他の者（個人・法人）及びその他の者と一定の特殊な関係にある法人

具体的には次のような事例１に該当する新規設立法人の設立事業年度の課税期間には基準期間がないのですが，免税事業者になることはできないのです。事例２の場合は該当要件が満たされないので，免税事業者となることができます。

＜特定新規設立法人に該当する場合＞

（事例１）

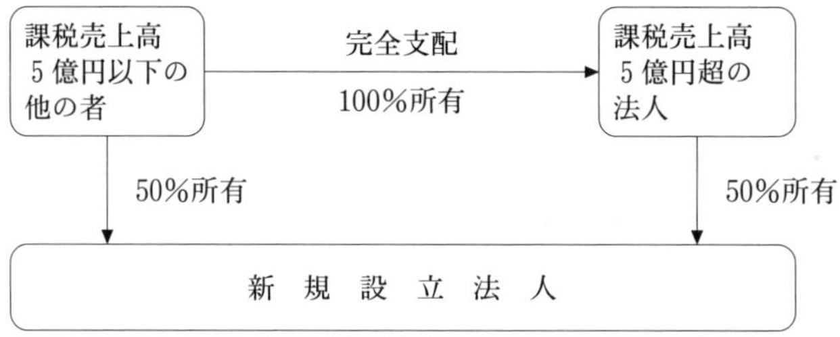

＜特定新規設立法人に該当しない場合＞

（事例２）

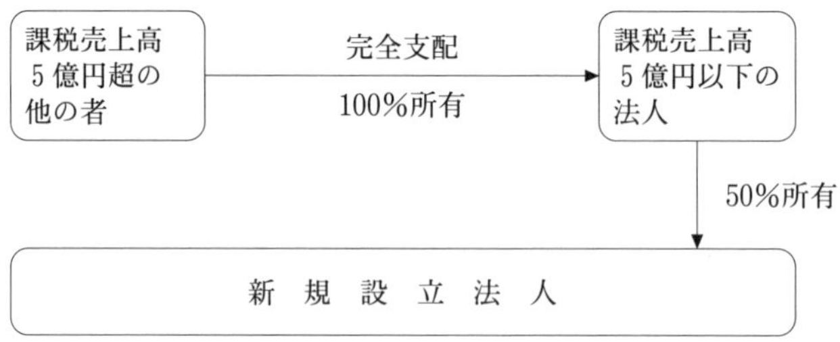

（６）高額特定資産及び自己建設高額特定資産の仕入れ等を行った場合の特例

消費税の課税事業者には，（a）課税売上高が一定基準以上の原則適用の課税事業者，（b）免税事業者に該当するが自ら選択している課税事業者，（c）課税事業者であるが簡易課税制度を選択している事業者がいます。基本的には，免税事業者が選択して課税事業者となっている場合には課税選択の不適用によって免税事業者に戻ることになります。また，課税事業者を選択して還付を受けた後に簡易課税制度を選択することで納税額の軽減を図ることもできます。そこで還付の受けられる課税期間にだけ本来の課税事業者となるのでは恣意的な消費税計算となってしまいます。平成28年度改正において，このような選択適用を防ぐために一定規模の課税仕入れを行った場合には制度適用の制限を設けています。

（a）及び（b）の課税事業者が，高額特定資産の仕入れ等を行った場合には，仕入れ等を行った当該課税期間の初日以後３年を経過する日の属する各課税期間において簡易課税制度の選択及び免税事業者となることはできません。この高額特定資産とは，一の取引の単位につき，仕入れ等に係る支払対価の額（税抜き）が１千万円以上の棚卸資産又は調整対象固定資産をいい，当該支払対価の額には引取運賃，荷役費等又は当該資産を事業のように供するために必要な課税仕入れに係る対価の額は含みません（消基通１-５-24）。

（a）及び（b）の課税事業者が，課税期間中に自己建設高額特定資産の建設等に要した原材料及び経費の額（仕入税額控除を行ったものに限る。）の累計額が税抜き１千万円以上となった日の属する課税期間から当該建設等が完了した日の属する課税期間の初日以後３年を経過する日の属する課税期間までの各課税期間において簡易課税制度の選択及び免税事業者となることはできません。自己建設高額特定資産とは，他の者との契約に基づき，又は事業者の棚卸資産又は調整対象固定資産として自ら建設等をした１千万円以上の資産をいいます（消基通１-５-26～１-５-28）。

なお，この特例は，平成28年4月1日以後に行った高額特定資産の仕入れ等に適用されています。

4．相続等があった場合の特例

消費税の納税義務者であった者が死亡すると相続が行われますので，その相続人は，本人に代わって消費税の申告・納税義務を承継することになります（消法59）。被相続人が免税事業者であるときは申告不要です。

また，法人について合併や分割が行われると，原則として消費税の納税義務を引き継ぐことになりますが，それぞれの課税期間や課税売上高などによって，課税上の弊害のないように詳細な特例が定められています（消法11①，12①）。

相続における納税義務の承継について，事例で説明します。

甲（親）乙（子）ともにそれぞれ独立して個人事業を営んでおり，甲及び乙の各課税期間の課税売上高は次のようになっていたものとします。このような状況で甲がX3年5月20日に死亡し，乙が相続により事業を承継しました。

（甲及び乙の各課税期間の課税売上高の状況）

甲の課税売上高（税抜）	X1年 1,200万円	X2年 1,300万円	X3年（1月1日から5月20日まで） 600万円

乙の課税売上高（税抜）	X1年 800万円	X2年 700万円	X3年 400万円（1月1日から5月20日まで） 500万円（5月21日から12月31日まで）

甲は，X3年の基準期間（X1年）の課税売上高が1千万円を超えているのでX3年は課税事業者であり，X3年の課税売上高600万円については消費税の納税義務があります。

一方，乙は，X3年の基準期間（X1年）の課税売上高が1千万円以下なのでX3年は免税事業者に該当します。課税事業者選択届出書を提出していなければ，課税売上高400万円については納税義務がありません。しかし，甲の死亡により甲の事業を承継したことで，甲のX1年の課税売上高が1千万円を超えるために課税事業者となり，死亡日の翌日から年末までの課税売上高500万円については，納税義務が生じます。

このように，相続の場合には相続のあった年，その翌年及び翌々年に納税義務の特例がありますので，本人の金額のみで判断することはできません。法人が合併や分割する場合にも類似の特例があるので，組織再編がある場合，基準期間の課税売上高の判定については特に注意しなければなりません（消法10，11，12）。

問題1－1

個人事業者Aは，令和2年8月10日に父の事業を相続で承継している。

次の資料に基づき，Aの令和2年度における消費税の納税義務の判定及び課税売上高の取扱いについて，解答欄にしたがって説明しなさい。

なお，Aは，「消費税課税事業者選択届出書」の提出は行っていない。

【資料】

（1）Aの各年度における課税売上高（税抜金額）

① 令和2年度　8,830,000円

（内訳：1月1日～8月10日　3,820,000円，8月11日～12月31日　5,010,000円）

② 令和元年度　5,620,000円

③ 平成30年度　5,350,000円

④ 平成29年度　5,200,000円

（2）Aの父の各年度における課税売上高（税抜金額）

① 令和2年度　6,610,000円（1月1日～8月10日）

② 令和元年度　9,745,000円

③ 平成30年度　10,420,000円

④ 平成29年度　9,875,000円

解答欄

（1）納税義務の判定

① Aの基準期間（平成［　　］年度）の課税売上高［　　　　円］が［　　　　円］以下である。したがって，消費税法第9条第1項「小規模事業者に係る納税義務の免除」の規定が適用｛される。／されない。｝

（いずれかを○で囲むこと）

② Aの父の基準期間（平成［　　］年度）の課税売上高［　　　　円］が［　　　　円］を超える。したがって，令和2年［　月　日］から12月31日の課税売上高について，消費税法第10条第1項「相続があった場合の納税義務の免除の特例」の規定が適用｛される。／されない。｝

（いずれかを○で囲むこと）

（2）課税売上高の取扱い

① 令和2年1月1日から［　月　日］までの課税売上高［　　　　円］については，課税｛される。／されない。｝

（いずれかを○で囲むこと）

② 令和2年［　月　日］から12月31日までの課税売上高［　　　　円］については，課税｛される。／されない。｝

（いずれかを○で囲むこと）

5．実質課税と信託財産課税

（1）実質課税の原則

消費税の納税義務者は事業者であり，国内取引については個人事業者または法人とされ，輸入取引については外国貨物を保税地域から引き取る者とされています。通常の場合，資産の譲渡等取引の名義人とその帰属は同じですが，取引のなかには形式的に他の名義を借用して行う場合も

あります。そこで消費税法は，取引の名義人が単なる法律的な形式であって，取引の実質的帰属者と異なる場合には，その実質的帰属者が資産の譲渡等を行ったものとして，消費税を課税することとしています（消法13）。

（2）信託財産課税の原則

信託財産は，本来の資産所有者が他の受託者に資産を預けて運用を図り，その受益は資産所有者である委託者に帰属します。したがって，資産の譲渡等の名義人と実質的帰属者とは異なります。信託については平成19年に信託法の改正が行われ，合わせて消費税法も整備しました（消法14，平成19年9月30日施行）。

信託財産に係る消費税の基本的な納税義務者は，次のようになります。①信託財産は，原則として，信託を受託した者が名義人となって資産の譲渡等の取引を行い運用し，その受益は委託した者が受けるので，委託者が納税義務者となります。これを「本文信託」といいます（消法14①）。②多数の者の資産を運用する投資信託（集団投資信託，法人課税信託，退職年金信託，特定公益信託等）は，募集資金を受託した者（投資会社など）がまとめて運用するために受託者名義で資産の譲渡等の取引を行い，その受益は多数の委託者に分配されます。この場合，受託者が消費税の納税義務者となります。これを「ただし書き信託」といいます（消法14①ただし書)。このほか法人課税信託に関して詳細に定めています（消法15)。

6．事例による消費税の概要

消費税法は，基本的に簡単な計算です。課税売上高に係る消費税額から課税仕入高に係る消費税額を控除した金額が納付すべき消費税額となります。特殊な取り扱いや調整計算などもありますが，まず，簡単な問題を通じて概要を学びましょう。

問題1－2

札幌商事株式会社は，文房具の販売業を営んでいる課税事業者で，令和2年4月1日から令和3年3月31日までの課税期間における取引等の状況は，【資料】のとおりである。これに基づき，この課税期間における納付すべき消費税額をその計算過程を示して計算しなさい。なお，計算に当たって特に断りがない場合には標準税率による取引とし，次の事柄を前提とする。

（1）消費税及び地方消費税に関する会計処理は，すべて税込み経理方式である。
（2）仕入れに係る消費税額は，すべて課税消費税額から控除できるものとする。
（3）当課税期間に行った課税仕入れについては，その事実を明らかにする帳簿及び請求書等が保存されている。
（4）納付すべき地方消費税額の計算は，不要である。

【資料】

1．当課税期間における損益計算書

損　益　計　算　書

自令和２年４月１日至令和３年３月31日　　（単位：円）

期首商品棚卸高	13,650,000	当期商品売上高	220,000,000
当期商品仕入高	138,400,000	期末商品棚卸高	12,600,000
役員報酬	15,500,000	受取利息	30,000
従業員給与手当	32,650,000	受取配当金	240,000
福利厚生費	8,225,000		
荷造運送費	4,620,000		
通信費	2,415,000		
租税公課	4,800,000		
減価償却費	6,890,000		
その他の経費	1,520,000		
当期利益	4,200,000		
	232,870,000		232,870,000

2．損益計算書の内容に関する消費税に関する事柄は次のとおりである。

（1）当期商品売上高は，すべて課税売上げに該当する。

（2）当期商品仕入高は，すべて課税仕入れに該当する。

（3）福利厚生費のうち5,240,000円は，札幌株式会社が負担すべき社会保険料で，残額はすべて課税仕入れに該当する（飲食料品等の課税仕入れはない）。

（4）荷造運送費及び通信費は，すべて国内取引で課税仕入れに該当する。

（5）租税公課には，消費税中間納付額1,100,000円が含まれている。

（6）その他の経費のうち1,398,000円は課税仕入れに該当する費用であるが，その中には，日刊新聞定期購読料及び来客用茶菓代の108,000円が含まれている。

3．その他の資料

当課税期間に配送用車両3,300,000円を取得している。

解答欄

区分及び金額	計　算　過　程
1．課税標準額の計算 （①　　　　円）	税込み課税売上高（　　　　円）× $\frac{(\quad)}{(\quad)}$ ＝税抜き課税売上高（　　　　円）千円未満切り捨て
2．課税標準額に対する消費税額の計算 （②　　　　円）	（　　　　円）× 7.8％ ＝（　　　　円）

３．仕入税額控除の計算 （③　　　　　円）	（１）税込み課税仕入高の計算 ①　当期商品仕入高　　（　　　　　　円） ②　福利厚生費　　　　（　　　　　　円） ③　荷造運送費　　　　（　　　　　　円） ④　通信費　　　　　　（　　　　　　円） ⑤　その他の経費（８％分）（　　　　　　円） （10％分）（　　　　　　円） ⑥　車両の購入　　　　（　　　　　　円） 合　計　　　　（　　　　　　円） （２）含まれている消費税額の計算 税込み課税仕入高８％分（　　　　円）× $\frac{6.24}{108}$ ＝（　　　　円） 税込み課税仕入高10％分（　　　　円）× $\frac{7.8}{110}$ ＝（　　　　円） 控除する消費税額（　　　　　円） ＝（８％分　　　　円）＋（10％分　　　　円）
４．差し引き消費税額 （④　　　　　円）	２の②（　　　　円）－３の③（　　　　円） ＝差し引き消費税額（　　　　　　円）百円未満切り捨て
５．納付すべき消費税額 （⑤　　　　　円）	４の④（　　　　円）－中間納付税額（　　　　円） ＝納付すべき消費税額（　　　　円）

７．納税義務者をめぐる課税事件

消費税法上「事業」について定義がないため，一般的には所得税法上の「事業」解釈との比較において考えられがちです。しかし，消費税法基本通達５-１-１では，反復，継続，独立して取引を行っていれば規模の大小を問わず「事業」に該当するものと解していることに注意が必要です。

（１）事業開始をめぐる事件（平成５年７月１日裁決）

①　零細な駐車場で事業を開始した日とされた事件

本件の納税者は，マンションを新築し平成３年６月から新規に事業を開始したので，平成３年７月に所得税法上の開業届とともに「消費税課税事業者選択届出書」を提出し，消費税の還付申告をしました。ところが，この事業開始の前にマンションとは別の土地（105㎡）を整地舗装のうえ駐車場として，平成元年から３年まで２台～４台分を賃貸し，所得税の不動産所得（平成元年10.8万円～３年67.2万円）の申告をしていました。

このため消費税法上は，平成３年に新規事業を開始したものではなく，すでに事業が行われ免税事業者であったとされ，平成３年７月に提出された「消費税課税事業者選択届出書」は，平成３年から適用されず，還付申告書は認められなかったのです。

納税者は，わずか数台の駐車代の不動産所得であり，舗装費用なども不動産所得の計算上，経費に計上していなかったとして，「事業」に当たらないと主張しましたが…。

裁決では，消費税法上の「事業」については「同種の行為を反復，継続，独立して行うようなものであれば，所得税法における事業の概念とは異なって，事業の規模は問わないというべき」として納税者の主張を退け棄却しました。これに類する事件で，名古屋高裁において納税者の主張が棄却されたものがあります（名古屋高裁金沢支部（平成15年（行コ）第５号），平成15年11月26日判決，富山地裁（平成14年（行ウ）第５号））。

② **太陽光発電設備の請負契約等は準備行為で事業を開始した日とされた事件**（平成29年６月16日裁決・棄却）

会社員は平成26年７月26日を事業日として「個人事業の開業・廃業等届出書」を，同年12月22日に平成26年度以後の課税期間に対する「消費税課税事業者選択届出書」を提出し，平成27年３月14日に消費税の還付申告書を提出しました。会社員は，平成25年９月30日に太陽光発電所建設工事に係る工事請負契約を締結し，平成25年９月30日着工，平成26年５月30日完成としており，平成25年10月30日に契約金を支払い，経済産業大臣に対する設備の認定手続きや市長に対し「農用地利用計画変更申出書」を提出するなど行っていた。

これに対して課税庁は，平成25年に行っていた請負契約をはじめ経済産業大臣や市への諸手続は開業準備行為であり，すでに免税事業者となっているので，平成26年12月に提出された「消費税課税事業者選択届出書」の効力は平成27年度からとなるので平成26年度の消費税は免税事業者であり還付できないものとして更正処分をしました。裁決では課税庁の処分が認められ棄却されました。

③ **医院の建築請負契約等は準備行為で事業を開始した日とされた事件**（平成24年６月21日裁決・棄却）

勤務医であった歯科医師が，歯科医院（個人事業者）の診療を開始した日（平成21年８月31日）を「課税資産の譲渡等に係る事業を開始した日」であるとして，個人事業の開廃業等届出書とともに平成21年度から消費税の課税事業者となる選択届出書を提出し，平成22年３月12日に消費税の還付申告書を提出しました。歯科医師は，医院の開業に先立ち平成20年10月から農地の転用許可や医院の建築請負契約などを行うほか，歯科診療用の材料・器具等の購入などを行っていました。

これに対して課税庁は，平成20年から医院の建築請負契約や歯科診療用の材料・器具等の購入などは開業準備行為であるから，平成21年８月に提出された消費税の届出書の効力は平成22年度からとなり，平成21年度は免税事業者であり還付はできないものとして更正処分をしました。裁決では課税庁の処分が認められ棄却されました。

また，一般的ではありませんが，山林譲渡についての「事業」判定は，準備行為ともいえる山林の育成，管理が十分に行われている場合には事業に該当するとされた裁決があります（国税不服審判所，平成15年12月17日裁決）。

（２）張江事件（最高裁平成17年２月１日判決）

張江事件（最判三小平成12年（行ヒ）第126号，平成17年２月１日，東京高判平成12年１月13日，東京地判平成11年１月29日）とは，消費税の免税事業者の判断基準となる基準期間の売上高を税抜き金額で判断し，消費税の申告をしなかったことに対して，免税事業者の基準期間の課税売上高の判定は税込金額で判断すると解して，平成６年９月課税期間の消費税額として39万円余の課税処分をした事件です。納税者は，これを不服として最高裁まで争われましたが，納税者の解釈は認められず，敗訴しました。

論点は，事業者のうち，その課税期間に係る基準期間における課税売上高3,000万円以下である者については，消費税を納める義務を免除する（消法9①，3,000万円は現行1,000万円）と定め，同条第2項で，この課税資産の譲渡等の対価の額は消費税法第28条によるものと定めていることにあります。消費税法第28条は課税標準の規定であり，課税資産の譲渡等の対価の額とは，収受すべき金額から消費税（現行は消費税及び地方消費税）を控除した金額と定めています。したがって，立法経緯を踏まえて文理解釈すれば，税抜き課税売上高と解されます(9)。しかし，最高裁は「法28条1項の趣旨は，課税資産の譲渡等の対価として収受された金銭等の額の中には，当該資産の譲渡等の相手方に転嫁された消費税に相当するものが含まれることから，課税標準を定めるに当たって上記のとおりこれを控除することが相当であるというものである。したがって，消費税の納税義務を負わず，課税資産の譲渡等の相手方に対して自らに課される消費税に相当する額を転嫁すべき立場にない免税事業者については，消費税相当額を上記のとおり控除することは，法の予定しないところというべきである。」と判示しました(10)。

この張江事件は，消費税の制度の基本に関する法令解釈の事件であり，この事件に国が敗訴したならば，過年度に戻って復旧できない課税庁の失政となる事件でした。本来，租税法律主義の基本に立てば，租税法は文理解釈によることを基本とすべきであり，消費税法のように新しい租税法にあっては，なおのこと条文規定を重んじて適用すべきであったと考えます。不合理があれば，条文の改正によって明確にして課税関係を変更すべきではなかったかと思います。そうしたことを考えると，趣旨解釈のように判示していますが政治的判断の判決であったとも思われます。

■注■

（1）福田幸広監修『シャウプの税制勧告』霞出版社，1985年，195，231頁。

（2）森信茂樹『日本の消費税』納税協会連合会，2000年。本書は，わが国の消費税導入経緯について多くの資料を整理され，大変詳しく述べられている労作です。

（3）大蔵省編『昭和財政史―戦後から講和まで』第7巻，東洋経済新報社，1979年，309-342頁。

（4）森信，前掲書，45頁。

（5）山本守之『実務消費税（改訂版）』税務経理協会，1991年，1頁。

（6）消費地課税主義に対して，輸出する国で課税する立場を源泉地課税主義といいます。アメリカの売上税は，州税として課税し，輸出しても免税になりませんので，これに該当します。須田徹『アメリカの税法』（改訂5版）中央経済社，1996年，412頁他参照。

（7）免税事業者の基準は，創設当初，零細事業者の事務能力等を考慮して課税売上高3千万円以下と定められていました。平成15年度の改正によって1千万円以下に引き下げられました。個人事業者の場合には平成17年度から適用され，法人の場合には平成17年3月決算法人から順次適用となりました（平成15年附則25）。

（8）平成6年11月改正により新設法人の特例が導入され，平成9年4月1日以後に設立する法人から適用されました。

（9）湖東京至『消費税法の研究』信山社，1999年，107-121頁。

（10）三浦道隆『消費税法の解釈と実務』大蔵財務協会，2000年，107頁。三浦は，当時（上告中）の高裁判決に対する解説として「基準期間における売上総額として収受した金額から控除すべき消費税額は存しないと結論付けた本判決の判断は妥当なもの」であると述べています。

第２章　消費税の課税対象

第１節　課税の対象

１．課税の対象

わが国の消費税は，財貨やサービスの消費に対して広く薄く負担を求める税であり，課税の対象は広いです。消費税の課税の対象は，国内消費となる「国内取引」と「輸入取引」であり，反対に「輸出取引」はその物品の輸入国で消費されるためわが国では課税しません。これが輸出免税です。また，日本に本店を有する会社（内国法人という）が国外で行う取引については，それぞれの国において消費課税が行われるため，わが国の消費税法では「課税の対象外」となります。

反対に，外国法人であっても日本国内における取引は「課税の対象」となります。

（1）国内取引

国内取引における課税の対象は，「国内」で「事業者」が「対価を得て」行う「資産の譲渡等」の取引をいうものとなります（消法４①，２①一，三，四，八）。したがって，これらの４つの要件すべてに該当しなければ消費税等の納税義務は発生しません。要件の内容を整理しますと図表２－１のようになります。

図表２－１　国内取引の要件

要件項目	内　　　容
１．地理的条件	「国内」とは，日本の法律の施行地内の地域です。内国法人の売上であっても国外での売上取引に対して日本の消費税は課税されません。
２．主体条件	「事業者」とは，個人事業者及び法人のことをいいます。
３．取引条件	「対価を得て」とは，有償取引を意味します。反対にいうと原則として贈与・寄附といった無償取引は消費税の課税対象にしないことを意味しています。
４．行為条件	「資産の譲渡等」とは，分解すれば，①資産の譲渡，②資産の貸付け及び③役務の提供を意味します。それ以外の行為，例えば，報酬・給与・賃金，社会保険料，租税公課，寄附金，損害賠償金などは「資産の譲渡等」に該当しないので，課税の対象外となります（消法２①，４①）。

「課税の対象」取引に対して「課税の対象外」取引には消費税が課税されません。これと同様に消費税が課税されない取引として「非課税取引」（第２節参照）があります。例えば，土地の譲渡取引や医師の社会保険診療行為は，上記の定義上，典型的な資産の譲渡や役務の提供取引ですが，「非課税」と定められているため消費税は課税されません。

そこで「資産の譲渡等」から非課税取引を除いたものを「課税資産の譲渡等」といいます（消法2①九)。課税資産の譲渡等のうち，輸出するものは「免税取引」となります。非課税取引は課税されない取引ですが，免税取引は「課税資産の譲渡等」に含まれる取引であり，本来，課税の対象です。免税はゼロ税率による課税計算を行うため課税消費税額は発生しないのですが，その課税仕入取引に係る仕入税額控除はできます。非課税取引と免税取引とは異なることを理解しておいてください。

取引の課税関係を図表2－2に示します。四角の枠内が会社のすべての取引とします。その内に描かれた○の網かけ部分が，消費税の対象となる「資産の譲渡等」の取引です。○からはみ出した部分が，国外取引，給与，寄附金，損害賠償金，贈与など「課税の対象外」となる取引です。この課税の対象外取引のことを便宜上「不課税取引」と呼ぶ場合があります。○のなかには，一部に「非課税取引」と非課税取引を除いた「課税資産の譲渡等」と「特定課税仕入れ」取引があります。この「課税資産の譲渡等」のなかに「免税取引」が含まれています。

なお，国内取引の判定について平成27年度の改正においては，電気通信利用役務の提供を「事業者向け電気通信利用役務の提供」と「それ以外（消費者向けの電気通信利用役務の提供)」に分けた上で，前者については，当該役務の提供を受ける事業者に納税義務を課す，いわゆるリバースチャージ方式の対象とすることになりました。

改正前は，国外から物理的なCD等を輸入する場合には税関で消費税等が課税されていましたが，ネット経由で国外から電子情報等のコンテンツを受ける事業者は税関を経ることなく消費税等は無税で電子情報等を取得していましたので，このことに対して改正されたのです。これによって，国外から国内において電子情報等のコンテンツを受ける事業者は納税義務者となったのです。この改正は事業者に限定していますので，個人的に海外から音楽等の電子情報を受け取っても無税であることは変わりません。

この結果，図表2－2の「課税資産の譲渡等」の範囲に「特定課税仕入れ」が加わります。「特定課税仕入れ」とは，具体的には「国外事業者から受けた事業者向け電気通信利用役務の提供」が該当し，これらの役務の提供を受けた事業者に納税義務が発生することになりました。

図表2－2　取引と消費税の課税関係

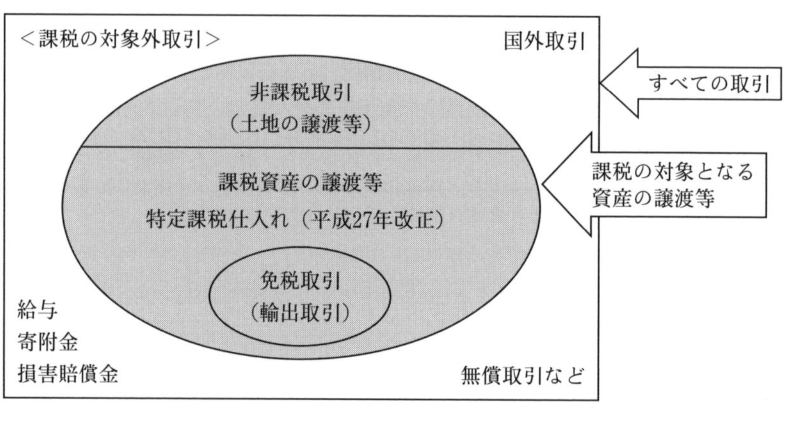

簡単な事例によって，①課税売上高，②免税売上高，及び③非課税売上高の場合，消費税等の納税額はどのようになるのかを税率10％として計算してみます。

① 課税事業者Ａ社（税込み経理）：課税売上高11,000万円，課税仕入高6,600万円
この場合，次の計算により200万円を消費税等として納税します。
課税売上高の消費税等　1,000万円－課税仕入高の消費税等　600万円＝納税額　400万円

② Ａ社の売上高（すべて輸出），課税事業者選択届出書を提出した課税事業者
売上高（免税）10,000万円，課税仕入高6,600万円
この場合，免税売上高は課税標準額なので，次の計算により消費税等600万円の還付となります。
免税売上高の消費税等　０万円－課税仕入高の消費税等　600万円＝納税額　△600万円

③ Ａ医療法人の売上高（すべて非課税の社会保険診療収入）10,000万円，課税仕入高6,600万円
この場合，100％非課税ですから，課税仕入高に係る消費税等600万円は，控除も還付もできません。仕入に係る消費税等の額は事業者の負担となります。
課税標準に対する消費税　無し　－　控除不能　＝　還付無し

（２）輸入取引

「輸入取引」とは，保税地域から外国貨物を引き取る取引です。輸入に係る納税義務者には「事業者」といった行為者の限定がないので，事業者以外の個人消費者が行った輸入であっても課税対象となります（消法２①，４②）。この保税地域とは，外国貨物が日本に到着し通関するまで保管される場所であり，ここから国内に搬入するとき消費税が課税されます。反対に輸出取引は，消費地が国外になるので免税取引となります。したがって，輸出時に国内の取引において負担していた消費税を輸出事業者へ還付することになります。

［貿易用語の解説］ 貿易用語の「輸入」，「輸出」，「外国貨物」，「内国貨物」については，関税法第２条第１項に次のように定義されています。

1．「輸入」とは，外国から本邦に到着した貨物（外国の船舶により公海で採捕された水産物を含む。）又は輸出の許可を受けた貨物を本邦に（保税地域を経由するものについては，保税地域を経て本邦に）引き取ることをいう。
2．「輸出」とは，内国貨物を外国に向けて送り出すことをいう。
3．「外国貨物」とは，輸出の許可を受けた貨物及び外国から本邦に到着した貨物（外国の船舶により公海で採捕された水産物を含む。）で輸入が許可される前のものをいう。
4．「内国貨物」とは，本邦にある貨物で外国貨物でないもの及び本邦の船舶により公海で採捕された水産物をいう。

（３）課税対象，非課税，免税，課税対象外の取引区分と具体例

事業者や輸入に係る取引を，課税対象取引，非課税取引，免税取引及び課税対象外取引に区分すると図表２－３のようになりますので，それらの取引区分における主な具体例を記載しました。

なお，この輸入取引として想定しているのは，外国貨物を保税地域から引き取ると表現しているように物品取引です。つまり，税関を通過することを前提としています。

非課税取引及び免税取引については，第２節及び第３節で詳述します。

図表2－3　取引区分と具体例

<table>
<tr><td rowspan="9">事業者が行う取引</td><td rowspan="5">国内取引</td><td>課税対象外取引</td><td colspan="3">資産の譲渡等以外の取引－報酬・給料，社会保険料，損害賠償金，寄附金，租税公課など</td></tr>
<tr><td rowspan="4">課税対象取引</td><td rowspan="3">資産の譲渡等</td><td>非課税資産の譲渡等</td><td>非課税取引－土地の譲渡等，有価証券等の譲渡，貸付金，切手・商品券等の譲渡，医療・福祉・授業料等取引など</td></tr>
<tr><td rowspan="2">課税資産の譲渡等</td><td>輸出免税等取引－日本から輸出される資産の譲渡等，外国貨物の譲渡又は貸付け</td></tr>
<tr><td>課税取引－資産の譲渡・譲り受け，資産の貸付け・借受け，役務の提供・役務の授受</td></tr>
<tr><td>特定仕入れ</td><td>事業として受入れた特定資産の譲渡等</td><td>課税取引－事業者向け電気通信利用役務の提供・特定役務の提供</td></tr>
<tr><td rowspan="3">輸入取引
（注）</td><td rowspan="2">課税対象取引</td><td colspan="2" rowspan="2">保税地域から外国貨物を引き取る取引</td><td>課税取引－課税外国貨物を引き取る取引</td></tr>
<tr><td>非課税取引　有価証券，郵便切手類，物品切手等，身体障害者用物品，教科用図書</td></tr>
<tr><td>課税対象外取引</td><td colspan="2">上記以外の取引</td><td>音楽・ゲームソフトなどをインターネットによるダウンロードで行う取引は輸入取引には含まれません</td></tr>
<tr><td>国外取引</td><td colspan="4">課税対象外取引</td></tr>
</table>

（注）・事業者以外の者が行う輸入取引も同様に区分されます。
・電気通信利用役務の提供の内外判定は，役務の提供を受ける者の住所等で判定します。

2．国内取引の判定

国内における取引か否かの判定は，「資産の譲渡又は貸付け取引」と「役務の提供取引」によって異なり，次のように定められています。

（1）資産の譲渡又は資産の貸付け取引

資産の譲渡又は資産の貸付け取引が国内取引に該当するか否かは，原則として資産の譲渡又は貸付けが行われる時における資産のある場所の所在地が国内であれば国内取引となります。しかし，資産には多様なものがあり，図表2－4の資産等の区分に従って規定された判定の場所によって決定されます（消法4③）。

図表２－４　資産等の判定場所

原則：資産の譲渡又は貸付けが行われる時における資産のある場所 所在地が国内－国内取引		
特例（主なもの）		
資産の種類		判定の場所
船舶・航空機	登録のあるもの	登録機関の所在地
	登録のないもの	譲渡又は貸付けに係る事務所等の所在地
鉱業権，租鉱権，採石権等		鉱区，租鉱区，採石場等の所在地
特許権，実用新案権，意匠権等		権利を登録した機関の所在地
著作権，出版権，ノウハウ等		譲渡又は貸付けを行う者の所在地
営業権，漁業権，入漁権		事業を行う者の所在地
有価証券		有価証券が所在していた場所
金銭債権		債権者の譲渡に係る事務所等の所在地
ゴルフ場会員権等		ゴルフ場等の施設の所在地
その他資産の所在場所不明		譲渡又は貸付けに係る事務所等の所在地

（２）役務の提供取引

役務の提供取引が行われた場合の国内外の判定は，原則として役務の提供が行われた場所が国内であれば国内取引となりますが，電子書籍，音楽，広告の配信等のインターネット等を介して行われる電気通信利用役務の提供は，原則として「役務の提供を受ける者の住所地等によって判定します。役務の提供にも多様なものがあり，役務の提供にも多様なものがあり，図表２－５の区分によります（消令６②)。

例えば，会社の役員が，成田からニューヨーク（NY）へ海外出張したものとします。このとき，成田からNYまで直行便で往復した場合の航空運賃費用は，出発地および到着地が成田ですから，国内取引として課税取引となりますが，輸出免税が適用されるので免税仕入れとなり課税仕入れにはなりません。しかし，いったん，成田からロサンゼルス（LA）まで渡航し，そこでの商談を終えてLAからNYへ移動し，その後，NYから成田へ帰国した場合には，LAからNYの航空運賃は課税の対象外取引です。

図表２－５　役務提供の判定場所

原則：役務の提供が行われた場所　場所が国内－国内取引	
特例（主なもの）	
資産の種類	判定の場所
国際運輸	出発地，発送地又は到着地
国際通信	発信地又は受信地
国際郵便	差出地又は配達地
保　　険	保険事業者の保険契約締結に係る事務所等の所在地
情報の提供又は設計	その事業者の事業に係る事務所等の所在地
有価証券等	有価証券等の所在地あるいは所在場所
専門的な知識等を要する建設等	建設等に必要な資材の大部分が調達される場所
その他役務の提供場所不明	役務提供者の役務に係る事務所等の所在地
電気通信利用役務の提供	役務の提供を受ける者の住所等

上記のフライトについて日本の航空会社の取引を考えてみますと，日本登録の航空機で成田からNYへフライトする往復の売上高は国内取引として輸出免税になります。

３．事業者の意義

消費税法は，国内取引に関して「事業者」を納税義務者としており，この事業者とは，個人事業者及び法人をいうものとしています。したがって，個人については居住者，非居住者を問わず，事業として対価を得て資産の譲渡等を反復・継続・独立して行うときは事業者に該当します（消法２①四，消基通５-１-11)。また，法人については限定していないため，市町村が行うガス事業や水道事業なども事業単位ごとに納税義務者となります。この事業者の意義については，前節で詳述しました。

４．「対価を得て」の意義

課税の対象となる取引は，対価を得て行われる資産の譲渡等です（消法２①八)。したがって無償取引は，原則として課税の対象にはなりません。しかし，個人事業者が家事のために消費した場合や法人が役員へ贈与した場合などは，対価による譲渡があったものとみなして課税の対象となります（消法４④)。このようなみなし規定による取引については，その取引の行われたときの資産の価値に相当する価額を対価の額とします（消法28②)。また，役員と会社との有償取引であってもその対価の額が資産の価値に比較して著しく低いときは，その資産の価値に相当する価額を対価の額とします（消法28①)。棚卸資産の場合には，少なくとも課税仕入れの金額又は通常販売する価額のおおむね50％相当額とされています（消基通10-１-18)。

対価取引の有無について注意が必要な具体例を図表２－６に示します。

図表２－６　対価性の有無と取引例

対価性の有る取引	有償による通常の取引，代物弁済＊１，負担付贈与＊２，現物出資＊３，資産の交換など ただし，個人の自家消費及び法人の役員・使用人への贈与は，有償取引とみなして課税対象
対価性の無い取引	保険金，損害賠償金，火災盗難による滅失，寄附金，祝い金，見舞金，補助金，奨励金など

＊１　代物弁済：債務者は，原則として相手方から給付されたものと同じもので弁済するのですが，債権者の承諾があれば，給付を受けたものと異なる他のものによって弁済することも認められており，その場合には弁済と同様の法的効力を有するとされています（民法482)。この場合，消費税法は，債務に代えて物で弁済したとき，その給付により消滅する債務額を資産の譲渡等に含めます（消令45②一)。

＊２　負担付贈与：贈与とは，自己の財産を無償で相手方に与えることについて，相手方の受諾によって成立します（民法549条)。原則は無条件で相手方へ与えるのですが，このとき，相手方に対して一定の給付条件を付した契約を負担付贈与といいます（民法551条，553条)。この場合，消費税法は相手方へ給付を求めた負担額について資産の譲渡等に含めます（消令45②二)。

＊３　現物出資：会社の株式募集に対して出資者は原則として金銭給付しますが，このとき商品や土地建物などの資産によって出資することがあり，これを現物出資といいます（会社52)。この場合，現物出資により会社から取得した株式の時価を資産の譲渡等に含めます（消令45②三)。

５．「資産の譲渡等」の意義

（１）原則

資産の譲渡等とは，資産の譲渡，資産の貸付け及び役務の提供を意味し，さらに「資産」,「譲渡」,「貸付け」及び「役務の提供」の意義については，基本的に図表２－７のように解されています（消法２①八)。また,「代物弁済」,「負担付贈与」,「現物出資」,「資産の交換」及び信託財産の移転」などの取引についても，資産の譲渡等に類する行為とみなされ，資産の譲渡等に含まれます（消令２①)。

図表２－７　資産の譲渡等の意義

資産の意義	取引の対象となる一切の資産をいい，会計的にいう流動資産，固定資産のほか，有償で取引される権利その他の無形資産も含まれる（消基通５-１-３)。
資産の譲渡	資産につきその同一性を保持しつつ，他人に移転させることをいう（消基通５-２-１)。保証債務の履行のために換価した場合も譲渡となる（消基通５-２-２)。
資産の貸付け	資産の所有権を維持しつつ，土地・家屋の賃貸などその資産を使用し収益する権利を与える行為をいう。また，この貸付けには，資産に係る権利の設定，権利等を使用させる行為を含む（消基通５-４-１，５-４-２)。
役務の提供	土木工事，修繕，運送，保管，印刷，広告，仲介，興行，宿泊，技術援助，情報の提供，便益，出演，著述その他のサービス業，弁護士，公認会計士，税理士，作家，スポーツ選手，映画監督，棋士等による専門的技能等に基づく役務の提供も含まれる（消基通５-５-１)。解約手数料，取消手数料又は払戻手数料も役務の提供に含まれる（消基通５-５-２)。

（２）リース取引

消費税は（１）で述べたように，資産の譲渡及び貸付け並びに役務の提供といった取引を課税の対象とし，これらに該当するか否かについては，個々の取引の実態に即して判断します。この点リース取引は，リース資産を所定の期間，所定の賃借料を支払い，期間満了においてリース資産を返却するという法形式上は賃貸契約なので，平成20年改正前は，リース契約による毎回のリース代金の支払いのつど，消費税法上の取引としてきました。

しかし，所有権移転外ファイナンス・リース取引(1)の場合，法形式上は賃貸契約ですが，その取引実態は，売買契約に類似します。そのため，このリース取引は売買取引とする会計基準の改正(2)が行われ，所得税法及び法人税法も同様に改正しましたので，消費税法も原則として，売買取引として課税することになりました（所法67の２，法法64の２，平成20年４月１日施行)。したがって，リース取引が行われた場合には，リース資産の譲渡があったもの，つまり全支払金額が一括して取引されたものとして処理することになります。この原則処理に対して，賃借側における会計処理の簡便性のために，従来どおりリース料を支払うつど課税仕入れと処理しても，取扱上、認められます(3)。

賃貸側においてもリース譲渡について，所得税及び法人税の経理に合わせて延払基準の方法により経理している場合には，分割計上できる特例を設けています（消法16)。

6．保税地域から引き取られる外国貨物

保税地域から引き取られる外国貨物とは，原則として保税地域に存在する輸入物品を国内に搬入することをいうのですが，保税地域において外国貨物が消費され又は使用された場合には，「外国貨物の引取り」とみなして課税されます（消基通5-6-1）。また，輸入取引については，国内取引のように対価性の取引に限定していないので無償でも課税の対象となります（消基通5-6-2）。

7．課税の対象をめぐる課税事件

消費税法上「課税の対象」は消費税の基礎となる概念の解釈であり，地理的条件，主体的条件，対価性及び行為性から検討する必要があります。これらをめぐる事件は多いので，（5）を除き要点のみを掲げます。

（1）建物の賃借人に支払った立退料は，建物の賃貸借の合意解除に際し支払われるものであり，賃借権を消滅させる行為は課税仕入れに該当しないものとされました（東京地裁，平成8年（行ウ）第34号，平成9年8月8日判決（確定））。

（2）パチンコ店の遊技客から換金景品を買い取ること及びパチンコ店に当該景品を買い取ってもらうことは，共に売買であり売却金額の総額が課税の対象であるとされました（横浜地裁，平成10年（行ウ）第34号，平成12年2月16日判決（確定））。

（3）外国法人から日本における独占販売権を取得した取引は国外取引であり，その対価の支払は課税仕入れに該当しないものとされました（国税不服審判所，平成13年12月21日裁決）。

（4）スポーツ振興事業の社団法人が会員から徴収した会費は，一定基準による招待入場券及び入場券の割引購入特典等に係る反対給付であり，対価を得て行う役務の提供に該当するものとされました（国税不服審判所，平成15年9月25日裁決）。

（5）無償賃貸物の譲渡（国税不服審判所，平成14年10月8日裁決）

本件では，個人建築業として使用していた建物を，個人事業から法人成りした法人に無償で貸した後，当該法人に土地付建物を譲渡したことは，当該事業の付随行為であり課税の対象となるものとされました。

この事件の概要は次のようなものでした。納税者は，建築業及び不動産賃貸業を営む個人事業者であり，平成8年6月に建築業の事務所及び倉庫等を新築しました。その後，平成9年10月に個人事業の建築部門を引き継いで法人組織とし，同年同月個人の事業廃止届出書を提出しましたが，当該土地建物については特段の契約もなく無償で使用させていました。平成10年3月に個人から法人へ当該土地建物を土地6,400万円，建物2,600万円で譲渡し，個人は当該建物の他にも賃貸住宅を有しており不動産賃貸業を営んでいました。

これに対して課税庁は，建物の譲渡は「建築業の廃止以後も不動産賃貸業を継続して営んでおり，消費税法上の事業者に該当するため，事業者である請求人が無償で貸し付けていた事業用資産である甲建物の譲渡は，事業の用に供されている建物の売却であり」，付随行為に当たるとして消費税等の課税処分をしました。

納税者は，賃貸契約もなく，不動産所得の計算に本件建物に係る減価償却費及び固定資産税を

必要経費に算入していない。事業の廃止に伴って事業用資産に該当しないことになる，と主張したのですが…。

裁決は，両者の主張を退け，「法人成りを契機として個人事業を廃業したというためには，その有する事業用資産の法人への引継ぎが終了し，事業の清算が完了することが必要」と実質的な廃業の解釈を示し，本件譲渡は，建築業に係る事業者としての「事業活動の一環として，又はこれに関連して，事業用資産を譲渡したものである」から課税処分は適法であるとして棄却しました。課税庁の主張するように，不動産賃貸としての事業を営んでいるから付随行為というのでは，付随行為の範囲が広がりすぎますし，本件のような状況の売却を課税の対象から除くと，仕入税額控除の不公正な適用を助長すると思われるので，本来の業務との関連を実質的に判断した合理的な裁決であると考えます。

第２節　非課税取引

１．非課税取引

消費税法は，広く資産の譲渡等を課税の対象としていますが，消費税の性格から課税に馴染まないものや政策的に課税しないものを非課税取引としています。土地の譲渡は明らかに資産の譲渡であり，土地の賃貸，家屋の賃貸，病院の診療，学校教育も明らかに役務の提供です。しかし，土地はそれ自体で付加価値を生むものではなく，活用してこそ利益をもたらすものです。そこで消費税の課税に馴染まないものとして土地の譲渡は非課税取引としています。家屋の賃貸については，その用途によって，事業用の賃貸であれば課税の対象とし，住宅の賃貸であれば社会政策的に非課税取引としています。マンションなどの賃貸でもその用途によって，事務所用の賃貸は課税，住居の賃貸は非課税としています。同様に病院の診療についても，社会福祉政策上，社会保険診療は非課税ですが，自由診療は課税としています。郵便切手は郵便局株式会社等で販売されるものは非課税としていますが，コレクションなど古物で売買されるものは課税となります。

消費税を課さない国内取引については別表一，外国貨物取引については別表二に限定列挙しています（消法６①，②)。

２．国内取引の非課税

国内取引の非課税取引は，図表２－８のとおりです。類似の取引で課税取引となるものがあるので，対照して示します。

図表2－8　非課税取引

	非課税取引	課税取引
①	土地（土地の上に存する権利を含む。）の譲渡及び貸付け（別表第一，1号） 土地に対して車両区画の整備などを行わず管理人を置いていない単なる空き地としての駐車場は土地の貸付けとなる（消基通6-1-5（注）1）。	・資材置場など契約による賃貸期間が1月未満の貸付け（消令8，消基通6-1-4） ・駐車場又は駐輪場としての用途に応じた整備や区画をしている場合，駐車又は駐輪に係る車両や自転車を管理している場合の貸付け（消基通6-1-5） ・建物，野球場，テニス場など施設の利用に伴って土地が使用される場合の貸付け（消令8，消基通6-1-5）
②	有価証券及び外国為替などの支払手段（別表第一，2号）	ゴルフ会員権（消基通6-2-2），支払手段のうち収集品及び販売品（消基通6-2-3（注）1）
③	利子を対価とする貸付金等（別表第一，3号）	
④	郵便切手類販売所等（郵便局や承認販売所）が販売する郵便切手，収入印紙及び収入証紙，一般的に販売されている物品切手等（商品券，ビール券，IC，電子前払式(4)なども含まれる。）（別表第一，4号，消令11）	郵便切手類販売所等以外における印紙・切手の販売（消基通6-4-1）
⑤	国，地方公共団体等における登記，登録，特許等の手数料等（別表第一，5号イ～ハ） 外国為替業務に係る手数料等（5号ニ）	・国，地方公共団体等が行う検査，検定，試験，審査及び講習などの役務の提供の手数料等であっても，法令等の根拠のない手数料等は課税（消令12，消基通6-5-2） ・居住者(5)による非居住者(6)からの証券の取得又は居住者による非居住者に対する証券の譲渡に係る媒介，取次ぎ又は代理については課税（消基通6-5-3）
⑥	健康保険法等の保険料，老人保健法，精神障害者福祉法などの規定に基づく療養又は医療（別表第一，6号）	・療養等に該当しない医薬品や医療用具の販売等は課税（消基通6-6-2）
⑦	介護保険法の規定に基づく居宅サービス，施設サービス，社会福祉事業及び更生保護事業として行われる資産の譲渡等（別表第一，7号）	・各種施設における生産活動の作業に基づき行われる資産の譲渡等は課税（別表第一，7号ロ括弧書き） ・居宅要介護者が使用する福祉用具の貸付け又は購入は課税（消基通6-7-3） ・社会福祉事業を営む法人からその業務の一部を委託された事業者が行う社会福祉事業以外の業務は課税（消基通6-7-9）
⑧	医師，助産婦等による助産に係る資産の譲渡等（妊娠検査，分娩介助，妊娠入院の差額ベッド料，特別給食費等（消基通6-8-1から6-8-3）（別表第一，8号））	妊婦衣料，妊婦用栄養食品などは課税
⑨	火葬料，埋葬料（別表第一，9号）	ペットの火葬料，埋葬料は課税
⑩	身体障害者用物品の譲渡等，修理（義肢，盲人安全つえ，義眼，点字器，人口喉頭，車いすなど，消令14の4）（別表第一，10号）	・身体障害者が用いる器具・機器であっても，専用の構造又は機能を有する物品として大臣指定のものでなければ課税（消基通6-10-1） ・専用物品の構成部分品は課税（消基通6-10-2）

⑪	①幼稚園，小学校，中学校，高等学校，中等教育学校，特別支援学校，大学及び高等専門学校，②専修学校が行う高等課程，専門課程又は一般課程，③各種学校が行う修業年限1年以上で授業時間数680時間の課程における教育として行う役務の提供，及び④独立行政法人の水産大学校，航空大学校，職業能力開発大学校等が教育として行う役務の提供 役務の提供の範囲：授業料，入学金及び入園費，施設設備費，入学検定料，在学証明・成績証明等の手数料（別表第一，11号，消令14の5）	学校給食費又は他の者からの委託調査・研究等の役務の提供は課税（消基通6-11-4）
⑫	小学校，中学校，高等学校，中等教育学校，特殊学級で使用する検定済教科書（別表第一，12号）	検定を受けていない教科用図書，参考書，問題集などの補助教材は課税（消基通6-12-3）
⑬	住宅の貸付け（家賃には敷金，保証金，一時金などで返還されないものを含む（消基通6-13-9）。（別表第一，13号） なお，建物の形態ではなく使用実態によって判定する（消基通6-13-7，6-13-8）。	1カ月に満たない住宅の貸付け，旅館業法2条1項に規定する旅館，ホテルなどの貸付けは課税（消令16の2，消基通6-13-4）

3．外国貨物の非課税

保税地域から引き取られる外国貨物のうち非課税となるものは次のとおりです（消法6，別表第二）。

① 有価証券，外国為替等
② 郵便切手類
③ 印紙
④ 証紙
⑤ 物品切手等
⑥ 身体障害者用物品
⑦ 教科用図書

第3節　免税取引

1．輸出免税等

消費税法は，消費地課税主義を採用し，輸出取引は免税としています（消法7）。したがって，免税事業者を除く事業者が国内において行う課税資産の譲渡等のうち，日本から輸出する資産の譲渡，資産の貸付け及び役務の提供は，免税となります（消法7①）。この適用を受けるためには，「輸出証明書」による証明が必要であり，輸出しても証明されないものは免税となりません（消法7②）。

この免税とは，資産の譲渡等を輸出したとき課税資産の譲渡等に該当するのですが，消費税は0％税率として課税される取引のことです。輸出に係る仕入れ段階で負担した課税仕入税額は，控除（還付）されます。これに対して先に述べた非課税は，資産の譲渡等に対して課税されず，この非課税取引に係る仕入れ段階で負担した仕入税額を控除することもできません。この点が，相違します。主な免税取引項目は図表2－9のとおりです。免税取引と類似の取引で課税の対象外取引があるので，対照して示します。

図表2－9　免税取引

	輸出免税取引	免税の対象外取引
①	日本から輸出する資産の譲渡又は貸付け	・外国から輸出する取引，外国に所有する資産の貸付けは対象外取引 ・輸出物品の下請け加工など（消基通7-2-2）
②	外国貨物の譲渡又は外国貨物の貸付け。国外で購入した貨物を国内の保税地域に陸揚げし，輸入手続を経ないで再び国外へ輸出した場合には輸出免税（消基通7-2-3）	
③	国内及び国外の地域にわたって行われる旅客や貨物の輸送又は通信 ・出発地あるいは到着地が国内 ・発信地あるいは受信地が国内	・出発地が国外で到着地も国外の場合には対象外取引 ・発信地が国外で受信地も国外の場合には対象外取引
④	輸出物品販売場における物品の販売（非居住者への販売証明，出国まで未使用，書類の保存など必要）	条件を満たさない取引は免税不適用の課税取引（消令18） （例）・金又は白金の地金 ・同一の販売場で同一の日に譲渡する50万円超の消耗品等の取引
⑤	・a.船舶運航業又は航空運送業者に対して行う，専ら国内外の地域間で行われる旅客又は貨物の輸送の用に供される船舶又は航空機の譲渡若しくは貸付け又は修理 ・b.船舶運航業又は航空運送業者に対して行う，専ら国内外の地域にわたって又は国内外の地域間で行われる貨物輸送の用に供されるコンテナーの譲渡若しくは貸付け又は修理 ・a及びbに係る船舶又は航空機の水先，誘導，離着陸の補助など，又は入出港，離着陸，停泊などの施設提供に係る役務の提供 ・外国貨物の荷役，運送，保管，検数，鑑定などに係る役務の提供 ・国内及び国内以外の地域にわたって行われる郵便又は信書便 ・資産の譲渡等で非居住者に対して行われるもの	・輸出する物品の製造のための下請加工（消基通7-2-2） ・旅行業者が行う海外パックのために行う国内輸送又はパスポート交付申請等の事務代行に係る役務の提供（消基通7-2-6） ・船舶運航事業者等以外から請け負う「外航船舶等の修理」（消基通7-2-10）

2．輸出物品販売場に係る免税

輸出免税に関連して，国内における資産の譲渡等であっても，輸出と同様の取引に対しては免税措置を講じています。いわゆる外国人観光客が日本における免税店で買い物をする場合の免税取引です。海外からの渡航者など非居住者が購入する金額が5千円以上の場合で，かつ，購入者が未使用のまま出国するなど一定条件による販売の場合には，消費税は免税とされます（消令18⑧）。一般的には家電製品・カメラの専門店やデパートなどが所轄税務署長の許可を受けて免税販売をしています。この販売場を「輸出物品販売場」といいます（消法8⑥，消基通8-1-1）。

輸出物品販売場で譲渡する物品の範囲は，通常生活の用に供する物品のうち食品類，飲料類，薬品類，化粧品類その他の消耗品に該当するものであり，かつ，同一の非居住者に同一の販売場で同一の日に50万円以下であるものとされています。したがって，金，白金の地金など通常生活に供しないものは除かれます（消令18）。

問題2－1

次の各取引を，該当する区分にその番号を記入しなさい。

なお，特に指示がないものは国内取引として解答することとする。

① 法人が受ける所有株式に係る剰余金の配当
② 法人が受ける所有公社債投資信託に係る収益の分配金
③ 法人が行うゴルフ会員権の譲渡
④ 航空会社が受ける大阪・札幌間の航空運賃
⑤ 航空会社が受ける上海・香港間の航空運賃
⑥ 商社が工作機械を英国に輸出する取引
⑦ 郵便局が行う郵便切手の販売
⑧ 法人が行う住宅の貸付け
⑨ 法人が行うハワイの別荘の譲渡
⑩ 法人が行う備品による代物弁済

解答欄

取引の区分		番　　号
課税対象外取引		
課税対象取引	非課税取引	
	輸出免税取引	
	課税取引	

［2級・2問類題］

■注■

（1）リース取引は，次のように分類できます。

リース取引
- ファイナンス・リース取引
  - 所有権移転ファイナンス・リース取引
  - 所有権移転外ファイナンス・リース取引
- オペレーティング・リース取引

ファイナンス・リース取引とは，リース契約に基づくリース期間の中途において当該解約を解除することができないリース取引またはこれに準ずるリース取引（ノンキャンセラブル＝解約不能）で，借手が，当該契約に基づき使用する物件（リース物件）からもたらされる経済的利益を実質的に享受することができ，かつ，当該リース物件の使用に伴って生じるコストを実質的に負担する（フルペイアウト＝リースコストの全部負担）こととなるリース取引をいいます（会計基準5項）。このファイナンス・リース取引のうち，①所有権移転条項，②割安購入選択権及び③特別仕様物件のいずれかに該当する場合は「所有権移転ファイナンス・リース取引」に該当し，それ以外のファイナンス・リース取引が「所有権移転外ファイナンス・リース取引」になります。

（２）企業会計基準第13号「リース取引に関する会計基準」平成19年３月30日改正。

（３）国税庁質疑応答事例「賃借人における所有権移転外ファイナンス・リース取引の消費税法上の取扱い」。

（４）従来，物品切手は，物品引渡，役務提供及び物品貸付に係る請求権をいい，紙またはIC型を媒体としていましたが，平成22年改正により，これらのほかサーバ型前払式支払手段による代金決済手段の請求権も含まれることになりました。平成22年４月１日から適用されています。

（５）居住者とは，日本国内に住所を有し，又は現在まで引き続いて１年以上居所を有する個人をいいます（所法２条３号）。

（６）非居住者とは，居住者以外の個人をいいます（所法２条５号）。

第３章　課税期間と譲渡等の時期

第１節　課税期間

１．課税期間

消費税法における課税期間は，消費税の申告及び納税計算を行う計算対象期間の区切りとして重要な概念であり，個人事業者と法人とに区別し，次のように定められています。

（1）個人事業者の課税期間

個人事業者は，原則として暦年の１月１日から12月31日までの１年間としています（消法19①一）。しかし，税務署長へ課税期間について「消費税課税期間特例選択・変更届出書」を提出することで，この12カ月を，３カ月ごとに区切り，「１月から３月まで」，「４月から６月まで」，「７月から９月まで」および「10月から12月まで」の４つの課税期間に分割することができます（消法19①三）。さらに「毎月」とし，年間12区分の課税期間に分割することもできます（消法19①三の二）。これらを課税期間の特例といいます。

（2）法人の課税期間

法人は，法人税法に定める事業年度を有していますので，原則として事業年度を課税期間としています（消法19①二）。法人の事業年度は，法律上，自主的にその事業年度の期間を決定できますが，実務的には決算業務の事務負担が大きいため，一般的には12カ月を１事業年度とするものが多いのです。６カ月を単位とするものもあります。12カ月を１事業年度とする法人や６カ月を事業年度とする法人の場合には，個人事業者と同様に税務署長への届出書を提出することによって，事業年度を期首から「３カ月ごと」あるいは「１カ月ごと」に区切って課税期間の短縮をすることができます（消法19①四，四の二）。

２．課税期間短縮特例の目的

一般的に考えれば，納税は遅い方が望まれますが，課税される消費税額よりも課税仕入れに係る仕入税額の方が多い場合には，消費税が還付される場合があります。輸出専門の企業は，輸出免税のために課税される消費税額が発生せず，課税仕入れに係る仕入税額控除が発生し，恒常的（こうじょうてき）に還付が生じます。そのため，課税期間を短縮して申告することによって早期に還付を受けることができるのです。

「消費税課税期間特例選択・変更届出書」の効力発生は，届出日が属する短縮課税期間の翌課税期間からとされています（消法19②）。例えば，個人事業者が5月になって3カ月ごとの課税期間に短縮を行う場合には，6月末までに「消費税課税期間特例選択・変更届出書」を提出するとともに1月から6月までを課税期間とする消費税の申告書を提出し，届出書を提出した翌課税期間となる7月から3カ月を課税期間として，以後3カ月単位の課税期間となります。

第2節　資産の譲渡等の時期

1．資産の譲渡等の時期の基本的な考え方

消費税の課税標準を確定させるためには，資産の譲渡等がいつの課税期間に属する取引であるのか，課税時点を明確にさせることが必要です。しかし，消費税法は，「資産の譲渡等には，この法律により，消費税を課する。」（消法4）と表記するのみで，取引の帰属を明示する規定はありません。したがって，消費税法の課税標準（消法28）については解釈によることになりますが，消費税法基本通達によれば，この資産の譲渡等の時期について所得税法や法人税法と同様の考え方を採用しているものと解されます。

商品製品等の財貨については引渡しのあった日，運輸・通信サービスなどについては役務の提供を完了した日の属する課税時期に計上するものとしています。しかし，消費税は，所得税や法人税と異なり期間損益計算に基づく所得計算を行うものではなく，資産の譲渡等の行為のあった日の課税期間に計上するものとしています。

すなわち，消費税の場合には，棚卸資産は購入時の課税期間にすべてを計上し，固定資産についても購入時の課税期間に購入代価のすべてを計上します。これらの全額を取得時に仕入税額控除します。これに対して所得計算では，売上高に対する売上原価の計算を行い，期首棚卸高に当期仕入高を加算し，期末棚卸高を控除した売上原価を必要経費（損金の額）に計上します。固定資産はいったん資産に計上し，減価償却計算方法を通じて耐用年数にわたって必要経費（損金の額）に計上します。消費税の場合はこのような期間計算は行いません。

2．具体的な譲渡等の時期

資産の譲渡等の時期は原則として前述のとおりですが，このほか，リース譲渡に係る資産の譲渡等の分割計上（消法16），小規模事業者の現金主義計上など（消法18）の特例が定められています。具体的な資産の譲渡等の時期については，消費税法基本通達に例示されています。主なものを図表3－1に掲げます。

図表３－１　資産の譲渡等の時期

	資産等の区分	原則：譲渡等の時期	具体的な譲渡等の時期
①	棚卸資産（消基通９-１-１）	引渡しのあった日	出荷した日，相手方が検収した日などその棚卸資産の種類及び性質，契約の内容等に応じて合理的な日（継続適用）（消基通９-１-２）
②	委託販売による資産（消基通９-１-３）	委託品を受託者が譲渡した日	受託品販売の都度，あるいは週，旬，月など定期的に売上計算書を委託者へ送付してきている場合には，売上計算書の到着日（継続適用）
③	請負による資産（消基通９-１-５）	・引渡しを要する請負契約は引渡した日 ・引渡しを要しない請負契約は役務の提供の全部を完了した日	・目的物の全部を完成して相手方に引渡した日 ・役務の全部を完了した日
④	請負による建設工事等（消基通９-１-６）	作業を完了した日，相手方の受入場所へ搬入した日，相手方検収完了日等	建設工事等の種類及び性質，契約の内容等に応じて合理的な日（継続適用）
⑤	不動産の仲介あっせん料（消基通９-１-10）	売買等に係る契約の効力が発生した日	契約に係る取引の完了日（継続適用）又は金額の収受日
⑥	技術役務の提供（消基通９-１-11）	役務の提供の全部を完了した日	報酬の額が確定した日など
⑦	運送業における運送収入（消基通９-１-12）	役務の提供を完了した日	運送契約の種類，性質，内容等に応じ合理的な日，例えば，乗車券，乗船券，搭乗券等を発売した日，一(いち)航海を完了した日，期間の経過に応じて日割又は月割等，交互計算の配分額が確定した日など
⑧	固定資産（消基通９-１-13）	引渡しがあった日	契約の効力発生の日など
⑨	有価証券等（消基通９-１-17，17の２） ａ．株式等発行の場合 ｂ．株式等不発行の場合	 ａ．引渡しがあった日 ｂ．意思表示があった日	登録国債は名義変更の登録に必要な書類の引渡し等があった日（消基通９-１-17の３）
⑩	賃貸借契約に基づいて支払を受ける使用料等の額（消基通９-１-20）	支払を受けるべき日	契約に係争あるときは，解決してその使用料等の額が確定し支払を受けることとなる日
⑪	物品切手等の給付等（消基通９-１-22）	物品の給付等を行う時	
⑫	小規模事業者に係る資産（消法18①）	収入した日及び支出した日	個人事業者で小規模事業者（前々年分の不動産所得及び事業所得の合計金額が300万円以下の者（所令195））に限定して適用

第４章　課税標準及び税率

1．国内取引に係る課税標準

国内取引に係る課税標準は，資産の譲渡等の対価として収受する金額から消費税等相当額を控除した金額です（消法28①）。

課税標準＝資産の譲渡等により収受する金額－消費税等相当額

すなわち，得意先から受領した売上代金の総額を税込み金額と考えて，この金額から消費税等相当額を控除した税抜き金額を課税標準とします。この対価として収受する金額とは「収受した金額又は収受すべき一切の金銭，金銭以外の物，権利，その他経済的な利益をいい，譲渡先から受領する一切の金銭等の対価」のことです。この場合，金銭以外の物や権利を取得，経済的利益を享受した時の時価によって課税標準とします（消令45②）。

なお，一般的な資産の譲渡等以外に生じる行為の対価の額は，それぞれ取引形態によって図表４－１に定める金額としています（消令45）。

図表４－１　取引形態による対価の額

	取引形態	みなし対価の額
①	代物弁済による資産の譲渡等	原則：代物弁済により消滅する債務の額 特例：代物弁済により譲渡される資産の価額＝債務金額＋債務を超える金額で支払を受ける金額
②	負担付き贈与による資産の譲渡	負担付き贈与に係る負担の価額に相当する金額
③	金銭以外の資産の出資	出資により取得する株式（出資を含む）の取得の時における価額に相当する金額
④	資産の交換	原則：交換取得資産の時価相当額 特例：交換取得資産の時価相当額＋交換差金の受取額 交換取得資産の時価相当額－交換差金の支払額
⑤	法人課税信託資産の移転	受益者の資産が信託資産に移転したときの時価相当金額

2．無償又は著しく低い価額による譲渡

事業者は，事業上で取り扱っている資産を事業目的以外で，無償あるいは著しく低い価額で譲渡することがあります。例えば，個人事業者が棚卸資産などを無償あるいは著しく低い価額で家事のために譲渡する，あるいは，法人がその役員のために同様の行為をすることなどです。この

場合，本来，収受すべき資産等の対価を受け取っていないので，原則として譲渡の時の時価を対価の額とみなして課税標準とします（消法28①②，消基通10-１-１）。

この時価よりも低い金額の取引について「著しく低い価額」とは，①その資産の仕入価額未満の取引，及び②通常他に販売する価額のおおむね50％相当額未満の取引，に該当するものとしています（消基通10-１-２）。反対にいえば，この要件を２つとも満たしている場合には，通常よりも低い価額であってもその取引価額を課税標準とすることが認められるのです。

しかし，無償取引の場合には，原則として「時価」を課税標準とするのであって，消費税計算上，著しく低い価額に該当しないような金額で処理して確定申告をした場合には，その価額を課税標準とすることができるのです（消基通10-１-18）。

３．輸入取引に係る課税標準

輸入取引に係る課税標準は，課税貨物の関税課税価格（通常はC.I.F価格＊）に消費税以外の個別消費税額及び関税額の合計額です（消法28③）。

課税標準＝関税課税価格＋消費税以外の個別消費税額＋関税額

＊貿易取引における価格には，C.I.F価格とF.O.B価格とがあります。
C.I.F（Cost, Insurance and Freight）価格とは，商品本体価格のほか運賃及び保険料を含んだ取引価額，F.O.B（Free on Board）価格とは，商品本体価格のみの取引価額のことです。

４．税率

消費税法は，昭和63年12月に成立し，平成元年４月１日から施行されました。このとき消費税は国税としての税金で，税率は３％でした。この税率は，所得税のように所得金額が増加すると税率が高くなる超過累進税率と異なり，課税標準の金額の多寡にかかわらず一律の税率で比例税率となっています。その後，平成６年11月の改正において，地方分権に伴う財源委譲などのため，国税としての消費税の税率を４％にするとともに，都道府県税としての地方消費税を創設し１％とされ，平成９年４月１日から一般的には５％として適用されていました。平成26年４月からは消費税6.3％，地方消費税1.7％になり，さらに，令和元年10月１日から複数税率制度が導入され，標準税率は消費税7.8％，地方消費税2.2％，軽減税率は消費税6.24％，地方消費税1.76％として同年10月１日から適用されています。そこで「消費税等」と呼び「等」には地方消費税の意味が含まれています。正確には，都道府県税としての地方消費税は，国税の消費税を課税標準として計算されます。実際の消費税等申告書の税額計算では，まず，国税として消費税額を算出したのち，消費税額の千円未満を切り捨てて課税標準とし，その金額に地方消費税率を乗じて算出します。これを合計し，一括して国へ申告納税します。

消費税及び地方消費税率	適用時期
消費税率等８％＝消費税6.3%＋地方消費税1.7%	**平成26年４月１日施行** **令和元年10月１日以後は経過措置に適用**
消費税率等10%＝消費税7.8%＋　地方消費税2.2%	**令和元年10月１日から施行**
軽減消費税率等８％＝消費税6.24%＋　地方消費税1.76%	**令和元年10月１日から施行**

一括して国に納付された消費税等のうち地方消費税額は，次の指標によって国から都道府県に清算され，さらに清算後，税収の$\frac{1}{2}$が市町村へ配分されます（地方税法72の114，115）。

図表４－２　地方消費税の清算基準

	国から都道府県への清算基準	ウエイト
（１）	「小売年間販売額（商業統計）」と「サービス業対個人事業収入額（経済センサス活動調査）」の合計額	50%
（２）	「人口（国勢調査）」	50%

（注）国から都道府県への清算基準は，上記のほか「従業員数（事業所・企業統計）」も用いられていましたが，平成30年４月１日以後は上記の２基準に改定されました（「平成30年度　改正税法のすべて」）。

	都道府県から市町村への清算基準	
（１）	引上分（*1）の2.2%	所定額の全額を「人口（国勢調査）」
（２）	従来分（*2）の１％	所定額の$\frac{1}{2}$を「人口（国勢調査）」 所定額の$\frac{1}{2}$を「従業員数（経済センサス活動調査）」

（*1）引上分とは，平成９年地方消費税が創設された当時の地方消費税１％に対して，今回の改正で10%のうち2.2%が地方消費税となったのでその差額1.2%をいい，社会保障財源となります。

（*2）従来分というのは，平成９年に地方消費税が創設されたときの１％をいい，一般財源となります。所定額とは，地方消費税額を各都道府県間で調整した後の税額をいいます。

消費税等は５％で実施されてきましたが，平成24年８月改正によって先行的に消費税率の引き上げが決定され，平成26年４月１日から８％（国63%，地方1.7%）で実施され，さらに平成27年10月１日から10%（国7.8%，地方2.2%）となる予定でした（「社会保障の安定財源を図る税制の抜本的な改革を行うための消費税法の一部を改正する等の法律」平成24年８月10日成立）。そのため，地方消費税は「消費税額×$\frac{22}{78}$」として計算します。そしてこの消費税率の引き上げに当たって，種々の経済指標を確認して経済状況等の好転につき総合勘案して実施することが求められていました（同法附則18条）。しかし，安倍晋三内閣は，平成26年11月18日に経済状況等を勘案して27年10月に予定されていた消費税率10%への引き上げを18カ月延期（平成29年４月実施）することとしましたが，さらに延期し，令和元年10月１日から実施されています。それと同時に，飲食料品等に対する軽減税率制度が導入されたので，資産の譲渡等の当該取引が標準税率対象のものか，軽減税率対象のものか，請求書や帳簿に区分して記載することが必要となりました。これは「区分記載請求書等保存方式」といわれています。さらに，令和５年10月１日からは，適格請求書等保存方式（いわゆるインボイス方式）に変更されることになっています。

改正前		平成26年４月実施		平成27年10月　延期	再延期	令和元年10月１日施行
消費税５％	→	８％消　費　税　6.3% 地方消費税　1.7%	→	10％消　費　税　7.8% 地方消費税　2.2%	――→	標準税率　10％ 軽減税率　８％
（帳簿方式）		（帳簿方式）				（区分記載請求書等保存方式）

（注：令和５年10月１日からインボイス方式の施行を予定）

また，政府は引き上げに伴う課題を解消するよう，個人識別番号制度の導入，低所得者への配慮，複数税率の導入，中小企業者の事務負担などさまざまな問題について施策を実施しています。

改正前の消費税収は，所得税や法人税の税収と同じく一般財政収入とされており特に支出への制約はありませんでしたが，消費税法の一部改正によって，消費税収は，地方交付税，年金，医療及び介護の社会保障給付，少子化の施策経費に充てるものと定められて目的税とされました（改正消費税法１条）。

５．軽減税率

消費税率は，従来の８％税率から10％に引き上げられ令和元年10月１日から施行されました。これに伴い低所得者対策として次の資産の譲渡等について軽減税率制度が適用されます（「平成28年度　改正税法のすべて」758ページ）。

（１）定期購読新聞等

一定の題号を用い，政治，経済，社会，文化等に関する一般社会的事実を掲載する新聞のうち週に２回以上発行され，かつ，の定期購読契約に基づく譲渡。

したがって，コンビニエンスストア等での店頭販売や電気通信利用役務の提供に該当するインターネットなどデジタル配信する電子版の新聞は軽減税率が適用されません。

（２）人の飲用又は食用に供される食品（食品表示法に規定する食品）

次に掲げる飲食料品のうち，アルコール１度以上の酒類，医薬品，医薬部外品，再生医療等の製品及び外食は除かれます。

① 米穀・野菜・果実などの農作物，食肉・生乳・食用鶏卵などの畜産物，魚類・貝類・海藻類などの水産物

② めん類・パン類・菓子類・調味料・飲料等，その他製造又は加工された食品

③ 食品衛生法に規定する添加物

④ 食品と食品以外の資産が一体として販売されるもの（一体資産）で，価額１万円以下かつ食品に係る価額の割合が３分の２以上のもの

（３）上記（２）のうち，軽減税率が適用されない飲食料品

① 飲食店業等を営む者が，テーブル・椅子・カウンター等の飲食に用いられる設備のある場所で飲食料品を飲食させる役務の提供（いわゆる外食のことをいい，持ち帰り容器に入れ又は

包装して行う譲渡は軽減税率が適用されます。）

② 顧客が指定した場所で行う加熱，調理又は給仕等の役務を伴う飲食料品の提供（いわゆるケータリング，出張料理のことをいい，一定の要件を満たした有料老人ホーム，サービス付高齢者住宅，義務教育学校，夜間高等学校，特殊支援学校及び幼稚園の施設が提供する飲食料品や給食のうち同一の日に同一の者に対する提供の対価（税抜き）が一食につき640円以下で，かつ，一日の累計額が1,920円以下に達するまでのものは，軽減税率が適用されます。）

上述したように軽減税率の導入によって，同じ資産の譲渡等であっても標準税率が適用されるものと軽減税率が適用されるものがあります。実務的にはかなり複雑となりますので，表に対比して具体的なものを述べます。

図表４－３　軽減税率と標準税率の適用対象となる資産の譲渡等の例

	軽減税率の適用対象	標準税率の適用対象
(1) 定期購読新聞	・朝日新聞，産経新聞，日本経済新聞，毎日新聞，読売新聞をはじめ各地方新聞や業界新聞，その他日本語以外の新聞等で上記の条件に該当する新聞	・駅の売店やコンビニ店での店頭販売新聞は，左と同じ新聞であっても定期購読契約ではないので標準税率 ・電気通信利用役務の提供，インターネットなどデジタル配信による定期購読契約の情報は標準税率
(2) 飲食料品及びその譲渡の範囲	・ミネラルウオーター，炭酸水等の飲料水，飲料水 ・家畜の枝肉 ・食用の生きた魚 ・食品売場で購入するペット用の生肉・生魚 ・飲食料品の通信販売 ・コーヒーの生豆，焙煎豆の販売（コーヒーチケットの販売は不課税） ・販売に附帯して通常必要な包装材料等で無償のもの ・入園者が収穫した果物等の有償販売（潮干狩り，釣り堀，果樹園） ・飲食料品に係る販売奨励金 ・医薬品等（医薬品，医薬部外品，再生医療等製品をいう）に該当しない栄養ドリンク ・食品添加物として販売される金箔，食用の重曹，炭酸ガス ・人の飲食用に供される種子等（もみ，松の実，南瓜の種） ・加塩した料理酒等，みりん風調味料 人の飲用又は食用に供される食品（食品表示法に規定する食品） ・自動販売機での飲食料品	・水道水，ドライアイス，保冷用の氷 ・肉用牛，食用豚，食鳥等生きた家畜 ・観賞用の熱帯魚，錦鯉等の魚（ペットショップ等で販売されているもの） ・家畜の飼料，ペットフード ・食品のみのカタログギフトの販売 ・他者から受託したコーヒー生豆の焙煎等の加工料 ・別途対価を定めている飲食料品用の包装材料等 ・果樹園等への果物狩り等の入園料，飲食料品土産付きバスツアー料金 ・飲食料品の販路拡大などの役務の対価 ・医薬品等に該当する栄養ドリンク ・清掃用として販売される重曹 ・人の飲用に供されない苗木，種子等（種もみ，果物の苗木，栽培用植物及びその種子） ・アルコール分1度以上のみりん，製菓用リキュール，料理酒等を含む酒類

(3) 外食の範囲	・飲食店等での持ち帰り購入又はテイクアウト ・レストランへの食材の販売	・レストラン，喫茶店，食堂（社員・学生食堂を含む）フードコート内での飲食品の提供（飲食店等でのセルフサービスによる飲食・立ち食い形式の飲食を含む）
	・従業員専用のバックヤードで飲食する従業員が購入する飲食料品	・コンビニエンスストアやスーパーマーケットのイートインスペース，休憩スペース等で飲食する飲食料品の販売
	・列車，航空機内等の売店，移動ワゴン等における飲食料品の販売	・列車内，航空機内等での食堂施設における食事の提供 ・座席等で飲食させるための飲食メニューによる顧客の注文に応じて提供するもの又は事前予約を取って提供するもの ・カラオケボックスでの飲食料品の提供
	・映画館の売店での飲食料品の販売	・映画館の売店のそばにテーブル・椅子を設置してその場で飲食する場合の飲食料品の提供
	・宿泊施設等の客室に備えられた冷蔵庫内の飲食料品の販売	・宿泊施設等の宴会場，会議室等における飲食料品の提供，又はルームサービス
	・遊園地内の売店での飲食料品の販売（食べ歩き用，点在するベンチでの飲食） ・屋台の場所に飲食設備のない場合の飲食料品の提供又は他の者が設置飲食設備等で誰でも使用することのできる場合の屋台の飲食料品の提供	・遊園地内の売店が設置する飲食設備で飲食させるための飲食料品の販売 ・飲食業者が設置する飲食設備のある屋台，フードイベントでの飲食料品の販売又は他の設置者から使用許可等を受けている設備等での飲食料品の提供
(4) ケータリングの範囲	・出前，宅配などの飲食料品の配達（弁当，飲料類の宅配を含む） ・社内会議室への飲食料品の配達	・相手方が指定した場所で行う加熱，調理又は給仕等の役務を伴う飲食料品の提供（いわゆるケータリング・出張料理をいう）。この役務の提供には，①盛り付け，②器の配膳，③取り分け用の食器等を飲食に適する状態に配膳等を行う場合を含む

問題４－１

甲株式会社は課税事業者で，課税期間（自令和２年４月１日　至令和３年３月31日）における取引等（一部）の状況は次の【資料】のとおりである。これに基づきこの課税期間の課税標準額，課税標準額に対する消費税額，及び消費税額の調整額について計算過程を示して計算しなさい。この調整額は消費税額に加算（＋）又は減算（－）であるか（　）の中に記号を記入しなさい。

なお，取引はすべて消費税及び地方消費税込みの金額により処理されている。

【資料】

（１）当期商品売上高の状況は，次のとおりである。

①　輸出免税となる売上高	16,200,000円
②　国内における課税売上高	342,233,000円
	（うち飲食料品　120,960,000円）
③　国内売上高における売上値引・戻り高（飲食料品以外）	2,037,000円

（２）事業用備品Ａ（帳簿価額200,000円）を売却　300,000円

（３）ゴルフ場利用株式の有価証券（帳簿価額6,000,000円）を売却　6,800,000円

（４）償却債権取立益（前々期に貸倒処理済み）の領収額　285,000円
（５）土地（帳簿価額40,000,000万円）を売却　50,000,000円

解答欄

区分及び金額	計　算　過　程
１．課税標準額 ① 　　円	１．課税標準額の計算 ① 当期商品売上高　軽減税率 　　円 標準税率 　　円 ② 事業用備品Ａ 　　円 ③（　　　　） 　　円 ａ．軽減税率 　　円 × ―― ＝ 　　円 ｂ．標準税率 　　円 × ―― ＝ 　　円 ④ 合　計 　　円 （ 　　円未満切り捨て）
２．課税標準額に対する消費税額 ② 　　円	２．課税標準額に対する消費税額の計算 ａ．軽減税率 　　円 × 　　％ ＝ 　　円 ｂ．標準税率 　　円 × 　　％ ＝ 　　円 合　計 　　円
３．課税標準額に対する消費税額の調整額 ③ 　　円	３．課税標準額に対する消費税額の調整額の計算（貸倒回収に係る消費税額の計算：旧税率） 　　円 × ―― ＝ 　　円

［２級・４問類題］

第５章　課税仕入と税額控除

第１節　仕入税額控除の意義と概要

１．仕入税額控除の概要

消費税法は，課税売上高に係る消費税額から，課税仕入高に係る消費税額を控除して，納税すべき消費税を算定します（消法30①）。この控除する消費税額のことを「控除対象仕入税額」といいます。この計算方法には，本則計算及び簡易課税制度とがあります。本則計算は，個々の課税仕入取引に係る消費税額を集計して控除額を算出します。この場合，「資産の譲渡等の金額」に非課税取引があるときは，課税売上割合を計算します。

本則計算の仕入税額控除額は，従来，課税売上割合が95%以上は全額，95%未満は課税売上高に対応する部分としてきました。ところが課税売上割合95%以上の場合に全額控除すると，本来控除すべきでないものまで控除して消費税等の納税額が減少します。これは益税を与えていることになるので，大企業については，原則的な計算に改正したのです。平成23年改正によって，仕入税額控除額の計算は３つに区分して適用することになりました（平成24年４月以後開始する課税期間から適用）。

(a)　課税売上高５億円超の場合には，課税売上割合が95%以上であっても，課税売上に対応する部分について仕入税額を控除します。

(b)　課税売上高５億円以下で課税売上割合が95%以上の場合には，仕入税額を全額控除します。中小企業における事務負担の軽減と簡素化のため，全額控除を存続しました。

(c)　課税売上割合が95%未満の場合には，従来どおり，課税売上に対応する部分の仕入税額を控除します。

なお，(a) 及び (c) の場合は，課税売上に対応する部分の仕入税額を控除するのですが，この計算には個別対応方式と一括比例配分方式とがあります。また，基準期間の課税売上高5,000万円以下の事業者は，本則計算のほか，選択的に簡易課税制度が適用できますので，仕入税額控除の計算は，図表５－１のように区分されます。

また，一定の固定資産を購入したことによって課税売上割合が著しく変動した場合，業務用の固定資産を非業務用に転用した場合，反対に非業務用のものを業務用に転用した場合などには，仕入税額控除の調整を図ることにしています。これらの仕入税額控除の特例については，第２節で述べます。

図表５－１　仕入税額控除

<table>
<tr><th colspan="3">事　業　者　の　区　分</th><th>控除額の計算方式</th></tr>
<tr><td rowspan="4">仕入税額控除</td><td rowspan="3">本則計算</td><td>(b) 課税売上高５億円以下で課税売上割合95％以上</td><td>全額控除</td></tr>
<tr><td rowspan="2">(a) 課税売上高５億円超の場合又は (c) 課税売上割合95％未満の場合には，選択適用</td><td>個別対応方式</td></tr>
<tr><td>一括比例配分方式
２年間継続適用</td></tr>
<tr><td>簡易課税制度</td><td>事業区分による
（基準期間の課税売上高５千万円以下に適用）</td><td>みなし仕入率
原則２年間継続適用</td></tr>
</table>

２．課税仕入れの対象

（１）課税仕入れと仕入税額控除の意義

課税仕入れとは「事業者が，事業として他の者から資産を譲り受け，若しくは借り受け，又は役務の提供を受けることをいう」とし，役務の提供から給与等を除くものと定めています（消法２①十二）。一般的な言い方をすれば，原材料や商品の仕入，営業経費の支払のうち運送費，水道光熱費，消耗品費，車両や建物の取得など「事業として他の者から」購入するために支出する金額です。

個人事業者が家事消費又は家事使用する際の，例えば，住宅専用の建物，自家用家具や家電製品の購入は，事業として使用するものではないので，課税仕入れには該当しません（消基通11-１-１）。しかし，個人事業者は，例えば，店舗と住宅を一体化した建物を購入し，事業用と居住用に共用することがあります。その場合には，当該建物の対価の支払額を「資産の消費又は使用の実態に基づく使用率，使用面積割合等の合理的な基準」によって課税仕入れを算定するものとしています（消基通11-１-４）。

一方，取引の相手方が「他の者」であれば，課税事業者はもちろん免税事業者や事業者以外の個人（消費者）からの仕入れであっても課税仕入れとなります。例えば，自動車販売店が個人から中古自動車を仕入れる場合であっても課税仕入れの対象となり，仕入税額控除ができます（消基通11-１-３）。

この点，ヨーロッパ型のインボイス方式による仕入税額控除の場合には，免税事業者や個人からの仕入れについて税額控除ができないので，わが国の帳簿方式による問題点として指摘されていますが，令和５年10月１日からわが国もインボイス方式（適格請求書等保存方式）が導入されます。

この課税仕入れの基礎となる「課税仕入れに係る支払対価の額」とは，いわば課税対象となる商品製品等の仕入れや諸経費の代金をいい，「対価として支払い，又は支払うべき一切の金銭又は金銭以外の物若しくは権利その他経済的な利益の額」と定めています（消法30⑥）。

（２）課税仕入れとならないものと類似の概念

一方，事業者において必要な経費である給与等は「役務の提供」の対価ですが，規定上，除かれていますので，仕入税額控除の対象にはなりません。例えば，次のようなものが代表的ですが，類似のもので課税仕入れに該当するものもありますので，注意が必要です。

①　給与等（課税対象外）

給与等を対価とする役務の提供（給与所得（所法28①））は，課税仕入れには含まれません。具体的には，俸給，給料，賃金，歳費，賞与，退職金，年金などがこれに該当します（消法2①十二，消基通11-1-2）。

②　出張旅費，宿泊費，日当等（課税仕入）

役員や使用人の業務上の出張旅費，宿泊費，日当等については，その旅行について通常必要であると認められる部分の金額は，課税仕入れに係る支払対価に該当するものとしています（消基通11-2-1）。

③　通勤手当（課税仕入）

役員や使用人のうち通勤者のために支給する通勤手当については，その通勤に通常必要であると認められる部分の金額は，課税仕入れに係る支払対価に該当するものとしています（消基通11-2-2）。

問題5－1

甲株式会社は課税事業者で，令和2年4月1日から令和3年3月31日までの課税期間における取引等（一部）の状況は次の【資料】のとおりである。これらの取引内容から考えて，課税仕入高に係る仕入控除税額を，計算しなさい。

なお，取引金額はすべて税込みで処理されている。

【資料】

（1）従業員給料手当のうち987,000円は，通勤手当（実額）である。

（2）福利厚生費3,737,000円の内訳は，次のとおりである。

①	甲株式会社負担分の社会保険料	3,361,000円
②	従業員慰安のためのレストランでの忘年会費用	256,000円
③	従業員の慶弔に伴う祝い金，香典等	120,000円

（3）商品荷造運送代の内訳は，次のとおりである。

①	輸出免税の対象となる売り上げに係る国際運賃	223,000円
②	国内課税売上に係る国内運賃及び荷造費	1,645,000円

（4）旅費交通費1,893,000円のうち267,000円は，海外出張費である。

（5）通信費1,436,000円のうち195,000円は，海外取引先との国際通信費である。

（6）接待交際費の内訳は，次のとおりである。

①	取引先接待のためレストランやホテルでの飲食費	617,000円	
②	取引先接待のためのゴルフプレー費	408,000円	（ゴルフ場利用税12,000円を含む。）
③	取引先に贈呈したビール券の購入費	350,000円	
④	取引先接待のための国内旅行費用	315,000円	（入湯税2,400円を含む。）
⑤	取引先の慶弔に伴う祝い金，香典等	160,000円	
⑥	取引先への中元・歳暮（すべて飲食料品）	108,000円	

（7）寄附金のうち235,000円は，某大学研究室に寄贈したOA機器の購入費である。

解答欄

課税仕入れに該当する勘定	標準税率課税仕入れ金額	軽減税率課税仕入れ金額
（１）従業員給料手当	円	
（２）福利厚生費	円	
（３）商品荷造運送費	円	
（４）旅費交通費	円	
（５）通信費	円	
（６）接待交際費	円	円
（７）寄附金	円	
（８）{（１）～（７）の合計}	a.　円	b.　円

仕入税額控除の計算

a.　円	×	――	=	円
b.　円	×	――	=	円
合　　計				円

［２級・４問類題］

３．本則計算

消費税法の定める基本的な仕入税額控除の計算方法を，ここでは「本則計算」といいます。この計算方法は，すべての取引の中から「課税仕入れ取引」及び「保税地域から引き取る課税貨物の取引」を抽出し，そこに含まれている消費税額を算出して仕入税額控除します（消法30①）。

４．簡易課税制度

これに対して簡易課税制度による仕入税額控除の計算方法は，課税売上高の金額に基づいて，事業の種類に応じた一定の割合で仕入税額控除の金額を計算します（消法37）。そのため，消費税の納税額が簡単に計算できることから「簡易課税制度」といわれます。第３節において詳しく述べます。

５．課税売上割合

仕入税額控除の金額の計算方式は，図表５－１に示したように課税売上割合によって異なります。この課税売上割合とは，「資産の譲渡等」に対する「課税資産の譲渡等」の割合であり，返品値引きの額は除かれます。したがって，非課税取引がなければ課税売上割合は100％となり，非課税取引が大きければ「割合は小さく」算出されます。仕入税額控除の計算上，課税売上割合が95％以上である場合には，課税売上高５億円超の事業者を除いて，仕入税額の全額を控除するものとし，課税売上割合が95％未満である場合には課税売上割合に応じて仕入税額を計算して控除します（消法30①，②，⑥）。この課税売上割合の算式は，①式のとおりです。この算式の項目を分解すると，さらに②式及び③式のように展開できます。

なお，平成26年改正によって，金銭債権となっているものを譲渡した場合には，その譲渡に係る対価の５％相当額を「資産の譲渡等の対価の額」に算入することとされました。

①式　課税売上割合 ＝ $\dfrac{\text{課税資産の譲渡等の対価の金額（税抜き）}}{\text{資産の譲渡等の対価の金額（税抜き）}}$

②式　課税売上割合 ＝ $\dfrac{\text{課税取引＋免税取引}}{\text{資産の譲渡等の対価の金額（税抜き）}}$

③式　課税売上割合 ＝ $\dfrac{\text{課税取引＋免税取引}}{\text{課税取引＋免税取引＋非課税取引}}$

（注）売上の返品・値引きに係る対価の返還の金額の合計額は除く。

問題５－２

乙株式会社は課税事業者で，令和２年４月１日から令和３年３月31日までの課税期間における取引等（一部）の状況は次の【資料】のとおりである。これに基づき課税売上割合の算式を示しなさい。

なお，取引はすべて消費税及び地方消費税込みの金額により処理されている。

【資料】

（１）当期の売上高の状況は，次のとおりである。

①　国内における課税売上高（軽減税率対象分なし）	276,326,000円
②　国内課税売上高に係る売上値引・戻り高（当期売上分）	1,706,400円
③　輸出免税となる売上高	13,300,000円
（２）受取利息及び配当金（うち受取利息82,000円）	382,000円
（３）償却債権取立益（前々期に貸倒処理済み）の領収額	250,000円
（４）有価証券の売却（ゴルフ場利用株式等に該当しない）	
帳簿価額5,600,000円を5,000,000円で売却し売却損	600,000円
（５）固定資産の売却	
備品Ａ：帳簿価額200,000円を120,000円で売却し売却損	80,000円
土地：帳簿価額38,350,000円を35,000,000円で売却し売却損	3,350,000円

解答欄

１．課税売上高

（１）国内売上高

①　国内課税売上高　［　　　　円］

②　［　　　　］　［　　　　円］

③　（①＋②）×［——］＝［　　　　円］

④　売上に係る対価の返還等の金額

［　　　　円］× $\frac{100}{110}$ ＝［　　　　円］

（２）輸出売上高　［　　　　円］

（３）課税売上高合計（③－④＋（２））　[　　　　円]

２．非課税売上高

①　受取利息　[　　　　円]

②　[　　　　]　[　　　　円]

③　有価証券売却高

[　　　　円] × [　　%] ＝ [　　　　円]

④　非課税売上高合計（①＋②＋③）　[　　　　円]

３．課税売上割合

$$\frac{[\quad\quad 円]}{[\quad\quad 円]+[\quad\quad 円]} = [0.\quad\quad]$$

［２級・４問類題］

６．個別対応方式

課税売上高５億円超及び課税売上割合が95％未満の事業者における仕入税額控除の計算には，個別対応方式と一括比例配分方式とがあります。個別対応方式では，課税仕入れに係る消費税額を次の３つに分類します（消法30②一）。

①　課税資産の譲渡等にのみ要するもの

②　課税資産の譲渡等以外にのみ要するもの

③　課税資産の譲渡等及びその他の資産の譲渡等の両者に共通するもの

仕入税額控除の計算は，①課税資産の譲渡等にのみ要する仕入税額と，③両者に共通にする仕入税額に課税売上割合を乗じた金額，との合計額を仕入税額控除の金額とします。

仕入税額控除 ＝ 課税資産の譲渡等にのみ要する課税仕入れに係る消費税額 ＋ 共通課税仕入れに係る消費税額 × 課税売上割合

７．一括比例配分方式

これに対して一括比例配分方式は，課税仕入れに係る消費税額の合計額に課税売上割合を乗じて計算した金額を仕入税額控除の金額とする簡便計算です（消法30②二）。しかし，この計算方法を適用した場合には，申告書にその旨を表記し，２年間継続して適用しなければならないという制約があります。また，一括比例配分方式は，簡便である反面，個別対応方式に比較して控除額が少なくなるという計算上の不利益があります。

仕入税額控除＝すべての課税仕入れに係る消費税額×課税売上割合

問題５－３

課税事業者Ｘは，課税売上割合が恒常的に85％程度になることが予想されたので，課税仕入れの計算方法として個別対応方式又は一括比例配分方式のいずれにすべきか，事務的な煩雑性と簡便性を含めて検討するため，令和２年４月１日から令和３年３月31日までの課税期間の関係事項を調査した。その結果，次の資料を得られた。資料に基づき，解答欄の計算過程を示しながら，個別対応方式及び一括比例配分方式に基づいて控除対象仕入税額を計算しなさい。

なお，調査した金額は税込み処理によるものである。

【資料】

（１）光上高収入等の内訳

①	製品の国内売上高（軽減税率適用分なし）	220,000,000円
②	作業くずの売却代	5,500,000円
③	居住用住宅の賃貸料	47,500,000円
④	製品の輸出売上高	36,482,000円
⑤	受取利息	218,000円
⑥	受取配当金	1,200,000円

（２）仕入高支出等の内訳

①	製品の原材料仕入高	74,800,000円
②	製品の国内販売に係る荷造運送費	2,900,000円
③	製品の輸出に係る海外での荷造運送費	1,800,000円
④	住宅貸付の管理会社への委託費用	1,512,000円
⑤	輸出及び貸家に関する保険料	600,000円
⑥	その他資産の譲渡等に係る課税仕入高（軽減税率適用分なし）	25,515,000円

（この課税仕人高は，課税資産の譲渡等及びその他の資産の譲渡等に共通して要するものである。）

解答欄

１．課税売上割合

（１）国内課税資産の譲渡等

① 製品の国内売上高　　［　　　　］円

② ［　　　　］　　［　　　　］円

③ （①＋②）×［――］＝［　　　　］円

（２）製品の輸出売上高　　［　　　　］円

（３）課税資産の譲渡等　③＋（２）　　［　　　　］円

（４）非課税資産の譲渡等

① 居住用住宅の賃貸料　　［　　　　］円

② ［　　　　］　　［　　　　］円

③ ①＋②　非課税合計　　［　　　　］円

（５）課税売上割合

$$\frac{[\quad\quad]円}{[\quad\quad]円 + [\quad\quad]円} = [0.\quad\quad]$$

２．控除対象仕入税額

（１）課税資産の譲渡等にのみ要するもの

① 製品の原材料仕入高　［　　　　円］

② ［　　　　］　［　　　　円］

③ （①＋②）×［――］＝［　　　　円］

（２）その他の資産の譲渡等にのみ要するもの

［　　　　円］×［――］＝［　　　　円］

（３）課税資産の譲渡等とその他の資産の譲渡等に共通して要するもの

［　　　　円］×［――］＝［　　　　円］

３．個別対応方式による控除対象仕入税額

［　　　　円］＋［　　　　円］×（［　　　　円］／（［　　　　円］＋［　　　　円］））＝［　　　　円］

４．一括比例配分方式

{［　　　　円］＋［　　　　円］＋［　　　　円］}×（［　　　　円］／（［　　　　円］＋［　　　　円］））＝［　　　　円］

8．仕入税額控除の適用要件

（1）帳簿等の記帳及び保存

消費税法創設当初，仕入税額控除の適用要件としては「帳簿又は請求書等」と規定され，その意味するところは，帳簿あるいは請求書等のいずれかを保存しなければならないものとしていました。ところが平成６年11月の改正において，この要件を「帳簿及び請求書等」と強化し，帳簿も請求書等もいずれも保存が必要とされ，平成９年４月１日から適用されています。

改正後，本則計算で仕入税額控除をする場合は，適用要件としてその課税仕入に係る「帳簿及び請求書等」を保存していなければなりません。これらの帳憑（ちょうひょう）を保存しない場合には，仕入税額控除を適用しないことと定めています（消法30⑦）。さらに帳簿及び請求書等の記載事項についても厳格に法定されており，実務上，仕入税額控除の重要な要件となっています（消法30⑧⑨）。しかし，帳簿等の保存に関して，災害その他やむを得ない事情により，保存をすることができなかったことを事業者が証明した場合には，仕入税額控除を適用できるものとしています（消法30⑦）。

したがって，仕入税額控除の基本的な条件として取引の事実を示す請求書等が保存されており，それらに基づく記帳が行われていることが重要なのです。しかし，社会での取引には請求書や領収書を受領できない場合もありますので，帳簿及び請求書等の記載について，３万円未満の少額取引や再生資源卸売業者等における仕入れの場合など，次のような例外規定が設けられています（消令49）。

①　少額取引の仕入税額控除

取引金額が少額の場合には，帳簿の保存のみでも仕入税額控除が認められます（消令49①)。すなわち，（イ）１回の取引時の支払額が３万円未満の少額である場合には，請求書等がなくてもレシートや支払明細書によってその内容を明確に記帳し，仕入税額控除が認められます。例えば，電車代やバス代の支払い，自動販売機での購入などです。（ロ）３万円以上であっても，請求書等の交付を受けなかったことにつきやむを得ない場合には，帳簿に記載し保存されていれば仕入税額控除できます。

②　再生資源卸売業者等における取引の仕入税額控除

再生資源卸売業者，いわゆる「古新聞・古雑誌・ぼろ布など」を回収する事業者は不特定多数の人々から仕入れることになりますので，仕入れの相手方の氏名又は名称をいちいち把握することは困難です。このような不特定かつ多数の者から課税仕入れを行う事業で再生資源卸売業者に準ずるものに係る課税仕入れについては，相手方の氏名又は名称を省略することができます（消令49②)。

③　市場からの取引の仕入税額控除

卸売市場においてセリ売又は入札の方法により行われる課税仕入れ，その他の媒介又は取り次ぎに係る業務を行う者を介して行われる課税仕入れについては，相手方の氏名又は名称に代えて，例えば，「○○青果市場」など媒介又は取り次ぎを行う者の氏名又は名称とすることができます（消令49③)。

（２）帳簿等の記載内容

帳簿等の記載内容は，国内取引の課税仕入れと輸入取引の課税貨物の引取りに区別して定めています（消法30⑧)。

Ａ）国内取引

国内取引の課税仕入れに係る帳簿には，次に掲げる４項目の記載を要求しています。

①　課税仕入れの相手方の氏名又は名称

②　課税仕入れを行った年月日

③　課税仕入れに係る資産又は役務の内容（課税仕入れが軽減対象資産に係るものである場合は，資産の内容及び軽減対象資産である旨）

④　課税仕入れに係る支払対価の額（消費税額及び地方消費税に相当する額を含む。）

Ｂ）特定課税仕入れ取引

①　特定課税仕入れの相手方の氏名又は名称

②　特定課税仕入れを行った年月日

③　特定課税仕入れの内容

④　特定課税仕入れに係る支払対価の額

⑤　特定課税仕入れに係るものである旨

Ｃ）輸入取引

保税地域から引き取る課税貨物に係る帳簿には，次に掲げる３項目の記載を要求しています。

①　課税貨物を保税地域から引き取った年月日

②　課税貨物の内容

③　課税貨物に係る消費税額及び地方消費税額，又は貨物との合計額

（3）請求書等の意義と記載内容

A）交付請求書等

事業者に対して資産の譲渡等を行う他の事業者が交付する請求書，納品書等には，次に掲げる事項の記載を要求しています（消法30⑨一）。一般的にいえば，取引の相手方が仕入れを行った事業者に向けて発行した請求書等をいいます。したがって，そこには次の事項が記載されているのが当り前です。

なお，この⑤ は，小売業，飲食業，写真業，旅行業， 一般乗用旅客自動車運送業，不特定多数を対象とする駐車業，及びこれらに準ずる不特定多数を相手とする事業者からの場合には省略することができます（消令49④）。

①　書類の作成者の氏名又は名称

②　課税資産の譲渡等を行った年月日（課税期間の範囲内で一定の期間内に行った取引をまとめて当該書類を作成した場合には，当該一定の期間）

③　課税資産の譲渡等に係る資産又は役務の内容（軽減対象資産の資産の譲渡等である場合は，資産の内容及び軽減対象資産の譲渡等である旨）

④　税率の異なるごとに区分して合計した課税資産の譲渡等の対価の額（消費税額及び地方消費税額を含む。）

⑤　書類の交付を受ける当該事業者の氏名又は名称

（注）令和5年10月1日から「適格請求書等保存方式」が導入され，仕入税額控除の要件は，原則として，適格請求書発行事業者から受けた適格請求書の保存が必要になります。この場合，上記①は適格請求書発行事業者の氏名又は名称及び登録番号に，④は対価の額及び消費税額等になります。なお，⑤については従来と同様の取扱いになり，適格請求書発行時業者は適格請求書に代えて適格簡易請求書を交付することができます。

B）自社作成請求書等

事業者がその行った課税仕入れにつき作成する仕入明細書，仕入計算書その他これらに類する書類については，次に掲げる事項の記載と，課税仕入れの相手方の確認を要求しています（消法30⑨二）。これは，仕入側が自社伝票を用いて仕入れ等の内容を記載して，外注先や下請先の取引先に交付し，その内容の確認を求めたものを請求書等とするもので，相手方の確認によって正式な請求書等となるものです。

①　書類の作成者の氏名又は名称

②　課税仕入れの相手方の氏名又は名称

③　課税仕入れを行った年月日（課税期間の範囲内で一定の期間内に行った取引をまとめて当該書類を作成した場合には，当該一定の期間）

④　課税仕入れに係る資産又は役務の内容（課税仕入れが他の者から受けた軽減対象資産の譲渡

に係るものである場合は，資産の内容及び軽減対象資産の譲渡等に係るものである旨）

⑤　税率の異なるごとに区分して合計した課税資産に係る支払対価の額

Ｃ）課税貨物の輸入

課税貨物を引き取る事業者が当該保税地域所管の税関長から交付を受ける輸入許可証明書類については，次に掲げる事項の記載を要求しています（消法30⑨三）。

①　保税地域の所在地を所管する税関長

②　保税地域から引き取ることができることとなった年月日

③　課税貨物の内容

④　課税貨物に係る消費税の課税標準である金額，引き取りに係る消費税額及び地方消費税額（これらの税額に係る附帯税の額に相当する額を除く。）

⑤　書類の交付を受ける事業者の氏名又は名称

（４）帳簿等の保存期間

帳簿及び請求書等は，確定申告書を作成する事業者自らの課税計算に資するほか，課税庁の行う質問検査に対して重要な証拠となります。

課税庁における国税の更正又は決定等は，申告期限等から，原則として５年，不正が行われていた場合には７年を経過する日までとされています（通法70）。そこで消費税法は，仕入税額控除の規定の適用を受けようとする事業者は，上述した法定要件を満たす帳簿及び請求書等を整理し，その閉鎖する課税期間の翌日から７年間，事業所等に保存しなければならないものとしています（消法30⑩，消令50）。６年目及び７年目については，帳簿又は請求書等のいずれか一方を保存すればよいものとしています（消令50，消規15の３）。

なお，令和元年10月１日から，金又は白金の地金に係る仕入税額控除については，課税仕入れの相手方の本人確認書類（電磁的記録を含む。）を７年間保存する要件が追加されました（消令50②）。

（令和５年10月1日以後の適格請求書保存方式の導入）

国内において課税資産の譲渡等を行い，又は行おうとする事業者で適格請求書を相手側に交付しようとする場合は，令和３年10月１日から「登録申請書」を所轄税務署長に提出し登録を受けることができます。登録を受けた事業者はすべて課税事業者になります（新消法57の２）。課税事業者が行った課税仕入れについて仕入税額控除をする要件として，原則，適格請求書発行事業者から交付を受けた適格請求書の保存が必要になります。

したがって，適格請求書を発行しようとする事業者は，税務署長の登録を受けることが必要であり，適格請求書発行事業者は国内において課税資産の譲渡等を行った場合に，相手方から適格請求書の交付を求められたときは，適格請求書の交付義務が課されます（新消法57の４）。

適格請求書保存方式の適用時期は，令和５年10月１日以後に行われる課税資産の譲渡等について適用されますが，経過措置による仕入税額控除の特例が設けられています。

９．仕入税額控除をめぐる課税事件

（１）帳簿等の保存に関する事件

消費税法第30条第７項は，「事業者が当該課税期間の課税仕入れ等の税額の控除に係る帳簿及び請求書等（括弧内を省略）を保存しない場合には，当該保存がない課税仕入れ，特定課税仕入れ又は課税貨物に係る課税仕入れ等の税額については，適用しない。」と定めています。この「保存がない場合」とは，どのようなことを意味するのか，解釈上大きな対立があります。すなわち，単に物理的に保存があればよいとするのか，単に保存するだけではなく，税務調査における検査にあたって適時に提示することが可能なように態勢を整えて保存することを必要とするのか。前者の場合には，保存があっても税務調査において提示せず仕入税額控除を否認されても，その後の裁判において保存があった旨を立証し提示してその保存が認められれば，仕入税額控除が認められることになります。後者の見解では，保存があるにもかかわらず税務調査において提示しないときには仕入税額控除を否認され，その後の裁判の場面で提示しても認められなくなります。

初期の裁判で，大阪地判（平成７年（行ウ）第25号，平成10年８月10日）は，この保存の意味に提示は含まれず，調査時に提示を拒否しても，後になって訴訟手続において所持・保管を継続していることが確認できれば仕入税額控除はできる，と判示しました。これに対して徳島地判（平成７年（行ウ）第８号，平成10年３月20日），津地判（平成６年（行ウ）第10号，平成10年９月10日）は，保存の意味には，適法な税務調査における帳簿等の提示要求に対して帳簿等の保存及びその内容を確認し得る状態にしておくことが含まれる，と判示しました[(1)]。

そして最高裁は後者の見解を採用し，適法な税務調査において帳簿等を提示しなかった場合には仕入税額控除が認められないとの判断を示しました（最判平成16年（行ヒ）第278号，平成17年３月10日，最判（行ヒ）第37号，平成16年12月20日，他）。もちろん，このような見解に対して，「保存」の日本語の意味からすれば保存していれば足りる。税務調査における提示拒否の場合でも，そのことは保存していないことを推認させるにとどまり，これに対しては不提示の罰則が設けられている（消法65四）。不提示によってただちに保存がないと本来の意味を超えて広げて解することは，租税法律主義の見地から慎重でなければならない，とする重要な見解もあります（最判平成16年12月20日，滝井反対意見）。なお，平成24年改正によって，この消費税法65条４号の規定は国税通則法127条３号（現行法128条３号）に統合されました。

（２）帳簿等の記載内容に関する事件

消費税法第30条第８項は，帳簿に，①相手方の氏名又は名称，②取引年月日，③取引内容，④支払金額を記載すべきこと，同条第９項は，請求書等に，①作成者の氏名又は名称，②取引年月日（取引期間），③取引内容，④取引対価の額，⑤取引先の氏名又は名称を記載すべきこと，を定めています。

これらについても裁判では厳格に解されています。取引実態はあるものの，その取引先氏名又は名称にあえて仮名を記載したと認められる仕入帳及び仕入伝票で，しかも仕入伝票は納税者が作成したものであるから，消費税法の要求している帳簿等に該当せず，仕入税額控除を適用しないと判示しました（最判（2小）平成10年（行ツ）第315号，平成11年2月5日）[(2)]。

第2節　税額控除等の特例

1．非課税資産の輸出等の特例

非課税取引に消費税は課税されません。しかし，国内取引の非課税取引に該当する資産の譲渡等を輸出したときには，課税資産が輸出されたものとしてその輸出取引に要した課税仕入れの消費税額の計算を行い，当該輸出した取引に係る課税仕入れの消費税額を仕入税額控除します（消法31）。これは，非課税として取り扱うと，仕入れに係る消費税等が輸出価格に織り込まれて上昇します。消費税等は国内での消費を対象としていますので，輸出価格に転嫁されることは輸入国の消費者に負担させることになりますので，輸出に係る消費税等を国境税調整として仕入税額控除することとしています[(3)]。

例えば，非課税の身体障害者用物品を仕入れて輸出している事業者の場合，仕入れの段階では非課税取引なので消費税は課税されていませんが，この物品の製造過程では部材費等に消費税が課税されており製造業者はそれなりの販売価額としています。このような物品は国内で課税されていた消費税額を含んでいますので，輸出に際しては課税仕入れとして仕入税額控除できることとしています。

なお，この規定は非課税資産の輸出に係る仕入税額を控除する特例なので，課税売上高には含まれません。したがって，事業者免税点制度や簡易課税制度の適用の判定基礎となる課税売上高には含まれませんが，課税売上割合の計算上分母と分子に加算します。

一方，通常の課税資産の譲渡等の輸出免税は課税売上高には含まれますので，上記の各制度の判定基礎となる課税売上高に含まれ，課税売上割合の計算上分母と分子にも加算します。

2．仕入れに係る対価の返還等

仕入れには返品・値引・割戻しが生じることがあります。消費税法ではこれらのことを「仕入れに係る対価の返還等」といいます。この場合には，その対価の返還等に係る消費税額等を処理しなければなりません。その場合に2つの問題があります。1つは，その対価の返還等の発生時期が，当初の仕入れの課税期間と一致しているか否か，という課税期間の対応問題があります。他の1つは，課税仕入れに係る仕入税額控除の計算は，前述のように課税売上割合によって異なるので，それをどのように調整するかという問題です。

（1）課税期間の対応

課税期間の対応問題については，対価の返還等の時期が当初の課税仕入れの課税期間と異なっていても，対価の返還等があった課税期間に生じたものとみなして計算することとしています（消法32①）。つまり，課税商品を仕入れた課税期間と返品・値引等のあった課税期間が異なっていても，仕入れが行われた課税期間にはその税額のすべてについて仕入税額控除を行い，返品・値引等のあった課税期間にはそれらに対する税額を仕入税額控除から減額するということです。

（２）課税売上割合の対応

仕入税額控除額の計算は，前述図表５－１のように全額控除する場合と，課税売上割合に応じて控除する場合とがあり，後者の場合には個別対応方式又は一括比例配分方式とによって計算することとしています（消法30①，②）。そこで対価の返還等に係る税額が発生した場合に，当初の仕入時の課税期間に含めるか，返還等が発生した課税期間に含めるかによって，課税売上割合が異なりますが，仕入対価の返還等があった日の属する課税期間の課税売上割合で計算します（消法32①）。算式で示すと，図表５－２のように整理することができます。

図表５－２　対価の返還等の仕入税額控除の調整計算

<table>
<tr><th colspan="2">控除態様区分</th><th>対価の返還等の仕入税額控除の調整計算</th></tr>
<tr><td colspan="2">課税売上高５億円以下で，かつ，課税売上割合95％以上の場合</td><td>課税仕入れに係る税額－対価の返還等に係る税額</td></tr>
<tr><td rowspan="2">課税売上高５億円超又は課税売上割合95％未満の場合</td><td>個別対応方式</td><td>Ａ＋Ｂ×課税売上割合
　対価の返遠等の発生源が，①課税資産の譲渡等にのみ要する課税仕入れに係るものであったか，②課税資産の譲渡等と他の資産の譲渡等に共通する課税仕入れに係るものであったかを区分して次の計算を行う。

Ａ（①の部分の計算）
　＝課税仕入れに係る税額－対価の返遠等に係る税額
Ｂ（②の部分の計算）
　＝(共通の課税仕入れに係る税額－共通の対価の返還等に係る税額)</td></tr>
<tr><td>一括比例方式</td><td>Ｃ×課税売上割合
　資産の譲渡等に係る課税仕入れに係る税額を区分しないので，一括して課税売上割合を乗じて計算する。

Ｃ＝課税仕入れに係る税額－対価の返還等に係る税額</td></tr>
</table>

３．調整対象固定資産に係る消費税額の調整

消費税法は，建物や機械装置など固定資産を取得したとき，取得時に一括して課税仕入れに係る消費税額を控除し，所得税や法人税の所得金額計算のように減価償却という期間配分計算を行いません。そのため課税事業者が固定資産を取得したときは，基本的に，その課税期間の課税売上割合に応じて仕入税額控除することになります。

しかし，このような仕入税額控除の制度では，数カ年間の課税期間を平均化した課税売上割合の低い事業者が，たまたま課税売上割合が高い課税期間に固定資産を取得したときには高い割合で控除できることになります。反対に，平均化した課税売上割合の高い事業者が，たまたま課税売上割合の低い課税期間に固定資産を取得したときには低い割合でしか控除できないことになります。

そこで一定の固定資産を取得した場合には，その課税期間の課税売上割合と３カ年間の平均課税売上割合と比較して，一定以上の差異がある場合には，その固定資産に係る仕入税額控除を調整することとしています。この対象となる固定資産は，１個又は１組が税抜き金額で100万円以上のもので調整対象固定資産といい，この計算を調整対象固定資産に関する消費税額の調整といいます（消法２，16号，消令５）。

課税事業者が，国内において調整対象固定資産を取得したとき又は同様の外国貨物を保税地域

から引き取ったときに，比例配分法で仕入税額控除を計算し，その固定資産を第3年度の課税期間まで所有し，課税売上割合が著しく変動した場合，その固定資産等の取得に係る消費税は第3課税期間において，仕入税額控除に加算又は減算の調整をしなければなりません（消法33①，③）。

なお，この比例配分法とは，個別対応方式における共通課税仕入れに課税売上割合を乗じて計算する方法及び一括比例配分方式をいいます（消法33②）。

（1）調整対象固定資産の意義

調整対象固定資産とは，建物及び附属設備，構築物，機械及び装置，船舶，航空機，車両及び運搬具，工具器具及び備品，鉱業権・営業権などの無形固定資産，ゴルフ場利用株式等，牛・馬・かんきつ樹などの生物，これらに準ずる資産で，1つの取引単位が税抜き価額100万円以上のものをいいます（消法2①十六，消令5）。

（2）課税売上割合が著しく変動の意義

課税売上割合が著しく変動する場合とは，A，B，C，Dを次のように定義するとき，下記の①又は②の算式結果に従い，加算又は減算しなければならない場合をいいます（消法33①）。

$$A = \text{通算課税売上割合} = \frac{C}{D}$$

B＝仕入れ等の課税期間の課税売上割合

C＝仕入れ等の課税期間から第3年度の課税期間までの各課税期間における課税資産の譲渡等の対価の額

D＝仕入れ等の課税期間から第3年度の課税期間までの各課税期間における資産の譲渡等の対価の額

①　消費税額を加算する場合（消令53①）

$$\frac{(A-B)}{B} \geqq 50\%,\ \text{かつ},\ (A-B) \geqq 5\%$$

②　消費税額を減算する場合（消令53②）

$$\frac{(B-A)}{B} \geqq 50\%,\ \text{かつ},\ (B-A) \geqq 5\%$$

（3）仕入税額控除の調整額の計算

仕入税額控除の調整額の計算は，その固定資産に係る消費税額を「E＝調整対象基準税額」とするとき，これに課税売上割合の変動幅を乗じて加算額又は減算額とします。

①　消費税額を加算する額（消33①）

$= E \times (A-B)$

②　消費税額を減算する額（消33①）

$= E \times (B-A)$

問題５－４

衣料品販売業を営む甲株式会社に関する次の資料に基づき，課税売上割合が著しく変動した場合の調整対象固定資産に関する仕入れに係る消費税額の調整額を求めなさい。

【資料】

1．甲株式会社の当課税期間（第19期）及び前課税期間以前の売上高は，次のとおりである。

課税期間	課税売上高（税抜金額）	非課税売上高
第19期 （自令和２年４月１日　至令和３年３月31日）	708,848,000円	480,000,000円
第18期 （自平成31年４月１日　至令和２年３月31日）	４月～９月　300,000,000円 10月～３月　354,112,000円	1,200,000,000円 1,200,000,000円
第17期 （自平成30年４月１日　至平成31年３月31日）	557,040,000円	0円
第16期 （自平成29年４月１日　至平成30年３月31日）	506,400,000円	50,000,000円

2．甲株式会社は，平成30年６月３日に商品倉庫を19,980,000円（税込金額）で購入し，当課税期間の末日において所有している。

3．甲株式会社は，第17期における仕入に係る消費税額の控除の計算を全額控除方式により行っている。

解答欄

1．調整対象固定資産の判定

（［　　　　円］×［――］＝［　　　　円］）≧／＜［　　　　円］

（いずれかを○で囲むこと）

故に，該当 ｛する／しない｝

（いずれかを○で囲むこと）

2．著しい ｛増加／減少｝ の判定

（いずれかを○で囲むこと）

①　仕入れ等の課税期間の課税売上割合　［　　　　円］／［　　　　円］＝［　　　］

②　通算課税売上割合

ⅰ．通算課税売上高　［　　　　　　　　］＝［　　　　円］

ⅱ．非課税売上高　［　　　　　　　　］＝［　　　　円］

ⅲ．通算課税売上割合　［　　　　円］／（［　　　　円］＋［　　　　円］）＝［　　　］

③　判定

ｉ．変動率

$$\left\{ \frac{\square - \square}{\square} = \square \right\} \begin{matrix} \geqq \\ < \end{matrix} \square\%$$

（いずれかを○で囲むこと）

故に，適用 {あり／なし}

（いずれかを○で囲むこと）

ⅱ．変動差

$$\left\{ \square - \square = \square \right\} \begin{matrix} \geqq \\ < \end{matrix} \square\%$$

（いずれかを○で囲むこと）

３．調整対象基準税額

$$\square 円 \times \frac{\square}{\square} = \square 円$$

４．調整税額

$$\square 円 \times \square \begin{matrix} + \\ - \end{matrix} \square 円 \times \square = \square 円$$

（いずれかを○で囲むこと）

［**１級・２問類題**］

４．調整対象固定資産の転用に係る消費税額の調整

調整対象固定資産を取得し課税仕入れを行った課税事業者が，その固定資産を３年間保有していなければ，前述のような調整は行いません。これに対して，その固定資産を３年以内に非事業用等に転用した場合には，取得時に仕入税額控除しているので，転用の日を含む課税期間において期間に応じて仕入税額控除の金額から減額する調整を行います（消法34）。

①　初年度に転用した場合には，調整対象税額（その固定資産に係る消費税額）の全額

②　２年度に転用した場合には，調整対象税額の３分の２相当額

③　３年度に転用した場合には，調整対象税額の３分の１相当額

反対に，取得時当初において，課税仕入れに係る仕入税額控除の対象としていなかったときに，これを課税資産の譲渡等の課税業務に転用した場合には，転用の日を含む課税期間において経過期間に応じて仕入税額控除の金額に加算する調整を行います（消法35)。調整額は，上述の金額と同じです。

例えば，課税期間をＸ１，Ｘ２，Ｘ３とするとき，Ｘ１に取得し事業用としていた調整対象固定資産をＸ３に非事業用へ転用すると，３年目ですからその資産の消費税額の $\frac{1}{3}$ を仕入税額控除から減算します。反対に，Ｘ１に取得し非事業用としていた調整対象固定資産をＸ２に事業用に転用すると，２年目ですからその資産の消費税額の $\frac{2}{3}$ を仕入税額控除に加算します。

図表５－３　調整固定資産の転用と税額控除の加減算

課税期間	X１	X２	X３
事業用から非事業用へ転用の場合	取得し事業用で使用 全額仕入税額控除	事業用で使用継続	非事業用に転用 調整対象税額の$\frac{1}{3}$を仕入税額控除から減算
非事業用から事業用へ転用の場合	取得し非事業用で使用 仕入税額控除不適用	事業用に転用 調整対象税額の$\frac{2}{3}$を仕入税額控除に加算	

問題５－５

甲株式会社（税込経理方式を採用している。）は，当課税期間（自令和２年４月１日　至令和３年３月31日）において所有している固定資産につきその用途を変更している。その変更に関する次の資料に基づき，調整対象固定資産を転用した場合の仕入れに係る消費税額の調整額を求めなさい。

なお，甲株式会社は，前課税期間（自平成31年４月１日　至令和２年３月31日）以前の各課税期間における仕入れに係る消費税額の控除計算を個別対応方式により行っている。

【資料】

１．平成30年７月６日に30,780,000円で取得し，非課税業務用として使用していた建物Ａを，令和３年３月22日から課税業務用に転用している。

２．平成30年６月14日に3,227,040円で取得し，課税業務用として使用していた車両Ｂを，令和２年９月９日から非課税業務用に転用している。

解答欄

１．建物Ａ

（１）調整対象固定資産の判定

（　　　　　＝　　　　　円）≧＜　　　　　円　　故に，該当｛する／しない｝

（いずれかを○で囲むこと）　　（いずれかを○で囲むこと）

＜該当しない場合は以下の記入の必要なし＞

（２）転用時期の判定

平成　年　月　日～令和　年　月　日……　　年　月　≦＞　　　年

（いずれかを○で囲むこと）　故に，適用｛あり／なし｝

（いずれかを○で囲むこと）

＜適用なしの場合は以下の記入の必要なし＞

（３）調整割合

　年　月は，　　年超　　年　以内　　　故に　―――

（４）調整税額

（　　　　　＝　　　　　円）×　―――　＝　　　　　円　　｛控除／加算｝

（いずれかを○で囲むこと）

２．車両Ｂ

（１）調整対象固定資産の判定

（　　　　　＝［　　　　円］）≧＜［　　　　円］　故に，該当｛する／しない｝

（いずれかを○で囲むこと）　（いずれかを○で囲むこと）

＜該当しない場合は以下の記入の必要なし＞

（２）転用時期の判定

［平成　年　月　日］～［令和　年　月　日］……［　年　月］≦＞［　年］

（いずれかを○で囲むこと）　故に，適用｛あり／なし｝

（いずれかを○で囲むこと）

＜適用なしの場合は以下の記入の必要なし＞

（３）調整割合

［　年　月］は，［　年］超［　年］以内　　故に［――］

（４）調整税額

（　　　　　＝［　　　　円］）×［――］＝［　　　　円］　｛控除／加算｝

（いずれかを○で囲むこと）

［１級・２問類題］

５．棚卸資産に係る消費税額の調整

消費税の納税義務者の判定は，基準期間の課税売上高によります。そのため，継続的な事業者を納税義務の観点からみると，事業者が，ある課税期間は「課税事業者」になり，また，ある課税期間は「免税事業者」になることがあります。

この免税事業者の場合には，課税仕入れ等があっても仕入税額控除をすることができません。そのため，免税事業者が課税事業者に転換した場合には，免税事業者の課税期間において課税仕入れ等を行い棚卸資産となっていたものは，課税事業者となったときの課税期間に課税仕入れ等を行ったものとみなして，それらに係る仕入税額控除を行います（消法36①）。

反対に，課税事業者から免税事業者に転換した場合には，免税事業者になる直前の課税期間において課税仕入れ等であった棚卸商品に係る消費税は，仕入税額控除できません（消法36⑤）。

図表５－４　課税事業者と免税事業者との転換

課税期間	Ｘ１	Ｘ２
（Ａ）免税事業者が 課税事業者に転換	・免税事業者 例）期末棚卸資産110万円 税込経理となっているので10万円相当額の消費税が含まれている。	・課税事業者 期首棚卸資産110万円 仮払消費税10万円 ／期首棚卸資産10万円 期首棚卸資産に係る消費税相当額を計算して仮払消費税に計上する。
（Ｂ）課税事業者が 免税事業者に転換	・課税事業者（税抜処理） 例）期末棚卸資産100万円 期末棚卸資産10万円／仮払消費税10万円 期中仕入時に仮払消費税10万円を計上しているので，その金額を期末棚卸資産に加える。	・免税事業者 期首棚卸資産110万円 税込経理となるので10万円相当額の消費税等が含まれる。

6．売上返還等に係る消費税額の控除

事業者が売上高について返品を受け，値引及び割戻しをした場合には，その売上高が減額します。これを売上に係る対価の返還等といいます。この場合には，対価の返還等の元となる売上高の生じた課税期間に関係なく，その減額をした課税期間において，課税される消費税額から対価の返還等に係る消費税額を控除します（＊１）。この控除を受けることができる事業者は課税事業者であり，免税事業者は除かれます。この売上高に輸出免税取引の売上高は含まれません（消法38）。

しかし，免税事業者であった課税期間に行った課税資産の譲渡等について，課税事業者となった課税期間に対価の返還等を行った場合には，返還等に係る消費税額を控除できません（消基通14-１-６）。さらに，課税事業者であった課税期間における課税資産の譲渡等につき，事業の廃止又は免税事業者となった後において，対価の返還等を行った場合にも返還等に係る消費税額を控除できないこととしています（消基通14-１-７）。

7．貸倒れに係る消費税額の控除

事業者における課税資産の譲渡等による売掛金等の債権について，その相手において会社更生法による更生計画認可の決定等が生じたため，その全部又は一部を受け取ることができなくなった場合には，その生じた課税期間に課税される消費税額から，受け取ることができなくなった債権に係る消費税額を控除します。これは，売上時の課税期間に課税した消費税額を売上に係る対価の返還等と同様に，貸倒れの発生した課税期間に消費税額控除として計算するものです（＊２）。ここでいう事業者は課税事業者であり，免税事業者は除かれます。また，売上高には輸出免税の取引に係る売上高は含みません（消法39）。

したがって，免税事業者であった課税期間に行った課税資産の譲渡等について，課税事業者となった課税期間に貸倒れが生じた場合には，貸倒れに係る消費税額を控除できません（消基通14-２-４）。さらに，課税事業者であった課税期間における課税資産の譲渡等につき，事業の廃止又は免税事業者となった後において，貸倒れが生じた場合にも貸倒れに係る消費税額を控除できません（消基通14-２-５）。

（＊１）及び（＊２）令和元年９月30日以前の課税資産の譲渡の場合には，旧税率（８％）が適用されます。

第３節　簡易課税制度

1．制度の趣旨と変遷

わが国の消費税法は，課税売上高に対する消費税額から，課税仕入れに係る消費税額を仕入税額控除として控除し，納付すべき消費税額を計算します。いわゆる前段階控除方式を採用して平成元年に導入されました。当時は，このような前段階控除方式によって納税額を計算することが初めてであったため，中小事業者の事務負担にも配慮した制度として簡易課税制度を設けました。

この制度は，仕入税額控除の金額を個々の課税仕入れ取引から算出するという本則計算に代え

て，課税売上高の金額によって簡単に仕入税額控除の金額が計算できます。まず，事業者の営む事業内容を６つの業種区分に分類し，その業種区分に応じて，課税売上高に対する消費税額に一定の率を乗じて仕入税額控除の金額を算出する計算方式です。

簡易課税制度は，創設当初，基準期間の課税売上高５億円以下の事業者に適用され，業種区分も「卸売業」と「その他」の２区分でスタートしました。その後，平成３年改正において適用事業者の基準期間の課税売上高は４億円以下，平成６年改正において２億円以下となり，さらに平成15年度の改正において５千万円以下に引き下げました。平成15年４月１日以降開始する課税期間から適用されています。また，業種区分は，平成３年改正において４区分とし，平成６年改正において，「その他」のうち運輸，通信，サービス業を５種区分，みなし仕入率50％として新設し，平成９年から適用しています。平成26年度改正では，金融業及び保険業を第５種に区分変更するとともに不動産業のみなし仕入率を40％として６種区分とし，平成27年４月以降開始する課税期間から適用されています。平成30年改正において第三種に区分されている農業・林業・漁業のうち飲食料品の譲渡を行う部分については第二種（80％）に区分され、令和元年10月１日を含む課税期間（同日前の取引を除く。）から適用されます。

図表５－５　簡易課税制度の変遷

項　目	適用課税売上高	業　種　区　分	みなし仕入率
平成元年創設 （1．4．1適用）	5億円以下	卸売業	90％
		その他	80％
平成３年改正 （3．10．1適用）	4億円以下	第一種卸売業	90％
		第二種小売業	80％
		第三種製造業，建設業	70％
		第四種その他	60％
平成６年改正 （9．4．1適用）	2億円以下	第四種その他	60％
		第五種不動産業，運輸通信業，サービス業	50％
平成15年改正 （16．4．1適用）	5千万円以下	同上５種区分	90％から50％
平成26年改正 （27．4．1適用）	5千万円以下	第四種のうち金融業及び保険業は第五種に変更 第五種のうち不動産業を新たに第六種に区分	90％から40％
平成30年改正 （R1．10．1適用）	5千万円以下	第三種の農業，林業，漁業のうち飲食料品の譲渡を行う部分は第二種に区分	90％から40％

2．中小企業事業者の仕入税額控除の特例

簡易課税制度は，仕入税額控除の計算の特例です。その計算は，次のように課税売上高に対する消費税額にみなし仕入率を乗じて行います。

仕入税額控除 ＝（課税標準に対する消費税額 － 売上対価の返還等に係る消費税額）× みなし仕入率

この特例は，事業者の基準期間の課税売上高が5千万円以下の課税期間について，事業者がその適用について選択し，適用する課税期間開始の日の前日までに届け出ることによって適用できる制度です（消法37①）。

したがって，事業者は「消費税簡易課税制度選択届出書」に適用開始課税期間を明記して，適用課税期間開始の日の前日までに所轄税務署長へ届け出ていなければなりません（消法37①）。この届出書は，「信書」による場合，確定申告書の申告期限と同様に発信主義が採用されています（国税庁告示第7号）。

なお，「宅配便」や「ゆうパック」などは「信書」に含まれないので，提出期限までに税務署に到達していなければなりません。

3．簡易課税制度の「適用」と「取り止め」

この簡易課税制度を適用するか取り止めるかは，事業者の意思によって選択できます。適用開始課税期間の前日までに届出書を提出することによって適用され，適用後2年以上の課税期間経過後であれば，取り止めることができます（消法37①，⑤）。しかし，簡易課税制度適用期間中であっても，基準期間の課税売上高が5千万円を超える場合には，その課税期間の仕入税額控除には本則計算が適用されます。このとき簡易課税制度の効力が自動的に消滅するものではないので，その後，基準期間の課税売上高が5千万円以下になった場合には，届出の効力が復活することになるので，簡易課税制度を適用しなければなりません。

この制度は，特例適用を事前に確定して課税期間の消費税等の取扱いを準備させることにあるので，「届出書を提出した日の属する課税期間」の翌課税期間から適用になります（消法37①）。つまり，確定申告書のように申告期限ではなく「提出した日の属する課税期間の翌課税期間」としていますので，原則として適用課税期間の前日までに提出しておくことが必要なのです。原則的な簡易課税制度の適用関係を図示すると次のようになります（図表5－6）。

図表5－6　簡易課税制度の適用関係

（1）任意に適用関係を選択する場合

課税期間	X0.4.1～X1.3.31	X1.4.1～X2.3.31	X2.4.1～X3.3.31	X3.4.1～X4.3.31	X4.4.1～X5.3.31
課税売上高	5千万円以下	5千万円以下	5千万円以下	5千万円以下	5千万円以下
仕入税額控除の計算	本則計算	簡易課税適用（＊1）	簡易課税適用	本則計算（＊2）	本則計算

（＊1）X1.3.31までに「簡易課税制度選択届出書」を提出し，適用課税期間をX1.4.1～X2.3.31とする。ただし，この課税期間に対応する基準期間の課税売上高は5千万円以下であったものとする。

（＊2）X2.4.1以降「簡易課税制度選択不適用届出書」の提出が可能となるので，X3.3.31までに不適用課税期間をX3.4.1～X4.3.31とする届出書を提出する。

（2）本則計算が強制される場合

課税期間	X0.4.1～X1.3.31	X1.4.1～X2.3.31	X2.4.1～X3.3.31	X3.4.1～X4.3.31	X4.4.1～X5.3.31
課税売上高	5千万円超	5千万円以下	5千万円超	5千万円超	5千万円以下
仕入税額控除の計算	本則計算	本則計算	本則計算（＊3）	簡易課税適用（＊4）	本則計算（＊5）

（＊3）課税期間X2.4.1～X3.3.31の基準期間はX0.4.1～X1.3.31で，その課税売上高が5千万円超なので簡易課税制度の選択適用はできない。
（＊4）課税期間X3.4.1～X4.3.31の基準期間はX1.4.1～X2.3.31で，その課税売上高が5千万円以下なので簡易課税制度を選択適用できる。X3.3.31までに「簡易課税制度選択届出書」を提出し，適用課税期間をX3.4.1～X4.3.31とする。
（＊5）課税期間X4.4.1～X5.3.31の基準期間はX2.4.1～X3.3.31で，その課税売上高が5千万円超なので簡易課税による仕入税額控除の計算はできない。簡易課税制度を選択適用していても本則計算が強制される。

この届出書は課税関係上，重要な手続きであるにもかかわらず，制定当初は不測の事態に関する弾力的な取扱い規定がありませんでした。平成7年改正において「やむを得ない事情がある場合」の規定を設けました。さらに平成18年改正では，届出書を提出期限までに提出できないことについて具体的な特例を設けました。地震，豪雨，津波，落雷，火災など被害を受けた事業者が，本則計算から簡易課税制度へ，あるいは反対に変更せざるを得ないような場合には，所轄税務署長の承認を受けて，届出ができるようになりました（消法37⑦，37の2）。また，平成22年改正では，免税事業者に該当する事業者が，「消費税課税事業者選択届出書」を提出して課税事業者になっている場合で，かつ，調整対象固定資産を取得したときは，その課税期間から3年を経過するまで簡易課税制度を選択することはできないものとしました（消法37②）。

さらに平成27年度の改正により，課税事業者が本則計算を適用している課税期間中に高額特定資産や自己建設高額資産の仕入れ等を行った場合，仕入れ等の日の属する課税期間の初日以後3年間の課税期間には，免税事業者の特例や簡易課税制度の選択が適用できません（消法37③三）。

4．事業区分とみなし仕入率

簡易課税制度は，事業内容によって区分し，原則として事業の区分ごとに，課税売上高にみなし仕入率を乗じて仕入税額控除の金額を計算します（消法37①，消令57①）。これらを整理すると，図表5－7のように定められています（消令57①，⑤）。事業区分の判定にあたっては，原則として日本標準産業分類(4)を目安に行います。しかし，実務上は，酒販小売店であっても，飲食店へ卸売りをしていればその分は第一種事業であり，店舗での一般販売は第二種事業になるなど，それぞれ事業者の事業内容について取引の実態を実質的に判断する必要があります。また，複数の事業を営む場合もそれぞれの事業種別に判断する必要があります。

図表5－7　事業区分と業種内容

事業区分	みなし仕入率	業　種　内　容
第一種事業	90%	卸売業（他の者から購入した商品をその性質及び形状を変更しないで他の事業者に対して販売する事業をいう（消令57⑤，⑥））
第二種事業	80%	小売業（消令57⑤，⑥）及び農業，林業，漁業のうち飲食料品の譲渡等に係る部分（消令57⑤二）。
第三種事業	70%	農業，林業，漁業，鉱業，建設業，製造業（製造小売業を含む。），電気業，ガス業，熱供給業及び水道業。なお，加工賃その他これに類する料金を対価とする役務の提供を行う事業を除く（消令57⑤三）。
第四種事業	60%	第一種，第二種，第三種，第五種及び第六種事業以外の事業 加工賃その他これに類する料金を対価とする役務の提供を行う事業，飲食店業はここに含まれる（消令57⑤六）。
第五種事業	50%	運輸通信業，金融業及び保険業，サービス業（飲食店業に該当するものを除く。）
第六種事業	40%	不動産業（消令57⑤五）

5．複数の事業を営む場合の「みなし仕入率」

（1）みなし仕入率の原則

事業者が2種類以上の事業を営む場合の「みなし仕入率」は，原則として事業区分ごとに係る消費税額にそれぞれに対するみなし仕入率を乗じて算出した金額を，事業区分ごとに係る消費税額の合計額で除した割合となります。つまり各種類の加重平均値によるのです。

すべての種類の事業を営む場合のみなし仕入率＝

$$\frac{\text{第一種事業に係る消費税額}\times 90\% + \text{第二種事業に係る消費税額}\times 80\% + \text{第三種事業に係る消費税額}\times 70\% + \text{第四種事業に係る消費税額}\times 60\% + \text{第五種事業に係る消費税額}\times 50\% + \text{第六種事業に係る消費税額}\times 40\%}{\text{第一種事業に係る消費税額} + \text{第二種事業に係る消費税額} + \text{第三種事業に係る消費税額} + \text{第四種事業に係る消費税額} + \text{第五種事業に係る消費税額} + \text{第六種事業に係る消費税額}}$$

（＊）上記算式の消費税額は，事業区分における対価の返還等に係る消費税額を除いた消費税額による。

（２）２業種以上の場合のみなし仕入率（75%ルール）

事業者が２業種以上の事業を営む場合で，課税期間における課税売上高に占める特定の１つの事業の課税売上高が75%以上のときには，特定の事業種類に応じて，課税期間の課税売上高全額に対して特定のみなし仕入率を適用することができます（消令57③一）。この簡便法は，みなし仕入率の高い業種が75%以上であれば，区分計算による納税額よりも少なく計算されます。しかし，みなし仕入率が低い業種が75%以上であれば，反対に納税額が多く計算されますので，区分計算した方が有利な結果となります。

課税売上高が75%以上の事業	課税売上高全額に対して適用するみなし仕入率
第一種事業	90%
第二種事業	80%
第三種事業	70%
第四種事業	60%
第五種事業	50%
第六種事業	40%

（３）３業種以上及び区分していない場合のみなし仕入率等

事業者が３業種以上の事業を営む場合で，課税期間における課税売上高に占める特定の２業種の課税売上高の合計額が75%以上のときには，特定の業種に応じて，課税期間の課税売上高全額，あるいは区分した課税売上高に対して特定のみなし仕入率を適用することができます（消令57③二）。

これに対して事業者が，複数の業種を営んでいるにもかかわらず課税売上高を業種ごとに区分していない場合には，営んでいる業種の種類のなかで最もみなし仕入率の低いものを適用して計算するものとしています（消令57④）。

問題５－６

次の資料（税込経理方式）に基づき，甲株式会社の当課税期間（自令和２年４月１日　至令和３年３月31日）における消費税の課税標準額から控除税額までの計算を行いなさい。

なお，控除対象仕入税額の計算については簡易課税制度を選択しており，当課税期間の基準期間における課税売上高は1,000万円超5,000万円以下であるものとする。

【資料】

１．甲株式会社の当課税期間における課税総売上高は36,200,573円であるがその内訳は，次のとおりである。

①	建設業に係る売上高	21,739,543円
②	サービス業（飲食店業に該当しない。）に係る売上高	14,461,030円

２．上記１．の①に係る売上値引高　48,000円

３．当課税期間に発生した貸倒損失額　120,500円

これは，令和元年８月に行った建設業の売上高に係るものである。

解答欄

Ⅰ．課税標準額に対する消費税額の計算

区　分	金　額	計　算　過　程
1．課税標準額	円	1．課税標準額の計算 円 × ―― ＝ 円 → 円 （ 円 未満切り捨て）
2．課税標準額に対する消費税額	円	2．課税標準額に対する消費税額の計算 円 × ％ ＝ 円

Ⅱ．控除税額の計算

区　分	金　額	計　算　過　程
1．控除対象仕入税額	円	1．控除対象仕入税額の計算 （1）各種事業に係る消費税額 ①　第　種事業に係る消費税額 ｉ．総売上高に基づく消費税額 （ 円 × ―― ＝ 円） × ％ ＝ 円 ⅱ．返還等対価に係る税額 円 × $\frac{7.8}{110}$ ＝ 円 ⅲ．第　種事業に係る消費税額 円 － 円 ＝ 円 ②　第　種事業に係る消費税額 （ 円 × ―― ＝ 円） × ％ ＝ 円 ③　合　計 円 ＋ 円 ＝ 円 （2）みなし仕入率 $\frac{(1)① \text{円} \times \% + (1)② \text{円} \times \%}{\text{円}}$ ＝ 0.

		（３）控除対象仕入税額 （［　　　円］－［　　　円］）×［0.　］ ＝［　　　円］
２．返還等対価に係る税額	［　　　円］	
３．貸倒れに係る税額	［　　　円］	３．貸倒れに係る税額の計算 ［　　　円］×［――］＝［　　　円］
４．控除税額合計	［　　　円］	４．控除税額合計の計算 ［　　　円］＋［　　　円］＋［　　　円］ ＝［　　　円］

［２級・３問類題］

６．簡易課税制度をめぐる課税事件

簡易課税制度は，その適用と廃止に厳格な届出要件があること，簡易課税の適用において現状で６種の事業区分があることから，簡易課税適用手続と効力をめぐる事件や事業種別区分をめぐる事件が多いのです。

（１）国税不服審判所（平成15年12月12日裁決）

本件は，簡易課税制度を選択していた課税事業者が，免税事業者に該当する課税期間について，その開始前に「課税事業者選択届出書」を提出し，当該課税期間について本則計算により還付申告をしたところ，事前に「簡易課税制度選択不適用届出書」を提出していなかったために本則計算が認められず，簡易課税による更正を受けた事件です。

簡易課税制度は納税者の選択によって適用され，納税者の届出によって不適用とするもので，一定期間は簡易課税が強制適用となります。しかし，基準期間の課税売上高が５千万円を超えると自動的に本則計算の適用になります。ところが，再び基準期間の課税売上高が５千万円以下になると簡易課税が適用されます。対象となった課税期間について簡易課税不適用の手続きを怠っているときには，本件のような問題が生じるのです。

類似のものとしては，簡易課税制度適用期間に固定資産を取得し，本則計算で申告したところ更正された事件があります。納税者は，建物の取得時に仕入税額控除をできないと譲渡時に消費税が課税され二重課税になるなど主張しましたが，棄却の裁決となりました（平成13年４月27日裁決，平成13年11月30日裁決同旨）。

（２）国税不服審判所（平成14年10月25日裁決，同年９月14日裁決，同年９月30日裁決）

本件は，顧客先へ派遣した社員を，顧客先の指揮命令の下において，その業務に従事させる事業について第四種事業として申告していたところ，日本標準産業分類に照らしサービス業であり，第五種事業に該当するとして更正を受けた事件です。

（３）歯科技工所のみなし仕入率事件（名古屋地裁（平成16年（行ウ）第56号），平成17年６月29日判決（全部取消し），控訴，名古屋高裁（平成17年（行コ）第45号），平成18年２月９日判決（原判決取消，棄却），上告，最高裁第三小（平成18年（行ツ）第120号），平成18年６月20日判決（棄却））

この事件は，歯科技工所を営む事業者が製造業に当たるとして申告したところ，歯科技工所はサービス業に分類されており第五種に該当するものとして更正され，訴訟におよんだのです。名古屋地裁では，納税者は「独立した事業者であり，複数の歯科医師との間で取引を行っているところ，主として原材料の仕入れは自ら行い，専ら歯科医師の指示書に従って歯科補てつ物を製作して納品している」,「本件事業は，専ら有体物である補てつ物の製作と納品であるところ，新たな製品を作り出し販売することに本質があるのであって，無体の役務を提供するという要素は全くないから，本件事業はサービス業ではなく，製造業である。」と主張しました。また，課税庁が「本件事業の仕入れ及び経費等の割合は，約27パーセントにすぎないのであり，これはみなし仕入率50パーセントとされるサービス業に近いといえても，70パーセントである製造業に近いなどということができない。」ということに対して，「特定の事業者の具体的な実額の仕入率と簡易課税制度において定められたみなし仕入率とを比較して，その事業者がどの事業分類に該当するとみるべきかを論ずるのは論理的に誤りである。」と反論したのです。

名古屋地裁判決では，税法中の用語の解釈について「国民に義務を賦課する租税法の分野においては，国民に不測の不利益を与えぬよう，特に厳格な解釈態度が求められる」として，本件歯科技工士の職務内容を吟味し，事業区分について次のように説示したのです。製造業とは，「有機又は無機の物質に物理的，化学的変化を加えて新製品を製造し，これを卸売又は小売する事業」と，サービス業とは「無形の役務を提供する事業（不動産業，運輸通信業及び飲食店業に該当するものを除く。)」と解するのが相当である。また，「日本標準産業分類では，サービス業を特に定義していないことから，サービス業を日本語の通常の用語例に従って使用していると解されるところ，（中略）歯科技工所が無体の役務を提供しているとはみることができない。」，さらに「消費税導入の際には，当時の事業区分（卸売業とその他の事業）の区分を日本標準産業分類によって行う旨の明確な言及はなく，その後事業区分が細分された際にも，事業区分の方法については何ら議論されていないのであるから，日本標準産業分類に従って第三種事業と第五種事業とを区分するということが明確な制定者意思であると認めることはできない。」と解した。

その上で，「本件事業は，原材料を基に患者の歯に適合するように成形した補てつ物を納入し，これの対価として一定の金員を受け取るという内容であり，有形物を給付の内容とすることが明らかであるから，本件事業が製造業に当たると解するのが相当である。」と判示し，納税者の主張を全面的に認容しました。

これに対して名古屋高裁は，消費税法の創設から簡易課税制度の導入趣旨，日本標準産業分類の経緯などを説示したのです。そこで本件事業の区分について日本標準産業分類の事業区分では「サービス業」に分類されていること，TKC経営指標によれば，平均課税仕入比率が，製造業が

70.7%，歯科技工所が42%であることが認められ，消費税法の製造業とサービス業のみなし仕入率とほぼ符合する。したがって，「歯科技工所を営む事業者が，簡易課税制度の適用を利用する場合の税負担の公平性，相当性等の面からみて，」「サービス業に分類することに不合理性は認められない。」とし，原判決を取消し棄却し，最高裁でも棄却されて確定しました。

このほか，パチンコ業は第二種ではなく第五種事業（新潟地裁平成14年（行ウ）第２号，平成15年２月７日判決（棄却），東京高裁平成15年（行コ）第69号，平成15年２月７日判決（棄却，確定）），自動車の板金塗装業は第三種ではなく第五種事業（熊本地裁平成13年（行ウ）第11号，平成14年７月19日判決（棄却，確定））などがあります。

■注■

（１）中島茂幸『判決・裁決例による消費税の実務解説』税務研究会出版局，1999年，186，210，211頁参照。

（２）前掲書，147，165頁参照。

（３）大島隆夫・木村剛志『消費税法の考え方・読み方』（三訂版）税務経理協会，2002年，283頁。

（４）「日本標準産業分類は，統計調査の結果を産業別に表示する場合の統計基準として，事業所において社会的な分業として行われる財及びサービスの生産又は提供に係るすべての経済活動を分類するものであり，統計の正確性と客観性を保持し，統計の相互比較性と利用の向上を図ることを目的として，昭和24年10月に設定されたものである。」（総務省統計局のホームページから）。現在の日本標準産業分類は平成19年（第12回）に行われたものです。

第６章　国・地方公共団体の特例

１．国・地方公共団体の納税義務

消費税法は，国内で対価を得て課税資産の譲渡等を行う事業者を納税義務者として定めており，事業者とは個人事業者及び法人をいいます。そのため，国，地方公共団体，公共法人及び公益法人等も「法人」に含まれるので，課税資産の譲渡等を行う場合には納税義務者に該当します（消法２①四，八，九．消法４，消法５）。例えば，地方競馬事業，競輪事業，ガス事業，水道事業などが消費税の課税対象となります（消基通16-１-２）。しかし，国及び地方公共団体等は公共的役割を担っており，法令に基づく事業を営むことから，さまざまな特例を設けています（消法60）。

２．事業単位と課税期間と資産の譲渡等の時期

（１）事業単位

国及び地方公共団体が消費税の課税となる事業を営む場合には，原則として一般会計と個々の特別会計とにそれぞれ区分して，それぞれ独立した事業者とします。しかし，名称は特別会計であっても，専ら一般会計に対する物品調達特別会計や印刷事業特別会計等のようなものは，消費税法上，一般会計に係る事業とみなされます（消法60①，消令72，消基通16-１-１）。反対に，地方公共団体の広域連合事業等として一般会計を設けて営まれる地方競馬，競輪，競艇などの事業は，名称は「一般会計」ですが，消費税法上は，「特別会計」として取り扱われます（消令72③）。

（２）課税期間

国及び地方公共団体等は会計年度が定められているので，その会計年度を課税期間とします（消法60）。また，公共法人，公益法人等において適宜の会計期間を定めていれば，その会計期間を課税期間とします。

（３）資産の譲渡等の時期

消費税法における資産の譲渡等の時期は，原則として引渡しのあったときですが，国及び地方公共団体等が行った資産の譲渡等，課税仕入れ及び課税貨物の保税地域からの引き取りについては，その対価を収納すべき会計年度の末日，その費用の支払いをすべき会計年度の末日に行われたものとすることができます（消令73）。

３．課税の特例

国及び地方公共団体の「一般会計」は，たとえその事業活動において課税標準に対する消費税額が発生しても同額の仕入税額控除があるものとみなされるため，申告義務は生じません（消法60⑥）。また，「特別会計」であっても物品調達会計や印刷事業会計のように，専ら一般会計に対して査産の譲渡等を行う特別会計は一般会計に係る業務とみなされますので．一般会計と同様に申告義務は生じません（消法60①）。したがって，ガス事業，水道事業などの特別会計及び一般会計のうち，特別会計とみなされる会計単位において資産の譲渡等を行ったときに納税義務が生じます（消令72②）。

４．特定収入と特定支出

（１）特定収入の意義

国及び地方公共団体等における収入項目はさまざまな要素から構成されているので，消費税法は，課税計算上３つに分類しています（消法60④，消令75）。

第１は資産の譲渡等の対価収入，第２は非特定収入，つまり借入金，債券の発行及び出資金による収入，第３は特定収入です。この「特定収入」とは，第１及び第２以外の収入で，具体的には，租税収入，補助金収入，交付金収入，対価性のない負担金収入などです（消基通16－２－１）。

（２）特定支出の意義

「特定支出」とは，課税仕入れに係る支払対価の額，課税貨物の引取価額及び借入金等の返済金又は償還金に係る支出のいずれにも該当しない支出をいいます（消令75）。具体的には，人件費補助金，土地購入のための補助金等をいい，仕入税額控除の対象とならない支払対価の額です。

（３）特定収入による仕入税額控除の制限

収入を上記（１）のように３つに分類しますと第１の収入が課税売上高になり，それに対して特定支出以外の支出が原則として課税仕入高になります。ところが，この課税仕入高の資金源には，国等からの特定収入が含まれていますので，課税仕入高に対する仕入税額控除を無制限に認めることは，課税売上高に対する課税仕入高以上の仕入税額控除となり，消費税課税体系上，矛盾します。そのため，簡易課税制度を適用している場合を除き，特定収入からの資金による仕入税額控除を制限する必要が生じます。

課税仕入れが行われた課税期間において特定収入割合が５％を超えるときは，仕入税額控除の合計額の全部又は一部について控除制限されます（消令75③）。すなわち，特定収入がある場合には，課税仕入れに係る税額のうち全部又は一部を特定収入によって賄う部分が認められるため，特定収入割合によって仕入税額控除を制限しています。特定収入割合は次の算式によります。

$$5\% < \left(\text{特定収入割合} = \frac{\text{特定収入の合計額}}{\text{資産の譲渡等の対価の額の合計額} + \text{特定収入の合計額}} \right)$$

5．特定収入に係る調整計算

（1）調整計算の必要性の判定

仕入税額控除の計算が大きく3区分して行われますので，それらに従って調整計算の必要性までを図式化すると次のようになります（消法60④，消令75③）。

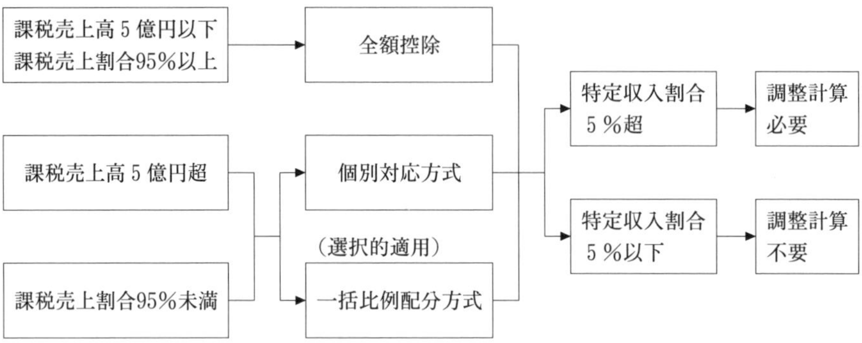

（2）特定収入等の区分

国地方公共団体，公共法人及び公益法人等が消費税に係る事業を営む場合には，その事業活動の多種多様な収入が混在します。例えば，基本財産として投入された収入，いわば株式会社の資本金に類似する収入，利用者からの負担金収入，寄附金収入，租税収入，補助金収入，交付金収入，借入金収入，預貯金利息，資産運用収入，資産の譲渡等の対価収入などがあります。そこで，これらの収入を区分する必要があります。

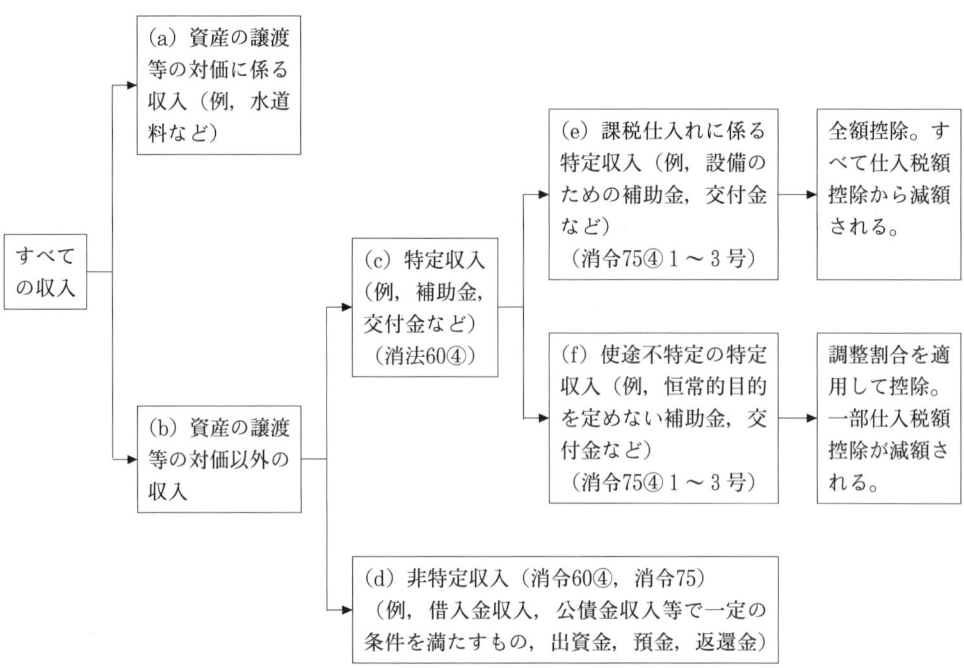

第1に，事業に関するすべての収入は，（a）資産の譲渡等の対価に係る収入と，（b）それ以外の対価性のない収入に区分します。第2に（b）を，（c）特定収入と（d）非特定収入（特定収入以外の収入で対価性のない収入を，ここでは便宜的に非特定収入といいます。）に区分します。第3に（c）特定収入を，（e）課税仕入れに係る特定収入と（f）使途不特定の特定収入とに区分します。これによって判明するように，例えば，町村の水道事業会計において設備を更新するための資金として補助金収入を得た場合は，この収入に基づいて課税仕入れ取引を行い仕入税額控除が発生しますが，課税売上と対応関係がないため，この仕入税額控除は，すべて控除できない金額となります。しかし，同じ補助金でも水道事業の恒常的な赤字解消のための補助金であれば，課税仕入れ取引や人件費支払いなどにも支出されるので，調整割合を適用し仕入税額控除が制限されます。

（3）仕入税額控除の調整計算

仕入税額控除の調整計算は，①課税仕入れ等に係る消費税額等から「課税仕入れに係る特定収入に対応する課税仕入れ等の消費税額」を控除します（消法60④，消令75）。②このほかに「使途不特定の特定収入」がある場合には，それに対応する一定割合を調整します。結果として仕入税額控除が減額されるので，納税額が増加することになります。

納税義務者の仕入税額控除計算については上記のようなケースが生じますので，そのうち課税売上高95%以上（課税売上高5億円超を除く。）の基本的な場合について述べます。制限される仕入控除税額は，次のように計算されます。

イ．特定収入に係る課税仕入れ等の税額＝A＋B

A＝課税仕入れに係る特定収入の合計額 $\frac{7.8}{110}$

B＝（通常の計算による課税仕入れ等の消費税額－A）×調整割合

（注）（　）内がマイナスになる場合〔A－（マイナスとなった金額×調整割合〕の額は特定収入になります。

ロ．使途不特定の特定収入の調整割合の算式

$$=\frac{\text{使途不特定の特定収入}}{\text{課税資産の譲渡等の対価の額}+\text{使途不特定の特定収入}}$$

（4）特定収入による仕入税額控除の調整計算例

甲町は水道事業を特別会計で運営しています。水道料収入等の課税売上高1,210百万円，水道事業の維持管理費用1,281百万円，このうち課税仕入高648百万円です。また，一般会計から設備更新の補助金（課税仕入れに係る特定収入に該当）138百万円の繰り入れ及び恒常的で使途制限のない交付金（使途不特定の特定収入に該当）100百万円があります。この課税期間は課税事業者で課税売上割合98%とします。

①　特定収入割合11.14%　＞　5%　→　調整計算必要

$$11.1\% = \frac{138\text{百万円（課税仕入れに係る特定収入）}}{1{,}100\text{百万円（}=1{,}210\times\frac{100}{110}\text{）}+138\text{百万円}}\times 100$$

②　調整計算：調整割合の算式

$$= \frac{100\text{百万円（使途不特定の特定収入）}}{1{,}100\text{百万円}（=1{,}210\times\frac{100}{110}）+100\text{百万円}}$$

A：課税仕入れ等に係る特定収入に対する消費税等額

9,785,454円＝ 138百万円×（ $\frac{7.8}{110}$ ）

特定収入から支出される課税仕入れ等に係る消費税額は全額，仕入税額控除額から控除されます。

B：課税仕入れに係る消費税額：45,949,090円＝648百万円 × $\frac{7.8}{110}$

C：調整加算額3,013,636円＝（45,949,090円－9,785,454円）×調整割合

$$= 36{,}163{,}636\text{円} \times \frac{100\text{百万円（使途不特定の特定収入）}}{1{,}100\text{百万円}（=1{,}210\times\frac{100}{110}）+100\text{百万円}}$$

使途不特定の特定収入がある場合には，一定割合を課税仕入れ等に係る消費税額から控除するように計算します。

D：特定収入に係る課税仕入れ等の税額　12,799,090円＝9,785,454円＋3,013,636円

この金額は，仕入税額控除額から差し引かれる金額なので，納税額は増加します。

③　消費税額の計算

課税消費税額	1,100,000,000円×7.8%＝85,800,000円
仕入税額控除	33,150,000円＝45,949,090円－（9,785,454円＋3,013,636円）
計算上の消費税額	52,650,000円＝85,800,000円－33,150,000円

６．申告期限の特例

申告期限は，原則として課税期間の末日から２カ月以内としています。しかし，国，地方公共団体等の会計は，それぞれ決算の処理方法や決算承認について法令の定めがあるため，①国は５カ月以内，②地方公共団体は６カ月以内，③地方公営企業は３カ月以内とする特例を設けています（消法60⑧，消令76①，②）。

問題６－１

社会福祉法人甲社（別表第三に掲げる法人に該当する。）に関する次の資料に基づき，同社の当課税期間（自令和２年４月１日　至令和３年３月31日）における特定収入に係る課税仕入れ等の税額を求めなさい。

【資料】

（１）当課税期間における課税資産の譲渡等の対価の額の合計額は916,300,000円（税込金額）である。

（２）当課税期間における非課税資産の譲渡等の対価の額の合計額は17,000,000円である。

（３）当課税期間における特定収入の額の合計額は105,000,000円であるが，その内訳は次のとおりである。

①　課税仕入れ等に係る特定収入の額の合計額	60,000,000円
②　課税仕入れ等に係る特定収入以外の特定収人の額の合計額	45,000,000円

（４）当課税期間における課税仕入れの金額の合計額は533,536,000円（税込金額）である。

（５）当課税期間における課税売上割合は98%である。

解答欄

1．特定収入割合の判定

（1）資産の譲渡等の対価の額の合計額

[　　　　　　　　　　] ＝ [　　　　円]

（2）特定収入の額の合計額

[　　　　円]

（3）判　定

$$\left\{ \frac{(2)}{(1)+(2)} = \boxed{0.\quad} \right\} \begin{matrix} > \\ \leqq \end{matrix} \boxed{\quad\%}$$

故に調整の適用 ｛ あり ／ なし ｝

（いずれかを○で囲むこと）

2．調整割合

$$\frac{\boxed{\quad 円}}{\boxed{\quad\quad}} = \boxed{\quad 円}$$

3．特定収入に係る課税仕入れ等の税額

（1）課税仕入れ等に係る特定収入に係る税額

[　　　　　　] ＝ [　　　　円]

（2）課税仕入れ等に係る特定収入以外の特定収入に係る税額

$$\left(\boxed{\quad\quad} - \boxed{\quad 円} \right) \times \frac{\boxed{\quad 円}}{\boxed{\quad 円}}$$

＝ [　　　　円]

（3）合　計

（1）＋（2）＝ [　　　　円]

［1級・2問類題］

第７章　納税地と申告・納税・還付

第１節　消費税の納税地

消費税の納税地とは，納税義務者が申告し納税する所轄税務署を確定するための重要な要素であり，個人事業者と法人とに区分して，次のように定めています。

１．個人事業者の納税地

住所及び居所について，民法第22条は「各人の生活の本拠をその者の住所とする。」，民法第23条は「住所が知れない場合には，居所を住所とみなす。」と定めています。

消費税法上，個人事業者の納税地は基本的に個人事業者の住所地ですが，住所地と事業場とが異なる税務署長の管轄にあるときには，届出によって事業場を納税地とすることができます（消法20，21，消令42，所法16）。このほか，住所地を有しない個人事業者の場合については，資産の貸付などを行う資産の所在地とするなどと定めています（消法20，21）。

なお，個人事業者の事業状況が，当該個人の消費税の納税地として不適当であると認められる場合には，国税局長は納税地を指定することができるものとしています。これを納税地指定といいます（消法23，消令44）。

２．法人の納税地

法人には内国法人と外国法人がありますが，いずれも本店又は主たる事務所を有しています。そのため，法人の納税地は基本的には，①内国法人については本店又は主たる事務所の所在地，②内国法人以外の法人の場合で国内に事務所等の所在地がある法人についてはその事務所等の所在地と定めています（消法22，消令43）。

なお，法人に対してもその事業状況によって納税地指定されることがあります（消令44）。

３．申告と納税地

（１）国内取引の納税地

国内において課税資産の譲渡等を行った者は，消費税を納付する義務が生じます（消法５①）。この義務を履行するためには，課税資産の譲渡等について所要事項を記載した確定申告書を税務署長へ提出し，納付すべき消費税額があるときは申告書の提出期限までに納税しなければなりません（消法45①，49）。この申告書の提出は，原則として納税地を所轄する税務署長ですが，課税期間の開始した時以後に納税地の異動があった場合には，異動前の納税地に提出することもできます。納付は原則として金銭に納付書を添えて行いますが，証券によって納付することもできます（通法21，34）。

（２）外国貨物引き取りの納税地

外国貨物のうち課税貨物を保税地域から引き取る者は，消費税を納付する義務が生じます（消法５②）。この義務を履行するためには，申告納税方式[1]を適用する者は，課税貨物の引き取りに係る所要事項を記載した申告書を保税地域を所管する税関長へ提出（消法26，47①，通法21④）し，納付すべき消費税額を，課税貨物を保税地域から引き取るときまでに納税しなければなりません（消法50）。しかし，この外国貨物の引き取りに関して特例申告[2]を行う場合には，申告書の提出が翌月末日となり（消法47③），その納期限についても申告期限の延長手続き及び担保の提供を行うと３月以内での延長を図ることができます（消法51）。

第２節　申告，納付，還付

１．確定申告と納付・還付

（１）課税期間と申告期限

免税事業者を除く課税事業者は，課税期間ごとに，当該課税期間の末日の翌日から２月以内に，確定申告書を提出しなければなりません（通法17，消法45①）。ただし，個人事業者の確定申告書の提出期限は，当分の間，その年の翌年３月31日とされています（措法86の６①）。

課税期間について消費税法は，課税期間を３月あるいは１月ごとに短縮することができる「課税期間の特例制度」を有しているため，この特例制度を適用している場合には，それぞれ短縮した課税期間の末日の翌日から２月以内に確定申告書を提出しなければなりません（消法19）。一般的には，還付を受ける事業者が課税期間の特例制度を利用することになります。

現在，消費税と地方消費税とは，事務の簡素化を図るため，１枚の申告書によって一括して申告が行われています。

実務的には，平成７年12月25日「消費税関係申告書等の様式の制定について」（通達）に従って，申告書記載金額の計算基礎となる諸項目についてそれぞれ必要な計算表を添付することとされています（最終改正平成30年６月29日）。

（２）申告に係る判決

申告と納税に関して重要な事件があります。この事件の納税義務者は，確定申告で納付すべき金額を法定納期限までに全額納めていたのですが，消費税の確定申告書を法定申告期限までに提出することを失念し，申告期限の11日後に提出しました。これに対して，12億３千万円余の無申告加算税が課税されました（関西電力事件）。納税者は法定納期限内に納付していることから，この課税処分を争って訴訟となりましたが，課税庁が勝訴しました（大阪地判平成16年（行ウ）107，平成17年９月16日）。判決では，「納税申告書は，申告納税方式による国税の課税標準等及び納付すべき税額等を記載した申告書をいいその提出によって納付すべき税額が原則として確定する法的効果を有するもの」と判示し，期限までに納税した金額は過誤納金であり，期限後に提出された確定申告書によって納税義務が確定し，過誤納金は，この確定した納税債務金額に充当されるものであるとされました。したがって，無申告加算税の決定は正当であると判示しました。申告納税制度では，確定申告書の提出が納税債務の確定手続きであり重要です。この事件後，国税通則法は平成18年に改正され，納税すべき金額を法定期限内に納付し，申告書の提出が期限後２週間以内に行われ，期限内に申告書を提出する意思があったと認められる場合には，無申告加算税が課税されないようになりました（通法66⑦，通令27の２）。さらに平成27年度改正により，「２週間以内」は「１月以内」とされました。

２．中間申告と納付

創設当初の消費税法の規定では，課税期間が６カ月を超える事業者で，前課税期間における確定消費税額の２分の１の金額が30万円を超える場合には，当該課税期間の６カ月を経過した日から２カ月以内に当該金額を記載した中間申告書を所轄税務署長に提出し，納税すべきことを定めていました。

その後，平成３年改正では，前課税期間における確定消費税額が500万円を超える事業者に対しては，その４分の１の金額を，当該課税期間の開始の日から３月ごとに区切り，順次３月を経過した日から２カ月以内に，当該金額を記載した中間申告書を所轄税務署長に提出し，納税すべきこととしました。30万円を超え500万円以下の場合には，従前どおり６カ月の中間申告及び納税としました。

平成９年改正では，消費税の税率１％アップと１％分の地方消費税が創設されたことから，前課税期間における確定消費税額が400万円を超える事業者に対して３月ごとの中間申告義務としました。しかし，この改正は中間納付税額の引下げではなく，この確定消費税額400万円に対して地方消費税が100万円発生するので，事業者の消費税等の実質的な中間納付税額には変更がなかったのです。

平成15年改正では，事業者が消費税等を納税するまで運用しているとの指摘から，原則として，事業者は，その課税期間開始の日以後１月ごとに区分した各期間を中間申告の対象期間として，その末日の翌日から２月以内に中間申告書の提出及び納税すべきであると定めました。この毎月中間申告の例外として，３カ月単位，６カ月単位及び中間申告不要制度を定めました（消法42）。地方消費税もこれに準じて定められていますので，中間申告については，図表７－１のように整理することができます（消法42①，④，⑥）。

なお，１月ごとに中間申告をする場合，課税期間における最初の１月分に係る申告は，前課税期間の年税額が課税期間終了の日から２カ月後に確定するので，その終了の日から３カ月が期限とされています（消法42①）。

上記のように前課税期間における消費税等の年税額を有する事業者には，中間申告の義務が生じますが，中間申告書を提出しなかった場合には，「中間申告書の提出があった」ものとみなされ，図表７－１で算定された消費税等の納税義務が確定することとなっています（消法44）。

図表７－１　中間申告期限と納税金額

直前の課税期間の年間確定消費税額（地方消費税込みの金額）	中間消費税額の納付税額	中間申告の回数	中間申告の納付金額 消費税額＋消費税額×17/63（地方消費税額）
4,800万円超（60,952,300円超）	400万円超	１月ごと年11回	年税額の12分の１
4,800円以下 400万円超（5,079,300円超）	1,200万円以下 100万円超	３月ごと年３回	年税額の12分の３
400万円以下 48万円超（609,500円超）	200万円以下 24万円超	６月に年１回	年税額の12分の６
48万円以下（注）（609,500円以下）	24万円以下	不要	０円又は任意の中間納付税額

（注）平成25年度改正において，直前の課税期間の年間確定消費税額が48万円以下の事業者であっても，「任意の中間申告書を提出する旨の届出書」を所轄税務署長に提出した場合には，年１回の中間申告及び納付をすることができることとしました（消法42⑧）。

問題７－１

資料に基づき，甲株式会社の当課税期間（自X2年４月１日　至X3年３月31日）における中間納付税額を計算しなさい。なお，甲株式会社の当課税期間中に仮決算に基づく中間申告書は提出していない。

【資料】

① 甲株式会社の前課税期間に係る消費税は次のとおりである。

② 前課税期間の当初期限内申告にかかわる消費税額　3,390,000円

③ 前課税期間に係る第１回修正申告分（X1年９月５日提出）　702,000円

④ 前課税期間に係る第２回修正申告分（X1年11月20日提出）　126,000円

解答欄

中間納付税額の計算

（１）第１四半期

（ [　　　　円] ／ 12 × ３ ＝ [　　　　円]　≧/≦　1,000,000円

（いずれか○で囲む）

故に　適用（あ　り・な　し）　[　　　　円]

（いずれか○で囲む）

（２）第２四半期

（ [　　　　円] ＋ [　　　　円] ＝ [　　　　円] ） ／ 12

× ３ ＝ [　　　　円]　≧/≦　1,000,000円

（いずれか○で囲む）

故に　適用（あ　り・な　し）　[　　　　円]

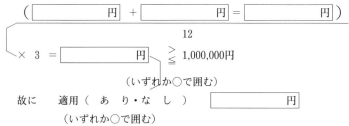

（いずれか○で囲む）

（３）第３四半期

$$\left\{\frac{(\boxed{\quad\quad}\text{円} + \boxed{\quad\quad}\text{円} = \boxed{\quad\quad}\text{円})}{12} \times 3 = \boxed{\quad\quad}\text{円}\right\} \gtreqless 1{,}000{,}000\text{円}$$

（いずれか○で囲む）

故に　適用（　あ　り・な　し　）　□円

（いずれか○で囲む）

（４）合計　中間納付税額

□円＋□円＝□円

［１級類題］

３．仮決算による中間申告と納付

事業者は，１カ月，３カ月又は６カ月の中間申告書を提出することに代えて，これらの期間を１つの課税期間として，その課税期間の実際の取引金額に基づいて消費税額の計算を行い，その結果に基づく中間申告書を提出することができます（消法43①）。しかし，中間申告期間において還付が生じるような場合であっても還付を受けることはできません（消基通15-１-５）。還付が常時発生するような事業者は，課税期間の特例制度（消法19）を適用し還付を受けることができます。

第３節　消費税等の表示と会計処理

１．消費税等の表示

政府は，平成元年の消費税導入時，消費税相当額の転嫁を明確にするよう税抜経理処理を行うよう強力に指導してきました。しかしながら，消費税率の引上げ後の平成15年改正において，消費者向けの価格表示については，消費税込みの総額表示を強制することとしました。この改正は平成16年４月１日から適用されています。すなわち，「事業者は，不特定かつ多数の者に課税資産の譲渡等を行う場合において，あらかじめその資産又は役務の価格を表示するときは，その資産又は役務の提供に係る消費税額及び地方消費税額の合計額に相当する額を含めた価格を表示しなければならない。」という総額表示義務規定を定めました（消法63）。しかし，事業者間の取引については，総額表示義務はありませんので税抜き表示することもできます。

２．税抜経理方式と税込経理方式

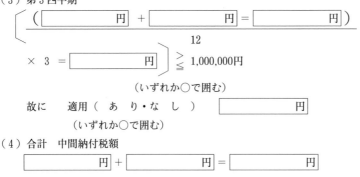

消費税額の計算は，会計上の取引を基礎として行われます。免税事業者の取引は税込経理方式が適用されます。非課税取引も消費税等を伴わないので，会計処理は税抜経理方式になります。課税事業者における課税取引の場合には，取引本体価格と消費税等をどのように会計処理するのか問題が生じます。この会計処理については，創設当初から税抜経理方式と税込経理方式の２つの経理方式が定められています（「消費税等の施行に伴う所得税の取扱いについて」及び「消費税等の施行に伴う法人税の取扱いについて」平成元年個別通達）。例えば，消費税等の税率を10％として①本体

価格5,000円の商品に仕入れ消費税等を加えて5,500円を現金で支払ったとき，②本体価格10,000円の商品に消費税等を加えて11,000円で現金で販売したとき，それぞれの仕訳を示すと図表７－２のようになります。

図表７－２　経理処理の仕訳

（単位：円）

経理区分	借　　方	金　　額	貸　　方	金　　額
（１）税抜経理方式	（仕　　入） （仮払消費税等） （現　　金）	5,000 500 11,000	（現　　金） （売　　上） （仮受消費税等）	5,500 10,000 1,000
（２）税込経理方式	（仕　　入） （現　　金）	5,500 11,000	（現　　金） （売　　上）	5,500 11,000

３．会計処理と財務諸表

（１）税抜経理方式

会計処理の違いは，財務諸表の作成に影響します。税抜経理方式を採用している場合には，消費税等の金額について「仮払消費税等」及び「仮受消費税等」の勘定科目に支払い額又は受取り額が集約され，理論的にはその差額を納税することになります。仮払消費税等と仮受消費税等を納付すべき消費税等と精算する時に，差額が生じた場合には，費用又は収益に計上します（「消費税等の施行に伴う法人税の取扱いについて」平成元年個別通達６）。

さらに，仕入税額控除の計算において課税売上割合が95％未満の場合などにおいて，仮払消費税等の金額の一部が控除されない場合が生じます。この場合には「控除対象外消費税等」として前払費用又は費用に計上します（所令182の２，法令139の４）。

（２）税込経理方式

一方，税込経理方式を採用している場合には，各取引の会計処理において消費税等相当額の金額を含めて行うので，それぞれの勘定科目金額に消費税等が含まれて財務諸表が作成され，いわば，水ぶくれした金額になります。この場合，固定資産の取得においても消費税等を含めた取得価額で減価償却を行います。交際費等の損金不算入額の計算においても税込支払金額で計算します。そして決算時において，納付すべき消費税等の金額を算出し，その金額を租税公課として費用計上（貸方は「未払消費税等」計上）することになります。会計実務上は簡単であり，中小企業向けの会計処理と考えられます。

４．経理処理方式の適用区分

経理処理方式に２つの方式があるので，さらにこれらの経理処理をどの勘定科目の範囲で行うのか，適用区分の問題が生じます。この適用区分については，売上高など収益に関して税抜経理方式を採用している場合には，図表７－３の適用区分ごとに税抜経理方式または税込経理方式を選択適用することができます。しかし，売上高等の収益に関して税込経理方式を適用している場合には，すべて税込経理方式で会計処理をしなければなりません。

図表7－3　経理処理方式の適用区分

適用区分	経理方式	
売上高及び収益項目	税抜経理方式適用の場合	税込経理方式適用の場合
販売費及び一般管理費	税抜または税込を選択可能	税込経理方式のみ
棚卸資産	税抜または税込を選択可能	税込経理方式のみ
固定資産	税抜または税込を選択可能	税込経理方式のみ
繰延査産	税抜または税込を選択可能	税込経理方式のみ

問題7－2

次の取引について仕訳をしなさい。ただし，仕訳に用いる勘定科目は，次の中から選ぶこととする。なお，消費税及び地方消費税の経理処理については，（イ）税込経理方式及び（ロ）税抜経理方式の2つを示しなさい。ただし，消費税等の税率は10%とする。

現金預金	仕入	備品	仮払消費税等	買掛金
仮受消費税等	雑収入	売上	未払消費税等	未収消費税等
固定資産売却益	売掛金			

1．商品16,500,000円（うち，消費税額及び地方消費税額1,500,000円）を仕入れ，代金は掛けとした。
2．商品22,000,000円（うち，消費税額及び地方消費税額2,000,000円）を売り渡し，代金は掛けとした。
3．帳簿価額384,600円の備品を440,000円（うち，消費税額及び地方消費税額40,000円）で売却し，代金は現金で収受した。
4．決算に当たり，中間納付額の還付を受けるべき消費税額及び地方消費税額240,000円を雑収入として計上した。
5．上記4．の消費税額及び地方消費税額240,000円が普通預金に入金された。

解答欄

（イ）税込経理方式

	借方科目	借方金額	貸方科目	貸方金額
(1)				
(2)				
(3)				
(4)				
(5)				

（ロ）税抜経理方式

	借　方　科　目	借方金額	貸　方　科　目	貸方金額
（１）				
（２）				
（３）				
（４）				
（５）				

問題７－３

次の取引について仕訳をしなさい。ただし，仕訳に用いる勘定科目は，次の中から選ぶこととする。なお，商品に飲食料品は含まれていないので，すべて消費税率等は10％とし，消費税及び地方消費税の経理処理については税抜経理方式によるものとする。

売　掛　金	仮払消費税等	売　　上	仕　　入	仮受消費税等
備　　品	現金預金	買　掛　金	未払消費税等	租税公課

１．商品3,740,000円（うち，消費税額及び地方消費税額340,000円）を仕入れ，代金は掛けとした。

２．商品7,040,000円（うち，消費税額及び地方消費税額640,000円）を売り渡し，代金は掛けとした。

３．売上商品165,000円（うち，消費税額及び地方消費税額15,000円）の返品を受け，売掛金165,000円を直接減額した。

４．事業用備品264,000円（うち，消費税額及び地方消費税額24,000円）を現金で購入した。

５．決算に当たり，仮受消費税等残高14,901,600円及び仮払消費税等残高10,352,700円を精算し，納付すべき消費税額及び地方消費税額4,548,900円を未払計上した。

解答欄

	借　方　科　目	借方金額	貸　方　科　目	貸方金額
（１）				
（２）				
（３）				
（４）				
（５）				

■ 注 ■

（1）関税法6条の2第1項第1号に定める「申告納税方式」を意味します。

入国携帯品や郵便物等に対する関税以外の関税については，原則として納税義務者が税関長に申告することによって税額が確定します。これを「申告納税方式」といいます。これは，申告がない場合または申告に係る税額の計算が関税に関する法律の規定に従っていなかった場合その他当該税額が税関長の調査したところと異なる場合に限り，税関長の処分により確定する方式です。

（2）関税法第7条の2第2項に定める「特例申告」を意味します。

特例申告（特例申告書の提出によって行う申告をいう。）を行う場合は，特例申告に係る指定貨物で輸入の許可を受けたものについて，当該許可ごとに特例申告書を作成し，当該許可の日の属する月の翌月末日までに当該指定貨物の輸入地を所轄する税関長に提出しなければなりません。

〈資料２－１〉　本則計算による申告書　第一表

GK0304

第3－(1)号様式

令和　年　月　日	税務署長殿
納税地	(電話番号　－　－　)
(フリガナ) 名称又は屋号	
個人番号又は法人番号	↓個人番号の記載に当たっては、左端を空欄とし、ここから記載してください。
(フリガナ) 代表者氏名又は氏名	印

※税務署処理欄

一連番号		翌年以降送付不要	
所管 / 要否 / 整理番号			
申告年月日	令和　年　月　日		
申告区分	指導等	庁指定	局指定
通信日付印 年 月 日	確認印	確認書類 個人番号カード 通知カード・運転免許証 その他(　)	身元確認
指導年月日 令和	相談	区分1 区分2 区分3	

第一表

令和元年十月一日以後終了課税期間分（一般用）

自 平成/令和　年　月　日　至 令和　年　月　日

課税期間分の消費税及び地方消費税の(　　　)申告書

(中間申告の場合の対象期間　自 平成/令和　年　月　日　至 令和　年　月　日)

この申告書による消費税の税額の計算

項目	番号	十兆千百十億千百十万千百十一円	コード
課税標準額	①	000	03
消費税額	②		06
控除過大調整税額	③		07
控除税額 控除対象仕入税額	④		08
控除税額 返還等対価に係る税額	⑤		09
控除税額 貸倒れに係る税額	⑥		10
控除税額 控除税額小計 (④+⑤+⑥)	⑦		
控除不足還付税額 (⑦－②－③)	⑧		13
差引税額 (②+③－⑦)	⑨	00	15
中間納付税額	⑩	00	16
納付税額 (⑨－⑩)	⑪	00	17
中間納付還付税額 (⑩－⑨)	⑫	00	18
この申告書が修正申告である場合 既確定税額	⑬		19
この申告書が修正申告である場合 差引納付税額	⑭	00	20
課税売上割合 課税資産の譲渡等の対価の額	⑮		21
課税売上割合 資産の譲渡等の対価の額	⑯		22

この申告書による地方消費税の税額の計算

項目	番号	金額	コード
地方消費税の課税標準となる消費税額 控除不足還付税額	⑰		51
地方消費税の課税標準となる消費税額 差引税額	⑱	00	52
譲渡割額 還付額	⑲		53
譲渡割額 納税額	⑳	00	54
中間納付譲渡割額	㉑	00	55
納付譲渡割額 (⑳－㉑)	㉒	00	56
中間納付還付譲渡割額 (㉑－⑳)	㉓	00	57
この申告書が修正申告である場合 既確定譲渡割額	㉔		58
この申告書が修正申告である場合 差引納付譲渡割額	㉕	00	59
消費税及び地方消費税の合計(納付又は還付)税額	㉖		60

付記事項	割賦基準の適用	○ 有	○ 無	31
付記事項	延払基準等の適用	○ 有	○ 無	32
付記事項	工事進行基準の適用	○ 有	○ 無	33
付記事項	現金主義会計の適用	○ 有	○ 無	34
参考事項	課税標準額に対する消費税額の計算の特例の適用	○ 有	○ 無	35
参考事項 控除税額の計算方法	課税売上高5億円超又は課税売上割合95%未満	○ 個別対応方式	○ 一括比例配分方式	41
参考事項 控除税額の計算方法	上記以外	○ 全額控除		
参考事項	基準期間の課税売上高	千円		

還付を受けようとする金融機関等

銀行・金庫・組合・農協・漁協	本店・支店・出張所・本所・支所
預金	口座番号
ゆうちょ銀行の貯金記号番号	－
郵便局名等	

※税務署整理欄

税理士署名押印	印 (電話番号　－　－　)

○ 税理士法第30条の書面提出有

○ 税理士法第33条の2の書面提出有

〈資料２－２〉　本則計算による申告書　第二表

GK0601

第3－(2)号様式

課税標準額等の内訳書

整理番号

納税地	(電話番号　　－　　－　　)
(フリガナ) 名称又は屋号	
(フリガナ) 代表者氏名又は氏名	

改正法附則による税額の特例計算			
軽減売上割合(10営業日)	○	附則38①	51
小売等軽減仕入割合	○	附則38②	52
小売等軽減売上割合	○	附則39①	53

第二表

令和元年十月一日以後終了課税期間分

自 平成/令和　年　月　日

至 令和　年　月　日

課税期間分の消費税及び地方消費税の(　　　　)申告書

中間申告の場合の対象期間　自 平成/令和　年　月　日　至 令和　年　月　日

			十兆千百十億千百十万千百十一円	
課税標準額 ※申告書(第一表)の①欄へ		①	000	01
課税資産の譲渡等の対価の額の合計額	3　%適用分	②		02
	4　%適用分	③		03
	6.3　%適用分	④		04
	6.24%適用分	⑤		05
	7.8　%適用分	⑥		06
		⑦		07
特定課税仕入れに係る支払対価の額の合計額 (注1)	6.3　%適用分	⑧		11
	7.8　%適用分	⑨		12
		⑩		13

消費税額 ※申告書(第一表)の②欄へ		⑪		21
⑪の内訳	3　%適用分	⑫		22
	4　%適用分	⑬		23
	6.3　%適用分	⑭		24
	6.24%適用分	⑮		25
	7.8　%適用分	⑯		26

返還等対価に係る税額 ※申告書(第一表)の⑤欄へ		⑰		31
⑰の内訳	売上げの返還等対価に係る税額	⑱		32
	特定課税仕入れの返還等対価に係る税額 (注1)	⑲		33

地方消費税の課税標準となる消費税額 (注2)		⑳		41
	4　%適用分	㉑		42
	6.3　%適用分	㉒		43
	6.24%及び7.8%適用分	㉓		44

〈資料２－３〉 本則計算の付表１－１

第4-(1)号様式

付表1－1　税率別消費税額計算表 兼 地方消費税の課税標準となる消費税額計算表

一　般

課税期間	・　・　～　・　・	氏名又は名称	

区分		旧税率分小計 X	税率6.24％適用分 D	税率7.8％適用分 E	合計 F (X+D+E)
課税標準額	①	(付表1-2の①X欄の金額) 円 000	円 000	円 000	※第二表の①欄へ 円 000
①の内訳 課税資産の譲渡等の対価の額	①-1	(付表1-2の①-1X欄の金額)	※第二表の⑤欄へ	※第二表の⑥欄へ	※第二表の⑦欄へ
①の内訳 特定課税仕入れに係る支払対価の額	①-2	(付表1-2の①-2X欄の金額)	※①-2欄は、課税売上割合が95%未満、かつ、特定課税仕入れがある事業者のみ記載する。	※第二表の⑨欄へ	※第二表の⑩欄へ
消費税額	②	(付表1-2の②X欄の金額)	※第二表の⑮欄へ	※第二表の⑯欄へ	※第二表の⑪欄へ
控除過大調整税額	③	(付表1-2の③X欄の金額)	(付表2-1の㉔・㉕D欄の合計金額)	(付表2-1の㉔・㉕E欄の合計金額)	※第一表の③欄へ
控除税額 控除対象仕入税額	④	(付表1-2の④X欄の金額)	(付表2-1の㉓D欄の金額)	(付表2-1の㉓E欄の金額)	※第一表の④欄へ
控除税額 返還等対価に係る税額	⑤	(付表1-2の⑤X欄の金額)			※第二表の⑰欄へ
控除税額 ⑤の内訳 売上げの返還等対価に係る税額	⑤-1	(付表1-2の⑤-1X欄の金額)			※第二表の⑱欄へ
控除税額 ⑤の内訳 特定課税仕入れの返還等対価に係る税額	⑤-2	(付表1-2の⑤-2X欄の金額)	※⑤-2欄は、課税売上割合が95%未満、かつ、特定課税仕入れがある事業者のみ記載する。		※第二表の⑲欄へ
控除税額 貸倒れに係る税額	⑥	(付表1-2の⑥X欄の金額)			※第一表の⑥欄へ
控除税額 控除税額小計 (④+⑤+⑥)	⑦	(付表1-2の⑦X欄の金額)			※第一表の⑦欄へ
控除不足還付税額 (⑦－②－③)	⑧	(付表1-2の⑧X欄の金額)	※⑪E欄へ	※⑪E欄へ	
差引税額 (②+③－⑦)	⑨	(付表1-2の⑨X欄の金額)	※⑫E欄へ	※⑫E欄へ	
合計差引税額 (⑨－⑧)	⑩				※マイナスの場合は第一表の⑧欄へ ※プラスの場合は第一表の⑨欄へ
地方消費税の課税標準となる消費税額 控除不足還付税額	⑪	(付表1-2の⑪X欄の金額)		(⑧D欄と⑧E欄の合計金額)	
地方消費税の課税標準となる消費税額 差引税額	⑫	(付表1-2の⑫X欄の金額)		(⑨D欄と⑨E欄の合計金額)	
合計差引地方消費税の課税標準となる消費税額 (⑫－⑪)	⑬	(付表1-2の⑬X欄の金額)		※第二表の㉓欄へ(注3)	※マイナスの場合は第一表の⑰欄へ ※プラスの場合は第一表の⑱欄へ ※第二表の㉓欄へ
譲渡割額 還付額	⑭	(付表1-2の⑭X欄の金額)		(⑪E欄×22/78)(注3)	
譲渡割額 納税額	⑮	(付表1-2の⑮X欄の金額)		(⑫E欄×22/78)(注3)	
合計差引譲渡割額 (⑮－⑭)	⑯				※マイナスの場合は第一表の⑲欄へ ※プラスの場合は第一表の⑳欄へ

注意　1　金額の計算においては、1円未満の端数を切り捨てる。
2　旧税率が適用された取引がある場合は、付表1-2を作成してから当該付表を作成する。
3　旧税率が適用された取引がない場合（X欄に記載すべき金額がない場合）には、⑬～⑮E欄の各欄の記載は次のとおりとなる。
(1)「⑫E欄-⑪E欄」がマイナスの場合
⑬E欄に1円未満の端数を切り捨てた金額を記載し、⑭E欄に「(⑪E欄－⑫E欄)×22/78」により計算した金額を記載する（⑮E欄の記載は不要）。
(2)「⑫E欄-⑪E欄」がプラスの場合
⑬E欄に100円未満の端数を切り捨てた金額を記載し、⑮E欄に「⑬E欄×22/78」により計算した金額を記載する（⑭E欄の記載は不要）。

(R1.10.1以後終了課税期間用)

〈資料2－4〉 本則計算の付表2－1

第4-(2)号様式

付表2－1　課税売上割合・控除対象仕入税額等の計算表

一般

課税期間	・　・　～　・　・	氏名又は名称	

区分	項目		旧税率分小計 X	税率6.24％適用分 D	税率7.8％適用分 E	合計 F (X+D+E)
	課税売上額（税抜き）	①	(付表2-2の①X欄の金額) 円	円	円	円
	免税売上額	②				
	非課税資産の輸出等の金額、海外支店等へ移送した資産の価額	③				
	課税資産の譲渡等の対価の額（①＋②＋③）	④				※第一表の⑮欄へ ※付表2-2の④X欄へ
	課税資産の譲渡等の対価の額（④の金額）	⑤				
	非課税売上額	⑥				
	資産の譲渡等の対価の額（⑤＋⑥）	⑦				※第一表の⑯欄へ ※付表2-2の⑦X欄へ
	課税売上割合（④／⑦）	⑧				※付表2-2の⑧X欄へ [　　%] ※端数切捨て
	課税仕入れに係る支払対価の額（税込み）	⑨	(付表2-2の⑨X欄の金額)			
	課税仕入れに係る消費税額	⑩	(付表2-2の⑩X欄の金額)	(⑨D欄×6.24/108)	(⑨E欄×7.8/110)	
	特定課税仕入れに係る支払対価の額	⑪	(付表2-2の⑪X欄の金額)	※⑪及び⑫欄は、課税売上割合が95%未満、かつ、特定課税仕入れがある事業者のみ記載する。		
	特定課税仕入れに係る消費税額	⑫	(付表2-2の⑫X欄の金額)		(⑪E欄×7.8/100)	
	課税貨物に係る消費税額	⑬	(付表2-2の⑬X欄の金額)			
	納税義務の免除を受けない（受ける）こととなった場合における消費税額の調整（加算又は減算）額	⑭	(付表2-2の⑭X欄の金額)			
	課税仕入れ等の税額の合計額（⑩＋⑫＋⑬±⑭）	⑮	(付表2-2の⑮X欄の金額)			
	課税売上高が5億円以下、かつ、課税売上割合が95％以上の場合（⑮の金額）	⑯	(付表2-2の⑯X欄の金額)			
課税売上高が5億円超又は課税売上割合が95%未満の場合 個別対応方式	⑮のうち、課税売上げにのみ要するもの	⑰	(付表2-2の⑰X欄の金額)			
課税売上高が5億円超又は課税売上割合が95%未満の場合 個別対応方式	⑮のうち、課税売上げと非課税売上げに共通して要するもの	⑱	(付表2-2の⑱X欄の金額)			
課税売上高が5億円超又は課税売上割合が95%未満の場合 個別対応方式	個別対応方式により控除する課税仕入れ等の税額〔⑰＋（⑱×④／⑦）〕	⑲	(付表2-2の⑲X欄の金額)			
課税売上高が5億円超又は課税売上割合が95%未満の場合	一括比例配分方式により控除する課税仕入れ等の税額（⑮×④／⑦）	⑳	(付表2-2の⑳X欄の金額)			
控除税額の調整	課税売上割合変動時の調整対象固定資産に係る消費税額の調整（加算又は減算）額	㉑	(付表2-2の㉑X欄の金額)			
控除税額の調整	調整対象固定資産を課税業務用（非課税業務用）に転用した場合の調整（加算又は減算）額	㉒	(付表2-2の㉒X欄の金額)			
差引	控除対象仕入税額〔（⑯、⑲又は⑳の金額）±㉑±㉒〕がプラスの時	㉓	(付表2-2の㉓X欄の金額)	※付表1-1の④D欄へ	※付表1-1の④E欄へ	
差引	控除過大調整税額〔（⑯、⑲又は⑳の金額）±㉑±㉒〕がマイナスの時	㉔	(付表2-2の㉔X欄の金額)	※付表1-1の③D欄へ	※付表1-1の③E欄へ	
	貸倒回収に係る消費税額	㉕	(付表2-2の㉕X欄の金額)	※付表1-1の③D欄へ	※付表1-1の③E欄へ	

注意　1　金額の計算においては、1円未満の端数を切り捨てる。
　　　2　旧税率が適用された取引がある場合は、付表2-2を作成してから当該付表を作成する。
　　　3　⑨及び⑪欄には、値引き、割戻し、割引きなど仕入対価の返還等の金額がある場合（仕入対価の返還等の金額を仕入金額から直接減額している場合を除く。）には、その金額を控除した後の金額を記載する。

(R1.10.1以後終了課税期間用)

〈資料２－５〉　簡易課税制度による申告書

第３－(3)号様式

簡　第一表　平成三十一年十月一日以後終了課税期間分（簡易課税用）

平成　年　月　日	税務署長殿
収受印	
納税地	（電話番号　－　－　）
（フリガナ） 名称 又は屋号	
個人番号 又は法人番号	↓個人番号の記載に当たっては、左端を空欄とし、ここから記載してください。
（フリガナ） 代表者氏名 又は氏名	印

※税務署処理欄

一連番号		翌年以降送付不要	
所管	要否	整理番号	
申告年月日	平成　年　月　日		
申告区分	指導等	庁指定	局指定
通信日付印　年　月　日	確認印	確認書類　個人番号カード　通知カード・運転免許証　その他（　）	身元確認
指導　年　月　日　平成	相談	区分1　区分2	区分3

自 平成　年　月　日　至 平成　年　月　日　課税期間分の消費税及び地方消費税の（　　）申告書

中間申告の場合の対象期間　自 平成　年　月　日　至 平成　年　月　日

この申告書による消費税の税額の計算（十兆 千 百 十 億 千 百 十 万 千 百 十 一円）

課税標準額	①	000	03
消費税額	②		06
貸倒回収に係る消費税額	③		07
控除税額　控除対象仕入税額	④		08
控除税額　返還等対価に係る税額	⑤		09
控除税額　貸倒れに係る税額	⑥		10
控除税額　控除税額小計（④＋⑤＋⑥）	⑦		
控除不足還付税額（⑦－②－③）	⑧		13
差引税額（②＋③－⑦）	⑨	00	15
中間納付税額	⑩	00	16
納付税額（⑨－⑩）	⑪	00	17
中間納付還付税額（⑩－⑨）	⑫	00	18
この申告書が修正申告である場合　既確定税額	⑬		19
この申告書が修正申告である場合　差引納付税額	⑭	00	20
この課税期間の課税売上高	⑮		21
基準期間の課税売上高	⑯		

この申告書による地方消費税の税額の計算

地方消費税の課税標準となる消費税額　控除不足還付税額	⑰		51
地方消費税の課税標準となる消費税額　差引税額	⑱	00	52
譲渡割額　還付額	⑲		53
譲渡割額　納税額	⑳	00	54
中間納付譲渡割額	㉑	00	55
納付譲渡割額（⑳－㉑）	㉒	00	56
中間納付還付譲渡割額（㉑－⑳）	㉓	00	57
この申告書が修正申告である場合　既確定譲渡割額	㉔		58
この申告書が修正申告である場合　差引納付譲渡割額	㉕	00	59
消費税及び地方消費税の合計（納付又は還付）税額	㉖		60

㉖＝(⑪＋㉒)－(⑧＋⑫＋⑲＋㉓)・修正申告の場合㉖＝⑭＋㉕
㉖が還付税額となる場合はマイナス「－」を付してください。

付記事項

割賦基準の適用	有	無	31
延払基準等の適用	有	無	32
工事進行基準の適用	有	無	33
現金主義会計の適用	有	無	34
課税標準額に対する消費税額の計算の特例の適用	有	無	35

参考事項

事業区分　区分	課税売上高（免税売上高を除く）	売上割合％	
第１種	千円	.	36
第２種		.	37
第３種		.	38
第４種		.	39
第５種		.	42
第６種		.	43
特例計算適用（令57③）	有	無	40

還付を受けようとする金融機関等

銀行・金庫・組合・農協・漁協	本店・支店・出張所・本所・支所
預金	口座番号
ゆうちょ銀行の貯金記号番号	－
郵便局名等	
※税務署整理欄	

税理士署名押印　印　（電話番号　－　－　）

税理士法第30条の書面提出有

税理士法第33条の2の書面提出有

〈資料２－６〉 簡易課税制度の付表５－１

第4-(4)号様式

付表5－1　控除対象仕入税額等の計算表

簡易

課税期間	・・～・・	氏名又は名称	

Ⅰ　控除対象仕入税額の計算の基礎となる消費税額

項目		旧税率分小計 X	税率6.24%適用分 D	税率7.8%適用分 E	合計F (X+D+E)
課税標準額に対する消費税額	①	(付表5-2の①X欄の金額) 円	(付表4-1の②D欄の金額) 円	(付表4-1の②E欄の金額) 円	(付表4-1の②F欄の金額) 円
貸倒回収に係る消費税額	②	(付表5-2の②X欄の金額)	(付表4-1の③D欄の金額)	(付表4-1の③E欄の金額)	(付表4-1の③F欄の金額)
売上対価の返還等に係る消費税額	③	(付表5-2の③X欄の金額)	(付表4-1の⑤D欄の金額)	(付表4-1の⑤E欄の金額)	(付表4-1の⑤F欄の金額)
控除対象仕入税額の計算の基礎となる消費税額 (①＋②－③)	④	(付表5-2の④X欄の金額)			

Ⅱ　1種類の事業の専業者の場合の控除対象仕入税額

項目		旧税率分小計 X	税率6.24%適用分 D	税率7.8%適用分 E	合計F (X+D+E)
④ × みなし仕入率 (90%・80%・70%・60%・50%・40%)	⑤	(付表5-2の⑤X欄の金額) 円	※付表4-1の④D欄へ 円	※付表4-1の④E欄へ 円	※付表4-1の④F欄へ 円

Ⅲ　2種類以上の事業を営む事業者の場合の控除対象仕入税額

(1)　事業区分別の課税売上高(税抜き)の明細

項目		旧税率分小計 X	税率6.24%適用分 D	税率7.8%適用分 E	合計F (X+D+E)	売上割合
事業区分別の合計額	⑥	(付表5-2の⑥X欄の金額) 円	円	円	円	
第一種事業 (卸売業)	⑦	(付表5-2の⑦X欄の金額)			※第一表「事業区分」欄へ	%
第二種事業 (小売業等)	⑧	(付表5-2の⑧X欄の金額)			※　〃	
第三種事業 (製造業等)	⑨	(付表5-2の⑨X欄の金額)			※　〃	
第四種事業 (その他)	⑩	(付表5-2の⑩X欄の金額)			※　〃	
第五種事業 (サービス業等)	⑪	(付表5-2の⑪X欄の金額)			※　〃	
第六種事業 (不動産業)	⑫	(付表5-2の⑫X欄の金額)			※　〃	

(2)　(1)の事業区分別の課税売上高に係る消費税額の明細

項目		旧税率分小計 X	税率6.24%適用分 D	税率7.8%適用分 E	合計F (X+D+E)
事業区分別の合計額	⑬	(付表5-2の⑬X欄の金額) 円	円	円	円
第一種事業 (卸売業)	⑭	(付表5-2の⑭X欄の金額)			
第二種事業 (小売業等)	⑮	(付表5-2の⑮X欄の金額)			
第三種事業 (製造業等)	⑯	(付表5-2の⑯X欄の金額)			
第四種事業 (その他)	⑰	(付表5-2の⑰X欄の金額)			
第五種事業 (サービス業等)	⑱	(付表5-2の⑱X欄の金額)			
第六種事業 (不動産業)	⑲	(付表5-2の⑲X欄の金額)			

注意　1　金額の計算においては、1円未満の端数を切り捨てる。
2　旧税率が適用された取引がある場合は、付表5-2を作成してから当該付表を作成する。
3　課税売上げにつき返品を受け又は値引き・割戻しをした金額(売上対価の返還等の金額)があり、売上(収入)金額から減算しない方法で経理して経費に含めている場合には、⑥から⑫欄には売上対価の返還等の金額(税抜き)を控除した後の金額を記載する。

(1／2)

(R1.10.1以後終了課税期間用)

第8章　消費税法における用語の問題

問題8－1

次の文章の空欄に適切な用語又は数字を記入して文章を完成させなさい。

1．基準期間とは，［イ］についてはその年の前々年をいい，法人についてはその事業年度の［ロ］をいう。

2．［ハ］を保税地域から引き取る者は，課税貨物につき，［ニ］を納める義務がある。

3．棚卸資産とは，商品，［ホ］，半製品，［ヘ］，原材料その他の資産で棚卸をすべきものをいう。

4．資産産の譲渡等とは，［ト］として対価を得て行われる資産の譲渡及び［チ］並びに役務の提供（代物弁済による資産の譲渡その他対価を得て行われる資産の譲渡若しくは［チ］又は役務の提供に類する行為で特定のものを含む。）をいう。

5．小規模事業者に係る納税義務の免除の規定により消費税を納める義務が免除されることとなる事業者が，その基準期間及び特定期間における課税売上高等がいずれも［リ］である課税期間につき，消費税課税事業者選択届書をその納税地を所轄する［ヌ］に提出した場合には，その提出をした事業者がその提出をした日の属する課税期間の翌課税期間以後の課税期間中に国内において行う課税資産の譲渡等については，小規模事業者に係る納税義務の免除の規定は適用されない。

6．課税事業者は，その課税期間分の消費税につき税額控除の控除不足又は［ル］の控除不足額がある場合には，確定申告書の［ヲ］がない場合においても，消費税の還付を受けるための申告書を提出することができる。

7．課税仕入れ等の税額とは，［ワ］において行った課税仕入れに係る［カ］及び保税地域からの引取りに係る課税貨物につき課された又は課されるべき［カ］をいう。

8．国内に住所を有する［ヨ］の納税地はその住所地とし，内国法人の消費税の納税地はその本店又は主たる［タ］の所在地とする。

9．事業者とは，［レ］事業者（事業を行う［レ］をいう。）及び［ソ］をいう。

10．課税仕入れとは，［ツ］が事業として他の者から資産を譲り受け，若しくは借り受け，又は［ネ］（給与等を対価とするものを除く。）を受けることをいう。

特定課税仕入れの場合は，［ネ］を享受する者が行ったものとして，消費税法の規定を適用する。

11．法人である課税事業者は，課税期間ごとに，その課税期間の末日の翌日から［ナ］に，所定の事項を記載した確定申告書を税務署長に提出し，その申告書に記載した消費税額を国に［ラ］しなければならない。

12．法人が資産をその［ム］に譲渡した場合において，その対価の額がその資産の譲渡の時におけるその資産の価額に比し著しく［ウ］ときは，その価額に相当する金額をその対価の額とみなす。

13．その事業年度の［ノ］がない法人（社会福祉法人を除く。）のうち，資本金の額が1千万円以上である新設法人については，その新設法人の［ノ］がない事業年度における［オ］については，小規模事業者に係る納税義務の免除の規定は適用されない。

14．仕入れに係る対価の返還等とは，国内において行った［ク］につき，返品をし，又は値引き若しくは割戻しを受けたことによる，その［ク］に係る支払対価の額の全部若しくは一部の返還又はその［ク］に係る支払対価の額に係る買掛金その他の債務の額の全部若しくは一部の［ヤ］をいう。

解答欄

イ	ロ	ハ	ニ	ホ
ヘ	ト	チ	リ	ヌ
ル	ヲ	ワ	カ	ヨ
タ	レ	ソ	ツ	ネ
ナ	ラ	ム	ウ	ノ
オ	ク	ヤ		

［1級・1問類題］

問題8－2

次の各文章の空欄に適切な用語又は数字を記入して文章を完成させなさい。

1．保税地域とは，関税法に規定する保税地域をいい，具体的には，［イ］保税地域，保税蔵置場，保税［ロ］，保税展示場及び総合保税地域をいう。

2．課税試算の譲渡等に係る消費税の課税標準は，課税資産の譲渡等の［ハ］とする。
ただし，課税資産の譲渡等につき［ニ］消費税額及びその消費税額を課税基準として［ニ］地方消費税額に相当する額は含まないものとする。

3．その年において相続があった場合において，その年の基準期間における［ホ］が1,000万円以下である相続人（課税事業者選択届出書の提出により消費税を納める義務が免除されない相続人を除く。）が，その基準期間における［ホ］が1,000万円を超える被相続人の事業を承継したときは，その相続人のその相続のあった日の翌日からその年［ヘ］までの間における課税資産の譲渡等については，小規模事業者に係る納税義務の免除の規定は適用しない。

4．個人事業者が［ト］又は［ト］以外の資産で事業の用に供していたものを［チ］のために消費し，又は使用した場合におけるその消費又は使用は，事業として対価を得て行われた資産の譲渡とみなす。

5．国内に住所を有する個人事業者の消費税の納税地はそのひ［リ］とし，内国法人の消費税の納税地はその本店又は主たる［ヌ］の所在地とする。

6．課税仕入れに係る支払対価の額とは，課税仕入の対価として支払い，又は支払うべき一切の［ル］又は［ル］以外の物若しくは権利その他経済的な［ヲ］とし，その際課されるべき消費税額及び地方消費税額を含めた金額をいう。

7．法人が資産産をその役員に対して［ワ］した場合におけるその［ワ］は，［カ］として対価を得て行われだ資産の譲渡とみなす。

8．役務の提供が［ヨ］において行われたかどうかの判定は，その役務の提供が［タ］場所が［ヨ］

にあるかどうかにより行うものとする。

9．棚卸資産とは，商品，[レ]，半製品，仕掛品，[ソ]その他の資産で棚卸をすべきものとして特定のものをいう。

10. 関税法に規定する申告納税方式が適用される課税貨物を[ツ]から引き取ろうとする者は，他の法律又は条約の規定によりその引取りに係る[ネ]を免除されるべき場合を除き，所定の事項を記載した申告書を税関長に提出しなければならない。

11. 前課税期間の確定消費税額が[ナ]を超える課税事業者は，所定の時期に中間納付額を記載した中間申告書を税務署長に提出し，その申告書に記載した中間納付額を国に[ラ]しなければならない。

12. 課税事業者又は特例輸入者は，帳簿を備え付けてこれにその行った資産の譲渡等又は課税仕入れ若しくは[ム]の保税地域からの引取りに関する事項を記録し，かつ，その帳簿を[ウ]しなければならない。

13. 個人事業者の課税期間は，原則として[ノ]から[オ]までの期間とする。

14. 分割承継法人とは，[ク]により分割法人の[ヤ]を承継した法人をいう。

15. 保税地域において外国貨物が[マ]され，又は使用された場合には，その[マ]又は使用をした者が，その[マ]又は使用の時にその外国貨物を保税地域から[ケ]ものとみなす。

解答欄

イ	ロ	ハ	ニ	ホ
ヘ	ト	チ	リ	ヌ
ル	ヲ	ワ	カ	ヨ
タ	レ	ソ	ツ	ネ
ナ	ラ	ム	ウ	ノ
オ	ク	ヤ	マ	ケ

［1 級・1 問類題］

第9章　消費税法能力検定試験の傾向と対策

第1節　消費税法1級の傾向と対策

消費税法1級では，第1問で空所補充問題が10問（各2点・合計20点），第2問で個別問題（20点），第3問で一課税期間における納付すべき消費税の額を算定させる総合問題（60点）が出題されます。

（1）第1問の分析

第1問は消費税法分野における重要語句を解答させる問題であり，過去に出題された問題が繰り返し出題されます。対策としては第2編第8章の練習問題を何度も解いておきましょう。

（2）第2問の分析

第2問は個別問題が出題され，その形式は，①課税売上げ割合が著しく変動した場合の仕入税額控除の調整問題，②公益法人の特定収入に係る仕入税額控除の算定問題（課税売上割合95%以上（全額控除）で特定収入割合が5%超という前提），③非課税業務用資産の課税業務への転用問題，

図表9－1　消費税法1級 第2問の出題傾向

第　2　問							
第78回	第79回	第80回	第81回	第82回	第83回	第84回	第85回
課税売上げ割合が著しく変動した場合の仕入税額控除の調整	非課税業務用資産の課税業務への転用	公益法人の特定収入に係る仕入税額控除	課税売上げ割合が著しく変動した場合の仕入税額控除の調整	非課税業務用資産の課税業務への転用	消費税の納税義務の判定	公益法人の特定収入に係る仕入税額控除	課税売上げ割合が著しく変動した場合の仕入税額控除の調整
第86回	第87回	第88回	第89回	第90回	第91回	第92回	第93回
非課税業務用資産の課税業務への転用	消費税の納税義務の判定	公益法人の特定収入に係る仕入税額控除	課税売上げ割合が著しく変動した場合の仕入税額控除の調整	非課税業務用資産の課税業務への転用	消費税の納税義務の判定	公益法人の特定収入に係る仕入税額控除	課税売上げ割合が著しく変動した場合の仕入税額控除の調整
第94回	第95回	第96回	第97回	第98回	第99回	第100回	第101回
非課税業務用資産の課税業務への転用	消費税の納税義務の判定	公益法人の特定収入に係る仕入税額控除	課税売上げ割合が著しく変動した場合の仕入税額控除の調整	非課税業務用資産の課税業務への転用	消費税の納税義務の判定	課税売上げ割合が著しく変動した場合の仕入税額控除の調整	公益法人の特定収入にかかる仕入税額控除
第102回	第103回						
非課税業務用資産の課税業務への転用	課税売上げ割合が著しく変動した場合の仕入税額控除の調整						

④消費税の納税義務の判定問題がそれぞれ 3 ～ 4 回ごとに繰り返し出題されます。なお，前回出題した問題が次回に出題されたことは今までありませんので，その点を踏まえれば学習のコツがつかめると思います。また対策については，①と③は本書第 2 編第 5 章第 2 節，②は同第 6 章④は同第 1 章においてそれぞれ詳しく説明していますので，反復練習してください。

（3）第 3 問の分析

第 3 問は出題のパターンとして 2 つあげられ，①簡易課税制度を適用している場合か，②本則計算を適用している場合の消費税額を問う問題が出題されます。しかし81回，85回，89回，93回，96回，100回に簡易課税制度が出題された他は，すべて本則計算の出題となり，圧倒的出題頻度75%（20回分の15回）を誇っています。ちなみに前回簡易課税が出題された場合，次回も続けて出題されるということは今までありません。

第 3 問で圧倒的頼度で出題される本則計算の問題は，課税売上割合が95%未満の事業者の納付すべき消費税額を計算させる形式となっています。とはいえ，出題される法人の課税売上割合は70%～80%前後であり，一括比例配分方式が有利となる特殊な問題は出題されることはなく，傾向が安定しています。

簡易課税の問題に比し本則計算の出題頼度が高いのは，取引の分類（不課税・非課税・課税）の判定や，控除対象仕入税額の計算の際，損益計算書などから数値を拾ってくる煩わしさが適度な難易度となるからです。本則計算については第 2 編第 5 章第 1 節で，簡易課税については同第 3 節で復習して試験に備えましょう。また101回では，中間納付税額の計算をさせる出題もされています。最後に簡易課税ではみなし仕入率を算定する場合，原則法と特例法によりますが，第89回で原則法を，第93, 96回で特例法を採用する出題がされており，傾向が一定しているわけではありません。

図表 9 － 2　消費税法 1 級 第 3 問の出題傾向

第3問	本則課税［括弧内は課税売上げ割合%］	78回［81.6］，79回［73.1］，80回［75.3］，82回［78.5］，83回［77.4］，84回［82.7］，86回［75.3］，87回［82.5］，88回［76.6］，90回［84.6］，91回［75.6］，92回［82.8］，94回［78.5］，95回［77.8］，97回［81.6］，98回［84.5］，99回［80.2］，101回［82.4］，102回［74.6］，103回［82.2］
	簡易課税	81回，85回，89回，93回，96回，100回

第２節　第103回　消費税法１級　過去問題

第１問　次の各文章の空欄に適切な用語を記入して文章を完成させなさい。（20点）

1．関税法に規定する申告納税方式が適用される課税貨物を［　イ　］から引き取ろうとする者は，他の法律又は条約の規定によりその引取りに係る［　ロ　］を免除されるべき場合を除き，所定の事項を記載した申告書を税関長に提出しなければならない。

2．課税仕入れとは，事業者が事業として［　ハ　］から資産を譲り受け，若しくは［　ニ　］，又は役務の提供（給与等を対価とするものを除く。）を受けることをいう。

3．個人事業者が［　ホ　］又は［　ホ　］以外の資産で事業の用に供していたものを家事のために消費し，又は使用した場合におけるその消費又は使用は，事業として対価を得て行われた［　へ　］とみなす。

4．その事業年度の［　ト　］がない法人（社会福祉法人等を除く。）のうち，新設法人については，その新設法人の［　ト　］がない事業年度に含まれる各課税期間における課税資産の譲渡等及び［　チ　］については，小規模事業者に係る納税義務の免除の規定は適用されない。

5．人格のない社団等とは，［　リ　］でない社団又は財団で代表者又は管理人の定めが［　ヌ　］ものをいう。

第２問　不動産業を営む甲株式会社に関する次の資料に基づき，課税売上割合が著しく変動した場合の調整対象固定資産に関する仕入れに係る消費税額の調整額を求めなさい。（20点）

<資　料>

⑴　甲株式会社の当課税期間（第22期）及び前課税期間以前の売上高は，次のとおりである。

課税期間	課税売上高（税抜金額）	非課税売上高
第22期 （自平成30年10月１日 至令和元年９月30日）	608,000,000円	123,000,000円
第21期 （自平成29年10月１日 至平成30年９月30日）	742,000,000円	82,000,000円
第20期 （自平成28年10月１日 至平成29年９月30日）	210,000,000円	315,000,000円
第19期 （自平成27年10月１日 至平成28年９月30日）	388,000,000円	77,000,000円

⑵　甲株式会社は，平成29年３月18日に店舗用建物を48,600,000円（税込金額）で購入し，当課税期間の末日において所有している。

⑶　甲株式会社は，第20期における仕入れに係る消費税額の控除の計算を一括比例配分方式により行っている。

第３問　乙株式会社は日用雑貨品の販売業を営んでいる課税事業者であるが，同社の平成30年10月１日から令和元年９月30日までの課税期間における取引等の状況は次の〔資料〕のとおりである。

これに基づき，この課税期間における納付すべき消費税の額をその計算過程（判断を要する部分については，その理由を含む。）を示して計算しなさい。(60点)

なお，計算に当たっては，次の事項を前提として解答しなさい。

(1)　乙株式会社は，前課税期間以前も課税事業者であり，個別対応方式により仕入控除税額の計算を行い確定申告をしている。

(2)　乙株式会社は，「消費税簡易課税制度選択届出書」の提出はしていない。

(3)　消費税法上，適用される計算方法が２以上ある事項については，当課税期間の消費税額が最も少なくなる方法によるものとする。

(4)　会計帳簿による経理は，すべて消費税及び地方消費税込みの金額により処理している。

(5)　当課税期間に行った課税仕入れ等については，その事実を明らかにする帳簿及び請求書等が，また，輸出取引については，その証明書類が，それぞれ保存されている。

(6)　納付すべき地方消費税の額については，計算する必要はない。

〔資　料〕

１．乙株式会社の当課税期間の損益計算書の内容は次のとおりである。

損　益　計　算　書

（自平成30年10月１日　至令和元年９月30日）　　　　（単位：円）

Ⅰ　売　上　高			
総売上高		365,378,000	
売上値引		2,619,000	362,759,000
Ⅱ　売上原価			
期首商品棚卸高		21,567,000	
当期商品仕入高			
総仕入高	262,533,000		
仕入値引	1,940,000	260,593,000	
計		282,160,000	
期末商品棚卸高		20,362,000	261,798,000
売上総利益			100,961,000
Ⅲ　販売費及び一般管理費			
役員報酬		15,400,000	
従業員給与手当		36,828,000	
法定福利費		3,621,000	
福利厚生費		538,000	
商品荷造運送費		4,399,000	

広告宣伝費	564,000	
旅費交通費	1,923,000	
通信費	1,564,000	
接待交際費	1,886,000	
寄附金	1,066,000	
消耗品費	953,000	
地代家賃	4,880,000	
販売奨励金	108,000	
リース料	1,032,000	
修繕費	298,000	
租税公課	8,997,000	
減価償却費	2,611,000	
支払保険料	246,000	
その他の費用	6,652,000	93,566,000
営業利益		7,395,000
Ⅳ 営業外収益		
仕入割引	17,000	
受取利息	738,000	
受取配当金	200,000	
保養所施設利用料収入	1,008,000	
社宅使用料収入	1,584,000	3,547,000
Ⅴ 営業外費用		
支払利息	1,707,000	
貸倒損失	680,000	2,387,000
経常利益		8,555,000
Ⅵ 特別利益		
固定資産売却益	11,300,000	
投資有価証券売却益	1,000,000	
償却債権取立益	250,000	12,550,000
Ⅶ 特別損失		
有価証券売却手数料	710,000	710,000
税引前当期利益		20,395,000

2．損益計算書の内容に関して付記すべき事項は次のとおりである。

(1) 総売上高の内訳は，次のとおりである（いずれの売上高も非課税取引に係るものは含まれていない。）。

①	輸出免税の対象取引に係る売上高	8,148,000円
②	国内の事業者及び消費者に対する売上高	357,230,000円

(2) 売上値引は，上記(1)の②に係るものである。

なお，乙株式会社は，売上げの値引きについては，すべて売上値引勘定で処理している。

(3) 総仕入高には，乙株式会社が輸入し，保税地域から引き取った商品分29,700,000円が含まれており，これ以外のものについては，国内における課税仕入れに該当するものである。

なお，29,700,000円には，輸入の際税関に納付した消費税額1,589,000円及び地方消費税額429,000円並びに当課税期間中に引き取った課税貨物につき納期限の延長を受けて未納となっている消費税額143,000円及び地方消費税額38,000円が含まれている。

(4) 仕入値引は，すべて当課税期間に国内で仕入れた課税商品に係るものである。

(5) 従業員給与手当のうち1,794,000円は，従業員に対する通勤定期代の支給額である。

(6) 法定福利費は，乙株式会社負担分の社会保険料である。

(7) 福利厚生費の内訳は，次のとおりである。

①	従業員慰安新年会費用	167,000円
②	社内サークル活動のための運動用具購入費	245,000円
③	従業員の慶弔に伴う花輪代等	126,000円

このうち26,000円は花輪代，残額は現金による慶弔金である。

(8) 商品荷造運送費は，いずれも販売した商品に係るものであり，その内訳は次のとおりである。

①	国内販売商品に係る国内運賃及び荷造費	3,912,000円
②	輸出商品に係る乙株式会社から国内の港までの運賃	45,000円
③	輸出商品に係る国内の港から外国の港までの運賃	313,000円
④	輸出許可を受けた商品の荷役及び保管料	32,000円
⑤	輸入商品に係る通関業務料金	97,000円

(9) 広告宣伝費は，乙株式会社が販売している商品の国内における広告宣伝に係るものである。

(10) 旅費交通費には，海外出張に係る旅費及び宿泊費238,000円が含まれているが，それ以外は国内の旅費及び宿泊費である。

(11) 通信費には，当課税期間末日現在未使用の郵便切手購入費25,000円及び国際通信費94,000円が含まれているが，それ以外は国内通信に係るものである。

なお，乙株式会社は，郵便切手類につき継続して購入日の属する課税期間の課税仕入れとすることとしている。

(12) 接待交際費の内訳は，次のとおりである。

①	取引先接待ゴルフ費	677,000円

このうち20,000円はゴルフ場利用税である。

②	取引先接待飲食費	508,000円
③	取引先に対する贈答品（ビール券）購入費	250,000円
④	取引先接待国内旅行費用 このうち1,800円は入湯税である。	351,000円
⑤	取引先に対する慶弔金	100,000円

⒀ 寄附金の内訳は，次のとおりである。

①	日本赤十字社に寄贈した車いすの購入費相当額	550,000円
②	某独立行政法人に対して現金で行った寄附金	300,000円
③	某市立高校に寄贈したＤＶＤ機器の購入費相当額	216,000円

⒁ 消耗品費は，すべて課税仕入れに該当する。

⒂ 地代家賃の内訳は，次のとおりである。

①	保養所施設の借上料	1,712,000円
②	従業員用社宅の借上料	3,168,000円

⒃ 販売奨励金は，国内における商品の販売促進の目的で取引先に支払ったものである。

⒄ リース料は商品配送用として使用している軽トラックに係るものであり，このうち48,000円は金利部分である。

⒅ 修繕費は，商品倉庫に係るものである。

⒆ 租税公課のうち3,090,000円は，消費税中間納付額である。

⒇ その他の費用のうち，課税仕入れとなる費用は3,641,000円である。

(21) 販売費及び一般管理費に属する勘定科目で，役員報酬，従業員給与手当，法定福利費，福利厚生費，旅費交通費，通信費，接待交際費，寄附金，消耗品費及びその他の費用のうち課税仕入れとなるものは，課税資産の譲渡等とその他の資産の譲渡等に共通して要する課税仕入れに該当する。

(22) 仕入割引は，当課税期間における国内仕入れに係る買掛金の支払いを契約より早期に行ったため仕入先から受けたものである。

(23) 貸倒損失の内訳は，平成29年12月の輸出取引に係る売掛金180,000円及び平成30年１月に国内で販売した商品に係る売掛金500,000円が貸倒れとなったものである。

(24) 固定資産売却益は，乙株式会社が所有していた土地（帳簿価額60,000,000円，時価70,000,000円）及びその土地の上に存していた建物（帳簿価額10,700,000円，時価10,000,000円）が当課税期間に国に収用され，対価補償金として82,000,000円を取得したことによるものである。

(25) 投資有価証券売却益及び有価証券売却手数料は，当課税期間において売却した株式（売却価額22,500,000円，帳簿価額21,500,000円）に係るものである。

なお，この株式はゴルフ場利用株式等に該当しない。

(26) 償却債権取立益は，乙株式会社が平成27年４月に商品を国内で販売した代金が貸倒れとなり，前々課税期間において貸倒処理したものについて，当課税期間に領収したものである。

３．当課税期間における上記以外の資産の増減に関する資料は，次のとおりである。

⑴　乙株式会社は，同社の役員に商品（仕入価額80,000円，通常の販売価額120,000円）を贈与している。

⑵　乙株式会社は，同社の従業員に商品（仕入価額40,000円，通常の販売価額60,000円）を贈与している。

⑶　乙株式会社は，商品陳列棚を1,000,000円で取得している。

⑷　乙株式会社は，仕入先Ｓ社に対する買掛金400,000円の弁済として時価450,000円（帳簿価額420,000円）の美術品を引き渡している。

主催　公益社団法人　全国経理教育協会　　後援　文部科学省

第103回消費税法能力検定試験　解答用紙

1　級

試験会場 ＿＿＿＿

受験番号 ＿＿＿＿

採　点 ＿＿＿＿

第1問（20点）

イ	ロ	ハ	ニ	ホ
ヘ	ト	チ	リ	ヌ

第2問（20点）

⑴　調整対象固定資産の判定

（［　　　円］×［――］＝［　　　円］）　≧ / ＜　［　　　円］　故に，該当｛する / しない｝

（いずれかを○で囲むこと）　（いずれかを○で囲むこと）

⑵　著しい｛増　加 / 減　少｝の判定

（いずれかを○で囲むこと）

①　仕入れ等の課税期間の課税売上割合　［　　　円］ / ［　　　］＝［0.　　］

②　通算課税売上割合

ⅰ．通算課税売上高　［　　　　　　］＝［　　　円］

ⅱ．通算非課税売上高　［　　　　　　］＝［　　　円］

ⅲ．通算課税売上割合　［　　　円］ / ［　　　］＝［0.　　］

③　判　定

ⅰ．変動率

｛（［0.　　］－［0.　　］） / ［0.　　］＝［0.　　］｝　≧ / ＜　［　　%］

（いずれかを○で囲むこと）

ⅱ．変動差

｛［0.　　］－［0.　　］＝［0.　　］｝　≧ / ＜　［　　%］

（いずれかを○で囲むこと）

故に，適用｛あ　り / な　し｝

（いずれかを○で囲むこと）

⑶　調整対象基準税額

［　　　円］×［――］＝［　　　円］

⑷　調整税額

［　　　円］×［0.　　］ ＋ / － ［　　　円］×［0.　　］＝［　　　円］

（いずれかを○で囲むこと）

第3問（60点）

［　　］内に数字又は算式，(　　) 内に用語を記入しなさい。

Ⅰ．課税標準額に対する消費税額の計算等

区分	金額	計算過程
1．課税標準額	［　　］円	1．課税標準額の計算 ① 総売上高　［　　］円 ② (　　)　［　　］円 ③ (　　) ［　　］円 × ［　　］円 ／ (［　　］円 ＋ ［　　］円) ＝［　　］円 ④ 役員贈与 ［　　］円 ＞ (［　　］円 × ［　　］% ＝ ［　　］円) ∴ ［　　］円 ⑤ (　　)　［　　］円 ⑥ 合計 (［①～⑤ 計　円］) × ［――］ ＝ ［　　］円 → ［　　］円 (［　　］円未満切り捨て)
2．課税標準額に対する消費税額	［　　］円	2．課税標準額に対する消費税額の計算 ［　　］円 × ［　　］% ＝ ［　　］円
3．課税標準額に対する消費税額の調整額	［　　］円	3．課税標準額に対する消費税額の調整額の計算（貸倒回収に係る消費税額の計算） ［　　］円 × ［――］ ＝ ［　　］円

Ⅱ．控除税額の計算

区分	金額	計算過程
1．課税売上割合	［　　］円 ／ ［　　］円	1．課税売上割合の計算 (1) 課税売上高 イ．国内売上高 ① 総売上高　［　　］円 ② 売上げに係る対価の返還等の金額 ［　　］ ＝ ［　　］円 ③ 国内売上高　① － ② ＝ ［　　］円

		ロ．輸出売上高　[　　　円] ハ．合　計　　イ．＋ロ．＝　[　　　円] (2)　非課税売上高 ①　受取利息　[　　　円] ②　（　　　　　）　[　　　円] ③　（　　　　　） [　　　円]×[　　　円]／([　　　円]＋[　　　円]) ＝[　　　円] ④　（　　　　　） [　　　　　　]＝[　　　円] ⑤　合　計　①＋②＋③＋④＝[　　　円] (3)　課税売上割合 [(1)　　　円]／(1)＋(2)＝[　　　円]　＝[0.　　] (4)　判　定 課税売上高　[　　　円]≦[　　　円] しかし， 課税売上割合　[0.　　]＜[　　％] したがって，控除対象仕入税額の計算は， （　　　　　　）又は（　　　　　　）により 行うこととなる。
2．控除対象仕入税額	[　　　円]	2．控除対象仕入税額の計算 (1)　課税仕入れ等の税額 a．課税資産の譲渡等にのみ要するもの イ．国内取引 ①　総仕入高 [　　　　　　]＝[　　　円] ②　（　　　　　） [　　　　　　]＝[　　　円] ③　（　　　　　）　[　　　円] ④　（　　　　　）　[　　　円] ⑤　（　　　　　） [　　　　　　]＝[　　　円]

⑥ （　　　　　　　　）［　　　　円］

⑦ （　　　　　　　　）［　　　　円］

⑧ 小　計

（［①〜⑦　計　　　　円］）×［――］＝［　　　　円］

ロ．輸入取引

［　　　　　　　　］＝［　　　　円］

ハ．合　計

［　　　　円］＋［　　　　円］＝［　　　　円］

b．その他の資産の譲渡等にのみ要するもの（　　　　　　　　）

［　　　　円］×［――］＝［　　　　円］

c．課税資産の譲渡等とその他の資産の譲渡等に共通して要するもの

① （　　　　　　　　）［　　　　円］

② 福利厚生費

［　　　　　　　　］＝［　　　　円］

③ （　　　　　　　　）

［　　　　　　　　］＝［　　　　円］

④ （　　　　　　　　）

［　　　　　　　　］＝［　　　　円］

⑤ 接待交際費

［　　　　　　　　］＝［　　　　円］

⑥ 寄　附　金　［　　　　円］

⑦ （　　　　　　　　）［　　　　円］

⑧ その他の費用　［　　　　円］

⑨ 合　計

（［①〜⑧　計　　　　円］）×［――］＝［　　　　円］

(2) 返還等に係る税額（課税資産の譲渡等にのみ要するものに係るもの）

［　　　　　　　　］×［――］＝［　　　　円］

		⑶　個別対応方式による控除対象仕入税額の計算 （［　　円］－［　　円］）＋［　　円］ ×［円／円］＝［　　円］ ⑷　一括比例配分方式による控除対象仕入税額の計算 ①　課税仕入れ等の税額 イ．国内取引 （［　　円］＋［　　円］＋［　　円］ ＝［　　円］）×［―］＝［　　円］ ロ．輸入取引　［　　円］ ハ．合　計 （［　　円］＋［　　円］＝［　　円］） ×［円／円］＝［　　円］ ②　返還等に係る税額 ［　　円］×［円／円］＝［　　円］ ③　差引計 ［　　円］－［　　円］＝［　　円］ ⑸　判　定 （個別対応方式）［　　円］ ＞ ＜ （一括比例配分方式）［　　円］ （いずれかを○で囲む） 故に，（　　　　　　　　）が有利［　　円］
3．返還等対価に係る税額	円	3．返還等対価に係る税額の計算 ［　　　　］＝［　　円］
4．貸倒れに係る税額	円	4．貸倒れに係る税額の計算 ［　　　　］＝［　　円］
5．控除税額合計	円	5．控除税額合計の計算 ［　　円］＋［　　円］＋［　　円］ ＝［　　円］

Ⅲ．納付税額の計算

区　　　分	金　　　額	計　　　算　　　過　　　程
1．差 引 税 額	円	1．差引税額の計算 円 ＋ 円 － 円 ＝ 円 → 円 （ 円 未満切り捨て）
2．納 付 税 額	円	2．納付税額の計算 円 － 円 ＝ 円

第3節　消費税法2級の傾向と対策

消費税法2級では，第1問で空所補充問題が10問（各2点・合計20点），第2，3問で個別問題（それぞれ20点），第4問で一課税期間における納付すべき消費税の額を算定させる総合問題（40点）が出題されています。

（1）第1問の分析

第1問は消費税法分野における重要語句を選択肢から解答させる択一問題であり，1つの空所に概ね3つの選択肢が用意されています。1級の第1問の出題同様，2級でも過去に出題された問題が繰り返し出題されますので，対策としては第2編第8章で用語に関する問題を何度も解いておきましょう。

（2）第2問・第3問の分析

第2，3問は個別問題が出題され，出題形式が安定しています。その出題のパターンについて第2問では，取引を課税対象外取引と課税対象取引（非課税取引・輸出免税取引・課税取引）に分類する問題が出題され，また第3問では簡易課税が出題されています。特に2級の第3問で出題される簡易課税について，1級の第3問で出題される簡易課税との出題の違いを比較してみると次のとおりです。1級では4業種の問題となるのに対して2級は2業種のみとなり，計算が簡便になっています。さらに2級では，1級で問われた課税売上割合による判定は行いません。またみなし仕入税率についても，1級で問われた原則法と特例法の計算は行わず，原則法のみの出題となります。

（3）第4問の分析

第4問の総合問題は本則計算による計算で，出題形式が安定しています。また控除対象仕入税額の計算では個別対応方式のみの計算であり，一括比例配分方式を採用するか否かの判定は行わないという特徴があります。

第４節　第103回　消費税法２級　過去問題

第１問　次の文章の［　　］の中に，下記語群のうちから適切なものを選び，その番号を記入しなさい。

（20点）

１．法人である課税事業者は，課税期間ごとに，その課税期間の末日の翌日から［イ］に，所定の事項を記載した確定申告書を［ロ］に提出し，その申告書に記載した消費税額を国に納付しなければならない。

２．［ハ］を保税地域から引き取る者は，課税貨物につき，［ニ］を納める義務がある。

３．個人事業者が［ホ］又は［ホ］以外の資産で事業の用に供していたものを［ヘ］のために消費し，又は使用した場合には，その消費又は使用の時におけるその消費し，又は使用した資産の価額に相当する金額をその対価の額とみなす。

４．合併法人とは，［ト］後存続する法人又は［ト］により［チ］された法人をいう。

５．課税事業者又は特例輸入者は，帳簿を備え付けてこれにその行った資産の譲渡等又は課税仕入れ若しくは課税貨物の保税地域からの引取りに関する事項を［リ］し，かつ，その帳簿を［ヌ］しなければならない。

<語　群>

① 内国貨物	② 外国貨物	③ 創業	④ 開業	⑤ 設立
⑥ 創立	⑦ 流動資産	⑧ 固定資産	⑨ 棚卸資産	⑩ 減価償却資産
⑪ １月以内	⑫ ２月以内	⑬ ３月以内	⑭ 記載	⑮ 記録
⑯ 税務署長	⑰ 国税局長	⑱ 財務大臣	⑲ 合併	⑳ 分割
㉑ 保存	㉒ 保管	㉓ 管理	㉔ 所得税	㉕ 法人税
㉖ 相続税	㉗ 消費税	㉘ 生活	㉙ 事業	㉚ 家事

第２問　次の各取引を，該当する区分にその番号を記入しなさい。

なお，特に指示がないものは国内取引として解答することとする。(20点)

①　不動産会社が行う建物の販売

②　リース会社が受けるリース料のうち金利部分

③　法人が行うハワイ所在の別荘の譲渡

④　法人が受ける貸付金の利子

⑤　航空会社が受ける札幌・羽田間の航空運賃

⑥　商社が電化製品を英国に輸出する取引

⑦　法人が行う株式（ゴルフ場利用株式等に該当する。）の譲渡

⑧　学校法人が受ける私立高校の授業料

⑨　個人事業者が行う商品陳列棚の譲渡

⑩　個人事業者が行う生活用動産の譲渡

第３問　次の資料（税込経理方式）に基づき，甲株式会社の当課税期間（自平成30年10月１日　至令和元年９月30日）における消費税の課税標準額から控除税額までの計算を行いなさい。

なお，控除対象仕入税額の計算については簡易課税制度を選択しており，当課税期間の基準期間における課税売上高は1,000万円超5,000万円以下であるものとする。(20点)

〔資料〕

(1)　甲株式会社の当課税期間における課税総売上高は47,196,000円であるがその内訳は，次のとおりである。

①　仕入商品の他の事業者に対する売上高	28,360,800円
②　仕入商品の消費者に対する売上高	18,835,200円

(2)　上記(1)の①に係る売上値引高　108,000円

(3)　当課税期間に発生した貸倒損失額　62,000円

これは，平成30年４月に行った仕入商品の他の事業者に対する売上高に係るものである。

第4問　乙株式会社は家具の販売業を営んでいる課税事業者であるが，同社の平成30年10月1日から令和元年9月30日までの課税期間における取引等の状況は次の〔資料〕のとおりである。

これに基づき，この課税期間における納付すべき消費税の額をその計算過程を示して計算しなさい。

（40点）

なお，計算に当たっては，次の事項を前提として解答しなさい。

(1)　乙株式会社は前課税期間以前の各課税期間においても課税事業者であった。
(2)　仕入れに係る消費税額の計算は個別対応方式によるものとする。
(3)　会計帳簿による経理は，すべて消費税及び地方消費税込みの金額により処理している。
(4)　当課税期間に行った課税仕入れについては，その事実を明らかにする帳簿及び請求書等が，また，輸出取引については，その証明書類が，それぞれ保存されている。
(5)　納付すべき地方消費税の額については，計算する必要はない。

〔資料〕

1．当課税期間における損益計算書

損　益　計　算　書

自平成30年10月1日　至令和元年9月30日　（単位：円）

期首商品棚卸高	22,045,000	当期商品売上高	382,305,000
当期商品仕入高	268,656,000	期末商品棚卸高	21,514,000
売上値引・戻り高	1,944,000	仕入値引・戻し高	1,820,000
役員報酬	21,000,000	受取利息	109,000
従業員給与手当	30,950,000	受取配当金	400,000
商品荷造運送費	1,975,000	貸倒引当金戻入額	149,000
福利厚生費	3,969,000	固定資産売却益	3,750,000
旅費交通費	2,074,000	有価証券売却益	300,000
通信費	1,533,000	償却債権取立益	250,000
水道光熱費	1,368,000		
事務用品費	1,132,000		
寄附金	550,000		
接待交際費	1,617,000		
租税公課	18,576,000		
減価償却費	2,280,000		
支払利息	1,207,000		
貸倒引当金繰入額	145,000		
支払手数料	2,210,000		
貸倒損失	475,000		
その他の経費	5,346,000		
当期利益	21,545,000		
	410,597,000		410,597,000

2．損益計算書の内容に関して付記すべき事項は次のとおりである。

⑴　当期商品売上高の内訳は，次のとおりである。

①　輸出免税となる売上高　16,100,000円

②　国内における課税売上高　366,205,000円

⑵　売上値引・戻り高は，当課税期間の国内売上高に係るものである。

⑶　固定資産売却益の内訳は，次のとおりである。

区分	資　産	売却価額	帳簿価額	売却益
①	土　地	62,000,000円	58,000,000円	4,000,000円
②	車　両	400,000円	650,000円	△250,000円
			計	3,750,000円

⑷　有価証券売却益は，帳簿価額3,300,000円の株式（ゴルフ場利用株式等に該当する。）を3,600,000円で売却したことによるものである。

⑸　償却債権取立益は，前々課税期間（自平成28年10月1日　至平成29年9月30日）に貸倒処理した売掛金（平成27年12月発生）の領収額である。

⑹　当期商品仕入高は，国内における課税仕入れに該当するものである。

⑺　仕入値引・戻し高は，当課税期間の国内仕入れに係るものである。

⑻　従業員給与手当のうち964,000円は，通勤手当（実額）である。

⑼　商品荷造運送費の内訳は，次のとおりである。

①　輸出免税の対象となる売上げに係る国際運賃　228,000円

②　国内における課税売上げに係る国内運賃及び荷造費　1,747,000円

⑽　福利厚生費の内訳は，次のとおりである。

①　乙社株式会社負担分の社会保険料　3,578,000円

②　従業員慰安のための国内旅行費用　341,000円

このうち2,100円は，入湯税である。

③　従業員の慶弔に伴う祝い金，香典等　50,000円

⑾　旅費交通費のうち284,000円は，海外出張旅費である。

⑿　通信費のうち187,000円は海外の取引先との国際通信費，30,000円は当課税期間末日現在未使用の郵便切手類の購入費である。

なお，乙株式会社は郵便切手類につき，継続して購入日の属する課税期間の課税仕入れとすることとしている。

⒀　水道光熱費は，すべて課税仕入れに該当する。

⒁　事務用品費は，すべて課税仕入れに該当する。

⒂　寄附金の内訳は，次のとおりである。

①　日本赤十字社に現金で行ったもの　300,000円

②　某社会福祉法人に寄贈した事務用品の購入費　250,000円

⒃ 接待交際費の内訳は，次のとおりである。

① 取引先接待のための飲食費	693,000円
② 取引先接待のためのゴルフプレー費	488,000円
このうち16,000円は，ゴルフ場利用税である。	
③ 取引先に贈呈したビール券の購入費	236,000円
④ 取引先の慶弔に伴う祝い金，香典等	200,000円

⒄ 租税公課のうち3,339,000円は，消費税中間納付額である。

⒅ 支払手数料は，土地売却（上記⑶の①参照）に係るものである。

⒆ 貸倒損失は，平成30年４月に販売した商品に係る売掛金が回収不能となったもので，適正額と認められる。

⒇ その他の経費のうち3,176,000円は，課税仕入れに該当する。

(21) 費用項目に属する勘定科目で，役員報酬，従業員給与手当，福利厚生費，旅費交通費，通信費，水道光熱費，事務用品費，寄附金，接待交際費及びその他の経費のうち課税仕入れとなるものは，課税資産の譲渡等とその他の資産の譲渡等に共通して要する課税仕入れに該当する。

３．乙株式会社は，当課税期間に商品（仕入価額156,000円，通常の販売価額240,000円）を同社の役員に贈与しているが，何らの経理処理もしていない。

主催　公益社団法人　全国経理教育協会　　後援　文部科学省

第103回消費税法能力検定試験　解答用紙

２級

試験会場

受験番号

採　　点

第１問（20点）

イ	ロ	ハ	ニ	ホ	ヘ	ト	チ	リ	ヌ

第２問（20点）

取引の区分		番　　号
課税対象外取引		
課税対象取引	非課税取引	
	輸出免税取引	
	課税取引	

第３問　□内に数字を記入しなさい。（20点）

Ⅰ．課税標準額に対する消費税額の計算

区　　分	金　　額	計　算　過　程
1．課税標準額	円	1．課税標準額の計算　（　円未満切り捨て） 円 × ―― ＝ 円
2．課税標準額に対する消費税額	円	2．課税標準額に対する消費税額の計算 円 × ％ ＝ 円

Ⅱ．控除税額の計算

区　　分	金　　額	計　算　過　程
1．控除対象仕入税額	円	1．控除対象仕入税額の計算 (1)　各種事業に係る消費税額 ①　第　種事業に係る消費税額 i．総売上高に基づく消費税額 （　円 × ―― ＝ 円） × ％ ＝ 円

		ⅱ．返還等対価に係る税額 円 × $\frac{6.3}{108}$ = 円 ⅲ．第　　種事業に係る消費税額 円 − 円 = 円 ②　第　　種事業に係る消費税額 （ 円 × —— = 円） × % = 円 ③　合　計 円 + 円 = 円 (2)　みなし仕入率 $\frac{(1)①\ 円 \times \ \% + (1)②\ 円 \times \ \%}{円}$ = 0. (3)　控除対象仕入税額 （ 円 − 円）× 0. = 円
2．返還等対価に係る税額	円	
3．貸倒れに係る税額	円	3．貸倒れに係る税額の計算 円 × —— = 円
4．控除税額合計	円	4．控除税額合計の計算 円 + 円 + 円 = 円

消費税法２級

受験番号＿＿＿＿＿＿＿＿

第4問　[　　　]内には数字又は算式を，（　　）内には用語を記入しなさい。（40点）

Ⅰ．課税標準額に対する消費税額の計算等

区　分	金　額	計　算　過　程
1．課税標準額	[　　　]円	1．課税標準額の計算 ① 当期商品売上高　[　　　]円 ②（　　　　）　[　　　]円 ③（　　　　）　[　　　]円 ④ 役員贈与 [　　　]円 ＞（[　　　]円 × [　　]％ ＝ [　　　]円） ∴ [　　　]円 ⑤ 合　計 （[①～④ 計　　円]）× [――] ＝ [　　　]円 → [　　　]円 （[　　]円未満切り捨て）
2．課税標準額に対する消費税額	[　　　]円	2．課税標準額に対する消費税額の計算 [　　　]円 × [　　]％ ＝ [　　　]円
3．課税標準額に対する消費税額の調整額	[　　　]円	3．課税標準額に対する消費税額の調整額の計算（貸倒回収に係る消費税額の計算） [　　　]円 × [――] ＝ [　　　]円

Ⅱ．控除税額の計算

区　分	金　額	計　算　過　程
1．課税売上割合	[　　　]円 ―――― [　　　]円	1．課税売上割合の計算 ⑴ 課税売上高 イ．国内売上高 ① 総売上高　[　　　]円 ② 売上げに係る対価の返還等の金額 [　　　]円 × $\frac{100}{108}$ ＝ [　　　]円 ③ 国内売上高　① － ② ＝ [　　　]円 ロ．輸出売上高　[　　　]円 ハ．合　計　イ．＋ ロ．＝ [　　　]円 ⑵ 非課税売上高 ① 受取利息　[　　　]円 ②（　　　　）　[　　　]円

		③ 合　計　①＋②＝［　　円］ (3) 課税売上割合 ［(1)　　円］／(1)＋(2)＝［　　円］＝［0.　］
2．控除対象仕入税額	［　　円］	2．控除対象仕入税額の計算 (1) 課税仕入れ等の税額 a．課税資産の譲渡等にのみ要するもの ① 当期商品仕入高　［　　円］ ② 商品荷造運送費　［　　円］ ③ 合　計 （［①＋②＝　　円］）×［――］＝［　　円］ b．その他の資産の譲渡等にのみ要するもの（　　　） ［　　円］×［――］＝［　　円］ c．課税資産の譲渡等とその他の資産の譲渡等に共通して要するもの ① 従業員給与手当　［　　円］ ② 福利厚生費 ［　　］＝［　　円］ ③ 旅費交通費 ［　　］＝［　　円］ ④ 通　信　費 ［　　］＝［　　円］ ⑤（　　　）［　　円］ ⑥（　　　）［　　円］ ⑦（　　　）［　　円］ ⑧ 接待交際費 ［　　］＝［　　円］ ⑨ その他の経費　［　　円］ ⑩ 合　計 （［①～⑨　計　　円］）×［――］＝［　　円］

消 費 税 法 ２ 級

受験番号＿＿＿＿＿＿＿＿

		⑵　返還等に係る税額（課税資産の譲渡等にのみ要するものに係るもの） ［　　　円］×［――］＝［　　　円］ ⑶　個別対応方式による控除対象仕入税額の計算 （［　　　円］－［　　　円］）＋［　　　円］ ×［円／円］＝［　　　円］
3．返還等対価に係る税額	［　　　円］	3．返還等対価に係る税額の計算 ［　　　円］×［――］＝［　　　円］
4．貸倒れに係る税額	［　　　円］	4．貸倒れに係る税額の計算 ［　　　円］×［――］＝［　　　円］
5．控除税額合計	［　　　円］	5．控除税額合計の計算 ［　　　円］＋［　　　円］＋［　　　円］ ＝［　　　円］

Ⅲ．納付税額の計算

区　分	金　額	計　算　過　程
1．差引税額	［　　　円］	1．差引税額の計算 ［　　　円］＋［　　　円］－［　　　円］ ＝［　　　円］→［　　　円］ （［　　円］未満切り捨て）
2．納付税額	［　　　円］	2．納付税額の計算 ［　　　円］－［　　　円］＝［　　　円］

◆第 2 編の参考文献◆

大島隆夫・木村剛志『消費税法の考え方・読み方（三訂版）』税務経理協会，2002年。
湖東京至『消粋税法の研究』信山社，1999年。
竹下　登・平野貞夫監修『消費税制度成立の沿革』ぎょうせい，1993年。
中島茂幸『判例・裁決による消費税の実務解説』税務研究会，1999年。
三浦道隆『消費税法の解釈と実務』大蔵財務協会，2000年。
水野忠恒『消費税の制度と理論』弘文堂，1989年。
宮島　洋編著『消費課税の理論と課題』税務経理協会，1995年。
森信茂樹『日本の消費税』納税協会連合会，2000年。

索　　引

〈著者紹介〉

市原啓善（いちはら・ひろよし）担当：第１編第３章第６節・第７節，第５章

1980年　愛知県生まれ。
2003年　会計事務所に勤務，次長を経て，
2014年　名古屋市立大学大学院経済学研究科博士後期課程修了。博士（経済学）
　　　　小樽商科大学商学部准教授。現在に至る。

＜主要業績＞

「我が国における減配回避と報告利益管理行動の分析」『会計・監査ジャーナル』第23巻第11号，pp.91-102，2011年。

「減配回避を目的とした報告利益管理行動と配当規制の改正」『年報経営ディスクロージャー研究』第12号，pp.19-34，2013年。

稲葉知恵子（いなば・ちえこ）担当：第１編第２章

1981年　香川県生まれ。
2006年　明治大学経営学部助手。
2008年　拓殖大学商学部助教。
2009年　明治大学大学院経営学研究科博士後期課程修了。博士（経営学）
2011年　拓殖大学商学部准教授。現在に至る。

＜主要業績＞

『損益計算と情報開示　七訂版』（共著）白桃書房，2010年。

『法人税の損金不算入規定』（共著）中央経済社，2012年。

『財務会計の現状と展望』（共著）白桃書房，2014年。

「役員に対する株式報酬制度の動向」『ディスクロージャーニュース』第34号，pp.125-132，2016年。

稲村健太郎（いなむら・けんたろう）担当：第１編第３章第８節

1977年　福島県生まれ。
　　　　東北大学大学院法学研究科 RA，帝京大学沖永総合研究所助教を経て
2013年　福島大学経済経営学類准教授。現在に至る。
　　　　（東北大学大学院法学研究科博士後期課程満期退学）

＜主要業績＞

「事業用地の承継と税制に関する一考察―事業継続要件を中心として―」『産業経理』71巻１号，pp.145-153，2011年。

「相続税財産評価における収益方式―ドイツ評価法に関する議論を参考として―」『商学論集』79巻４号，pp.49-58，2011年。

「包括的所得概念における所得税と相続税の関係―年金二重課税事件を素材として―」『東京経大学会誌』270号，pp.39-49，2011年。

『租税判例百選　第６版』（分担執筆　相続財産の評価（1））有斐閣，2016年。

岩下誠（いわした・まこと）担当：第１編第３章第１節，第４章第２節

1975年　新潟県生まれ。
2006年　会計事務所入所。現在、社員税理士として勤務。
2011年　札幌学院大学法学研究科修士課程修了（法学修士）
2014年　税理士登録（第126673号）
2019年　札幌学院大学非常勤講師（税法）。現在に至る。

＜主要業績＞

「災害と期限延長（特集：災害関連税制と確定申告）」（共著）「月刊　税理」63巻２号，pp.66-77，2020年２月。

大澤弘幸（おおさわ・ひろゆき）担当：第１編第３章第３節

1971年　千葉県生まれ。

1994年　慶應義塾大学経済学部卒業，都内公認会計士事務所勤務を経て税理士登録（第103216号）。

2007年　北海道大学大学院経済学研究科会計情報専攻修了会計修士（専門職）。
新潟経営大学助教，専任講師を経て

2011年　新潟経営大学准教授。現在に至る。

＜主要業績＞

「ストック・オプション課税に関する一考察―平成18年度税制改正を踏まえて―」『新潟経営大学紀要』第16号，pp.137-146，2010年。

「高率な純資産減少割合を伴う資本剰余金配当の異質性について―自己株式との共通点を踏まえて―」（共著）『企業経営研究第17号』pp.31-44，2014年。

「役員給与税制に関する一考察―平成28年度税制改正を踏まえて―」『新潟経営大学紀要』第23号，pp.23-32，2017年。

加藤恵吉（かとう・けいきち）担当：第１編第１章第２節，第３章第２節・第９節，第２編第８章

1965年　宮城県生まれ。

2002年　東北大学大学院経済学研究科博士課程後期修了。博士（経営学）
会社役員，弘前大学人文学部助教授等を経て，

2012年　弘前大学人文学部教授。

2016年　弘前大学人文社会科学部教授。現在に至る。

＜主要業績＞

「無形資産に関する実証研究の方向性」『弘前大学経済研究』第32号，pp.61-68，2009年。

「移転価格税制をめぐる最近の状況と動向」『人文社会論叢（社会科学編）』 第23号，pp.101-110，2010年。

「無形資産情報の評価に関する一考察」『弘前大学経済研究』第33号，pp.78-85，2010年。

「移転価格税制に対する市場の反応―無形資産への課税情報の分析を中心として―」『人文社会論叢（社会科学編）』第26号，pp.73-87，2011年。

河瀬　豊（かわせ・ゆたか）担当：第１編第４章第１節

1975年　大阪府生まれ。

1998年　前田公認会計士事務所勤務。

2003年　税理士登録（近畿税理士会　第98738号）。

2004年　河瀬豊税理士事務所開設，代表者に就任。

2017年　大阪府立大学大学院経済学研究科博士後期課程修了。博士（経済学）
神戸学院大学経営学部専任講師，現在に至る。

＜主要業績＞

「異時点間所得移転に関するレビュー」『大阪府立大学経済研究』第61巻第１・２号，pp.1-15，2015年９月。

「限界顕在税率の算定」『第12回税に関する論文入選論文集』納税協会連合会，pp.119-137，2016年12月。

櫻田　譲（さくらだ・じょう）担当：第1編第1章第4節～第7節，第3章第4節，第5節，第6章第1節，第3節，第2編第9章第1節，第3節

1970年　北海道生まれ。

2001年　東北大学大学院経済学研究科博士課程後期課程修了。博士（経済学）

山口大学経済学部専任講師，助教授を経て，

2005年　北海道大学大学院経済学研究科会計専門職大学院助教授。現在に至る（2007年より准教授）。

＜主要業績＞

「ストック・オプション判決に対する市場の反応」『第6回税に関する論文入選論文集』財団法人納税協会連合会，pp.53-94，2010年11月30日（大沼宏氏と共著）。

「外国子会社利益の国内環流に関する税制改正と市場の反応」『租税資料館賞受賞論文集　第二十回（二〇一一）上巻』 pp.233-258，2011年11月（院生と共著）。

「みなし配当・みなし譲渡課税が資本剰余金配当に与える影響について」『第35回日税研究賞入選論文集』pp.11-50，2012年8月31日。

『税務行動分析』北海道大学出版会，2018年。

中島茂幸（なかしま・しげゆき）担当：第1編第1章第1節・第3節，第2編第1章～第7章

1947年　北海道生まれ。

1990年　東京国税局退職。

税理士登録（第70654号）。

北海学園北見大学助教授。

2006年　北海商科大学商学部教授を経て，

2011年　北海商科大学大学院教授。

2015年　北海商科大学名誉教授。税理士・CFP，現在に至る。

＜主要業績＞

『判例戦略実務必携（法人税編）』，『判例戦略実務必携（所得税編）』，『判例戦略実務必携（消費税編）』（共著）東林出版社，1999年。

『個人課税の再検討』（共著）税務研究会，1999年。

『判例・裁決例による消費税の実務解説』税務研究会，1999年。

『新会社法における会計と計算書類』税務経理協会，2006年。

『会計学大辞典　第五版』（税務会計項目分担）中央経済社，2007年。

「同族会社における役員給与問題」『税法学』第565号，pp.197-220，2011年。

『非上場株式の税務　第2版』中央経済社，2017年。

Newベーシック税務会計＜企業課税編＞

2020年５月23日　　初版発行

著　者：中島茂幸・櫻田　譲・市原啓善・稲葉知恵子・稲村健太郎
　　　　岩下　誠・大澤弘幸・加藤惠吉・河瀬　豊

発行者：長谷雅春

発行所：株式会社五絃舎

〒173-0025

東京都板橋区熊野町46-7-402

TEL・FAX：03-3957-5587

組　版：Office　Five　Strings

印刷・製本：モリモト印刷

ISBN978-4-86434-117-2

学生番号 ＿＿＿＿＿＿＿＿＿＿＿＿

氏　　名 ＿＿＿＿＿＿＿＿＿＿＿＿

ベーシック税務会計〈企業課税編〉
解　答

第１編　法人税法

第１章　法人税の基礎概念

問題１－１

	法人区分	法人の具体例	各事業年度の所得に対する課税内容
内国法人	4	地方公共団体	非課税
		7	
	公益法人等	商工会議所	1
		5	
	協同組合等	信用金庫	2
		10	
	9	同窓会	収益事業から生じた所得に対してのみ普通税率課税
		6	
	普通法人	3	すべての所得に対して普通税率課税
		8	

問題１－２

1	3	5

問題１－３

2	4	7

問題１－４

2	5	7	8

問題１－５

1．課税所得の金額

[38,265,400円] ＋ ([2,413,500円] ＋ [17,854,000円])

－ ([574,100円] ＋ [1,152,700円]) ＝ [56,806,100円]

[1,000円] 未満の端数切り 上げ／(捨て)　∴ [56,806,000円]

2．当期法人税額

[56,806,000円] × 23.4% ＝ [13,292,604円]

3．納付すべき法人税額

[13,292,604円] － [88,630円] ＝ [13,203,974円]

[100円] 未満の端数切り 上げ／(捨て)　∴ [13,203,900円]

[13,203,900円] － [8,418,300円] ＝ [4,785,600円]

問題１　６

1	2	3	4	5	6	7	8
○	○	×	○	×	○	×	○

問題１－７

1	2	3	4	5
3	6	8	9	10

問題１－８

1．所得金額の計算

加算	機械減価償却超過額	168,000円
	小　　計	
減算		

2．計算過程

（1）会社計上償却費　[600,000円]

（2）償却限度額　([1,560,000円] ＋ [600,000円]) × [0.200] ＝ [432,000円]

（3）減価償却超過額　（1）－（2）＝ [168,000円]

問題１－９

加算		
	小　　計	
減算		

※この問題では，減価償却不足の額は加算も減算もしません。

問題１－10

1．所得金額の計算

加算		
	小　　計	
減算	機械装置減価償却超過額認容	137,016円

2．計算過程

（1）会社計上償却費　[1,300,000円]

（2）償却限度額

（[7,130,000円] ＋ [1,300,000円] ＋ [174,890円]）× [0.167] ＝ [1,437,016円]

（3）認容額

[1,437,016円] － [1,300,000円] ＝ [137,016円] ≧ ㊀< [174,890円]　∴ [137,016円]

問題１－11

Ⅰ．所得金額の計算

摘要		金額
当期利益		50,573,500円
加算	損金の額に算入した中間納付の法人税額	9,321,000
	損金の額に算入した中間納付の住民税額	2,632,000
	損金の額に算入した納税充当金	14,300,000
	損金の額に算入した印紙税の過怠税	24,000
	役員給与の損金不算入額	2,700,000
	貸倒引当金繰入超過額	42,600
	土地評価損の損金不算入額	500,000
	機械減価償却超過額	100,000
	交際費等の損金不算入額	882,000
	小計	30,501,600
減算	納税充当金から支出した事業税額	2,172,000
	貸倒引当金繰入超過額の当期認容額	50,800
	受取配当等の益金不算入額	130,000
	有価証券評価益の益金不算入額	600,000
	小計	2,952,800
仮計		78,122,300
寄附金の損金不算入額		266,776
法人税額から控除される所得税額		183,650
合計・総計・差引計		78,572,726
所得金額		78,572,726

注　摘要欄と金額欄の両方できて正答とする。
摘要欄は，原則解答に示されている用語を使用していることとするが，税法上の適切な用語が書かれていれば正答とする。答の順番は不問とする。

Ⅱ．計算過程

項　　目	計　　算　　過　　程
役　員　給　与	会社計上役員給与の額　法人税法上の適正額　損金不算入額 50,700,000円 － 48,000,000円 ＝ 2,700,000円
評　価　損　益	1．評価益（ 有 価 証 券 ） 会社計上評価益　法人税法上の適正額　益金不算入額 3,000,000円 － 2,400,000円 ＝ 600,000円 2．評価損（ 土　　地 ） 会社計上評価損　法人税法上の適正額　損金不算入額 5,500,000円 － 5,000,000円 ＝ 500,000円
受　取　配　当　等	(1)　受取配当等の額 ①　その他の株式等に係る配当金収入　200,000円 ②　非支配目的株式等に係る配当金収入　150,000円 (2)　益金不算入額 (1)①　200,000円 × $\frac{50}{100}$ ＋ (1)②　150,000円 × $\frac{20}{100}$ ＝ 130,000円

問題１－12

Ⅲ．納付すべき法人税

摘　要	金　額	計　算　過　程
所得金額	78,572,000円	1,000円 未満の端数切り捨て
法人税額	18,658,830	(1) 年800万円以下の所得金額に対する税額 $8{,}000{,}000円 \times \frac{12}{12} \times 15\%$ $= 1{,}200{,}000円$ (2) 年800万円を超える所得金額に対する税額 $(78{,}572{,}000円 - 8{,}000{,}000円 \times \frac{12}{12})$ $\times 23.4\% = 16{,}513{,}848円$ (3) 税額計　(1)＋(2)＝ 17,713,848円
差引法人税額	17,713,848	
法人税額計	17,713,848	
控除税額	183,650	
差引所得に対する法人税額	17,530,100	100円 未満の端数切り捨て
中間申告分の法人税額	9,321,000	
納付すべき法人税額	8,209,100	

第２章　益金の概念と計算

問題２－１

1．前期

収益の額

$$2{,}000百万円 \times \frac{450百万円}{1{,}500百万円} = 600百万円$$

費用の額

$$1{,}500百万円 \times \frac{450百万円}{1{,}500百万円} = 450百万円$$

2．当　期

収益の額

$$2{,}000百万円 \times \frac{840百万円}{1{,}200百万円} - 600百万円 = 800百万円$$

費用の額

$$1{,}200百万円 \times \frac{840百万円}{1{,}200百万円} - 450百万円 = 390百万円$$

問題２－２

１．経済的利益

$1{,}980{,}000 \times \frac{2}{3} - 800{,}000円 = 520{,}000円$ ⭘> ≦ [300,000円]

∴　経済的利益 ｛ ⭘あり ／ なし ｝

２．償却限度額

$1{,}980{,}000 \times \frac{2}{3} \times 0.400 \times \frac{11}{12}$ ＝ [484,000円]

３．償却超過額

（244,200円 ＋ 520,000円）－ 484,000円 ＝ [280,200円]

問題２－３

（１）受取配当等の額

① 関連法人株式等　[600,000円]

② 非支配目的株式　[40,000円]

（２）控除負債利子　[56,000円]

① 原則法　[62,000円]

② 簡便法　∴ [56,000円]

③ [56,000円] ＜ [56,000円]

（３）益金不算入額

（[600,000円] － [56,000円]）＋ [40,000円] × $\frac{[\ 20\ ]}{[\ 100\ ]}$ ＝ [552,000円]

問題２－４

１．短期所有株式等の数

$[\ 20{,}000株\ ] \times \dfrac{[\ 90{,}000株\ ] \times \dfrac{[\ 36{,}000株\ ]}{[\ 64{,}000株\ ] + [\ 36{,}000株\ ]}}{[\ 90{,}000株\ ] + [\ 30{,}000株\ ]} = [\ 5{,}400株\ ]$

２．短期所有株式等にかかる配当等の額

$\dfrac{[\ 1{,}350{,}000円\ ]}{[\ 90{,}000株\ ]} \times [\ 5{,}400株\ ] = [\ 81{,}000円\ ]$

問題２－５

1．短期所有株式等

（1）A社株式の配当等の計算期日末日現在の所有株式数

60,000株 ＋ 30,000株 ＝ 90,000株

（2）短期所有株式等の数

$$20{,}000株 \times \frac{90{,}000株 \times \dfrac{30{,}000株}{60{,}000株 + 30{,}000株}}{90{,}000株 + 10{,}000株} = 6{,}000株$$

（3）短期所有株式等に係る配当等の額

$$\frac{1{,}800{,}000円}{90{,}000株} \times 6{,}000株 = 120{,}000円$$

2．受取配当等の額

（1）関連法人株式等

（1,800,000円 － 120,000円）＋ 900,000円 ＝ 2,580,000円

（2）非支配目的株式等

160,000円

3．控除負債利子

（1）原則法

140,000円

（2）簡便法

150,000円

4．益金不算入額

（1）原則法

（2,580,000円 － 140,000円）＋160,000円 × 20% ＝ 2,472,000円

（2）簡便法

（2,580,000円 － 150,000円）＋160,000円 × 20% ＝ 2,462,000円

（3）

2,472,000円 ＞ 2,462,000円　∴ 2,472,000円

第３章　損金の概念と計算

問題３－１

A商品	B商品	C商品	D商品	E商品	F商品	G商品	H商品
○	○	○	×	×	○	○	×

区分	計　算　過　程	損金算入額
A商品	2,765,000円－1,862,000円	903,000円
B商品	7,500,000円－3,290,000円	4,210,000円
C商品	21,863,000円－19,150,000円	2,713,000円
D商品		－
E商品		－
F商品	6,419,000円－5,947,000円	472,000円
G商品	9,680,000円－8,875,000円	805,000円
H商品		－
合　計	A商品～H商品までの損金算入額の合計額	9,103,000円

問題３－２

加算	棚卸資産評価損否認額	2,803,000円

評価損

1．甲商品

（1）会社計上額　1,500,000円

（2）評価損の計上ができる限度額

2,650,000円 － 1,290,000円 ＝ 1,360,000円

（3）評価損否認額

1,500,000円 － 1,360,000円 ＝ 140,000円

2．乙商品

（1）会社計上額　2,580,000円

（2）評価損の計上ができる限度額　0円

（3）評価損否認額

2,580,000円 － 0円 ＝ 2,580,000円

3．丙商品

（1）会社計上額　2,100,000円

（2）評価損の計上ができる限度額

3,407,000円 － 1,390,000円 ＝ 2,017,000円

（３）評価損否認額

2,100,000円 − 2,017,000円 ＝ 83,000円

４．評価損否認額の合計

140,000円 ＋ 2,580,000円 ＋ 83,000円 ＝ 2,803,000円

問題３－３

１．所得金額の計算

加算	備品減価償却超過額	7,813円
	小　　計	
減算		
	小　　計	

２．計算過程

（１）会社計上償却費　200,000円

（２）償却限度額　（500,000円 ＋ 200,000円 ＋ 68,750円）× 0.250 ＝ 192,187円

（３）減価償却超過額

（１）－（２）＝ 7,813円

※この問題では，備品が平成30年９月に取得・供用されていることから「200％定率法」が適用されることになります。つまり，定額法の償却率（８年）を２倍にした償却率（0.125×２）になります。

問題３－４

１．償却限度額

（１）（600,000円 － 600,000円 ×95％－１円）× $\frac{12}{60}$ ＝ 5,999円

（２）（１）＋ 600,000円 ×95％ ＝ 575,999円

（３）（600,000円 － １円 ＝ 599,999円）≧（○で囲む）＜（２）　∴（１）

２．償却超過額

10,000円 － 5,999円 ＝ 4,001円

問題３－５

１．備品

（１）償却限度額

① 調整前償却額

（120,000円 ＋ 176,739円 ＝ 296,739円）× 0.333 ＝ 98,814円

② 償却保証額

1,000,000円 × 0.09911 ＝ 99,110円

③　① ≧ ＜（○で囲む） ②　∴ 改定償却額により計算する。

（いずれかを○で囲む）

④ 改定償却額

296,739円 × 0.334 ＝ 99,110円

（2）償却超過額

120,000円 − 99,110円 ＝ 20,890円

問題3−6

1．倉庫用建物

（1）償却限度額

27,000,000円 × 0.027 ＝ 729,000円

（2）償却超過額

800,000円 − 729,000円 ＝ 71,000円

2．倉庫用建物避難階段

（1）償却限度額

6,000,000円 × 0.027 × $\frac{7}{12}$ ＝ 94,500円

（2）償却超過額

6,000,000円 − 94,500円 ＝ 5,905,500円

問題3−7

1．倉庫用建物

（1）耐用年数

20,000,000円×50%＝10,000,000円 ＜ 12,000,000円 ≦ 45,000,000円×50%＝22,500,000円

∴（20,000,000円 ＋ 12,000,000円）÷（$\frac{20,000,000円}{29年}$（注）＋ $\frac{1,200,000円}{38年}$）＝ 31年（1年未満の端数切り捨て）

（注）38年は 456月，10年4月は 124月

∴（456月 − 124月）＋ 124月 × 20% ＝ 356.8月 → 29年

（1年未満の端数切り捨て）

（2）償却限度額

（20,000,000円＋12,000,000円）× 0.033 × $\frac{8}{12}$ ＝ 704,000円

（3）償却超過額

（1,000,000円＋12,000,000円）−704,000円 ＝ 12,296,000円

問題3−8

1．圧縮限度額

18,000,000円 ≧／㊀＜ 45,000,000円　　∴ 18,000,000円

（いずれかを○で囲む）

2．圧縮超過額

20,000,000円 − 18,000,000円 ＝ 2,000,000円

3．償却限度額

（45,000,000円 − 18,000,000円）× 0.020 × $\frac{4}{12}$ ＝ 180,000円

4．償却超過額

（ 120,000円 ＋ 2,000,000円 ）－ 180,000円 ＝ 1,940,000円

問題３－９

（１）圧縮限度額

20,000,000円 ＞/＜（＜を囲む） 68,000,000円　　∴ 20,000,000円

（いずれかを○で囲む）

（２）圧縮超過額

25,000,000円 － 20,000,000円 ＝ 5,000,000円

（３）償却限度額

（ 68,000,000円 － 20,000,000円 ）× 0.020 × $\frac{8}{12}$ ＝ 640,000円

（４）償却超過額

（ 500,000円 ＋ 5,000,000円 ）－ 640,000円 ＝ 4,860,000円

問題３－10

1．滅失経費の額

（ 750,000円 ＋ 1,500,000円 ）× $\frac{32,000,000円}{32,000,000円 ＋ 8,000,000円}$

＝ 1,800,000円

2．改訂保険金等の額

32,000,000円 － 1,800,000円 ＝ 30,200,000円

3．保険差益の額

30,200,000円 － 26,000,000円 ＝ 4,200,000円

4．圧縮限度額

4,200,000円 × $\frac{21,140,000円（注）}{30,200,000円}$ ＝ 2,940,000円

（注） 30,200,000円 ＞ 21,140,000円　　∴ 21,140,000円

5．圧縮超過額

4,000,000円 － 2,940,000円 ＝ 1,060,000円

6．償却限度額

（ 21,140,000円 － 2,940,000円 ）× 0.027 × $\frac{7}{12}$ ＝ 286,650円

7．償却超過額

（ 150,000円 ＋ 1,060,000円 ）－ 286,650円 ＝ 923,350円

問題３－11

（１）滅失経費

900,000円 ＋ 1,500,000円 × $\frac{48,000,000円}{60,000,000円}$ ＝ 2,100,000円

（2）改訂保険金の額

48,000,000円－2,100,000円 ＝ 45,900,000円

（3）保険差益の額

45,900,000円－(17,262,000円＋180,000円) ＝ 28,458,000円

（4）圧縮限度額

$$28,458,000円 \times \frac{40,000,000円^{(注1)}}{45,900,000円} = 24,800,000円$$

（注1） 45,900,000円 ＞ 40,000,000円 ∴ 40,000,000円

（5）圧縮超過額

25,500,000円 － 24,800,000円 ＝ 700,000円

（6）償却限度額

$$(40,000,000円－24,800,000円) \times 0.027 \times \frac{5}{12} = 171,000円$$

（7）償却超過額

(200,000円＋700,000円)－171,000円 ＝ 729,000円

加算	倉庫用建物B減価償却超過額	729,000円
減算	倉庫用建物A減価償却超過額認容	180,000円

問題３－12

Ⅰ．土　地

1．交換適用の判定

（1） 80,000,000円 － 72,000,000円 ＝ 8,000,000円

（2） 80,000,000円 × 20% ＝ 16,000,000円

（3） 8,000,000円 ≦ 16,000,000円　　∴　圧縮記帳の適用（（あり）・なし　）
（いずれかを○で囲む）

2．譲渡経費　1,800,000円

3．圧縮限度額

$$\left(72,000,000円 - (54,200,000円 + 1,800,000円)\right) \times \frac{7,200,000円}{72,000,000円 + 8,000,000円} = 21,600,000円$$

4．圧縮超過額

23,000,000円 － 21,600,000円 ＝ 1,400,000円

問題３－13

（１）土地

① 判　定

イ．54,000,000円 － 50,000,000円 ＝ 4,000,000円

ロ．54,000,000円 × 20% ＝ 10,800,000円

ハ．4,000,000円 ≦ 10,800,000円　　∴ 圧縮記帳の適用（（あり）・なし）

（いずれかを○で囲む）

② 経　費

2,400,000円 × 54,000,000円／80,000,000円 ＝ 1,620,000円

③ 圧縮限度額

50,000,000円 －（35,899,200円 ＋ 1,620,000円）

× 50,000,000円／（50,000,000円 ＋ 4,000,000円） ＝ 15,260,000円

④ 圧縮超過額

17,000,000円 － 15,260,000円 ＝ 1,740,000円

（２）建物

① 判　定

イ．29,000,000円 － 26,000,000円 ＝ 3,000,000円

ロ．29,000,000円 × 20% ＝ 5,800,000円

ハ．3,000,000円 ≦ 5,800,000円　　∴ 圧縮記帳の適用（（あり）・なし）

（いずれかを○で囲む）

② 経　費

2,400,000円 × 26,000,000円／80,000,000円 ＝ 780,000円

③ 圧縮限度額

29,000,000円 －（22,430,000円 ＋ 780,000円 ＋ 3,000,000円）＝ 2,790,000円

④ 圧縮超過額

5,000,000円 － 2,790,000円 ＝ 2,210,000円

⑤ 償却限度額

（24,000,000円＋5,000,000円－2,790,000円）× 0.042 × $\frac{7}{12}$ ＝ 642,145円

⑥ 償却超過額

（504,000円＋2,210,000円）－642,145円 ＝ 2,071,855円

加算	土地圧縮超過額	1,740,000円
	倉庫用建物減価償却超過額	2,071,855円

問題３－14

（１）譲渡経費

2,000,000円－1,600,000円 ＝ 400,000円

（２）差引対価補償金

78,000,000円－400,000円 ＝ 77,600,000円

（３）差益割合

$$\frac{77{,}600{,}000円-(40{,}092{,}000円+260{,}000円)}{77{,}600{,}000円}=0.48$$

（４）圧縮基礎取得価額

① 土地Ｆ 77,600,000円 ＞ 42,000,000円 ∴ 42,000,000円

② 倉庫用建物Ｆ

77,600,000円－42,000,000円＝35,600,000円 ＞ 28,000,000円

∴ 28,000,000円

（５）圧縮限度額

① 土地Ｆ

4,200,000円 × 0.48 ＝ 20,160,000円

② 倉庫用建物Ｆ

28,000,000円 × 0.48 ＝ 13,440,000円

（６）圧縮超過額

① 土地Ｆ

22,000,000円－20,160,000円 ＝ 1,840,000円

② 倉庫用建物Ｆ

15,000,000円－13,440,000円 ＝ 1,560,000円

（７）償却限度額

$$(28{,}000{,}000円-13{,}440{,}000円)\times 0.033\times\frac{7}{12}=280{,}280円$$

（８）償却超過額

（250,000円＋1,560,000円）－280,280円 ＝ 1,529,720円

加算	土地Ｆ圧縮超過額	1,840,000円
	倉庫用建物Ｆ減価償却超過額	1,529,720円
減算	倉庫用建物Ｅ減価償却超過額認容	260,000円

問題３－15

（１）譲渡経費　∴ 1,822,000円

（２）差益割合

$$\frac{90{,}000{,}000円-(35{,}891{,}000円+87{,}000円+1{,}822{,}000円)}{90{,}000{,}000円}=0.58$$

（３）圧縮基礎取得価額

①　土　地

$$90{,}000{,}000円 > \left\{(100{,}000{,}000円+2{,}850{,}000円)\times\frac{140㎡\times 5}{850㎡}=84{,}700{,}000円\right\}\quad ∴\ 84{,}700{,}000円$$

②　倉庫用建物

（90,000,000円－84,700,000円 ＝ 5,300,000円）＜ 38,143,200円

∴ 5,300,000円

（４）圧縮限度額

①　土　地

84,700,000円 × 0.58 × 80% ＝ 39,300,800円

②　倉庫用建物

5,300,000円 × 0.58 × 80% ＝ 2,459,200円

（５）圧縮超過額

①　土　地

42,000,000円－39,300,800円 ＝ 2,699,200円

②　倉庫用建物

3,800,000円－2,459,200円 ＝ 1,340,800円

＜倉庫用建物＞

①　償却限度額

$$(38{,}143{,}200円-2{,}459{,}200円)\times 0.033\times\frac{4}{12}=392{,}524円$$

②　償却超過額

（240,000円＋1,340,800円）－392,524円 ＝ 1,188,276円

加算	土地圧縮超過額	2,699,200円
	倉庫用建物減価償却超過額	1,188,276円
減算	建物減価償却超過額認容	87,000円

問題３－16

（1）譲渡経費　　∴ 2,500,000円

（2）差益割合

$$\frac{100{,}000{,}000円-(35{,}300{,}000円+200{,}000円+2{,}500{,}000円)}{100{,}000{,}000円}=0.62$$

（3）圧縮基礎取得価額

① 土　地

100,000,000円 ＞ 80,000,000円　　∴ 80,000,000円

② 倉庫用建物

（100,000,000円－80,000,000円 ＝ 20,000,000円）＜ 40,000,000円

∴ 20,000,000円

（4）圧縮限度額

① 土地

80,000,000円 × 0.62 × 80% ＝ 39,680,000円

② 倉庫用建物

20,000,000円 × 0.62 × 80% ＝ 9,920,000円

（5）圧縮超過額

① 土　地

42,000,000円－39,680,000円 ＝ 2,320,000円

② 倉庫用建物

11,000,000円－9,920,000円 ＝ 1,080,000円

＜倉庫用建物＞

① 償却限度額

$(40{,}000{,}000円-9{,}920{,}000円)\times 0.033\times\frac{7}{12}$ ＝ 579,040円

② 償却超過額

（350,000円＋1,080,000円）－579,040円 ＝ 850,960円

加算	土地圧縮超過額	2,320,000円
	倉庫用建物減価償却超過額	850,960円

問題３－17

1．所得金額の計算

加算	広告宣伝用資産償却超過額	562,500円
	小　　　計	
減算		

2．所得金額の計算過程

（１）償却期間

3年 × 7/10 ＝ 2.1年 → 2年 ＜ 5年　　∴ 2年

（２）償却限度額

900,000円 × 9月/(2年 × 12月) ＝ 337,500円

（３）償却超過額

900,000円 － 337,500円 ＝ 562,500円

問題３－18

加算	同業者団体加入金償却超過額	459,000円
	小　　　計	
減算		

（１）償却限度額

540,000円 × 9月/(5年 × 12月) ＝ 81,000円

（３）償却超過額

540,000円－81,000円 ＝ 459,000円

問題３－19

（１）会社計上償却額

720,000円

（２）償却限度額

720,000円 × 10月/(12年 × 12月) ＝ 50,000円

（３）償却超過額

720,000円 － 50,000円 ＝ 670,000円

問題３－20

１．株主グループ別持株数（□内に加算する株式数を記入する。）

第１順位の株主グループ　15,000株＋4,300株　＝　19,300株

第２順位の株主グループ　10,000株＋1,500株　＝　11,500株

第３順位の株主ゲループ　8,500株　＝　8,500株

第４順位の株主グループ　5,700株＋1,200株　＝　6,900株

２．使用人兼務役員の判定

株主名	50％超基準（注１）	10％超基準（注１）	５％超基準（注１）	判定（注２）
E	○	○	○	×
G	○	○	×	○

問題３－21

法人税法第34条第２項基準

（１）使用人兼務役員の使用人分賞与　1,000,000円

（２）上記以外

①　実質基準

（イ）Ｃ氏　12,000,000円＋4,000,000円－13,700,000円　＝　2,300,000円

（ロ）Ｄ氏　5,400,000円＋2,700,000円＋2,200,000円＋1,000,000円－1,000,000円－8,500,000円　＝　1,800,000円

（ハ）小計（イ）＋（ロ）＝　4,100,000円

②　形式基準

（イ）取締役

㋑　実際支給額

57,900,000円 ＋ 2,700,000円 ＋ 20,700,000円 ＋ 1,000,000円

－（4,500,000円 ＋ 1,500,000円）－ 2,500,000円(注) ＝ 73,800,000円

（注）　使用人兼務役員の使用人分

（2,700,000円 ＋ 1,000,000円 － 1,000,000円 ＝ 2,700,000円）

＞2,500,000円　∴　2,500,000円

㋺　限度額　68,000,000円

㋩　超過額　73,800,000円－68,000,000円－1,000,000円　＝　4,800,000円

（ロ）監査役

㋑　実際支給額　4,500,000円 ＋ 1,500,000円 ＝ 6,000,000円

㋺　限度額　8,000,000円

㋩　超過額　㋑　≦　㋺　∴　0円

（ハ）小　計（イ）＋（ロ）＝　4,800,000円

③　判　定　①　$\gtrless$　②　∴　4,800,000円

［解説］

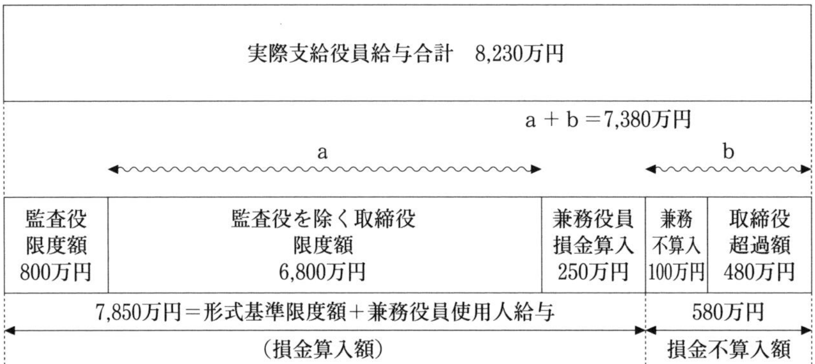

問題３－22

１．支出寄附金の額

（１）指定寄附金等　350,000円

（２）特定公益増進法人に対する寄附金　1,500,000円

（３）その他の寄附金　2,600,000円

（４）合計

（１）＋（２）＋（３）＝ 4,450,000円

２．寄附金支出前所得金額

152,225,000円（別表四「仮計」欄の金額）（＋）／－ 4,450,000円 ＝ 156,675,000円

（いずれかを○で囲む）

３．損金算入限度額

（１）資本基準額

$$65{,}000{,}000円 \times \frac{12}{12} \times \frac{2.5}{1{,}000} = 162{,}500円$$

（２）所得基準額

$$156{,}675{,}000円 \times \frac{2.5}{100} = 3{,}916{,}875円$$

（３）損金算入限度額

$$(162{,}500円 + 3{,}916{,}875円) \times \frac{1}{4} = 1{,}019{,}843円$$

４．特別損金算入限度額

（１）資本基準額

$$65{,}000{,}000円 \times \frac{12}{12} \times \frac{3.75}{1{,}000} = 243{,}750円$$

（２）所得基準額

$$156{,}675{,}000円 \times \frac{6.25}{100} = 9{,}792{,}187円$$

（3）特別損金算入限度額

（ 243,750円 ＋ 9,792,187円 ）× $\frac{1}{2}$ ＝ 5,017,968円

5．損金不算入額

4,450,000円 － 350,000円 － 1,500,000円（注）－ 1,019,843円 ＝ 1,580,157円

（注） 5,017,968円 ＞ 1,500,000円　∴ 1,500,000円

問題 3 －23

1．所得金額の計算

加算	交際費等の損金不算入額	1,804,000円
減算	交際費等認定損	1,200,000円

2．交際費等の損金不算入額の計算

（1）支出交際費等の額

① 飲食費

4,221,000円 － 692,000円 ＝ 3,529,000円

② その他

450,000円 ＋ 3,845,000円 ＋ 780,000円 ＋ 1,200,000円 ＝ 6,275,000円

③ 合計

① ＋ ② ＝ 9,804,000円

（2）定額控除限度額

8,000,000円 × $\frac{12}{12}$ ＝ 8,000,000円

（3）損金算入限度額

（ 3,529,000円 × 50% ＝ 1,764,500円 ）⊘＜ ＞ 8,000,000円

（いずれかを○で囲む）

∴ 8,000,000円

（4）損金不算入額

9,804,000円 － 8,000,000円 ＝ 1,804,000円

問題３－24

1．所得金額の計算

加算	交際費等の損金不算入額	2,000,000円
	前期仮払交際費否認	650,000円
減算	仮払交際費認定損	2,780,000円
	前期売上割戻し認容	800,000円
	土地認定損	64,000円

2．交際費等の損金不算入額の計算

（1）支出交際費等の額

① 飲食費

850,000円＋320,000円

＝ 1,170,000円

② その他

1,250,000円＋1,230,000円＋870,000円＋900,000円＋2,780,000円
＋（1,000,000円＋800,000円）

＝ 8,830,000円

③ 合　計　　①＋②＝ 10,000,000円

（2）定額控除限度額

8,000,000円 × 12/12 ＝ 8,000,000円

（3）損金算入限度額

（1,170,000円 × 50% ＝ 585,000円）⧀ 8,000,000円

（いずれかを○で囲む）

∴ 8,000,000円

（4）損金不算入額

10,000,000円 － 8,000,000円 ＝ 2,000,000円

3．土地取得価額減額

2,000,000円 × 320,000円/10,000,000円 ＝ 64,000円

問題３－25

1．貸倒損失認定損　　3,000,000円

2．個別評価金銭債権に係る貸倒引当金

（1）繰入限度額　19,000,000円－3,000,000円－1,000,000円×５－7,000,000円 ＝ 4,000,000円

（2）繰入超過額　5,500,000円－4,000,000円 ＝ 1,500,000円

3．一括評価金銭債権に係る貸倒引当金

（1）繰入限度額

① 期末一括評価金銭債権の額

（29,332,000円＋3,830,000円）＋108,543,000円＋（46,427,000円－19,000,000円）＋448,000円 ＝ 169,580,000円

② 実質的に債権とみられないものの額

イ．原則法

A．債権の額 ＝ 3,348,000円

B．債務の額 1,620,000円＋1,743,000円 ＝ 3,363,000円

C．判定

A．＞・(＜) B．　∴ 3,348,000円

（いずれかを○で囲む）

ロ．簡便法

169,580,000円 × 0.019（小数点以下 3 位未満切り 捨て）＝ 3,222,020円

ハ．判定

イ．(＞)・＜ ロ．　∴ 3,222,020円

（いずれかを○で囲む）

③ 実績繰入率

$$\frac{(1{,}668{,}000円+1{,}843{,}000円+1{,}745{,}000円)\times\dfrac{12}{36}}{(183{,}121{,}000円+180{,}326{,}000円+177{,}528{,}000円)\div 3}=0.0098$$

（小数点以下 4 位未満切り 上げ）

④ 法定繰入率　0.010

⑤ 繰入限度額

イ．実績繰入率による繰入限度額

169,580,000円 × 0.0098 ＝ 1,661,884円

ロ．法定繰入率による繰入限度額

（169,580,000円 － 3,222,020円）× 0.010 ＝ 1,663,579円

ハ．判定

イ．＞・(＜) ロ．　∴ 1,663,579円

（いずれかを○で囲む）

（2）繰入超過額

1,820,000円 － 1,663,579円 ＝ 156,421円

4．貸倒引当金繰入超過額認容　123,900円

問題３－26

１．返品率

$$\frac{31{,}003{,}000円+32{,}381{,}000円}{1{,}261{,}559{,}000円+1{,}379{,}441{,}000円}=0.024$$

２．売買利益率

$$\frac{1{,}347{,}060{,}000円-(612{,}369{,}200円+34{,}219{,}600円)}{(1{,}379{,}441{,}000円-32{,}381{,}000円=1{,}347{,}060{,}000円)}=0.52$$

３．繰入限度額

（１）売掛金基準

（128,764,600円＋215,233,700円）×0.024×0.52 ＝ 4,293,098円

（２）売上高基準

345,109,000円×0.024×0.52 ＝ 4,306,960円

（３）　（１）$\overset{\geqq}{(<)}$（２）　　∴ 4,306,960円

（いずれかを○で囲む）

４．繰入超過額

4,500,000円 － 4,306,960円 ＝ 193,040円

第４章　税額の計算

問題４－１

（１）株式・出資

①　個別法

（イ）Ａ株式

$$260{,}000円\times\frac{64{,}000株}{80{,}000株}\times\frac{12}{12}\ (1.000)\ +\ 260{,}000円\times\frac{16{,}000株}{80{,}000株}\times\frac{1}{12}$$

（ 0.084 ）＝ 212,368円　　（小数点以下 3 位未満切り 上げ ）

（ロ）Ｂ株式　　140,000円

（ハ）小　計　　（イ）＋（ロ）＝ 352,368円

②　簡便法

（イ）Ａ株式

$$260{,}000円\times\frac{64{,}000株+(80{,}000株-64{,}000株)\times\frac{1}{2}}{80{,}000株}\ (0.900)$$

＝ 234,000円　　（小数点以下 3 位未満切り 上げ ）

（ロ）Ｂ株式　　　　140,000円

（ハ）小　計

（イ）＋（ロ）＝ 374,000円

③ 352,368円 ＜ 374,000円　　　　∴ 374,000円

（２）その他　12,300円

（３）合計　（１）＋（２）＝ 386,300円

問題４－２

法人税額から控除される所得税額　184,400円

（１）Ａ株式（個別法で計算，簡便法でも同じ結果になります。）

① Ａ株式

84,000円×80,000株／80,000株×12／12（1.000）＝84,000円

② Ｂ株式

80,000円

③ 小計

①＋②＝164,000円

（２）その他

20,400円

（３）合計

（１）＋（２）＝ 184,400円

解説

Ａ株式について，株式数が減少しています。このことが控除される所得税額にどのように影響するかを考えます。まず，個別法で計算してみます。計算期末に所有している株数はすべて計算期首から所有しているので，結果として所得税額全額が控除できることになります。

次に，銘柄別簡便法で計算してみます。

（計算期末の所有元本数等－計算期首の所有元本数等）/2

＝（80,000株－80,000株）／2＝0

となるので，所有元本割合は

（80,000－0）／80,000＝1

となり，控除を受ける所得税額は，84,000円×1.000＝84,000円

となり，個別法と同じ結果になります。

問題4－3

1．法人税額の計算

106,562,000円 × 23.4% ＝ 24,935,508円

2．課税留保金額の計算

（1）当期留保金額

① 留保所得金額

91,383,000円

② 法人税額

24,935,508円 ＋ 400,000円 － 40,000円 ＋ 1,114,740円 ＝ 26,410,248円

③ 住民税額

（24,935,508円 ＋ 400,000円）× 16.3% ＝ 4,129,687円

④ 当期留保金額

①－②－③－④＝ 60,843,065円

（2）留保控除額

① 所得基準額

（106,562,000円 ＋ 10,000,000円）× 40% ＝ 46,624,800円

② 定額基準額

20,000,000円 × $\frac{12}{12}$ ＝ 20,000,000円

③ 積立金基準額

（200,000,000円 × 25% － 340,000,000円 ＝ △290,000,000円） ＜0

∴ 0

④ 留保控除額

①，②，③のうち最も大きい金額　∴ 46,624,800円

（3）課税留保金額（千円未満の端数切り捨て）

60,843,065円 － 46,624,800円 ＝ 14,218,265円 → 14,218,000円

3．課税留保金額に対する特別税額の計算

14,218,000円 × 10% ＝ 1,421,800円

第５章　法人税法における用語の問題

問題５－１

イ	ロ	ハ	ニ	ホ
本店	社団	管理人	開始	申請書
ヘ	ト	チ	リ	ヌ
承認	終了	２月	税務署長	確定した決算
ル	ヲ	ワ	カ	ヨ
公益法人等	収益事業	提出期限	国	控除不足額
タ	レ	ソ	ツ	ネ
還付	６月	税務署長	10万円	課税標準
ナ	ラ	ム	ウ	ヰ
所得の金額	損金の額	益金の額	収益の額	公正妥当
ノ	オ	ク	ヤ	マ
益金の額	資産の販売	資本等取引	増加または減少	利益又は剰余金
ケ	フ	コ	エ	テ
短期的	利益	選定	最終仕入原価法	機械及び装置
ア	サ	キ	ユ	メ
償却	支出の効果	１年以上	確定額	定期同額
ミ	シ	ヱ	ヒ	モ
１月以下	同額	機密費	慰安	所得税の額 （所得税額）
セ	ス	ン		
法人税の額 （法人税額）	３人以下	100分の50		

問題５－２

ア	イ	ウ	エ	オ	カ	キ	ク	ケ	コ
⑨	⑦	㉒	㉕	⑪	㊳	㉖	㉒	②	㉘
サ	シ	ス	セ	ソ	タ	チ	ツ		
㉜	㊱	㊶	㊸	⑭	⑰	㉛	㉝		

問題5－3

①	②	③	④	⑤	⑥	⑦	⑧	⑨	⑩
ア	ウ	カ	ク	コ	シ	セ	ソ	ツ	テ
⑪	⑫	⑬	⑭	⑮	⑯	⑰	⑱	⑲	⑳
ニ	ヌ	ノ	フ	ヘ	ミ	メ	モ	ヨ	ラ

第２節　第103回　法人税法１級　過去問題

主催　公益社団法人　全国経理教育協会　　後援　文部科学省

第103回法人税法能力検定試験　解答

1　級

試験会場
受験番号
採　　点

第１問（20点）　　@２点×10＝20点

イ	ロ	ハ	ニ	ホ
損金の額	**益金の額**	**３人以下**	**100分の50**※	**６月**
ヘ	ト	チ	リ	ヌ
税務署長	**１０万円**	**開　始**	**機械及び装置**	**償　却**

※「$\frac{50}{100}$」又は「50%」でも可

第２問（20点）　　●印@４点×５＝20点

１．貸倒損失認定損　　●3,000,000円

２．個別評価金銭債権に係る貸倒引当金

⑴　繰入限度額　19,000,000円−3,000,000円−1,000,000円×5−7,000,000円　＝　4,000,000円

⑵　繰入超過額　5,500,000円−4,000,000円　＝　●1,500,000円

３．一括評価金銭債権に係る貸倒引当金

⑴　繰入限度額

①　期末一括評価金銭債権の額

（29,332,000円＋3,830,000円）＋108,543,000円＋（46,427,000円−19,000,000円）＋448,000円　＝　169,580,000円

②　実質的に債権とみられないものの額

イ．原則法

A．債権の額　　3,348,000円

B．債務の額　1,620,000円＋1,743,000円　＝　3,363,000円

C．判　　定

A．（＞・◯<）　B．　∴　3,348,000円

（いずれかを○で囲む）

ロ．簡便法

169,580,000円　×　0.019　（小数点以下　3　位未満切り　捨て　）＝　3,222,020円

ハ．判　定

イ．（◯>・＜）　ロ．　∴　3,222,020円

（いずれかを○で囲む）

③ 実績繰入率

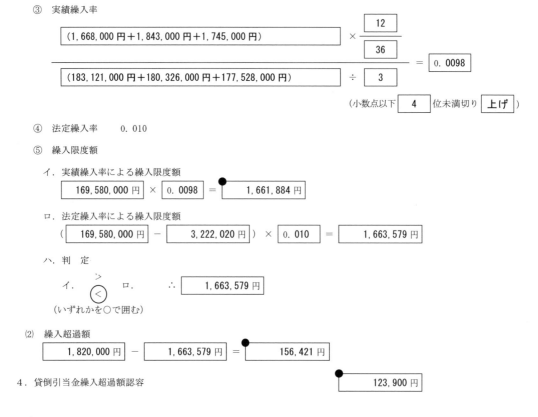

$$\frac{(1,668,000円+1,843,000円+1,745,000円) \times \frac{12}{36}}{(183,121,000円+180,326,000円+177,528,000円) \div 3} = 0.0098$$

（小数点以下 4 位未満切り 上げ ）

④ 法定繰入率　　0.010

⑤ 繰入限度額

イ．実績繰入率による繰入限度額

169,580,000 円 × 0.0098 ＝ 1,661,884 円

ロ．法定繰入率による繰入限度額

（ 169,580,000 円 － 3,222,020 円 ）× 0.010 ＝ 1,663,579 円

ハ．判　定

イ． ＞ ＜（○） ロ．　∴ 1,663,579 円

（いずれかを○で囲む）

⑵ 繰入超過額

1,820,000 円 － 1,663,579 円 ＝ 156,421 円

4．貸倒引当金繰入超過額認容　　123,900 円

法　人　税　法　1　級

受験番号

第3問（60点）

●印＠２点×30＝60点

1．所得金額の計算

区分			金額
当期利益			36,998,000 円
加算	損金経理をした納税充当金	●	22,846,000
	損金経理をした法人税の額		10,169,000
	損金経理をした住民税の額	●	2,392,500
	損金経理をした附帯税等	●	36,000
	損金経理をした過怠税	●	30,000
	土地Ｄ圧縮超過額	●	6,840,000
	倉庫用建物Ｄ減価償却超過額	●	1,598,700
	交際費等の損金不算入額	●	520,000
	前期仮払交際費等否認	●	780,000
	一括評価金銭債権に係る貸倒引当金繰入超過額	●	133,400
	土地評価損の損金不算入額	●	5,760,000
	役員給与の損金不算入額	●	1,520,000
	繰延資産償却超過額	●	148,000
	小計		52,773,600
減算	納税充当金から支出した事業税等の金額	●	4,918,000
	受取配当等の益金不算入額	●	552,000
	倉庫用建物Ｃ減価償却超過額認容	●	180,000
	一括評価金銭債権に係る貸倒引当金繰入超過額認容	●	108,690
	有価証券評価益の益金不算入額	●	1,670,000
	繰延資産償却超過額認容	●	21,600
	小計		7,450,290
仮計			82,321,310
寄附金の損金不算入額		●	1,520,840
法人税額から控除される所得税額等			120,200
合計・総計・差引計			83,962,350
所得金額			83,962,350

注　区分欄と金額欄の両方できて正答とする。
区分欄は，原則解答に示されている用語を使用していることとするが，税法上の適切な用語が書かれていれば正答とする。
答の順番は不問とする。

2．所得金額の計算過程

項　　目	計　　算　　過　　程
受取配当等の益金不算入額	(1) 受取配当等の額 ① 関連法人株式等　600,000 円 ② 非支配目的株式等　40,000 円 (2) 控除負債利子 ① 原則法　56,000 円 ② 簡便法　62,000 円 ③ 56,000 円 < 62,000 円　∴ 56,000 円 (3) 益金不算入額 （600,000 円 − 56,000 円）＋ 40,000 円 × 20/100 ＝ 552,000 円
収用等の圧縮記帳	(1) 譲渡経費 3,200,000 円 − 2,400,000 円 ＝ 800,000 円 (2) 差引対価補償金 72,800,000 円 − 800,000 円 ＝ 72,000,000 円 (3) 差益割合 {72,000,000 円 −（38,700,000 円 ＋ 180,000 円）} / 72,000,000 円 ＝ 0.46 (4) 圧縮基礎取得価額 ① 土地D　72,000,000 円 > 56,000,000 円　∴ 56,000,000 円 ② 倉庫用建物D （72,000,000 円 − 56,000,000 円 ＝ 16,000,000 円）< 38,000,000 円 ∴ 16,000,000 円 (5) 圧縮限度額 ① 土地D 56,000,000 円×0.46 ＝ 25,760,000 円 ② 倉庫用建物D 16,000,000 円×0.46 ＝ 7,360,000 円

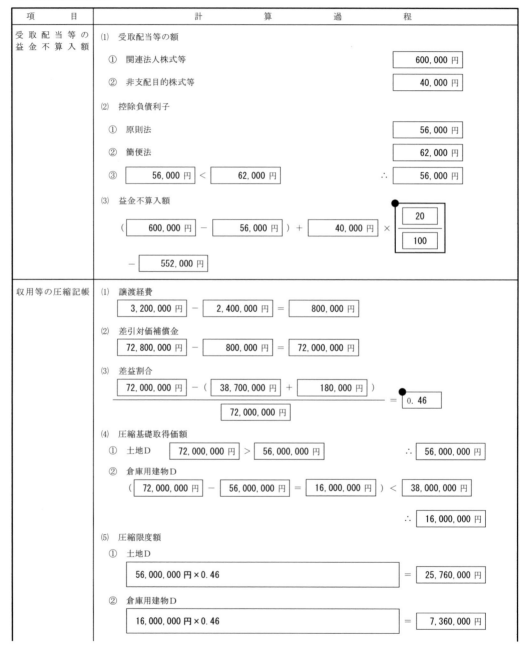

(6) 圧縮超過額

① 土地D

32,600,000 円−25,760,000 円 ＝ 6,840,000 円

② 倉庫用建物D

9,100,000 円−7,360,000 円 ＝ 1,740,000 円

(7) 償却限度額

$(38,000,000円－7,360,000円) \times 0.033 \times \frac{5}{12}$ ＝ 421,300 円

(8) 償却超過額

(280,000 円＋1,740,000 円) −421,300 円 ＝ 1,598,700 円

交際費等の損金不算入額

(1) 支出交際費等の額

① 飲食費　2,896,000 円

② その他

480,000円＋1,984,000円＋3,160,000円 ＝ 5,624,000 円

③ 合　計

① ＋ ② ＝ 8,520,000 円

(2) 定額控除限度額

$8,000,000円 \times \frac{12}{12}$ ＝ ● 8,000,000 円

(3) 損金算入限度額

((1)① 2,896,000 円 × 50 % ＝ ● 1,448,000 円) ＞ ⃝＜ (2) 8,000,000 円

(いずれかを○で囲む)

∴ 8,000,000 円

(4) 損金不算入額

8,520,000 円 − 8,000,000 円 ＝ 520,000 円

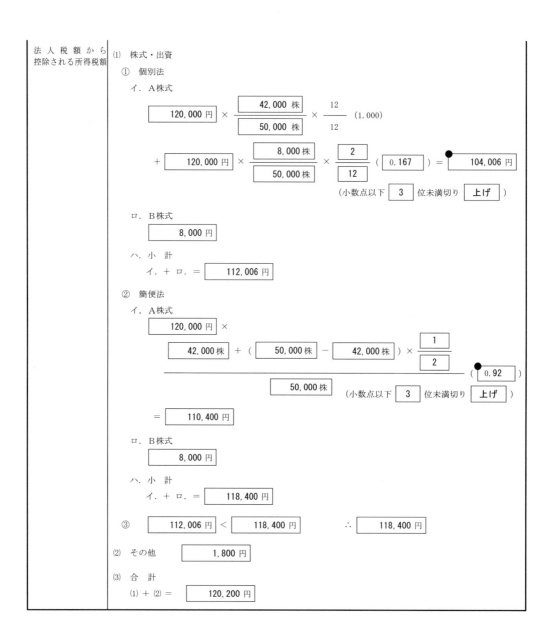

法人税額から控除される所得税額

⑴　株式・出資

①　個別法

イ．A株式

$$120{,}000\text{円} \times \frac{42{,}000\text{株}}{50{,}000\text{株}} \times \frac{12}{12}\ (1.000)$$

$$+\ 120{,}000\text{円} \times \frac{8{,}000\text{株}}{50{,}000\text{株}} \times \frac{2}{12}\ (0.167) = 104{,}006\text{円}$$ ●

（小数点以下 3 位未満切り 上げ ）

ロ．B株式

8,000 円

ハ．小　計

イ．＋ ロ．＝ 112,006 円

②　簡便法

イ．A株式

$$120{,}000\text{円} \times \frac{42{,}000\text{株} + (50{,}000\text{株} - 42{,}000\text{株}) \times \frac{1}{2}}{50{,}000\text{株}}\ (0.92)$$ ●

（小数点以下 3 位未満切り 上げ ）

＝ 110,400 円

ロ．B株式

8,000 円

ハ．小　計

イ．＋ ロ．＝ 118,400 円

③　112,006 円 ＜ 118,400 円　　∴ 118,400 円

⑵　その他　1,800 円

⑶　合　計

⑴ ＋ ⑵ ＝ 120,200 円

法人税法 1 級

受験番号

3．納付すべき法人税額の計算

摘要	金額	備考
所得金額	83,962,000 円	1,000円 未満切り 捨て
法人税額	18,823,184	
差引法人税額	18,823,184	●
法人税額計	18,823,184	
控除税額	● 120,200	
差引所得に対する法人税額	18,702,900	100円 未満切り 捨て
中間申告分の法人税額	● 10,169,000	
納付すべき法人税額	● 8,533,900	

4．納付すべき法人税額の計算過程

税率適用区分	(1) 年800万円以下 8,000,000 円 × 12/12 × ● 15 % ＝ 1,200,000 円 (2) 年800万円超 83,962,000 円 － 8,000,000 円 × 12/12 ＝ 75,962,000 円 75,962,000 円 × 23.2 % ＝ 17,623,184 円 (3) 合　計 (1) ＋ (2) ＝ 18,823,184 円

第4節　第103回　法人税法2級　過去問題

主催　公益社団法人　全国経理教育協会　　後援　文部科学省

第103回法人税法能力検定試験　解答

2　級

試験会場 ＿＿＿＿＿＿

受験番号 ＿＿＿＿＿＿

採　　点 ＿＿＿＿＿＿

第1問（20点）　　@2点×10＝20点

ア	イ	ウ	エ	オ	カ	キ	ク	ケ	コ
⑲	⑧	㉓	㉙	②	⑫	⑭	⑯	③	㉖

第2問（20点）　　●印@5点×4＝20点

1．滅失等により支出した経費の額

（ 450,000円 ＋ 1,800,000円 ）× 38,000,000円 / （38,000,000円 ＋ 12,000,000円） ＝ ● 1,710,000円

2．改訂保険金等の額

38,000,000円 － 1,710,000円 ＝ 36,290,000円

3．保険差益の額

36,290,000円 － 32,000,000円 ＝ ● 4,290,000円

4．圧縮限度額

4,290,000円 × 36,290,000円（注） / 36,290,000円 ＝ ● 4,290,000円

（注） 40,190,000円 ＞ 36,290,000円　∴ 36,290,000円

5．圧縮超過額

5,000,000円 － 4,290,000円 ＝ 710,000円

6．償却限度額

（ 40,190,000円 － 4,290,000円 ）× 0.027 × 5 / 12 ＝ 403,875円

7．償却超過額

（ 350,000円 ＋ 710,000円 ）－ 403,875円 ＝ ● 656,125円

第3問（60点）

1．所得金額の計算

●印@２点×30＝60点

区分			金額
当期利益			68,117,000 円
加算	損金経理をした中間納付の法人税の額		14,819,000
	損金経理をした中間納付の住民税の額	●	2,565,000
	損金経理をした納税充当金	●	32,991,000
	損金経理をした附帯税等	●	29,000
	損金経理をした罰金等	●	48,000
	損金経理をした過怠税	●	45,000
	役員給与の損金不算入額	●	2,500,000
	土地評価損の損金不算入額	●	7,900,000
	土地圧縮超過額	●	3,250,000
	建物減価償却超過額	●	210,900
	交際費等の損金不算入額	●	2,297,000
	個別評価金銭債権に係る貸倒引当金繰入超過額	●	500,000
	一括評価金銭債権に係る貸倒引当金繰入超過額	●	148,178
	小計		67,303,078
減算	納税充当金から支出した事業税等の金額	●	5,163,000
	受取配当等の益金不算入額	●	468,400
	有価証券評価益の益金不算入額	●	3,678,500
	備品減価償却超過額認容	●	16,200
	一括評価金銭債権に係る貸倒引当金繰入超過額認容	●	104,700
	小計		9,430,800
仮計			125,989,278
寄附金の損金不算入額		●	961,568
法人税額から控除される所得税額等			188,640
合計・総計・差引計			127,139,486
所得金額			127,139,486

注　区分欄と金額欄の両方できて正答とする。
区分欄は，原則解答に示されている用語を使用していることとするが，税法上の適切な用語が書かれていれば正答とする。
答の順番は不問とする。

法 人 税 法 2 級

受験番号

2．所得金額の計算過程

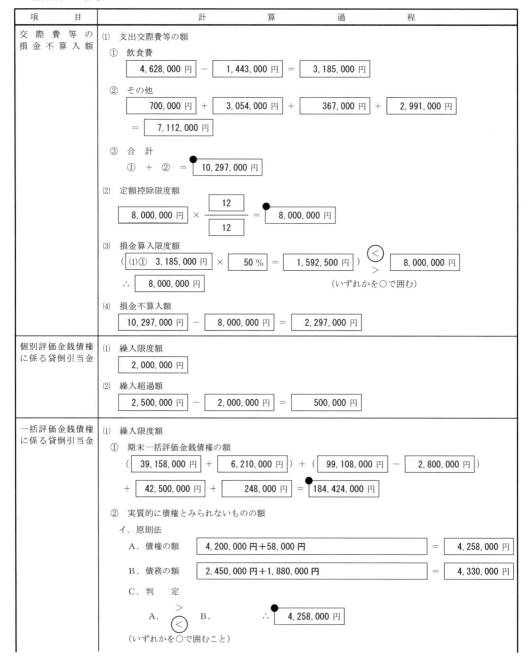

項　　目	計　算　過　程
交際費等の損金不算入額	(1) 支出交際費等の額 ① 飲食費 4,628,000 円 － 1,443,000 円 ＝ 3,185,000 円 ② その他 700,000 円 ＋ 3,054,000 円 ＋ 367,000 円 ＋ 2,991,000 円 ＝ 7,112,000 円 ③ 合　計 ① ＋ ② ＝ ● 10,297,000 円 (2) 定額控除限度額 8,000,000 円 × 12/12 ＝ ● 8,000,000 円 (3) 損金算入限度額 （(1)① 3,185,000 円 × 50 % ＝ 1,592,500 円）(＜)/＞ 8,000,000 円 ∴ 8,000,000 円　　（いずれかを○で囲む） (4) 損金不算入額 10,297,000 円 － 8,000,000 円 ＝ 2,297,000 円
個別評価金銭債権に係る貸倒引当金	(1) 繰入限度額 2,000,000 円 (2) 繰入超過額 2,500,000 円 － 2,000,000 円 ＝ 500,000 円
一括評価金銭債権に係る貸倒引当金	(1) 繰入限度額 ① 期末一括評価金銭債権の額 （39,158,000 円 ＋ 6,210,000 円）＋（99,108,000 円 － 2,800,000 円） ＋ 42,500,000 円 ＋ 248,000 円 ＝ ● 184,424,000 円 ② 実質的に債権とみられないものの額 イ．原則法 A．債権の額　4,200,000 円＋58,000 円 ＝ 4,258,000 円 B．債務の額　2,450,000 円＋1,880,000 円 ＝ 4,330,000 円 C．判　定 A．＞/(＜) B．　∴ ● 4,258,000 円 （いずれかを○で囲むこと）

ロ．簡便法

184,424,000 円 × 0.023 （小数点以下 3 位未満切り 捨て ）＝ 4,241,752 円

ハ．判　定

イ．（>）/ < ロ．　∴ 4,241,752 円

（いずれかを○で囲むこと）

③　実績繰入率

$$\frac{(1{,}680{,}000\text{円} + 1{,}916{,}000\text{円} + 1{,}804{,}000\text{円}) \times \frac{12}{36}}{(182{,}350{,}000\text{円} + 188{,}490{,}000\text{円} + 186{,}620{,}000\text{円}) \div 3}$$

＝ ● 0.0097 （小数点以下 4 位未満切り 上げ ）

④　法定繰入率　　0.010

⑤　繰入限度額

イ．実績繰入率による繰入限度額

184,424,000 円 × 0.0097 ＝ ● 1,788,912 円

ロ．法定繰入率による繰入限度額

（184,424,000 円 － 4,241,752 円）× 0.010 ＝ 1,801,822 円

ハ．判　定

イ．> /（<）ロ．　∴ 1,801,822 円

（いずれかを○で囲むこと）

(2)　繰入超過額

1,950,000 円 － 1,801,822 円 ＝ 148,178 円

寄附金の損金不算入額	
	(1) 支出寄附金の額 ① 指定寄附金等　360,000 円 ② 特定公益増進法人に対する寄附金　1,200,000 円 ③ その他の寄附金　1,800,000 円 ④ 合　計 ①＋②＋③＝ 3,360,000 円 (2) 寄附金支出前所得金額 125,989,278 円 ＋ 3,360,000 円 ＝ 129,349,278 円 (3) 損金算入限度額 ① 資本基準額 48,000,000 円 × 12/12 × 2.5/1,000 ＝ 120,000 円 ② 所得基準額 129,349,278 円 × ●2.5/100 ＝ 3,233,731 円 ③ 損金算入限度額 （120,000 円 ＋ 3,233,731 円）× ●1/4 ＝ 838,432 円 (4) 特別損金算入限度額 ① 資本基準額 48,000,000 円 × 12/12 × ●3.75/1,000 ＝ 180,000 円 ② 所得基準額 129,349,278 円 × 6.25/100 ＝ 8,084,329 円 ③ 特別損金算入限度額 （180,000 円 ＋ 8,084,329 円）× 1/2 ＝ 4,132,164 円 (5) 損金不算入額 3,360,000 円 － 360,000 円 － 1,200,000 円(注) － 838,432 円 ＝ 961,568 円 (注) 4,132,164 円 ＞ 1,200,000 円　∴ 1,200,000 円

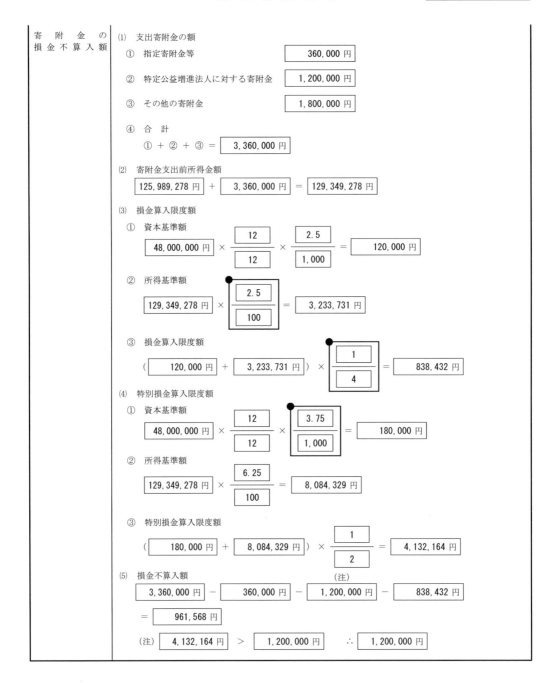

3．納付すべき法人税額の計算

摘　　要	金　　額	備　　考
所得金額	127,139,000 円	1,000 円 未満切り 捨て
法人税額	28,840,248	
差引法人税額	28,840,248	
法人税額計	28,840,248	
控除税額	● 188,640	
差引所得に対する法人税額	28,651,600	100 円 未満切り 捨て
中間申告分の法人税額	● 14,819,000	
納付すべき法人税額	● 13,832,600	

4．納付すべき法人税額の計算過程

税率適用区分	(1) 年 800 万円以下 8,000,000 円 × $\frac{12}{12}$ × 15 % ＝ 1,200,000 円 (2) 年 800 万円超 127,139,000 円 － 8,000,000 円 × $\frac{12}{12}$ ＝ 119,139,000 円 119,139,000 円 × 23.2 % ＝ 27,640,248 円 (3) 合　計 (1) ＋ (2) ＝ 28,840,248 円

第２編　消費税法

第１章　消費税法の概要と納税義務者

問題１－１

（１）納税義務の判定

① Ａの基準期間（平成［30］年度）の課税売上高［5,350,000円］が［10,000,000円］以下である。したがって，消費税法第９条第１項「小規模事業者に係る納税義務の免除」の規定が適用
{（される。）／されない。}
（いずれかを○で囲むこと）

② Ａの父の基準期間（平成［30］年度）の課税売上高［10,420,000円］が［10,000,000円］を超える。したがって，令和２年［８月　11日］から12月31日の課税売上高について，消費税法第10条第１項「相続があった場合の納税義務の免除の特例」の規定が適用 {（される。）／されない。}
（いずれかを○で囲むこと）

（２）課税売上高の取扱い

① 令和２年１月１日から［８月　10日］までの課税売上高［3,820,000円］については，
課税 {される。／（されない。）}
（いずれかを○で囲むこと）

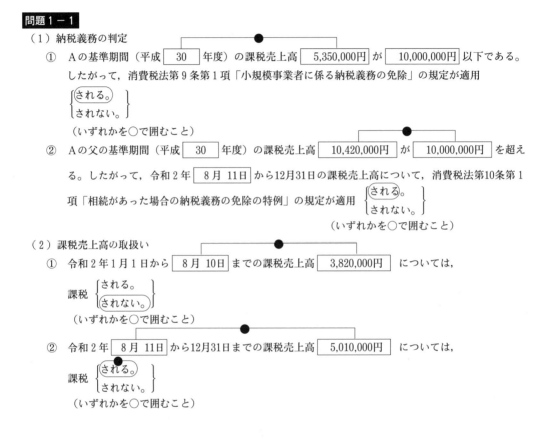

② 令和２年［８月　11日］から12月31日までの課税売上高［5,010,000円］については，
課税 {（される。）／されない。}
（いずれかを○で囲むこと）

問題１－２

区分及び金額	計　算　過　程
１．課税標準額の計算 （①200,000,000円）	税込み課税売上高（220,000,000円）× $\frac{(100)}{(110)}$ ＝税抜き売上高（200,000,000円）千円未満切り捨て
２．課税標準額に対する消費税額の計算 （② 15,600,000円）	（200,000,000円）× 7.8% ＝（15,600,000円）
３．仕入税額控除の計算 （③ 10,856,040円）	（１）税込み課税仕入高の計算 ① 当期商品仕入高　（138,400,000円） ② 福利厚生費　（ 2,985,000円） ③ 荷造運送費　（ 4,620,000円） ④ 通信費　（ 2,415,000円） ⑤ その他の経費（８％分）（ 108,000円） （10％分）（ 1,290,000円） ⑥ 車両の購入　（ 3,300,000円） 合　計　（153,118,000円） （２）含まれている消費税額の計算 税込み課税仕入高８％（108,000円）× $\frac{6.24}{108}$ ＝（6,240円） 税込み課税仕入高10％（153,010,000円）× $\frac{7.8}{110}$ ＝（10,849,800円） ＝控除する消費税額（10,856,040円） ＝（８％分 6,240円）＋（10％分 10,849,800円）
４．差し引き消費税額 （④ 4,743,900円）	２の②（15,600,000円）－３の③（10,856,040円） ＝差し引き消費税額（4,743,900円）百円未満切り捨て
５．納付すべき消費税額 （⑤ 3,643,900円）	４の④（4,743,900円）－中間納付税額（1,100,000円） ＝納付すべき消費税額（3,643,900円）

［解説］

１．課税消費税額の計算

（１）当期課税売上高の計算

消費税は課税売上高に課税されます。この会社は税込み経理なので，消費税率の基礎となる金額は，当期商品売上高から消費税等（10％＝7.8％＋2.2％）を除いた税抜き金額です。

当期課税売上高 220,000,000円× $\frac{100}{110}$ ＝200,000,000円（税抜き金額）

（２）受取利息と受取配当金

受取利息は非課税で，受取配当金は課税対象外の収入です。いずれも消費税等が課税されていないので，ここでの計算では除外します。

（３）消費税額の計算

200,000,000円×7.8％＝15,600,000円

この２億円が課税標準で，千円未満の端数がある場合は切り捨てます。

2．仕入税額控除の計算

消費税は，課税仕入れに該当する支出に含まれている消費税額を計算して，課税消費税額から控除します。これを仕入税額控除といいます。そこで，損益計算書の付記事項などから，課税仕入れに該当するものを集計しますが，飲食料品等は軽減税率となりましたので，課税仕入高についても，標準税率のものと軽減税率のものとに分けて計算する必要があります。

当期商品仕入高138,400,000円＋福利厚生費（8,225,000円－5,240,000円）＋荷造運送費4,620,000円＋通信費2,415,000円＋その他の経費1,398,000円＋車両3,300,000円＝税込み課税仕入高合計153,118,000円となります。

商品については，損益計算のように売上原価の計算を行わず，当期に仕入れた分に係る消費税を控除します。固定資産の取得についても減価償却計算を行わず，取得したときに消費税額を控除します。役員報酬，給料，社会保険料，租税公課，減価償却費などは，消費税の課税対象外の取引なので計算から除外します。

上記の合計金額には消費税等が含まれていますが，標準税率のものと軽減税率のものとに分けて計算します。

軽減税率適用の課税仕入高（日刊新聞購読料と来客用茶菓子代）

$$108{,}000円\times\frac{6.24}{108}=6{,}240円$$

標準税率適用の課税仕入高

$$(153{,}118{,}000円-108{,}000円)\times\frac{7.8}{110}=10{,}849{,}800円$$

控除する消費税額

10,856,040円＝6,240円＋10,849,800円

3．納付消費税額の計算

1（3）課税消費税額15,600,000円－2．控除される消費税額10,856,040円＝4,743,960円

百円未満切り捨てなので，4,743,900円とする。

納付すべき消費税額　3,643,900円＝4,743,900円－1,100,000円

第2章　消費税の課税対象

問題2－1

取引の区分		番　号
課税対象外取引		①　⑤　⑨
課税対象取引	非課税取引	②　⑦　⑧
	輸出免税取引	⑥
	課税取引	③　④　⑩

第４章　消費税法の概要と納税義務者

問題４－１

区分及び金額	計　　算　　過　　程
1．課税標準額 ① 319,611,000円	1．課税標準額の計算 ① 当期商品売上高　軽減税率 120,960,000円 　　　　　　　　　標準税率 221,273,000円 ② 事業用備品A 300,000円 ③（ゴルフ場利用株式） 6,800,000円 a．軽減税率 120,960,000円円 × $\frac{100}{108}$ ＝ 112,000,000円 b．標準税率 228,373,000円 × $\frac{100}{110}$ ＝ 207,611,818円 ④ 合　計 319,611,000円 千円 未満切り捨て
2．課税標準額に対する消費税額 ② 23,182,458円	2．課税標準額に対する消費税額の計算 a．軽減税率 112,000,000円 × 6.24% ＝ 6,988,800円 b．標準税率 207,611,000円 × 7.8% ＝ 16,193,658円 合　計 23,182,458円
3．課税標準額に対する消費税額の調整額 ③ 16,625円	3．課税標準額に対する消費税額の調整額の計算（貸倒回収に係る消費税額の計算：旧税率） 285,000円 × $\frac{6.3}{110}$ ＝ 16,625円

＊1　輸出取引は免税，土地は非課税，そのため課税標準額に含まれない。

＊2　売上値引・戻り高は，消費税の計算上，控除税額とされるので課税標準額から減額しない。仕入税額控除とともに，税額に換算して控除される。

＊3　一般的な株式の有価証券売却代は非課税であるが，ゴルフ場利用株式等に該当するものは，一般的な株式ではなく，ゴルフ会員権売却と同様に資産の譲渡等に該当するので課税標準額に含める。

＊4　税込み取引金額から消費税の課税標準額を計算するには，消費税分7.8%と地方消費税分2.2%の合計10%を消去しなければならない。

＊5　税率を乗じる場合，対象となる課税標準額は，千円未満切り捨てとして示す。

＊6　売上が発生したときには消費税が課税され，貸倒損失となったときにはその消費税は減算される。したがって，償却債権取立益は再び売上げたことと同じなので調整額は加算される。

第５章　課税仕入と税額控除

問題５－１

課税仕入れに該当する勘定	標準税率課税仕入れ金額	軽減税率課税仕入れ金額
（１）従業員給料手当	987,000円	
（２）福利厚生費	256,000円	
（３）商品荷造運送費	1,645,000円	
（４）旅費交通費	1,626,000円	
（５）通信費	1,241,000円	
（６）接待交際費	1,325,600円	108,000円
（７）寄附金	235,000円	
（８）（１）～（７）の合計	a．7,315,600円	b．108,000円

仕入税額控除の計算

a．7,315,600円 × $\frac{7.8\ (*1)}{110}$ ＝ 518,742円

b．108,000円 × $\frac{6.24\ (*2)}{108}$ ＝ 6,240円

合計　524,982円

1,325,600円＝617,000円＋408,000円－12,000円＋315,000円－2,400円

＊1　7.8は標準税率10％における消費税分，差額の2.2％は地方消費税分

＊2　6.24は軽減税率８％における消費税分，差額の1.76％は地方消費税分

問題５－２

１．課税売上高

（１）国内売上高

①　国内課税売上高　276,326,000円

②　備品売却代　120,000円

③　（①＋②）× $\frac{100}{110}$ ＝ 251,314,545円

④　売上に係る対価の返還等の金額

1,706,400円 × $\frac{100}{110}$ ＝ 1,551,272円

（２）輸出売上高　13,300,000円

（３）課税売上高合計（③－④＋（２））　263,063,273円

２．非課税売上高

①　受取利息　82,000円

②　土地売却代　35,000,000円

③　有価証券売却高

5,000,000円 × 5％ = 250,000円

④　非課税売上高合計（①＋②＋③）　35,332,000円

3．課税売上割合

$$\frac{263{,}063{,}273円}{263{,}063{,}273円 + 35{,}332{,}000円} = 0.88159\cdots$$

※課税売上割合は，分数のまま共通の仕入控除税額に乗じて使用しますので，端数処理はしません。問題では，便宜的に小数点以下になることを示しているのです。

問題5－3

1．課税売上割合

（1）国内課税資産の譲渡等

①　製品の国内売上高　220,000,000円

②　作業くず売却代　5,500,000円

③　（①＋②）× $\frac{100}{110}$ = 205,000,000円

（2）製品の輸出売上高　36,482,000円

（3）課税資産の譲渡等　③＋（2）　241,482,000円

（4）非課税資産の譲渡等

①　居住用住宅の賃貸料　47,500,000円

②　受取利息　218,000円

③　①＋②　非課税合計　47,718,000円

（5）課税売上割合

$$\frac{241{,}482{,}000円}{241{,}482{,}000円 + 47{,}718{,}000円} = 0.835$$

2．控除対象仕入税額

（1）課税資産の譲渡等にのみ要するもの

①　製品の原材料仕入高　74,800,000円

②　国内販売に係る荷造運送費　2,900,000円

③　（①＋②）× $\frac{7.8}{110}$ = 5,509,636円

（2）その他の資産の譲渡等にのみ要するもの

1,512,000円 × $\frac{7.8}{110}$ = 107,214円

（3）課税資産の譲渡等とその他の資産の譲渡等に共通して要するもの

25,515,000円 × $\frac{7.8}{110}$ = 1,809,245円

3．個別対応方式による控除対象仕入税額

5,509,636円 ＋ 1,809,245円 × 241,482,000円 ／（241,482,000円 ＋ 47,718,000円）＝ 7,020,355円

4．一括比例配分方式

｛5,509,636円 ＋ 107,214円 ＋ 1,809,245円｝×

241,482,000円 ／（241,482,000円 ＋ 47,718,000円）＝ 6,200,789円

問題５－４

1．調整対象固定資産の判定

（19,980,000円 × 100/108 ＝ 18,500,000円）（≧）／＜ 1,000,000　故に，該当｛（する）／しない｝

2．著しい｛増加／（減少）｝の判定

① 仕入れ等の課税期間の課税売上割合　557,040,000円 ／ 557,040,000円 ＝ 1

② 通算課税売上割合

ⅰ．通算課税売上高　557,040,000円＋654,112,000円＋708,848,000円 ＝ 1,920,000,000円

ⅱ．非課税売上高　0円＋2,400,000,000円＋480,000,000円 ＝ 2,880,000,000円

ⅲ．通算課税売上割合　1,920,000,000円 ／（1,920,000,000円 ＋ 2,880,000,000円）＝ 0.4

③ 判定

ⅰ．変動率

｛（1 － 0.4）／ 1 ＝ 0.6｝（≧）／＜ 50%

ⅱ．変動差

｛1 － 0.4 ＝ 0.6｝（≧）／＜ 5％

故に，適用｛（あり）／なし｝

3．調整対象基準税額

19,980,000円 × 6.3/108 ＝ 1,165,500円

4．調整税額

1,165,500円 × 1 ＋／（－） 1,165,500円 × 0.4 ＝ 699,300円

問題５－５

1．建物Ａ（旧税率時に仕入れたもの）

（１）調整対象固定資産の判定

$\left(30{,}780{,}000円 \times \frac{100}{108} = 28{,}500{,}000円\right) \overset{\geqq}{<} 1{,}000{,}000円$　故に，該当 {**する** / しない}

＜該当しない場合は以下の記入の必要なし＞

（２）転用時期の判定

平成30年７月６日～令和３年３月22日……２年８月 $\overset{\leqq}{>}$ ３年　故に，適用 {**あり** / なし}

＜適用なしの場合は以下の記入の必要なし＞

（３）調整割合

２年８月は，２年超３年以内　故に $\frac{1}{3}$

（４）調整税額

$\left(30{,}780{,}000円 \times \frac{6.3}{108} = 1{,}795{,}500円\right) \times \frac{1}{3} = 598{,}500円$　{控除 / **加算**}

2．車両Ｂ（旧税率で仕入れたもの）

（１）調整対象固定資産の判定

$\left(3{,}227{,}040円 \times \frac{100}{108} = 2{,}988{,}000円\right) \overset{\geqq}{<} 1{,}000{,}000円$　故に，該当 {**する** / しない}

＜該当しない場合は以下の記入の必要なし＞

（２）転用時期の判定

平成30年６月14日～令和２年９月９日……１年２月 $\overset{\leqq}{>}$ ３年　故に，適用 {**あり** / なし}

＜適用なしの場合は以下の記入の必要なし＞

（３）調整割合

１年２月は，１年超２年以内　故に $\frac{2}{3}$

（４）調整税額

$\left(3{,}227{,}040円 \times \frac{6.3}{108} = 188{,}244円\right) \times \frac{2}{3} = 125{,}496円$　{**控除** / 加算}

問題５－６

Ⅰ．課税標準額に対する消費税額の計算

区分	金額	計算過程
1．課税標準額	32,909,000円	1．課税標準額の計算 $36{,}200{,}573円 \times \frac{100}{110} = 32{,}909{,}611円$ → 32,909,000円 （1,000円未満切り捨て）
2．課税標準額に対する消費税額	2,566,902円	2．課税標準額に対する消費税額の計算 $32{,}909{,}000円 \times 7.8\% = 2{,}566{,}902円$

Ⅱ．控除税額の計算

区　　分	金　　額	計　　算　　過　　程
1．控除対象仕入税額	1,307,516円	1．控除対象仕入税額の計算 （1）各種事業に係る消費税額 ①　第 3 種事業に係る消費税額 ｉ．総売上高に基づく消費税額 （21,739,543円 × 100/110 ＝ 19,763,220円） × 7.8% ＝ 1,541,531円 ⅱ．返還等対価に係る税額 48,000円 × 7.8/110 ＝ 3,403円 ⅲ．第 3 種事業に係る消費税額 1,541,531円 － 3,403円 ＝ 1,538,128円 ②　第 5 種事業に係る消費税額 （14,461,030円 × 100/110 ＝ 13,146,390円） × 7.8% ＝ 1,025,418円 ③　合　計 1,538,128円 ＋ 1,025,418円 ＝ 2,563,546円 （2）みなし仕入率 （(1)①1,538,128円 × 70% ＋ (1)②1,025,418円 × 50%）／ 2,563,546円 ＝ 0.61999… （3）控除対象仕入税額 （2,563,546円 － 3,403円）× 0.61999… ＝ 2,560,142円
2．返還等対価に係る税額	3,403円	
3．貸倒れに係る税額	7,029円	3．貸倒れに係る税額の計算（旧税率分の貸倒れ） 120,500円 × 6.3/108 ＝ 7,029円
4．控除税額合計	2,573,978円	4．控除税額合計の計算 2,563,546円 ＋ 3,403円 ＋ 7,029円 ＝ 2,573,978円

第６章　国・地方公共団体の特例

問題６－１

１．特定収入割合の判定

（１）資産の譲渡等の対価の額の合計額

$$\boxed{916{,}300{,}000円 \times \frac{100}{110} + 17{,}000{,}000円} = \boxed{850{,}000{,}000円}$$

（２）特定収入の額の合計額　$\boxed{105{,}000{,}000円}$

（３）判　定

$$\left\{ \frac{（２）}{（１）＋（２）} = \boxed{0.1099\cdots} \right\} \ \textcircled{>}\ \leqq \ \boxed{5\%}$$

故に調整の適用 {（あり）○ / なし}

２．調整割合

$$\frac{\boxed{45{,}000{,}000円}}{\boxed{850{,}000{,}000円 + 45{,}000{,}000円} = \boxed{895{,}000{,}000円}}$$

３．特定収入に係る課税仕入れ等の税額

（１）課税仕入れ等に係る特定収入に係る税額　$\boxed{60{,}000{,}000円 \times \frac{7.8}{110}} = \boxed{4{,}254{,}545円}$

（２）課税仕入れ等に係る特定収入以外の特定収入に係る税額

$$\left(\boxed{533{,}536{,}000円 \times \frac{7.8}{110}} - \boxed{4{,}254{,}545円} \right) \times \frac{\boxed{45{,}000{,}000円}}{\boxed{895{,}000{,}000円}} \fallingdotseq \boxed{1{,}688{,}279円}$$

（３）合　計

（１）＋（２）＝ $\boxed{5{,}942{,}824円}$

第７章　納税地と申告・納税・還付

問題７－１

中間納付税額の計算

（1）第１四半期

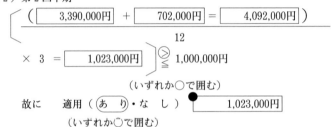

$$\left(\frac{\boxed{3{,}390{,}000円}}{12}\times 3 = \boxed{847{,}500円}\right) \begin{matrix}>\\ \textcircled{\leqq}\end{matrix} 1{,}000{,}000円$$

（いずれか○で囲む）

故に　適用（あ　り・（な　し））　［0円］

（いずれか○で囲む）

（2）第２四半期

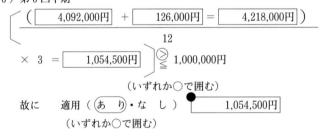

$$\left\{\frac{\left(\boxed{3{,}390{,}000円} + \boxed{702{,}000円} = \boxed{4{,}092{,}000円}\right)}{12}\times 3 = \boxed{1{,}023{,}000円}\right\} \begin{matrix}\textcircled{>}\\ \leqq\end{matrix} 1{,}000{,}000円$$

（いずれか○で囲む）

故に　適用（（あ　り）・な　し）　●［1,023,000円］

（いずれか○で囲む）

（3）第３四半期

$$\left\{\frac{\left(\boxed{4{,}092{,}000円} + \boxed{126{,}000円} = \boxed{4{,}218{,}000円}\right)}{12}\times 3 = \boxed{1{,}054{,}500円}\right\} \begin{matrix}\textcircled{>}\\ \leqq\end{matrix} 1{,}000{,}000円$$

（いずれか○で囲む）

故に　適用（（あ　り）・な　し）　●［1,054,500円］

（いずれか○で囲む）

（4）合計　中間納付税額

［1,023,000円］＋［1,054,500円］＝［2,077,500円］

［１級類題］

問題7－2

（イ）税込経理方式

	借方科目	借方金額	貸方科目	貸方金額
(1)	仕入	16,500,000	買掛金	16,500,000
(2)	売掛金	22,000,000	売上	22,000,000
(3)	現金預金	440,000	備品 固定資産売却益	384,600 55,400
(4)	未収消費税等	240,000	雑収入	240,000
(5)	現金預金	240,000	未収消費税等	240,000

（ロ）税抜経理方式

	借方科目	借方金額	貸方科目	貸方金額
(1)	仕入 仮払消費税等	15,000,000 1,500,000	買掛金	16,500,000
(2)	売掛金	22,000,000	売上 仮受消費税等	20,000,000 2,000,000
(3)	現金預金	440,000	備品 仮受消費税等 固定資産売却益	384,600 40,000 15,400
(4)	未収消費税等	240,000	雑収入	240,000
(5)	現金預金	240,000	未収消費税等	240,000

問題7－3

	借方科目	借方金額	貸方科目	貸方金額
(1)	仕入 仮払消費税等	3,400,000 340,000	買掛金	3,740,000
(2)	売掛金	7,040,000	売上 仮受消費税等	6,400,000 640,000
(3)	売上 仮受消費税等	150,000 15,000	売掛金	165,000
(4)	備品 仮払消費税等	240,000 24,000	現金預金	264,000
(5)	仮受消費税等	14,901,600	仮払消費税等 未払消費税等	10,352,700 4,548,900

第８章　消費税法における用語の問題

問題８－１

イ	ロ	ハ	ニ	ホ
個人事業者	前々事業年度	外国貨物	消費税	製　品
ヘ	ト	チ	リ	ヌ
仕掛品	事　業	貸付け	千万円以下	税務署長
ル	ヲ	ワ	カ	ヨ
中間納付額	提出義務	国　内	消費税額	個人事業者
タ	レ	ソ	ツ	ネ
事務所	個　人	法　人	事業者	役務の提供
ナ	ラ	ム	ウ	ノ
２月以内	納　付	役　員	低　い	基準期間
オ	ク	ヤ		
課税資産の譲渡等	課税仕入	減　額		

問題８－２

イ	ロ	ハ	ニ	ホ
指　定	工　場	対価の額	課されるべき	課税売上高
ヘ	ト	チ	リ	ヌ
12月31日	棚卸資産	家　事	住所地	事務所
ル	ヲ	ワ	カ	ヨ
金　銭	利益の額	贈　与	事　業	国　内
タ	レ	ソ	ツ	ネ
行われた	製　品	原材料	保税地域	消費税
ナ	ラ	ム	ウ	ノ
48万円	納　付	課税貨物	保　存	１月１日
オ	ク	ヤ	マ	ケ
12月31日	分　割	事　業	消　費	引き取る

※11については，法人の場合については前事業年度の消費税の年税額が48万円を超える法人となっています。また，その中間の回数については，直前の課税期間の確定消費税額によって異なります。詳しくは国税庁HP.「№6609 中間申告の方法」等でご確認ください。

第９章　消費税法能力検定試験の傾向と対策

第２節　第103回　消費税法１級　過去問題

主催　公益社団法人　全国経理教育協会　　後援　文部科学省

第103回消費税法能力検定試験　解答

１　級

試験会場

受験番号

採　　点

第１問（20点）　　@２点×10＝20点

イ	ロ	ハ	ニ	ホ
保税地域	**消費税**	**他の者**	**借り受け**	**棚卸資産**
ヘ	ト	チ	リ	ヌ
資産の譲渡	**基準期間**	**特定課税仕入れ**	**法　人**	**あ　る**

第２問（20点）　　●印@４点×５＝20点

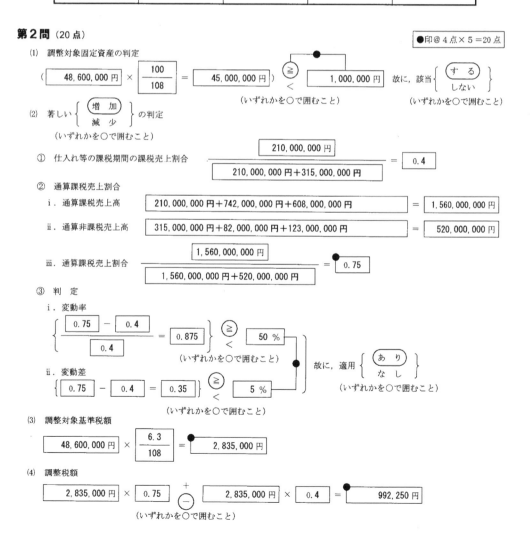

(1)　調整対象固定資産の判定

（48,600,000円 × $\frac{100}{108}$ ＝ 45,000,000円）｛(≧)・＜｝ ●1,000,000円　故に，該当｛(する)・しない｝

（いずれかを○で囲むこと）　（いずれかを○で囲むこと）

(2)　著しい｛(増加)・減少｝の判定

（いずれかを○で囲むこと）

①　仕入れ等の課税期間の課税売上割合　$\frac{210,000,000円}{210,000,000円＋315,000,000円}$ ＝ 0.4

②　通算課税売上割合

ⅰ．通算課税売上高　210,000,000円＋742,000,000円＋608,000,000円 ＝ 1,560,000,000円

ⅱ．通算非課税売上高　315,000,000円＋82,000,000円＋123,000,000円 ＝ 520,000,000円

ⅲ．通算課税売上割合　$\frac{1,560,000,000円}{1,560,000,000円＋520,000,000円}$ ＝ ●0.75

③　判　定

ⅰ．変動率

｛$\frac{0.75 - 0.4}{0.4}$ ＝ 0.875｝｛(≧)・＜｝ 50％

（いずれかを○で囲むこと）

ⅱ．変動差

｛0.75 － 0.4 ＝ 0.35｝｛(≧)・＜｝ 5％

（いずれかを○で囲むこと）

●　故に，適用｛(あり)・なし｝

（いずれかを○で囲むこと）

(3)　調整対象基準税額

48,600,000円 × $\frac{6.3}{108}$ ＝ ●2,835,000円

(4)　調整税額

2,835,000円 × 0.75 ｛＋・(－)｝ 2,835,000円 × 0.4 ＝ ●992,250円

（いずれかを○で囲むこと）

第3問（60点）

［　　］内に数字又は算式，（　　）内に用語を記入しなさい。

●印@2点×30＝60点

Ⅰ．課税標準額に対する消費税額の計算等

区分	金額	計算過程
1．課税標準額	341,637,000円	1．課税標準額の計算 ① 総売上高　357,230,000円 ②（保養所施設利用料収入）●1,008,000円 ③（建物収用高） 82,000,000円 × 10,000,000円 / (70,000,000円 ＋ 10,000,000円) ＝●10,250,000円 ④ 役員贈与 80,000円 ＞（120,000円 × 50％ ＝ 60,000円） ∴●80,000円 ⑤（代物弁済）●400,000円 （②〜⑤ 順不問） ⑥ 合計 （①〜⑤ 計 368,968,000円）× 100/108 ＝ 341,637,037円 → 341,637,000円 （1,000円未満切り捨て）
2．課税標準額に対する消費税額	21,523,131円	2．課税標準額に対する消費税額の計算 341,637,000円 × 6.3％ ＝ 21,523,131円
3．課税標準額に対する消費税額の調整額	●14,583円	3．課税標準額に対する消費税額の調整額の計算（貸倒回収に係る消費税額の計算） 250,000円 × 6.3/108 ＝ 14,583円

Ⅱ．控除税額の計算

区分	金額	計算過程
1．課税売上割合	347,260,037円 / 422,457,037円	1．課税売上割合の計算 (1) 課税売上高 イ．国内売上高 ① 総売上高　341,637,037円 ② 売上げに係る対価の返還等の金額 （2,619,000円＋108,000円＝2,727,000円）× 100/108 ＝ 2,525,000円 ③ 国内売上高　① − ② ＝ 339,112,037円

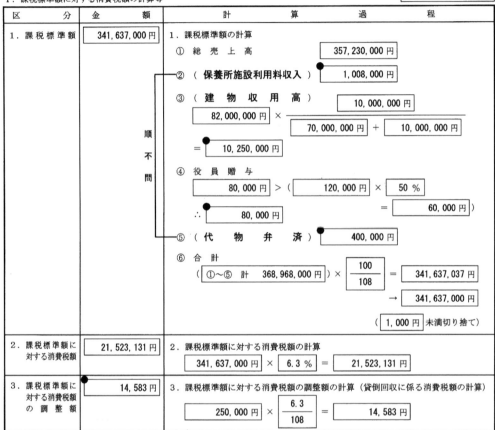

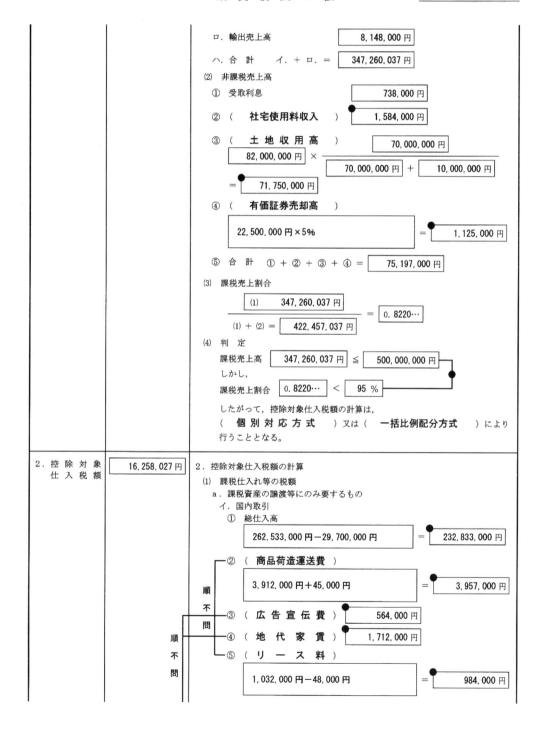

ロ．輸出売上高　8,148,000円

ハ．合　計　イ．＋ロ．＝　347,260,037円

(2) 非課税売上高

① 受取利息　738,000円

② （　社宅使用料収入　）　1,584,000円

③ （　土 地 収 用 高　）

82,000,000円 × 70,000,000円 ÷ （70,000,000円 ＋ 10,000,000円）

＝ 71,750,000円

④ （　有価証券売却高　）

22,500,000円×5%　＝ 1,125,000円

⑤ 合　計　①＋②＋③＋④＝　75,197,000円

(3) 課税売上割合

(1) 347,260,037円 ÷ (1)＋(2)＝ 422,457,037円 ＝ 0.8220…

(4) 判　定

課税売上高　347,260,037円 ≦ 500,000,000円

しかし，

課税売上割合　0.8220… ＜ 95 ％

したがって，控除対象仕入税額の計算は，

（　**個 別 対 応 方 式**　）又は（　**一括比例配分方式**　）により行うこととなる。

2．控除対象仕入税額　16,258,027円

2．控除対象仕入税額の計算

(1) 課税仕入れ等の税額

a．課税資産の譲渡等にのみ要するもの

イ．国内取引

① 総仕入高

262,533,000円－29,700,000円　＝ 232,833,000円

② （　商品荷造運送費　）

3,912,000円＋45,000円　＝ 3,957,000円

③ （　広 告 宣 伝 費　）　564,000円

④ （　地 代 家 賃　）　1,712,000円

⑤ （　リ ー ス 料　）

1,032,000円－48,000円　＝ 984,000円

（②〜⑤ 順不問）（③・④ 順不問）

⑥（修　　繕　　費）　298,000 円

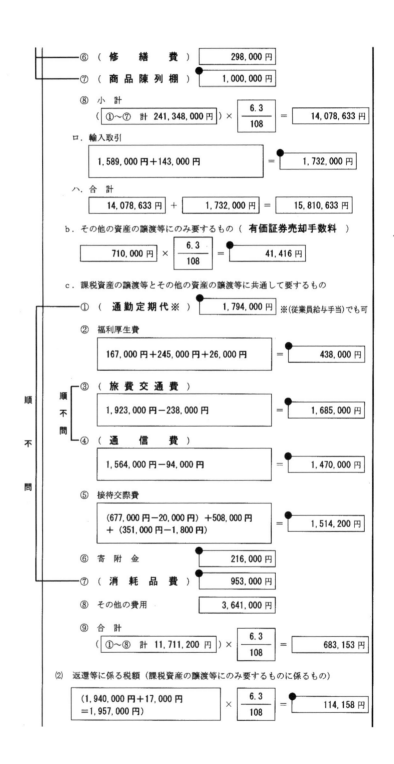

⑦（商品陳列棚）　1,000,000 円

⑧ 小　計

（①～⑦ 計 241,348,000 円）× 6.3/108 ＝ 14,078,633 円

ロ．輸入取引

1,589,000 円＋143,000 円 ＝ 1,732,000 円

ハ．合　計

14,078,633 円 ＋ 1,732,000 円 ＝ 15,810,633 円

b．その他の資産の譲渡等にのみ要するもの（ **有価証券売却手数料** ）

710,000 円 × 6.3/108 ＝ 41,416 円

c．課税資産の譲渡等とその他の資産の譲渡等に共通して要するもの

①（ **通勤定期代※** ）　1,794,000 円　※(従業員給与手当)でも可

② 福利厚生費

167,000 円＋245,000 円＋26,000 円 ＝ 438,000 円

③（ **旅費交通費** ）

1,923,000 円－238,000 円 ＝ 1,685,000 円

④（ **通　　信　　費** ）

1,564,000 円－94,000 円 ＝ 1,470,000 円

（③④ 順不問）

⑤ 接待交際費

(677,000 円－20,000 円) ＋508,000 円 ＋ (351,000 円－1,800 円) ＝ 1,514,200 円

⑥ 寄　附　金　216,000 円

⑦（ **消　耗　品　費** ）　953,000 円

（①～⑦ 順不問）

⑧ その他の費用　3,641,000 円

⑨ 合　計

（①～⑧ 計 11,711,200 円）× 6.3/108 ＝ 683,153 円

(2) 返還等に係る税額（課税資産の譲渡等にのみ要するものに係るもの）

(1,940,000 円＋17,000 円 ＝1,957,000 円) × 6.3/108 ＝ 114,158 円

(3)　個別対応方式による控除対象仕入税額の計算

（15,810,633円 － 114,158円）＋ 683,153円

× 347,260,037円 / 422,457,037円 ＝ 16,258,027円

(4)　一括比例配分方式による控除対象仕入税額の計算

①　課税仕入れ等の税額

イ．国内取引

（241,348,000円 ＋ 710,000円 ＋ 11,711,200円

＝ 253,769,200円）× 6.3/108 ＝ ●14,803,203円

ロ．輸入取引　1,732,000円

ハ．合　計

（14,803,203円 ＋ 1,732,000円 ＝ 16,535,203円）

× 347,260,037円 / 422,457,037円 ＝ 13,591,950円

②　返還等に係る税額

114,158円 × 347,260,037円 / 422,457,037円 ＝ 93,837円

③　差引計

13,591,950円 － 93,837円 ＝ 13,498,113円

(5)　判　定

（個別対応方式）16,258,027円　（>）<　（一括比例配分方式）13,498,113円

（いずれかを○で囲む）

故に，（ **個別対応方式** ）が有利　16,258,027円

3．返還等対価に係る税額	●159,075円	3．返還等対価に係る税額の計算 2,727,000円 × 6.3/108 ＝ 159,075円
4．貸倒れに係る税額	●29,166円	4．貸倒れに係る税額の計算 500,000円 × 6.3/108 ＝ 29,166円
5．控除税額合計	16,446,268円	5．控除税額合計の計算 16,258,027円 ＋ 159,075円 ＋ 29,166円 ＝ 16,446,268円

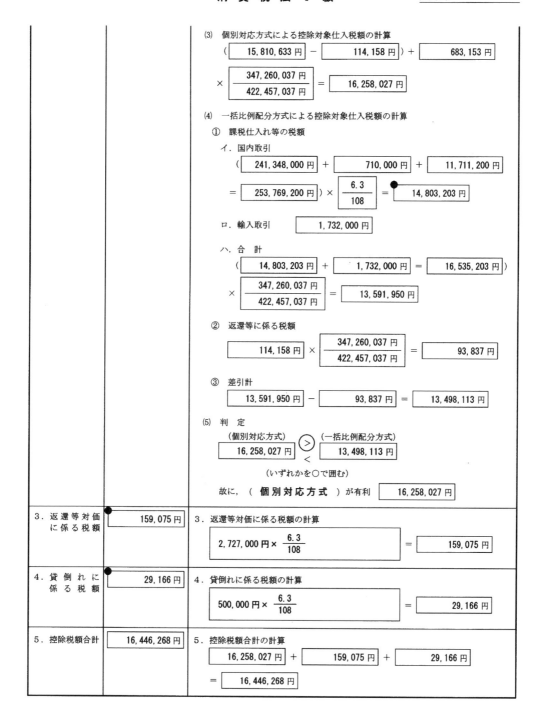

Ⅲ. 納付税額の計算

区　　分	金　　額	計　　算　　過　　程
1．差 引 税 額	5,091,400円	1．差引税額の計算 21,523,131円 ＋ 14,583円 － 16,446,268円 ＝ 5,091,446円 → 5,091,400円 （100円未満切り捨て）
2．納 付 税 額	●2,001,400円	2．納付税額の計算 5,091,400円 － ●3,090,000円 ＝ 2,001,400円

第4節　第103回　消費税法2級　過去問題

主催　公益社団法人　全国経理教育協会　　後援　文部科学省

第103回消費税法能力検定試験　解答

2 級

試験会場 ________

受験番号 ________

採　点 ________

第1問（20点）

イ	ロ	ハ	ニ	ホ	ヘ	ト	チ	リ	ヌ
⑫	⑯	②	㉗	⑨	㉚	⑲	⑤	⑮	㉑

＠2点×10＝20点

第2問（20点）

取引の区分		番　号
課税対象外取引		③　⑩
課税対象取引	非課税取引	②　④　⑧
	輸出免税取引	⑥
	課税取引	①　⑤　⑦　⑨

＠2点×10＝20点

第3問　[　　] 内に数字を記入しなさい。（20点）

Ⅰ．課税標準額に対する消費税額の計算

●印＠2点×10＝20点

区分	金額	計算過程
1．課税標準額	●43,700,000円	1．課税標準額の計算　（1,000円未満切り捨て） 47,196,000円 × 100/108 ＝ 43,700,000円
2．課税標準額に対する消費税額	2,753,100円	2．課税標準額に対する消費税額の計算 43,700,000円 × 6.3％ ＝ 2,753,100円

Ⅱ．控除税額の計算

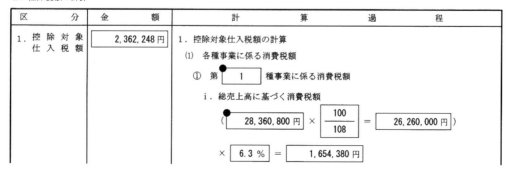

区分	金額	計算過程
1．控除対象仕入税額	2,362,248円	1．控除対象仕入税額の計算 (1) 各種事業に係る消費税額 ① 第●1種事業に係る消費税額 i．総売上高に基づく消費税額 （●28,360,800円 × 100/108 ＝ 26,260,000円） × 6.3％ ＝ 1,654,380円

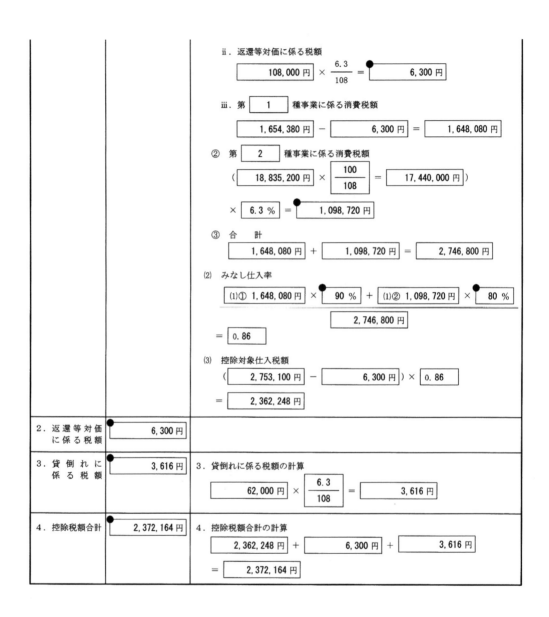

		ii．返還等対価に係る税額 108,000円 × $\frac{6.3}{108}$ = 6,300円 iii．第 1 種事業に係る消費税額 1,654,380円 − 6,300円 = 1,648,080円 ② 第 2 種事業に係る消費税額 （18,835,200円 × $\frac{100}{108}$ = 17,440,000円） × 6.3％ = 1,098,720円 ③ 合　計 1,648,080円 ＋ 1,098,720円 = 2,746,800円 (2) みなし仕入率 $\frac{\text{(1)① 1,648,080円} \times \text{90\%} + \text{(1)② 1,098,720円} \times \text{80\%}}{\text{2,746,800円}}$ = 0.86 (3) 控除対象仕入税額 （2,753,100円 − 6,300円）× 0.86 = 2,362,248円
2．返還等対価に係る税額	6,300円	
3．貸倒れに係る税額	3,616円	3．貸倒れに係る税額の計算 62,000円 × $\frac{6.3}{108}$ = 3,616円
4．控除税額合計	2,372,164円	4．控除税額合計の計算 2,362,248円 ＋ 6,300円 ＋ 3,616円 = 2,372,164円

消費税法２級

受験番号

第4問 [　　] 内には数字又は算式を，（　　）内には用語を記入しなさい。（40点）

Ⅰ．課税標準額に対する消費税額の計算等

●印@２点×20＝40点

区　分	金　額	計　算　過　程
1．課税標準額	342,926,000円	1．課税標準額の計算 ① 当期商品売上高　●366,205,000円 ②（車両売却高）　●400,000円　順不問 ③（有価証券売却高）　●3,600,000円 ④ 役員贈与 156,000円 ＞（240,000円 × 50％ ＝ 120,000円） ∴ ●156,000円 ⑤ 合計 （①～④ 計 370,361,000円）× 100/108 ＝ 342,926,851円 → 342,926,000円 （1,000円未満切り捨て）
2．課税標準額に対する消費税額	21,604,338円	2．課税標準額に対する消費税額の計算 342,926,000円 × 6.3％ ＝ 21,604,338円
3．課税標準額に対する消費税額の調整額	●14,583円	3．課税標準額に対する消費税額の調整額の計算（貸倒回収に係る消費税額の計算） 250,000円 × 6.3/108 ＝ 14,583円

Ⅱ．控除税額の計算

区　分	金　額	計　算　過　程
1．課税売上割合	357,226,851円 / 419,335,851円	1．課税売上割合の計算 (1) 課税売上高 イ．国内売上高 ① 総売上高　342,926,851円 ② 売上げに係る対価の返還等の金額 1,944,000円 × 100/108 ＝ 1,800,000円 ③ 国内売上高　① － ② ＝ 341,126,851円 ロ．輸出売上高　16,100,000円 ハ．合計　イ．＋ ロ．＝ 357,226,851円 (2) 非課税売上高 ① 受取利息　109,000円 ②（土地売却高）　62,000,000円

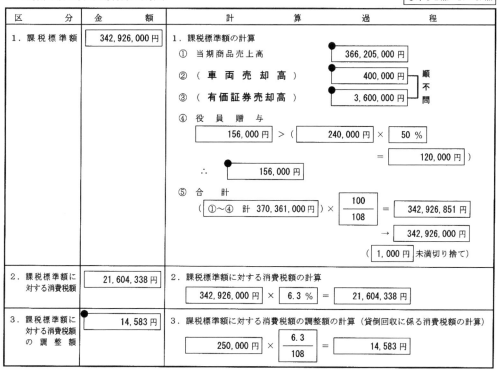

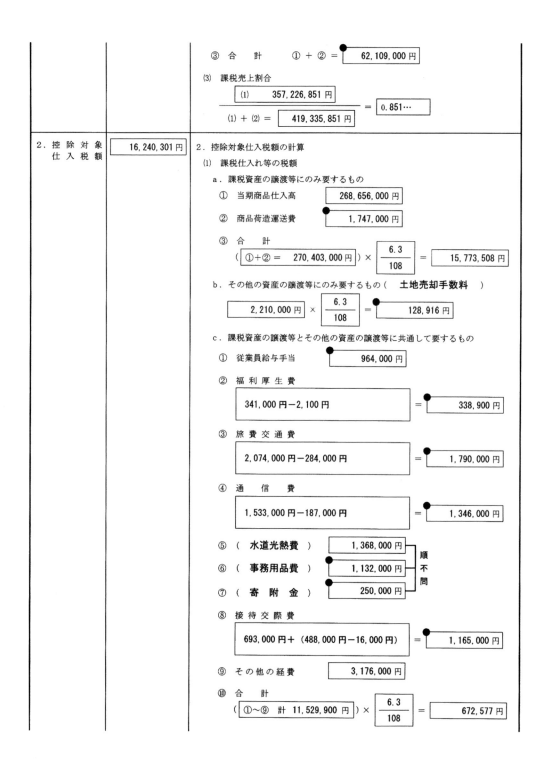

③ 合　計　①＋②＝ 62,109,000円

(3) 課税売上割合

$$\frac{(1)\ 357,226,851円}{(1)+(2)=\ 419,335,851円} = 0.851\cdots$$

2．控除対象仕入税額　16,240,301円

2．控除対象仕入税額の計算

(1) 課税仕入れ等の税額

a．課税資産の譲渡等にのみ要するもの

① 当期商品仕入高　268,656,000円

② 商品荷造運送費　1,747,000円

③ 合　計

（①＋②＝ 270,403,000円）× $\frac{6.3}{108}$ ＝ 15,773,508円

b．その他の資産の譲渡等にのみ要するもの（ **土地売却手数料** ）

2,210,000円 × $\frac{6.3}{108}$ ＝ 128,916円

c．課税資産の譲渡等とその他の資産の譲渡等に共通して要するもの

① 従業員給与手当　964,000円

② 福利厚生費

341,000円－2,100円 ＝ 338,900円

③ 旅費交通費

2,074,000円－284,000円 ＝ 1,790,000円

④ 通　信　費

1,533,000円－187,000円 ＝ 1,346,000円

⑤（ **水道光熱費** ）　1,368,000円

⑥（ **事務用品費** ）　1,132,000円

⑦（ **寄　附　金** ）　250,000円

（⑤～⑦ 順不問）

⑧ 接待交際費

693,000円＋（488,000円－16,000円） ＝ 1,165,000円

⑨ その他の経費　3,176,000円

⑩ 合　計

（①～⑨ 計 11,529,900円）× $\frac{6.3}{108}$ ＝ 672,577円

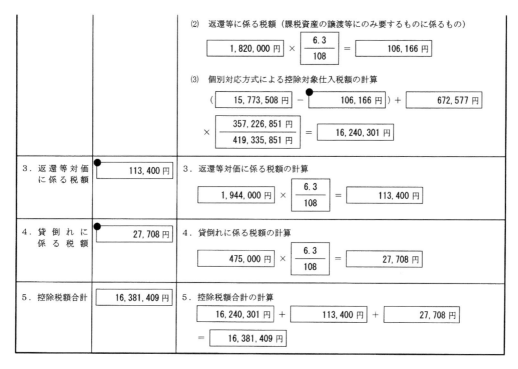

		(2) 返還等に係る税額（課税資産の譲渡等にのみ要するものに係るもの） 1,820,000円 × $\frac{6.3}{108}$ ＝ 106,166円 (3) 個別対応方式による控除対象仕入税額の計算 （15,773,508円 － ●106,166円）＋ 672,577円 × $\frac{357,226,851円}{419,335,851円}$ ＝ 16,240,301円
3．返還等対価に係る税額	●113,400円	3．返還等対価に係る税額の計算 1,944,000円 × $\frac{6.3}{108}$ ＝ 113,400円
4．貸倒れに係る税額	●27,708円	4．貸倒れに係る税額の計算 475,000円 × $\frac{6.3}{108}$ ＝ 27,708円
5．控除税額合計	16,381,409円	5．控除税額合計の計算 16,240,301円 ＋ 113,400円 ＋ 27,708円 ＝ 16,381,409円

Ⅲ．納付税額の計算

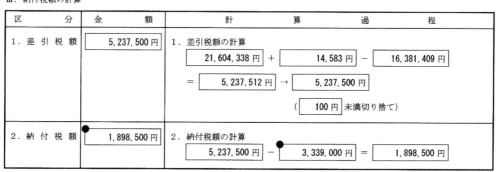

区分	金額	計算過程
1．差引税額	5,237,500円	1．差引税額の計算 21,604,338円 ＋ 14,583円 － 16,381,409円 ＝ 5,237,512円 → 5,237,500円 （100円未満切り捨て）
2．納付税額	●1,898,500円	2．納付税額の計算 5,237,500円 － ●3,339,000円 ＝ 1,898,500円